CENGAGE
Learning™

Sunyo Translation Series in Accounting Classics

FINANCIAL STATEMENT ANALYSIS

12e

Charles H. Gibson

三友会计名著译丛

"十二五"国家重点图书出版规划项目

财务报表分析 （第12版）

[美] 查尔斯·H.吉布森 ● 著

胡玉明 ● 译

东北财经大学出版社
Dongbei University of Finance & Economics Press

大连

图书在版编目（CIP）数据

财务报表分析：第 12 版／（美）吉布森（Gibson C. H.）著；胡玉明译 . — 大连：东北
财经大学出版社，2012. 10（2019. 10 重印）
（三友会计名著译丛）
书名原文：Financial Statement Analysis，12th Edition
ISBN 978-7-5654-0819-9

Ⅰ . 财…　Ⅱ . ①吉…　②胡…　Ⅲ . 会计报表-会计分析　Ⅳ . F231. 5

中国版本图书馆 CIP 数据核字（2012）第 105279 号

辽宁省版权局著作权合同登记号：图字 06-2012-15 号

Financial Statement Analysis，12e
Charles H. Gibson
Copyright ⓒ 2011 by South-Western，Cengage Learning.
Original edition published by Cengage Learning. All rights reserved.
本书原版由圣智学习出版公司出版。版权所有，盗印必究。
Dongbei University of Finance & Economics Press is authorized by Cengage Learning to publish
and distribute exclusively this simplified Chinese edition. This edition is authorized for sale in the
People's Republic of China only(excluding Hong Kong，Macao SAR and Taiwan). Unauthorized
export of this edition is a violation of the Copyright Act. No part of this publication may be
reproduced or distributed by any means，or stored in a database or retrieval system，without the
prior written permission of the publisher.

本书中文简体字翻译版由圣智学习出版公司授权东北财经大学出版社独家出版发行。
此版本仅限在中华人民共和国境内（不包括中国香港、澳门特别行政区及中国台湾）销
售。未经授权的本书出口将被视为违反版权法的行为。未经出版者预先书面许可，不得
以任何方式复制或发行本书的任何部分。

Cengage Learning Asia Pte. Ltd.
5 Shenton Way，#01-01 UIC Building，Singapore 068808
本书封底贴有 Cengage Learning 防伪标签，无标签者不得销售。

东北财经大学出版社出版
（大连市黑石礁尖山街 217 号　邮政编码　116025）
教学支持：（0411）84710309
营 销 部：（0411）84710711
总 编 室：（0411）84710523
网　　址：http：//www. dufep. cn
读者信箱：dufep @ dufe. edu. cn
大连图腾彩色印刷有限公司印刷　　东北财经大学出版社发行
幅面尺寸：185mm×260mm　　字数：631 千字　　印张：26. 75　　插页：1
2012 年 10 月第 1 版　　　　　　　　2019 年 10 月第 3 次印刷
责任编辑：刘东威　况淑芬　　　　　　责任校对：贺　荔
封面设计：冀贵收　　　　　　　　　　版式设计：钟福建

定价：82. 00 元

版权所有 侵权必究　举报电话：（0411）84710523

译者简介

胡玉明，经济学（会计学）博士。现任暨南大学管理学院会计学系/暨南大学管理会计研究中心教授、广东省管理会计师协会监事长。

1982年9月考入厦门大学。1986年、1989年和1995年相继在厦门大学获得经济学（金融学）学士、经济学（会计学）硕士和经济学（会计学）博士学位。1989年8月开始在厦门大学财政金融系、会计学系工作，2000年9月到暨南大学会计学系工作。

长期关注管理会计理论与方法及其中国实践，专注于管理会计（本科生）、管理会计研究（研究生）和财务报表分析（MPAcc）等课程的教学工作，积极倡导"学海无涯乐作舟"、"自娱自乐"并"乐在其中"地"悦读"与思考，而后将"悦读"与思考的"点滴体会"运用于会计学教学，"布道"于各种课堂之中，传播会计学理念，呼吁会计业界从注重"如何做会计"转向"如何用会计"，"由技入道"地感悟会计数字的"灵性"。

E-mail：thuym@ jnu. edu. cn

译者前言

目前在中国，绝大多数大学都有会计学专业，其培养人才的关键差异就在于究竟是培养"如何做会计"（how to do accounting）还是培养"如何用会计"（how to use accounting）。我素来认为中国会计专业人才总量过剩，真正懂得"如何用会计"的会计专业人才远远不足。在计算机环境下，只懂得"如何做会计"的人将面临就业的困境。因此，学会"如何用会计"显得更为重要。《财务报表分析》便是从"如何做会计"通往"如何用会计"的桥梁。因此，《财务报表分析》对会计专业人才的重要性不言而喻。

相信从事会计学或财务管理学教学的学者对查尔斯·H. 吉布森（Charles H. Gibson）教授不会陌生。早在1990年，中国财政经济出版社就翻译出版了其《财务报表分析》（第二版）。之后，其新版本也不断在中国翻译出版。现在各位读者看到的是吉布森教授的《财务报表分析》的第十二版。我还是忍不住想强调，作为一本"财务报表分析"教材，已经连续出版到第十二版，经久不衰，享有盛誉，这还用我多说什么呢？市场就是最好的鉴定者，更为重要的是市场已经对本书做出了很好的鉴定！

八年来，我们一直在期待吉布森教授这本《财务报表分析》的新版本，但非常遗憾，不知何故，直到现在，吉布森教授似乎没有推出《财务报表分析》新版本的意思。眼看吉布森教授这本优秀的《财务报表分析》教材就要在中国"失传"，我们非常着急。因吉布森教授的《财务报表分析》第十二版由我翻译，编辑便与我协商，希望我增补一些本土化内容和财务报表分析新思维，以国际化与本土化相结合的理念"激活"并延续吉布森教授这本《财务报表分析》的出版工作。本着对这本优秀教材的热爱与崇敬，我欣然接受编辑的建议，不揣冒昧地"狗尾续貂"，每章增补两个主题，以二维码链接的形式插入书中相关主题之后，每个主题的字数基本控制在一千字左右。

非常感谢东北财经大学出版社多年来对我的信任、鼓励与支持。我自认为我在尽力做好本书的翻译和增补工作，但由于水平和时间有限，书中定有不妥之处，敬请读者批评指正。

胡玉明

于暨南大学暨南园

前　言

这本第十二版的《财务报表分析》可谓是会计与财务教学发展历史上的里程碑。它既从财务报告使用者的角度，又从财务报告编制者的角度来教授财务会计。它介绍了财务报告的"语言"及编制过程。它含有大量真实公司的年度报告。书中的大量背景材料使得毫无会计学或财务学背景的学生也能使用本教材。

告诉我，我会忘记。

给我看，我可能会记住。

我参与，我会理解。

这个谚语描述了本书所体现的教学方法：让学生参与现实财务报告的分析与理解。其基本前提是当学习不再基于那些过于简化的财务报告时，学生已经做好充分准备去理解和分析现实财务报告。

基于这一基本前提，本书做了一些重大的修改，这些修改更加强调了本书的目标，即让学生参与到主动学习如何阅读、理解和分析现实公司的财务报告中来。

本书的特点如下：

1. 涉及当今最新的热点问题，如关于《萨班斯—奥克斯利法案》的内容、对合并财务报表的最新指导、扩展了关于股票期权的讨论、新增关于限制性股票以及公司价值评估的内容等。

2. 运用现实公司的财务报表作为例子，侧重于当今财务报告问题，包括对于合并财务报表的指导、以股票为基础的薪酬，以及国际会计准则的协调。

3. 广泛使用一家公司——耐克公司——的素材。利用耐克公司 2009 年的财务报告与行业数据，使读者能够熟悉典型的竞争市场，并完整地掌握财务报表分析。

4. 本书结构灵活，适用于各种课程，以各种方法讲授财务报表的列报与分析。

5. 选用此书的读者还可以参阅由东北财经大学出版社于 2011 年 1 月出版的《财务报表分析》（第十二版）英文影印版。

6. 本书网络学习资源收录了大量思考题、习题及案例，供广大师生参考和学习。

目　录

网络学习资源目录

第1章 财务报告导论

　　财务报告的使用者包括公司的经理人员、股东、债券持有者、证券分析师、供应商、贷款机构、员工、工会、监管机构和社会公众。他们利用财务报告进行决策。例如，财务报告有助于潜在的投资者做出是否购买某种股票的决策。供应商利用财务报告决定是否赊销设备给某家公司。在代表员工谈判时，工会借助于财务报告确定其要求。管理层则可以利用财务报告确定公司的获利能力。

　　之所以存在财务报告的需求，是因为信息使用者相信财务报告有助于他们制定各项决策。除了财务报告外，信息使用者通常还需要各种竞争性的信息来源，例如新的工资合同和经济规则的颁布。

　　本书将集中讨论如何合理地运用财务会计信息。为了认识财务报告的局限性，信息使用者必须对公认会计原则和会计模式的传统假说有一个基本的认识。

　　财务报表的基本思想已经发展了几百年，而为了满足这个不断变化的社会需求，发展今天仍在继续。对公认会计原则和会计模式传统假说演变的回顾有助于读者认识财务报告，从而更好地分析它们。

1.1 美国公认会计原则（GAAP）的演进

　　公认会计原则（generally accepted accounting principles，GAAP）是得到权威机构认可的会计原则。会计师必须熟悉可接受的参考来源，以确定某一个特定的会计原则是否得到权威机构的认可。美国今天现存的会计原则的正式发展过程起始于1933年和1934年的证券法案。在这些证券法案颁布之前，建立于1792年的纽约股票交易所（NYSE）是制定财务信息披露特定要求的主要机构。这些要求可以描述为最低限度的，而且只应用于那些股票在纽约股票交易所上市的公司。当时，管理层的主流观点认为财务信息主要供公司管理层使用。

　　1929年，股票市场的崩溃促使财务信息的对外披露得到了广泛的关注。一些人宣称股票市场的崩溃主要是因为提供给投资者和债权人的财务报告缺乏适当的质量要求。《1933年证券法案》的颁布就是为了保护投资者不受财务报告滥用的损害。这个法案的目的在于规范美国各州证券首次发行业务和销售业务。

　　总体上，美国《1934年证券交易法案》旨在规范国内交易所的各项证券交易。在其授权下，证券交易委员会（Securities and Exchange Commission，SEC）得以创立。实际上，证券交易委员会有权制定公认会计原则和规范会计职业行为。证券交易委员会将大部分制定公认会计原则和规范会计职业界的权力给予了一个非官方机构，但有时证券交易委员会也会颁布它自己的标准。

　　当前，证券交易委员会颁布了S-X条例，规定了对公司主要的正式财务披露要求。证券交易委员会也颁布了属于财务报告要求的财务报告免除条例（FRRS）。S-X条例和财务报告免除条例作为公认会计原则的一部分，通常以证券交易委员会官方立场对与财务报告有关的事件进行规范，而今天所存在的正式程序则是私营和公共部门的混合体。

　　非官方机构的许多团体在公认会计原则的发展过程中扮演着重要的角色，其中，以美国注册会计师协会（AICPA）和财务会计准则委员会（FASB）的影响最大。

1.1.1 美国注册会计师协会（AICPA）

美国注册会计师协会是一个职业会计组织，其主要成员为注册会计师。20世纪30年代，美国注册会计师协会有一个特别委员会，与纽约证券交易所一起处理各种关系到双方共同利益的事件。这个特别委员会在1939年建立了两个常设的委员会——会计程序委员会（Committee on Accounting Procedures）和会计名词委员会（Committee on Accounting Terminology）。这些委员会从1939年到1959年共颁布了51个会计研究公告（ARBs）。它们对问题采取了逐个解决的方式，因为它们倾向于只有出现与某个条例相关的问题才去修订那个条例。这种方法被称为"救火式"方法。它们在制定一个完善的会计原则体系过程中起到了一定的作用，会计研究公告也是公认会计原则的一部分。

1959年，美国注册会计师协会用会计原则委员会（Accounting Principles Board，APB）和会计研究部（Accounting Research Division）取代了原来的两个委员会。会计研究部提供研究报告以帮助会计原则委员会制定相关的会计原则。基本原则的制定有助于制定会计原则，整个原则的制定过程倾向于研究结果要先于会计原则委员会的决策。然而，会计原则委员会和会计研究部都没有在明确描述委员会的原则方面取得成功。

会计原则委员会和会计研究部的组合从1959年一直持续到1973年。在这期间，会计研究部颁布了14个会计研究报告，而会计原则委员会则颁布了31个意见书（APBOs）和4个公告（APBSs）。意见书代表了委员会官方的立场，而公告只代表委员会的观点，并不是官方的意见。会计原则委员会的意见书是公认会计原则的一部分。

来自包括社会公众在内的各种压力促使公认会计原则必须寻求其他的发展途径。1972年，美国注册会计师协会的一个专门研究团体推荐了另一种方法：建立财务会计准则委员会（Financial Accounting Standards Board，FASB）。1973年，美国注册会计师协会采纳了这些意见。

1.1.2 财务会计准则委员会（FASB）

财务会计准则委员会的结构如下：选举人从九个机构中选出，它们是美国注册会计师协会、财务经理协会、管理会计师协会、财务分析师联盟、美国会计学会、证券协会和三个非营利组织。选举人任命管理财务会计基金会（Financial Accounting Foundation，FAF）的理事会成员。这个理事会有16名理事。

财务会计基金会任命财务会计准则咨询委员会（Financial Accounting Standards Advisory Council，FASAC）和财务会计准则委员会的成员，并有义务向这两个委员会提供资金。

财务会计准则咨询委员会有大约30名成员。为了能够代表广泛的利益团体的利益，其组成人数相对较多。财务会计准则咨询委员会有义务向财务会计准则委员会提供意见和建议。财务会计准则委员会有7名成员。图表1—1描述了财务会计准则委员会的架构。

图表 1—1　　　　　　　　　　　**财务会计准则委员会的架构**

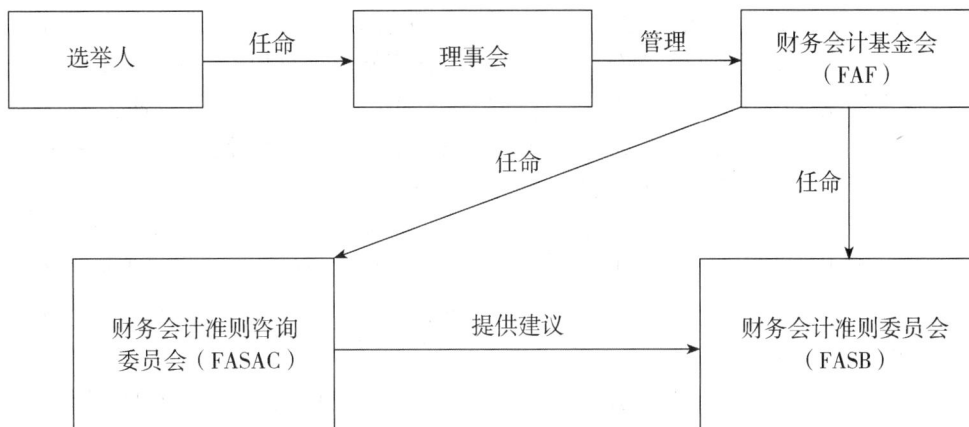

财务会计准则委员会发布四种类型的公告：

（1）财务会计准则公告（Statement of Financial Accounting Standards，SFASs）。这些公告通过规范一些具体会计事项构成公认会计原则的一部分。

（2）解释指南（Interpretations）。这些公告为已颁布的准则（包括财务会计准则公告、会计原则委员会的意见书和会计研究公告）提供了解释性说明。这些解释指南与准则具有同等的权威性，并且需要通过委员会的多数票通过（委员会的 7 个成员要有 5 个或 5 个以上同意）。解释指南也属于公认会计原则的一部分。

（3）技术公告（Technical Bulletins）。这些公告为各种财务会计和报告问题提供及时的指引。它们只有在不会造成部分公司的会计实务发生重大改变且不会与委员会基本的会计原则发生冲突时才能被使用。技术公告属于公认会计原则的一部分。

（4）财务会计概念公告（Statement of Financial Accounting Concepts，SFACs）。这些公告为公认会计原则提供理论支持。它们是财务会计准则委员会概念框架项目的产物，但这些公告不属于公认会计原则。

1.1.3　财务会计准则公告（SFASs）的运作程序

财务会计准则公告的讨论过程从财务会计准则委员会将其列入技术议程开始。委员会从许多来源收集与其相关的意见和建议。这些来源包括财务会计准则咨询委员会、证券交易委员会、美国注册会计师协会和各行业组织。

在技术议程中，委员会只考虑"局部"的项目。换句话说，委员会必须确信在一个新领域需要制定一个新的重要条例或修订一个原有的条例。

委员会必须依靠其成员对项目进行日复一日的研究，为每一个项目指定一个项目经理，在委员会成员之间，包括项目经理和其他成员之间经常进行非正式的讨论。在这种方式下，委员会的所有成员对会计问题及其经济关系都有更深入的理解。

委员会为对项目产生更广泛的影响，将发布一个讨论备忘录（Discussion Memorandum，DM）或一个特邀评论（Invitation to Comment）。讨论备忘录描述所有与议题有关的已知事实和观点，而特邀评论则说明与主题相关的问题的暂时结论或其他观点。

讨论备忘录或特邀评论作为公众评论的基础分发给公众。在听证会之后,一般有60天的时间记录公众的意见。在听取公众意见后,记有公众意见和书面意见的副本会成为公众记录的一部分。然后,委员会开始商议草拟一份财务会计准则公告的征求意见稿(Exposure Draft,ED)。当这个工作完成后,委员会便公布这个征求意见稿,再征求公众的意见。委员会可能只要求一个书面意见或可能宣布举行另一次公众听证会。在考虑了书面意见和听取了公众意见后,委员会成员会继续在一次或多次公开的委员会会议上进行商议。最后的公告必须得到委员会7个成员中至少5个成员的赞成票。程序的规则要求不赞成的委员会成员提出他们的理由。制定一个新的重要公告通常至少需要两年的时间,有时会更久。有些人认为这个时间应该缩短,以便更快地做出决策。

财务会计准则委员会的准则制定过程包括会计理论方面和政治方面,许多组织、公司和个人都被牵涉到这个过程中。某些人只是希望直接制定一个准则而不是遵循一个严格的会计观念,所以,最终的结果往往是制定一个并不能真正代表经济事实的准则。

1.1.4 财务会计准则委员会的概念框架

会计和报告的概念框架最初是在1973年进入财务会计准则委员会的议程的。构建这个框架的目的在于为评估现有财务会计和报告的准则提供一个具有相关联目标和基本概念的体系。

在这个项目下,财务会计准则委员会发布了一系列的公告,即财务会计概念公告(Statement of Financial Accounting Concepts,SFACs)。它是为了在委员会考虑各种可选择会计原则的优点时提供一个共同基础和基本前提。财务会计概念公告不属于公认会计原则。更确切地说,财务会计准则委员会最终是为了根据构建的概念框架来评价现行的原则。

迄今为止,概念框架项目已经发布了七个概念公告:

(1)财务会计概念公告第1号《企业财务报告的目标》。

(2)财务会计概念公告第2号《会计信息的质量特征》。

(3)财务会计概念公告第3号《企业财务报告的要素》。

(4)财务会计概念公告第4号《非营利组织财务报告的目标》。

(5)财务会计概念公告第5号《企业财务报告的确认与计量》。

(6)财务会计概念公告第6号《财务报告的要素》(取代第3号概念公告)。

(7)财务会计概念公告第7号《现金流量信息和现值技术在会计计量中的运用》。

1978年颁布的财务会计概念公告第1号,主要是关于确定企业财务报告的目标,并使人们关注随后的企业会计概念公告的制定。财务会计概念公告第1号属于一般目的的对外财务报告,而且并不只限于财务报告。下面是财务会计概念公告第1号主要内容的纲要。[1]

(1)财务报告是为了给商业或经济决策的制定提供有用信息。

（2）这些信息必须能被对商业和经济活动有一定了解且愿意付出适当努力研究信息的人所理解。

（3）财务报告应该有助于使用者估计未来现金流量的数量、时间和不确定性。

（4）主要侧重于提供有关盈余及其组成的信息。

（5）应该提供一个企业的经济资源和对这些资源的求索权的相关信息。

1980 年颁布的财务会计概念公告第 2 号《会计信息的质量特征》用于检验对投资、借贷或类似决策有用的会计信息的质量特征。这些被视为有价值信息所具有的特征，包括对决策最重要的可理解性和有用性特征，信息的这些特征使其成为被需要的商业产品，而这些特征也可看作质量的层次结构，对重要决策的制定具有可理解性和有用性（参见图表1—2）。

图表1—2　　　　　　　　　　　**会计质量特征层次结构**

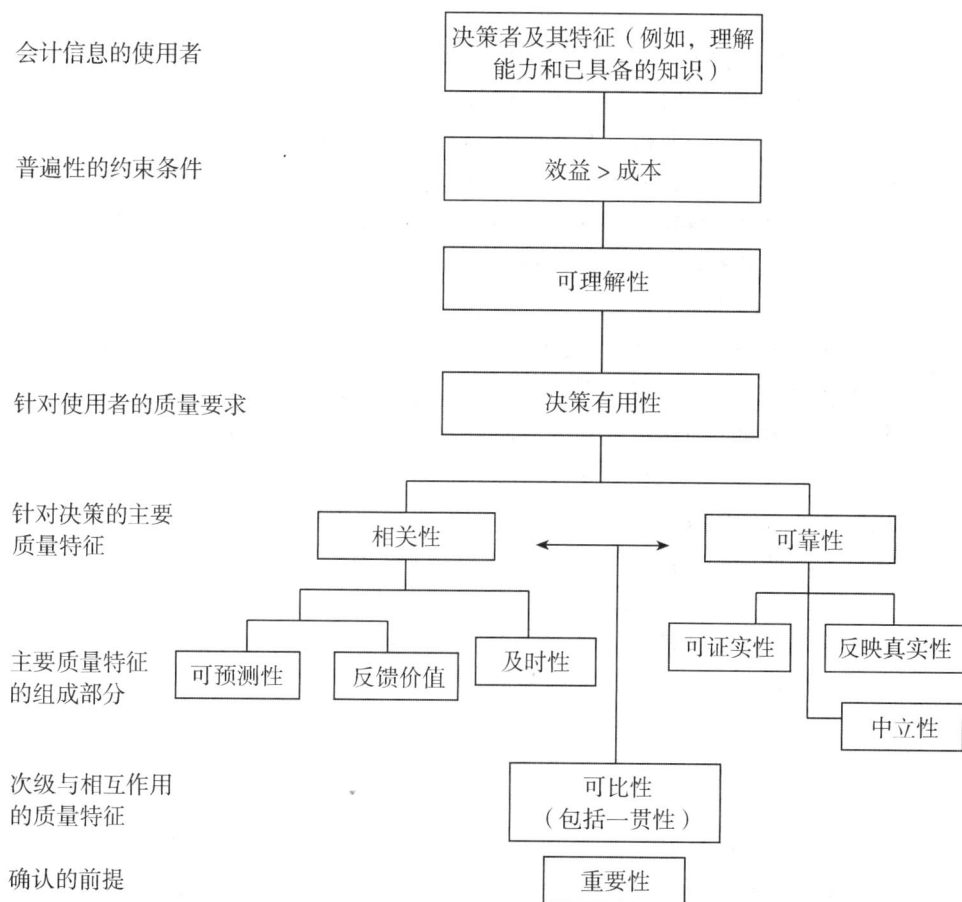

资料来源　根据财务会计准则委员会：《会计信息的质量特征》，财务会计概念公告第 2 号，图表1，1980。

相关性（relevance）和可靠性（reliability）是会计信息决策有用性的两个最重要的质量特征。相关性要求信息具有可预测性、反馈价值和及时性。可靠性要求信息具有可证实性、反映真实性和中立性。包括一贯性在内的可比性（comparability）特征与相关性、可靠性相互作用，共同影响会计信息的有用性。

这个层次结构包括两个约束条件。为了保证信息有用且值得提供，信息的效益必须大于其成本。此外，所有的信息质量都以重要性原则为前提。

1985年，财务会计概念公告第6号《财务报告的要素》取代了原来的第3号概念公告，确定了与企业经营业绩评价和财务状况直接相关的十个互相关联的要素。这十个要素的定义如下：[2]

（1）资产（assets）。资产是指某特定主体由于过去交易事项所产生或控制的可预期的未来经济利益。

（2）负债（liabilities）。负债是指某特定主体由于过去交易或事项所产生的在现时承担的未来要向其他主体交付资产或提供服务的责任，这种责任将引起可预期的未来经济利益的牺牲。

（3）权益（equity）。权益是指某特定主体的资产减去其负债后的剩余利益。

权益＝资产－负债

（4）业主投资（investments by owners）。业主投资是指其他主体为了获得或增加在某特定企业的股权利益（或权益），将某些有价值的资源从其他主体转移到该企业而形成某特定企业权益的增加额。企业的资产多数来自于业主的投资，但企业得到的也可能包括服务，或是企业负债的偿还与转让。

（5）分派业主款（distribution to owners）。分派业主款是指由于企业通过转移资产、提供服务或借款方式对业主进行支付从而导致企业权益的减少额。对业主的分配将减少企业的业主权益（或权益）。

（6）全面收益（comprehensive income）。全面收益是指某一时期内由于交易、其他事项和非业主资源状况的变化所引起的企业权益（净资产）的变化额。它包括某一时期内除了业主投资和分派业主款外所有的权益变化。

（7）收入（revenues）。收入是指一个主体在某一期间通过生产和销售产品、提供服务或来自构成该主体不断进行的主要经营活动的其他业务所形成的现金流入或其他资产的增加或负债的清偿（或两者兼而有之）。

（8）费用（expenses）。费用是指一个主体在某一期间由于生产和销售产品、提供服务或从事其他构成该主体不断进行主要经营活动的业务所发生的现金流出或其他资产的耗用或负债的增加（或两者兼而有之）。

（9）利得（gains）。利得是指一个主体由于主要经营业务以外的偶然性的交易业务以及某一期间内除了收入和业主投资之外影响该主体的所有其他交易和事项所导致的企业权益（净资产）的增加。

（10）损失（losses）。损失是指一个主体由于除主要经营业务以外的或偶然性的交易业务以及某一期间内影响该主体的所有其他交易和事项所导致的企业权益（净资产）的减少（费用或分派业主款除外）。

《非营利组织财务报告的目标》（财务会计概念公告第4号）在1980年完成。这个公告所涉及的组织包括教会、基金会和人类服务组织。非营利组织的绩效指标包括正式预算和捐赠约束。这些类型的指标通常与竞争性市场关系不大。

1984年颁布的《企业财务报告的确认与计量》（财务会计概念公告第5号）指出，一个项目要被确认必须符合以下四个标准，并服从成本效益原则和重要性原则：[3]

（1）可定义性（definition）。应予以确认的项目必须符合某个财务报表要素的定义。

（2）可计量性（measurability）。应予以确认的项目应具有相关并充分可靠的可计量属性。

（3）相关性（relevance）。项目的有关信息应具有相关性。

（4）可靠性（reliability）。项目的有关信息应具有可靠性。

这个概念公告还确定了应用于实务并推荐在某一期间内的一整套财务报告中使用的五个不同的计量属性。

下面是现在可用于实务的五个不同的计量属性：[4]

（1）历史成本（历史收入）；

（2）现行成本；

（3）现行市价；

（4）可变现（清偿）净值；

（5）未来现金流量的现值（或贴现值）。

在这个概念公告中，与计量属性有关的内容实现的可能性很小，因为一个企业确认和计量的立场不可能总是保持一致。因此，该概念公告宣称："这个概念公告支持继续使用各种不同的计量属性，而不会强迫企业在实务中做出改变，选择某个单一的计量属性，从而使所有类型的资产和负债都要使用这个计量属性。"[5]

第5号财务会计概念公告推荐在某一期间使用的一系列财务报告应显示如下信息：[6]

（1）期末的财务状况；

（2）盈余（净收益）；

（3）全面收益（非业主行为导致的总体权益变化）；

（4）该时期的现金流量；

（5）该时期的业主投资和分派业主款。

期末的财务状况和盈余（净收益）报表在财务会计概念公告第5号颁布时已经存在，而在某一时期内的全面收益、现金流量、业主投资和分派业主款等报表（披露事项）是财务会计概念公告第5号公布后才发展起来的。本书涵盖所有这些财务报表（披露事项）。

在2000年2月公布的第7号财务会计概念公告为在会计计量中使用现值提供了普遍的原则。它描述了估计现金流量和收益率以及在债务计量中使用现值的各种技术方法。

财务会计准则委员会的会计和报表项目概念框架代表了提供一个财务会计概念框架所进行的最广泛的努力。这个项目可能对财务会计具有深远影响。

1.2 其他的团体——美国注册会计师协会（AICPA）

如前所述，1973年之前美国注册会计师协会在制定私营部门公认会计原则的过程中起着重要的作用。然而，美国注册会计师协会通过其会计准则部仍然继续发挥着重要的作用。会计准则执行委员会（Accounting Standards Executive Committee，

AcSEC）作为美国注册会计师协会的一个附属机构代表其处理与财务会计和报告准则相关的事务。

会计准则部公布的一系列文件都被视为公认会计原则的一部分。这些文件包括行业审计指南、行业会计指南和见解声明（Statements of Position，SOPs）。

行业审计指南和行业会计指南是为了协助审计师对某些特殊行业（如保险业）的公司财务报表进行检查和报告。见解声明的发表是为了影响会计准则的制定和发展方向。部分见解声明是为了修订和澄清包含在行业审计指南和行业会计指南中的会计准则建议。

行业审计指南、行业会计指南和见解声明的权威性要低于财务会计准则委员会公布的财务会计准则公告、财务会计准则委员会的解释、会计原则委员会的意见书和会计研究公告。但是，因为行业审计指南、行业会计指南和见解声明处理的内容通常不包含在上述权威性来源中，所以它们成为其所涉及领域的有效的指南。它们属于公认会计原则的一部分。

1.3　紧急问题工作组（EITF）

财务会计准则委员会在1984年7月建立了紧急问题工作组（Emerging Issues Task Force，EITF），帮助确定新议题对报告的影响以及在执行权威性声明时所出现的问题。这个工作组有15个成员，包括全国主要会计师事务所的高级技术合伙人和财务报表主要提供机构的代表。财务会计准则委员会的研究和技术部主管是该工作组的主席。证券交易委员会首席会计师和美国注册会计师协会的会计准则执行委员会主席也作为观察员定期出席工作组的会议。

证券交易委员会首席会计师宣称，任何与工作组的大多数人意见相冲突的会计学问题都将是一个挑战。如果不同意某个意见的成员不超过两个，工作组的协议就被视为一致通过。

工作组的会议每六个星期举行一次。其议题来自各个方面，包括工作组的成员、证券交易委员会和其他联邦机构。财务会计准则委员会也向紧急问题工作组提供议题，以回应审计师和财务报表提供者所提出的问题。

紧急问题工作组的声明是公认会计原则的一个非常重要的来源。与形成财务会计准则公告需要长期的商议不同，紧急问题工作组有能力在一个相对较短的时间内回应一系列问题。

与本章前述的各种文告相比，紧急问题工作组的声明被视为权威性较低。然而，紧急问题工作组提出的议题通常不包含在其他的各种文告来源之中，所以它的声明成为其所涉及领域准则的重要指南。

1.4　一个新的现实问题

2001年9月，作为美国最大的公司之一安然公司（Enron）承认从1997年起高估了将近6亿美元的盈利。在一个月内安然公司宣布破产。安然的破产案可能成为美国历史上受到最多关注和宣传的破产案。这主要受安然公司的规模、审计师的角色、投资者的财务损失和安然公司员工所承受的损失所影响。许多安然公司的员工失去了工作和养老金。

2002 年 6 月，世界通讯公司（WorldCom）也宣布它在过去的五个季度虚报了 38 亿美元的盈利。这成为公司历史上最大的财务诈骗案。在宣布其造假后不久，世界通讯公司也宣布破产。（2002 年 11 月，特殊破产法院的法官指出重编的报表所显示的数据将可能使虚报数字超过 72 亿美元）

世界通讯公司的造假案迫使美国国会和乔治·W. 布什总统采取行动。国会迅速采取行动支持布什总统通过现在众所周知的 2002 年《萨班斯—奥克斯利法案》（Sarbanes-Oxley Act of 2002）。

《萨班斯—奥克斯利法案》有许多条款。虽然查看该法案的所有细节是不太必要的，但是很明显的一点是，此法案对财务报告和注册会计师职业具有深远的影响。鉴于《萨班斯—奥克斯利法案》对财务报告的重要性，以下我们做了一些额外的评述。

《萨班斯—奥克斯利法案》404 款要求公司为财务报告记录充足的内部控制和程序，要求公司必须能够获得内部控制和财务报告的有效性。

公司出于多种原因认为遵循《萨班斯—奥克斯利法案》404 款有些难度。许多公司已经缩减或取消了内部审计部门。一些公司甚至都没有解决复杂会计问题的人员。缺乏足够的称职人员解决复杂会计问题本身就表明了内部控制的薄弱。

《萨班斯—奥克斯利法案》将保持充足的内部控制和程序视为行政责任。管理人员必须认识到自己的职责，并以书面形式确保内部控制和程序的有效性。

证券交易委员会要求公司对其内部控制系统编制年度报告并归档。年度报告应包括以下内容：[7]

（1）管理层创建和维持充分、系统的职责声明。

（2）确定用于评估内部控制的框架。

（3）至年末内部控制是否有效的声明。

（4）系统中任何重大缺陷的披露。

（5）有关公司审计师已就管理人员的评估做出审计报告的声明。

在公司会计年度末，财务报表审计师必须就公司管理层对内部控制和程序的有效性的评估进行报告。《萨班斯—奥克斯利法案》改变了公司与外部审计师之间的关系。在《萨班斯—奥克斯利法案》颁布之前，一些公司仰赖外部审计师确定复杂会计问题的会计处理方法。由于在这种形式下，审计师在评估公司的内部控制、程序和报告时缺乏独立性，因此会产生利益冲突。

有些公司不仅认为自己没有能够处理复杂会计问题的充分受训员工，而且还迫使外部审计师提供受训的会计人员。这使得一些会计师事务所缩减了其审计的公司数量和类型。

2005 年春季是《萨班斯—奥克斯利法案》实施以来的第一个报告期。数百家公司认识到自己在内部控制和程序方面存在"重大缺陷"。在某些情况下甚至导致公司重新编制财务报表。

实施《萨班斯—奥克斯利法案》会带来众多利益。公司改进了其内部控制、程序和财务报告状况。许多公司还改善了其舞弊的预防能力。可查看预算的系统将能够使公司在防止潜在问题方面更具前瞻性。财务报表使用者查看并借以分析做出投资决策的财务产品也得到改善，这也使这些使用者从中得益。

实施《萨班斯—奥克斯利法案》需要高昂的成本，这是一个不利的因素。一些公司对《萨班斯—奥克斯利法案》合规性的成本/效益问题存在质疑。之后我们将了解该法案的启动成本和年度经常性费用。实施《萨班斯—奥克斯利法案》的高昂成本可能还来源于今后对此法案的更改。

上市公司被要求必须遵循《萨班斯—奥克斯利法案》进行报告，而非上市公司则无此要求。一些州立法者提议将《萨班斯—奥克斯利法案》的一些条款推广到非上市公司。由于存在高昂的成本，这样的提议是颇有争议的。

与《萨班斯—奥克斯利法案》有关的大多数出版物都与其404款相关，但是该法案还包括其他许多部分。本书内容如涉及其他领域（如第2章的伦理部分），将重新回顾该法案。

《萨班斯—奥克斯利法案》要求创立由五名成员组成的监管委员会，即上市公司会计监管委员会（PCAOB）。该委员会的五名成员由证券交易委员会任命，其中两名必须为注册会计师，而其他三名不能是注册会计师。

上市公司会计监管委员会职责众多，其中一项就是实施审计准则。这将大大减少甚至消除美国注册会计师协会在设定审计准则方面的职责。

上市公司会计监管委员会不仅将为准则设定部门（FASB）设立年度会计支持费用，也会为自身设立该费用。这些费用将根据各上市公司进行评估。

每家上市公司的首席执行官（CEO）、首席财务官（CFO）必须准备一份附审计报告的声明，用于保证公司在所有重大方面、经营及财务状况方面信息的适当披露。

除了任命上市公司会计监管委员会的五名成员外，证券交易委员会还负责对该委员会进行监督和强制执法。事实上，该委员会是证券交易委员会的一个部分。

正如在本章中所描述的，会计准则的设定由证券交易委员会、财务会计准则委员会、紧急问题工作组和会计准则执行委员会负责。按照法律规定，设定会计准则是证券交易委员会的职责。该委员会被选为由其监管的非上市部分的大多数会计准则的制定者。这就在事实上表明，证券交易委员会允许财务会计准则委员会确定会计准则，而后者允许紧急问题工作组、会计准则执行委员会和美国注册会计师协会确定一部分会计准则。

财务会计准则委员会宣布收回下放给会计准则委员会（美国注册会计师协会的一部分）的权力将会简化会计规则制定程序。会计准则委员会将继续负责制定特定行业会计和审计指南（A&A指南）。美国注册会计师协会将停止发布通用的会计见解声明（SOP）。

财务会计准则委员会同时通过收回下放给紧急问题工作组（财务会计准则委员会的一部分）的权力简化会计规则制定程序。财务会计准则委员会的两个成员将涉及紧急问题工作组的日程设定程序。紧急问题工作组的声明在颁发前将递交给财务会计委员会。

1.5　美国财务会计准则委员会（FASB）会计准则汇编

正如本章所述，美国公认会计原则有许多权威性来源。如此一来，就存在众多阐述美国公认会计原则的文件，而且由于公认会计原则的权威性不同而产生某些争议。

为了提供唯一权威性的美国公认会计原则来源，美国财务会计准则委员会于2009年发布了美国公认会计原则汇编。根据美国公认会计原则汇编，其他公认会计原则来源就是非权威性来源。不过，美国公认会计原则汇编不包括政府会计准则。

美国公认会计原则汇编显著改善了搜索美国公认会计原则的便捷性。如果涉及公认会计原则问题，财务报表的编制者和审计师必须参考美国公认会计原则汇编。当然，美国公认会计原则汇编并没有改变公认会计原则。

美国公认会计原则汇编将美国公认会计原则划分为大约90个主题。美国公认会计原则汇编有一部分涉及相关的美国证券交易委员会指南，连其主题结构都相同。

美国公认会计原则汇编以层次结构的方式编制。其信息分为八个领域，涵盖行业特征与通用财务报表的所有重要方面。其涉及的每一个领域都包括主题、分主题、节、分节以及说明技术性详细内容的段落。[8]

一旦发布新的会计准则，美国公认会计原则汇编就提供实时更新的电子文档。美国公认会计原则汇编是一种免费的服务。最基本的美国公认会计原则汇编版本都是免费的。

1.6　会计模式的传统假设

财务会计准则委员会的概念框架受到几个基本假设的影响。某些假设属于概念框架的一部分，而其他的假设则暗含在概念框架之中。在构建公认会计原则时需考虑这些假设与概念框架。如果会计师遇到某些没有直接准则规范的情形，可以通过参考概念框架和会计模式的这些传统基本假设解决这些问题。

在所有的情况下，各种报告必须是一个"公允的陈述"。除非最终的结果是一个"公允的陈述"，即使存在某个直接的公认会计原则，符合公认会计原则并不一定是恰当的。除非报告代表了一个"公允的陈述"，在法律上，符合公认会计原则也不是一个合理的辩护手段。

1.6.1　经营主体

特定主体（entity）是指与主体所有者分开编制财务报表的企业或主体。换句话说，主体自己被视为一个独立的经济单位。

例如，一个人可能拥有一间杂货店、一个农场和许多其他的个人资产。为了确定杂货店是否取得经济上的成功，我们必须将它与该所有者所拥有的其他资产相分离。这个杂货店将被视为一个独立的主体。

一个公司，如福特汽车公司，拥有许多所有者（股东）。主体概念使我们可以将福特汽车公司这个主体与福特汽车公司所有者的交易分开核算。

1.6.2　持续经营或连续性

持续经营假设（going-concern assumption）。一个经营主体将在一个特定的期间内持续它的经营活动，并提供该主体未来发展的前景。持续经营假设有意不考虑主体破产或清算的可能性。如果一个主体实际上已经受到破产和清算的威胁，那么将停止使用持续经营假设。在这种情况下，令财务报表的使用者更感兴趣的是企业的清算价值，而不是企业在不确定条件下和持续经营假设下的价值。假如受到破产和清算的威胁，持续经营假设没有被用于一系列特定的财务报告中，那么财务报告必须清楚地披露提供的报表是以企业将被清算或不能持续经营为前提的。在这种情况下，不能使用一般的财务报告分析方法。

我们现有的许多财务报告数据如果不是在持续经营的假设前提下可能会误导使用者。例如，在持续经营假设下，预付保险费按照会计政策应作为一段时期内的费用分别进行摊销和计算。如果主体被清算，那么只有注销价值才是有意义的。存货通常按它的累计成本进行结转。如果主体被清算，那么存货以非常渠道销售的可实现价值通常会低于其成本。因此，以成本来计算存货的价值将无法确定由清算价值与存货成本之间的差异所带来的损失。

持续经营假设也影响负债。如果一个主体正在被清算，那么某些债务将按高于正常呈报的价值进行报告。同样，如果主体被清算，那么提供给担保人和抵押物的金额也将变得不实际。

持续经营假设同样影响资产和负债的分类。如果没有持续经营假设，所有的资产和负债将按现行价值确认，即按在不久的将来可以预期的资产清算价值和负债的可偿还价值计算。

对某特定企业的审计意见可能会说明审计师对企业持续经营假设的保留意见。这将提醒报表的阅读者注意，如果企业无法持续经营，那么该报表将是一个误导。例如，凤凰鞋业集团公司的年度报告显示了对公司持续经营能力的担忧。

凤凰鞋业集团公司年报在附注 2 和审计报告中显示了这些评论：

凤凰鞋业集团公司
合并财务报表附注：附注 2
2009 年 1 月 3 日

2. 持续经营

公司基于持续经营假设编制合并财务报表。然而，公司在过去的两个会计年度已经出现亏损，而且信用状况不佳，连续违约。2007 年 12 月 29 日以来，基于其信用状况，公司已经无法履行其财务契约。由于公司正通过新的债务契约置换现有债务契约，因此，公司无法对其违约熟视无睹。2008 年 6 月，公司与富国银行签署了一份为期三年的信用担保协议，以公司及其附属企业的所有资产作为担保，取得周转信用额度和信用证额度。根据该协议，公司可以借款的数额高达 17 000 000 美元（视其借款基础而定，借款基础包括符合条件的应收账款和存货）。不过，如果公司满足某些条件，其借款数额可以增加到 20 000 000 美元。其借款的方式还包括 7 500 000 美元的信用证借款。然而，由于公司的税前利润无法满足财务契约的要求，2008 年 9 月 27 日之后，根据富国银行的信用协议安排，公司已经处于违约状态。此外，除非修改财务契约，否则，2009 年度的第一季度或其之后，公司预期将不能满足财务契约的要求。基于公司目前的违约状况，其债权人可以要求公司立即偿还所有债务，银行也可以处置公司的资产。目前公司也没有足够的现金完全偿还银行债务。公司一直在与富国银行商讨其重组活动，竭尽全力寻求对过去财务契约违约情况的豁免并修改将来的财务契约。尽管银行也一直在评估公司的重组活动，但是，银行并没有承诺债务豁免或修改公司的协议。当然，也就不存在何时或是否修改协议或豁免债务的问题。如此一来，公司的持续经营能力非常可疑。公司所附的合并财务报表并没有涉及可能导致公司无法可持续经营的债务可偿还程度、资产或负债的分类与数额等重要事项的任何调整。

会计师事务所审计报告（部分）

致凤凰鞋业集团公司董事会和股东：

加利福尼亚州卡尔斯巴德

公司基于持续经营假设而编制所附财务报表。然而，正如财务报表附注2所讨论的，截止于2009年1月3日的会计年度，公司已经亏损了19 460 000美元，而且根据其现有的信用协议，到2009年1月3日，公司已经无法履行其财务契约。财务报表附注2讨论的这些因素，连同其他因素，使得公司的持续经营能力非常可疑。财务报表附注2描述了管理层针对这些问题的计划。财务报表没有涉及这种不确定性可能导致后果的任何调整。

梅耶·霍夫曼·麦肯恩

加利福尼亚州圣地亚哥

2009年4月20日

1.6.3 会计分期

判断一个主体经营是成功还是失败唯一准确的方法就是计算其开始经营到最后清算过程中所有的业务事项。许多年以前，这种报告时间分期是可以接受的，因为它是说明和分割短期投资完成后剩余价值的可行方法。但今天，一般的企业都有一个相对较长的经营期间，因此，不可能等到企业清算之后才计算其经营成果。

这就出现了一个问题：如何准确地在企业经营过程中衡量其经营成果。许多交易和义务在企业开始和结束之间的任何特定时期都是未完成的。为了消除这种误差，一个尝试就是报表在短于企业存续期的一段期间内进行编制，但这仍无法完全消除误差。例如，一个主体通常将预期可以收到的款项记入应收账款账户。只有在企业实际收到应收账款时才能准确地计算其金额。在收到应收账款之前，存在无法收回账款的可能性。主体在任何时候都会有未完成的义务，这些义务在它们未被满足之前无法准确计算。例如，企业对产品销售的担保。一个主体也可能对其存货生产进行一次较大的投资，但通常在存货以正常条件销售之前，企业不能准确地计量对这些存货的投资。

在会计分期假设下，我们接受了主体计量中存在的一些不准确因素来缩短其完整的存续期间。我们假设主体可以在一个特定的期间内获得一个相对准确的估计。换句话说，为了获得更及时的报告，可以接受某些误差，这是由未来的不完全信息所致。

某些企业选择了自然经营年度（natural business year）作为一个会计期间，其会计年度在其经营处于低谷时结束，从而更有利于计量企业的收益和财务状况。在许多情况下，公司的自然经营年度结束于12月31日。有些企业选择日历年度

（calendar year）作为会计年度，因此，其会计期间在 12 月 31 日结束。我们无法判断选择 12 月 31 日是自然经营年度的结束，还是日历年度的结束。某些企业则选择了 12 个月的会计期间即会计年度（fiscal year），它结束于某个月末而不是 12 月末。会计期间也可以短于一年，例如一个月。时间的间隔越短，我们通常预期所出现的误差越多。

本教材有时参考《会计趋势和技术》（*Accounting Trends & Techniques*）。这是美国注册会计师协会每年编纂的一本书。《会计趋势和技术》"是一本从 600 家上市公司年报调查获得的报告与披露数据的汇编。美国注册会计师协会编撰这本书的目的在于为会计职业界提供一种宝贵的资源，借助于总部设在美国的多数知名公司所采用的信息呈报技术，将新的和现有的各种会计与报告指南融入财务报表。所调查的年报选自会计年度为 2007 年 2 月至 2008 年 1 月的工业企业、商业企业、技术型企业和服务型企业"。[9]

1.6.4 货币单位

会计师需要一些计量标准以便使汇总的财务交易事项富有意义。要是没有计量标准，会计师将不得不用诸如 5 辆汽车、1 个厂房和 100 亩地等术语进行报告。这种类型的报告并没有多大意义。

计量的标准有很多，例如码、加仑和货币。通过比较这些计量标准，会计师认为基于计量财务交易事项的目的，货币是最好的单位。

不同国家的货币有不同的名称。例如，日本的货币称为日元（yen）。不同的国家同样赋予其货币不同的价值——1 美元不等于 1 日元。因此，财务交易事项通常以每个国家自己的货币来衡量，但不同国家的报表不能直接进行比较或相加，除非它们转换成同一种货币单位，如美元。

在许多国家，货币的稳定性是一个问题。货币价值的损失称为通货膨胀（inflation）。在某些国家，每年通货膨胀率高达 300%。在那些通货膨胀严重的国家，财务报告必须根据通货膨胀因素进行调整，以恢复该货币作为计量单位的意义。然而，在这种情况下，作为计量单位的货币可能无法进行令人完全接受的恢复，因为存在着确定合理指数的问题。为了说明这个问题，考虑一下 1 辆汽车在 1999 年和 2009 年的价格。2009 年的汽车价格将会更高，但这不能简单地解释为一般物价水平上升了。价格上升的部分原因是因为设备的类型和质量在 1999 年到 2009 年之间发生了变化。因此，从 1999 年到 2009 年的相关价格指数应该是通货膨胀、科技进步和质量变化的组合。

美国在 1970 年之前通货膨胀率相对较低。因此，可以认为对作为计量单位的货币进行调整是不恰当的，因为对通货膨胀进行调整的附加成本要高于它所带来的效益。然而，在 20 世纪 70 年代，美国经历了高达两位数的通货膨胀，这使美国增加了对通货膨胀进行正式确认的需要。

1979 年 9 月，财务会计准则委员会发布了财务会计准则公告第 33 号《财务报告和物价变动》，要求某些大型公众持股公司在会计年度结束时或 1979 年 12 月 25 日之前在其年报中披露有关物价变动影响的补充信息。1986 年这个披露成为一种可选择的建议，现在已经没有美国公司提供这种补充信息了。

1.6.5 历史成本原则

财务会计概念公告第 5 号确定了实务中运用的 5 个计量属性：历史成本、现行成本、现行市价、可变现净值和现值。实务中通常运用历史成本，因为它具有客观性和可确定性。除非历史成本不能得到补偿是一个明显的事实，否则人们可以接受来自历史成本的偏离。对偏离情况的调整基于稳健性原则。在实务中也可以发现历史成本的偏离。在这些情况下，某些特定的准则会要求使用另一种计量属性，如现行市价、可变现净值或现值。

延伸阅读 1-1

1.6.6 稳健性原则

会计师通常要面临某种情况下不同计量方式的选择问题，每一种计量方式都有其理由。按照稳健性原则，会计师必须选择对企业当前净收益和财务状况产生不利影响的计量方法。

稳健性原则可以在任何特定情况下运用，只要存在可选择的计量方法并且这些方法有合理的理由。会计师不能利用稳健性原则任意低估数字。例如，为了确认存货销售时所有可能的损失而将存货记录为任意的低价，从而造成会计账目不准确且不能为稳健性原则所证实。人们接受稳健性原则的一个例子便是根据历史成本或市场价格孰低确定存货价值。

许多其他情形下也运用稳健性原则。例如，在过时存货销售之前调低或注销其价值；在可以合理预期损失时，确认长期建筑合同的损失；采用稳健的方法确定存货的管理费用。在估计固定资产的使用寿命时，也可以采用稳健性原则。稳健性原则要求在估计担保费用时使用对企业当前净收益和财务状况产生不利影响的计量方法。

1.6.7 实现原则

在确认收入时，会计师面临一个问题。主体的所有部门包括看门人、接待部门和生产部门的员工都对收入有贡献，问题在于如何客观地确定各部门对收入的贡献。因为没有实际经验可以参照，所以会计师必须在实际确认收入时做出决定。

在实务中，收入的确认是一个引起许多争议的问题。对它已经有多种解释。收入确认问题体现了许多证券交易委员会的强制行为。在一般情况下，收入确认的时点应该是收入可以被合理、客观地确定之时。为了使财务报告有意义并具有可比性，对于何时进行收入确认有必要保持一致。

1. 销售点（point of sale）

收入通常在销售时被确认。在这个时点，收入的实现过程实际上已经完成，而且交易价格可以确定。

但有时使用销售点方法无法得出一个清晰的结果。一个例子是在销售土地时，允许没有足够能力支付全部价款的购买者采用赊购的方式。如果在销售时确认收入，那么，由于存在较大的拖欠风险，有可能夸大销售额。在这种情况下，其他几种可接受的方法可以考虑用于收入的确认。这些方法如下：

- 生产结束；
- 收到现金；
- 在生产过程中确认收入；
- 成本回收点。

2. 生产结束（end of production）

如果商品的价格可知并存在现成的市场，那么在产品的生产过程完成时确认收入是可以接受的。对黄金和白银的开采就是一个例子，而一些农产品的收获也可以满足这些条件。如果谷物在秋天收割并为了在春天获得更高的价格而保存过冬，那么，这些成熟谷物的可实现收入可以在秋天收割时予以确认。持有这些谷物的利得或损失将与成熟谷物的价值分开考虑。

3. 收到现金（receipt of cash）

收到现金是收入确认的另一个基础。这种方法通常在销售时无法合理估计其可回收金额时使用。在土地销售业务中，购买者只做出名义上的支付，这是一种尤其值得怀疑能否收取全部金额的业务。经验表明许多购买者没有履行合同。

4. 在生产过程中确认收入（during production）

一些长期的建造项目会在建造的过程中确认收入。这种方法倾向于期望可以在一个特定的时期内得到一个清晰的结果。例如，建造一个公用事业工厂通常需要好几年的时间，在工程进行的过程中确认收入可以比在工厂建成时确认全部收入提供一个更加合理的结果。

5. 成本回收点（cost recovery）

在高投机性交易中运用成本回收点方法。例如，一个主体可能对一个寻找黄金的风险项目进行投资，投资的结果完全无法预测。在这种情况下，第一笔收入可以视为投资的回收。如果收到的金额超过了投资的金额，则超过部分视为收入。

除了本章所讨论的收入确认方法以外，还有许多其他的确认方法。这些方法通常运用于一些特殊的行业。理解某个特定企业使用的收入确认方法对理解其财务报告非常重要。

1.6.8　配比原则

收入实现原则包括什么时候确认收入。会计师需要相关原则，即配比原则（matching concept）来确定何时确认与已确认收入相关的成本。这个原则的目的在于确定收入后要使与这些收入相关的成本得到合理的确认，从而使其与收入相配比。

某些成本，如存货成本可以较为容易地与收入相配比。当我们销售存货并确认收入时，存货的成本便与收入相配比，其他的成本与收入没有直接的联系，因此，为了使这些成本与收入相配比必须采用一些系统的政策。以研究与开发成本和公关成本为例，无论是研究与开发成本还是公关成本都是期间发生的损耗，这与配比原则相矛盾，因为成本所带来的效益不仅仅在当期发生，但它符合稳健性原则。

1.6.9　一贯性原则

一贯性原则（consistency concept）要求一个主体在不同的期间对同样的经济

业务应采用相同的方法。这增强了财务报告的实用性，因为一个期间的财务报告要与其他期间的财务报告进行比较。它还有助于发现企业的发展趋势。

许多会计方法可以在任何单个项目运用，例如存货。如果存货的确认在这个期间使用一种基础而在下一个期间又使用另一种基础，那么，不同期间的存货和利润将无法进行比较。

主体有时为了适应变化的环境需要改变其会计方法。如果主体可以证明一个可选择的会计方法是合理的，那么，它可以做出改变。主体必须准备为这种改变辩护——这是一种不能轻视的责任。因为主体有避免财务报告产生误导的义务。有时，这种改变是基于一个新的会计公告。当一个主体改变其会计方法时，必须披露对这种改变的解释以及说明这种改变对报表所产生的影响。

1.6.10 充分披露原则

会计报告必须披露所有可能影响一个有相关知识的读者判断的事项。如果主体使用的会计方法与财务会计准则委员会的官方立场相违背，那么，就必须披露这种违背并对其进行辩护和说明。

有几种披露的方法，如附加说明、附表、交叉索引和附注。通常为了合理说明情况，附加的披露必须构成一个附注。例如，一个养老金计划的详细条款、长期租赁和债券发行准备通常都在附注中披露。

财务报告应该汇总重要的财务信息。如果所有的财务信息都被详细地列示，那将是一个误导。过度的披露可能违背**充分披露原则**，因此，必须合理汇总财务信息。

由于业务的复杂性和公众期望不断增加，全面披露成为会计师编制报表时最难运用的原则之一，经常发生针对会计师没有恰当披露的法律诉讼。由于披露通常是一个判断性的决策，因此，某些人（尤其是那些遭受损失的人）不赞同披露的充分性并不奇怪。

1.6.11 重要性原则

会计师在确定如何处理一个事项时必须考虑各种概念和原则。恰当使用各种概念和原则可能带来高额成本同时耗费大量时间。**重要性原则**（materiality concept）涉及相对规模和对企业的重要性问题。某个主体的重要事项未必是另一个主体的重要事项。例如，一个成本 100 美元的项目在通用汽车公司可能被费用化，但在一个规模较小的主体中却可能是一项资产。

在财务报告中有必要恰当地处理各种重要项目，不重要的事项不必遵循约束会计师的观念和原则，他们将尽可能按最为经济和支出最小的方式处理。然而，会计师在确定重要性的时候面临判断，而将事项视为是重要的错误可能要好于其他形式的错误。

在确定哪个项目是重要的时候，一个基本的问题是："这个项目是否会影响财务报告读者的判断？"为了回答这个问题，会计师必须将报告作为一个整体来考虑。

《萨班斯—奥克斯利法案》具有重要性含义。"2002 年《萨班斯—奥克斯利法案》要求管理层及时调查并防止重大控制缺陷。为了帮助管理层履行这一职责，注册会计师协会正在创建每月关键控制程序以评估并报告风险。当管理者发现任何不满足所要求的最低标准的关键控制时，必须将之归类为关键控制例外。"[10]

1.6.12 行业惯例

某些行业惯例会使会计报表不符合会计学的一般理论。当中的某些惯例是政府管制的结果。例如，在一些高管制的行业，如保险业、铁路运输业和公用事业，我们可以发现某些差异。

在公用事业行业中，在一个新厂房的建设期间建设基金的准备可以视为该厂房成本的一部分，而抵销的金额作为其他收入反映。这个金额是建立在公用事业基金的假定成本基础上的，包括来自债务和股票的资金。这种类型的账户只在公用事业行业出现。

在某些行业中，确定存货成本非常困难。这样的行业包括肉类包装业、花卉业和农业。在这些领域中，可能有必要通过预期的销售价格减去完成和处置存货的估计成本推算确定存货的价值。因此，存货的价值将按其可变现净值反映，这将与成本观念和收入实现原则的一般解释相违背。如果存货按可变现净值计价，那么，利润已经作为存货价值的一部分确认了。

会计业界正在努力减少和消除特殊行业的惯例。然而，行业惯例与一般会计程序的差异可能永远都无法完全消除。某些行业具有合法的特征，从而要求使用不同于一般行业的会计程序。

1.6.13 交易事项

会计师只记录那些影响主体财务状况且也可以通过货币合理确定的交易事项。例如，如果一个主体通过赊购的方法购买商品，那么主体的财务状况就发生了变化。这种变化按照货币计量可以被确定为存货资产的获得和负债、应付账款的发生。

许多影响主体未来发展的重要事项没有被记录，从而没有反映在财务报表上，因为这些事项不属于交易事项。首席执行官的去世对企业的未来发展是一个重要的影响，尤其是对一个小企业；公司的一个主要供应商在公司没有其他可选择货源时破产；主体可能经历一场长时间的员工罢工或有一段劳工问题的历史；一个主要的竞争对手停业。所有这些事项对主体都非常重要，但它们没有记录在案，因为它们不是交易事项。当反映一个主体的未来发展前景时，有必要超越现行的财务报告，有必要披露某些没有记录的事项。这是在充分披露原则下完成的。

1.6.14 收付实现制

收付实现制（cash basis）在收到现金时确认收入，在支付现金时确认费用。收付实现制通常不能在一个较短的期间内提供有关企业盈利能力的合理信息。因此，人们一般不接受收付实现制。

1.6.15 权责发生制

会计的权责发生制（accrual basis）在收入实现（实现原则）时确认收入，在费用发生时确认费用（配比原则）。如果以权责发生制为基础与以收付实现制为基础之间的差异不大，主体可以在确定收益时使用收付实现制作为权责发生制的一个替代方法。通常以权责发生制为基础和以收付实现制为基础之间的差异是显著的。

有时，专业性行业和服务性组织运用一种修正的收付实现制。修正的收付实现制对房屋和设备等项目进行了调整。

权责发生制要求在会计期间结束时进行一系列的调整。例如，如果保险费是预先支付的，会计师就必须确定应计入预付保险费和本期保险费的金额。如果职工没有支取他们所有的工资，那么，尚未支付的工资必须被确认和记录为一项费用或一项负债。如果收入预先收取，例如预先收取租金，那么这种收入与未来的期间有关，因此，必须推迟到以后的期间确认。在会计年度结束时，未赚取的租金将被视为一项负债。

对权责发生制的使用使会计程序更加复杂，但最终的结果比使用收付实现制更能代表主体的财务状况。如果没有权责发生制，会计师通常无法使用会计分期假设，即在一个特定的时期内无法以一个相对合理的准确度说明主体的情况。

下例说明为什么通常认为权责发生制与收付实现制相比，是一种更好的衡量公司业绩的方法。

单位：美元

权责发生制		收付实现制	
销售额	25 000	收入	15 000
销售成本（费用）	（12 500）	支出	（18 000）
收益	12 500	损失	（3 000）

假设：

（1）在本年度以赊销的方式销售了 25 000 美元的商品（存货），这些商品的成本为 12 500 美元。

（2）在本年度以赊购的方式购买了 30 000 美元的商品。

（3）本年支付给商品供应商 18 000 美元。

（4）收回 15 000 美元的销售款。

权责发生制表明这是一个盈利企业，而收付实现制则显示这是一个亏损企业。收付实现制无法合理地揭示何时赚得收入或何时确认与赚得收入相关的成本。收付实现制可以揭示何时收到和支付现金（支出）。何时收到和支付现金通常不是一个衡量盈利能力的好标准，然而，知道这个时间很重要，现金流量将在另一个单独的财务报表（现金流量表）中显示。

在实务中，权责发生制得到修正。非重要的项目经常按收付实现制处理，而一些特殊的准则允许使用收付实现制。

1.7　使用互联网

互联网（Internet）是一个将全球的计算机网络连接起来供人们使用的集合体。在这些网络中，信息的传递非常容易，因为所有连接的网络使用一个共同的通信协议。互联网包括本地的、区域性的、国内的和国际的中枢网络。

可以列出许多使用互联网的理由。这些理由包括：（1）检索信息；（2）寻找信息；（3）发送和接受电子邮件；（4）研究；（5）访问信息数据库。

1.7.1 公司的网站

美国的大多数公众持股公司都在互联网上建立自己的网站。这些网站的内容各异。一些公司只提供广告和产品信息，在这种情况下，公司会给出一个电话号码以使用户获得更多的信息。有些公司提供有限的财务信息，如收入总额、净收益和每股收益等信息，这些公司也可能提供广告和电话号码以使用户获得更多的信息。大多数公司提供全面的财务信息和广告。这些广泛的财务信息可能包括年度报告和季度报告，也可能包括股票的现行价格和股票的历史价格。

1.7.2 有用的网站

在进行分析时，有一些网站是非常有用的。这些网站中，许多具有突出显示的主题或图形，点击它们就可以进入另一个相关的网站。以下是几个非常好的网站：

1. 证券交易委员会埃德加数据库（SEC Edgar Database，http：//www. sec. gov）

证券交易委员会提供了一个含有埃德加数据库的网站。这个网站允许用户下载从1994 年至今递交给证券交易委员会的公开的、可利用的电子文档。通过输入公司的名称，你可以查找该公司最近文档的菜单，其中包括 10-K 格式和 10-Q 格式报告。

2. 鲁特格会计学网站（Rutgers Accounting Web，http：//www. rutgers. edu/accounting）

这个网站提供了与许多其他会计学网站的链接。鲁特格会计学网站提供了迅速进入许多会计学网站而不用分别寻找每个网站的途径。这些网站包括埃德加、国际会计学网络和许多其他会计学网站资源。相关的会计组织包括美国会计学会、美国注册会计师协会和管理会计师协会。

3. 财务会计准则委员会（FASB，http：//www. fasb. org）

许多有用的信息可以在这个网站找到，包括各种出版物、技术方案和国际活动。

4. 联邦公民信息中心（Federal Citizen Information Center，http：//www. info. gov）

这个网站是一个寻找美国各州、联邦政府和外国政府信息的入口。

5. 美国政府会计总署（U. S. Government Accountability Office，http：//www. gao. gov）

这是一个为国会服务的独立、超党派的机构。美国政府会计总署每年发布超过1 000 份报告。

6. 虚拟财经图书馆（Virtual Finance Library，http：//www. fisher. osu. edu/fin/overview. htm）

这个网站包含大量的财务信息。

7. 金融市场/股票交易

a. 纽约泛欧交易所集团（NYSE EURONEXT）：http：//www. nyse. com

b. 芝加哥商品交易所集团（CME GROUP）：http：//cmegroup. com

c. 纳斯达克股票市场（NASDAQ STOCK MARKET）：http：//www. nasdaq. com

d. 纽约证券交易所（NYSE）：http：//www. nyse. com

e. 芝加哥商品交易所（CHICAGO BOARD OF TRADE）：http：//www. cbot. com

这些金融市场/股票交易网站的内容很丰富，而且还在不断拓展。

8. 各种报纸

a.《华尔街日报》（THE WALL STREET JOURNAL）：http：//www. wsj. com

b.《纽约时报》（THE NEW YORK TIMES）：http：//www. nytimes. com

c.《金融时报》（FINANCIAL TIMES）：http：//news. ft. com

d.《投资者商业日报》（INVESTOR'S BUSINESS DAILY）：http：//www. investors. com

这些网站包含大量的财务信息，包括经济、特定公司和行业的信息。

9. 美国注册会计师协会（AICPA，http：//www. aicpa. org）

美国注册会计师协会是美国注册会计师的全国性组织。该网站包含大量与会计职业相关的信息。

10. 国际会计准则理事会（IASB，http：//www. iasb. org）

国际会计准则理事会负责制定全球财务会计与报告准则。该网站帮助会计从业人员了解全球财务会计与报告准则的最新动态。

11. 上市公司会计监管委员会（PCAOB，http：//www. pcaobus. org）

上市公司会计监管委员会是根据 2002 年《萨班斯—奥克斯利法案》创建的私人公司。该委员会负责监督上市公司的审计，对会计师事务所和审计师具有广泛的权威性。其行动需得到证券交易委员会的批准。

12. 全球会计数字档案网络（GADAN，http：//raw. rutgers. edu/digitallibrary）

这是世界各地与会计相关的现存数字性信息和档案的综合来源。

13. 财务门户网站

a. THE STREET. COM：http：//www. thestreet. com

b. SMART MONEY'S MAP OF THE MARKET：http：//www. smartmoney. com

c. YAHOO! FINANCE：http：//finance. yahoo. com

d. MORNINGSTAR. COM：http：//www. morningstar. com

e. MSN MONEY：http：//moneycentral. msn. com

f. MARKETWATCH. COM：http：//www. marketwatch. com

g. REUTERS：http：//www. investor. reuters. com

h. BRIEFING. COM：http：//www. briefing. com

i. ZACKS INVESTMENT RESEARCH：http：//www. zacks. com

j. BIGCHARTS：http：//www. bigcharts. com

k. DOW JONES INDEXES：http：//www. djindexes. com

l. RUSSELL INVESTMENTS：http：//www. russell. com

m. STANDARD & POOR'S：http：//www. standardandpoors. com

n. WILSHIRE ASSOCIATES：http：//www. wilshire. com

o. BLOOMBERG. COM：http：//www. bloomberg. com

这些财务门户网站提供股票报价、各个公司、行业和其他信息。

1.8　本章小结

　　本章回顾了美国公认会计原则（GAAP）的发展历程和会计模式的传统假设。为了有效理解财务报告，你需要对公认会计原则和会计模式的传统假设有较深入的理解。财务报告就是以公认会计原则和会计模式的传统假设为基础编制的。

　　本章还提供了一些有用的网站，这些网站中的信息对执行分析非常有帮助。

延伸阅读 1-2

思考题

1.1　一贯性原则如何协助读者分析财务报告？如果没有遵循这个原则，需要进行什么类型的会计披露？

　　1.2　假设你公司的总裁里斯克没有什么会计学背景。今天，他走进你的办公室说："一年之前我们用 100 000 美元购买了一块土地，今年通货膨胀使价格上涨了 6%。一个评估师告诉我，我们可以很容易地将这块土地按 115 000 美元的价格出售。然而，我们的资产负债表仍然按照 100 000 美元列示。该土地应该值 115 000 美元，这才是其实际价值。或者，最低也应该值 106 000 美元。"为了回答这个问题，这种情况下，必须参考哪些相关的会计原则？

　　1.3　斯巴公司在最近几年发生了严重的财务损失。由于它的财务状况，公司持续经营能力受到质疑。管理层按照公认会计原则要求编制了一套财务报告。请对在这种情况下使用公认会计原则进行评论。

　　1.4　在销售时点方法不能被使用时，还有其他确认收入的可接受方法。回顾本章列出和讨论的这些方法，并说明什么时候使用这些方法。

　　1.5　通用的对外财务报告的主要目的是满足管理者的需要。请对此做出评论。

习题

1—1　将收付实现制转化为权责发生制

　　2012 年 10 月份，电信公司发生如下交易：

以现金支付税款	$ 235 000
以现金支付保险费	116 000
以现金的形式收到收益性财产租金	152 000

　　其他信息如下：

　　在以现金形式收到的收益性财产的租金中，有 10 000 美元在 2012 年 9 月 30 日作为应收租金列示。

　　在以现金形式收到的收益性财产的租金中，有 7 000 美元属于预付 2012 年 11 月份的租金。

　　10 月末，还欠保险费 6 000 美元。

　　10 月 1 日欠税款 25 000 美元，而 10 月 31 日欠税款 18 000 美元。

　　要求

　　1. 根据权责发生制，2012 年 10 月的租金收入是多少？

2. 根据权责发生制，2012 年 10 月的保险费是多少？

3. 根据权责发生制，2012 年 10 月的税收费用是多少？

1—2 收付实现制收益与权责发生制收益

2012 年 1 月 1 日：鲍勃和汤姆·克拉克在佛罗里达海滩边组建了一家从事草地设施销售、服务与维修的鲍勃汤姆山水风景公司。每个合伙人向公司投入现金 30 000 美元。该公司经营的第一个月发生如下交易：

- 预付 3 个月的修理厂和陈列室租金 4 500 美元。

- 以现金 3 200 美元购买修理工作所需要的专用工具。

- 1 月份雇了两个员工，1 月份其应得的工资为 4 200 美元。其中，1 200 美元在 1 月末尚未支付。

- 购买 20 个链锯，单位成本为 150 美元；购买 10 台割草机，单位成本为 80 美元；购买树枝修剪机 30 台，单位成本为 120 美元；购买草坪修剪机 4 台，单位成本为 350 美元。交货时，以现金支付货款。

- 以单位价格为 325 美元出售 11 个链锯，以单位价格为 110 美元出售 5 台割草机，以单位价格为 175 美元出售 8 台树枝修剪机，以单位价格为 650 美元出售 1 台草坪修剪机。以现金的形式收取销货款的 20%，其余货款以后收取。

- 1 月份发生的经营费用总额为 2 200 美元。其中，875 美元在 1 月 31 日尚未支付。

- 以现金形式收到修理服务收入 13 000 美元。

要求

1. 运用上述交易数据编制：（1）基于收付实现制的利润表；（2）基于权责发生制的利润表。

2. 运用上述交易数据编制：（1）基于收付实现制的资产负债表；（2）基于权责发生制的资产负债表。

案例 iCAD 公司

下列内容摘录自 iCAD 公司提交给证券交易委员会并根据要求对外披露的 10-K 格式报告。

2009 年，公司拥有通用电气医疗保健公司和富士医疗系统公司这两个主要客户。公司来自这两个主要客户的收入分别是 8 754 414 美元和 4 819 874 美元，分别占公司收入的 31% 和 17%。2008 年，公司的两个主要客户也是通用电气医疗保健公司和富士医疗系统公司，公司来自这两个主要客户的收入分别是 9 986 179 美元和 7 063 325 美元，分别占公司收入的 27% 和 19%。结束于 2007 年 12 月 31 日的会计年度，公司的主要客户是通用电气医疗保健公司，公司来自通用电气医疗保健公司的收入为 7 609 313 美元，占公司收入的 29%。

要求

1. 根据证券交易委员会的要求，如果公司年度收入的 10% 或 10% 以上来自主要客户，那么，像 iCAD 公司这样的企业必须向财务报表阅读者披露其主要客户。请解释该要求背后隐含的两个以上的会计模式的传统假设。

2. 为什么通用电气医疗保健公司要关注 iCAD 公司的财务绩效和可持续发展状况？对于通用电气医疗保健公司而言，哪种类型的财务信息最为重要？为什么？除了财务报表披露的信息之外，还有哪种类型的信息也很重要？

3. 反过来说，为什么 iCAD 公司要关注通用电气医疗保健公司的财务绩效？对于 iCAD 公司而言，哪种类型的财务信息最为重要？为什么？除了财务报表披露的信息之外，还有哪种类型的信息也很重要？

互联网案例：Thomson ONE（商学院版）

请登录 www. cengage. com/international，完成包含本章讨论主题的网络案例。你可以使用 Thomson ONE（商学院版）。这是一个强有力的工具，它包含一系列基本财务信息、盈余估计、市场数据和 500 个上市公司的原始文档。

注释

1. *Statement of Financial Accounting Concepts No. 1*, "Objectives of Financial Reporting by Business Enterprises"（Stamford, CT：Financial Accounting Standards Board, 1978）.

2. *Statement of Financial Accounting Concepts No. 6*, "Elements of Financial Statements"（Stamford, CT：Financial Accounting Standards Board, 1985）.

3. *Statement of Financial Accounting Concepts No. 5*, "Recognition and Measurement of Financial Statements of Business Enterprises"（Stamford, CT：Financial Accounting Standards Board, 1984）, par. 63.

4. *Statement of Financial Accounting Concepts No. 5*, par. 67.

5. *Statement of Financial Accounting Concepts No. 5*, par. 70.

6. *Statement of Financial Accounting Concepts No. 5*, par. 13.

7. Release No. 33–8238, February 24, 2004, Securities and Exchange Commission, Final Rule："Management's Reports on Internal Control Over Financial Reporting and Certification of Disclosure in Exchange Act Periodic Reports," http://www. sec. gov.

8. Caroline O. Ford and C. William Thomas, "Test-Driving the Codification," *Journal of Accounting*（December 2008）, p. 62.

9. *Accounting Trends & Techniques*（New York：American Institute of Certified Public Accountants, Inc., 2004）, preface.

10. James Brady Vorhies, "The New Importance of Materiality," *Journal of Accounting*（May 2005）, pp. 53–59.

第 2 章 财务报表和其他财务报告问题

本章讨论经营主体的形式和会计程序（称为会计循环），同时还讨论有助于理解财务报告的其他财务报告问题：特德威委员会、审计意见、公司内部控制的审计报告、财务报告内部控制的管理层报告、管理层对财务报表的责任、美国证券交易委员会的全面披露系统、委托书、年度报告摘要、有效市场假说、伦理、国际会计准则国际协调、合并报表和企业合并会计。

2.1 经营主体的形式

企业可能是独资企业（sole proprietorship），也可能是合伙企业或是公司。独资企业是由一个自然人所拥有的企业，它不是一个独立于其所有者的法人实体，但会计师会将企业视为一个独立的会计主体。独资企业的盈亏将进入所有者的所得税申报表。所有者有责任承担独资企业的债务。

在美国，独资企业可以被视为有限责任公司（LLC）。作为有限责任公司，其所有者可能限制独资企业的债务，但这可能会增加独资企业的税收支出。

合伙企业（partnership）是一个由两个或更多的人所拥有的企业。每一个所有者都被称为合伙人，他们对合伙企业的债务负有个人责任。会计师将合伙人和企业视为相互独立的会计主体。合伙企业的盈亏将进入合伙人的所得税申报表。与独资企业一样，合伙企业也可被视为有限责任公司。作为有限责任公司，所有者可能限制合伙企业的债务，但这可能会增加合伙企业的税收支出。

在美国，公司（business corporation）是在某个特定的州成立的法人实体，其所有权通过股份体现。公司是与其股东相互独立并且截然不同的主体。股东所承担的风险只以其投资额为限；他们个人没有责任承担公司的债务。

由于公司是法人实体，因此，它将作为一个独立主体在其所得税申报表中单独申报盈亏。所有者不需要纳税直到利润分配给所有者（股利）。在美国，有些公司符合S公司的条件，这些公司不用支付公司所得税，其盈亏直接进入其所有者的所得税申报表。

在美国，多数企业是独资企业，但公司在经济活动中起着重要的作用。由于主要的经济活动是由公司执行，并且财务会计主要向公众报告，因此，本书主要讨论公司这种形式的企业。

除了资产负债表的所有者权益部分，公司、独资企业和合伙企业的会计处理相同。独资企业的所有者权益部分包括所有者的资本账户，而对于合伙企业的所有者权益部分，每一个合伙人都拥有一个资本账户。更为复杂的公司所有者权益部分将在本书中详细讨论。

2.2 财务报表

一个公司的基本财务报表是资产负债表、利润表和现金流量表。这些财务报表都有附注。要评价一个主体的财务状况、盈利能力和现金流量，使用者需要理解财务报表及其相关附注。

图表 2—1 描述了资产负债表、利润表和现金流量表的相互联系。最基本的报表就是资产负债，其他的报表说明了两个资产负债表日之间的变化。

图表 2—1 　　　　　　　ABC 公司财务报表的相互联系 　　　　　　　单位：美元

资产负债表 2010 年 12 月 31 日		年末现金流量表 2011 年 12 月 31 日		资产负债表 2011 年 12 月 31 日	
资产		经营活动的 现金流量		资产	
现金	25 000	净收益	20 000	现金	40 000
应收账款	20 000	+ 存货减少额	10 000	应收账款	20 000
存货	30 000	– 应收账款 减少额	（5 000）	存货	20 000
土地	10 000			土地	20 000
其他资产	10 000	经营活动 净现金流量	25 000	其他资产	10 000
资产总额	95 000			资产总额	110 000
负债		投资活动的 现金流量		负债	
应付账款	25 000	– 土地增加额	（10 000）	应付账款	20 000
应付工资	5 000	投资活动 净现金流量	（10 000）	应付工资	5 000
负债总额	30 000			负债总额	25 000
股东权益		筹资活动的 现金流量		股东权益	
股本	40 000	+ 股本	10 000	股本	50 000
留存收益	25 000	– 股利	（10 000）	留存收益	35 000
股东权益总额	65 000	筹资活动 净现金流量	0	股东权益总额	85 000
股东权益与 负债总额	95 000			股东权益与 负债总额	110 000
		现金净增加额	15 000		
		年初的现金	25 000		
		年末的现金	40 000		

年末利润表
2011 年 12 月 31 日

收入	120 000
– 费用	（10 000）
净收益	20 000

年末留存收益报表
2011 年 12 月 31 日

年初余额	25 000
+ 净收益	20 000
– 股利	（10 000）
年末余额	35 000

2.2.1 资产负债表（财务状况的报表）

资产负债表揭示一个会计主体在某一特定日期的财务状况。资产负债表包括三个主要部分：资产（公司的资源）、负债（公司的债务）和股东权益（所有者在企业的利益）。

无论在何时点，资产总额必须与债权人和所有者的投入总额相等。这可以用会计方程式表示如下：

资产=负债+股东权益

在一个简化的表格中，某公司的股东权益如下（单位为美元）：

股东权益

普通股	200 000
留存收益	50 000
	250 000

这表示股东向企业贡献（投资）了 200 000 美元，以及前期收益减前期股利的净值（留存收益）50 000 美元。

2.2.2 股东权益报表（股东权益账户的调节）

企业必须提供期初和期末的股东权益账户余额调节表，该工作通过提供"股东权益报表"完成。留存收益是股东权益账户之一。

留存收益连接资产负债表和利润表。留存收益随着净收益的增加而增加，随着净损失和支付给股东的股利而减少。除了收益（损失）和股利以外，留存收益的增减还有其他的可能途径。基于本章的目的，将留存收益定义为前期盈余减前期股利。

企业通常在"股东权益报表"提供留存收益的调节表，而某些企业在利润表的底部提供留存收益的调节表（利润表和留存收益表合并）。在这种情况下，其他的股东权益账户不包含留存收益的报表。第 3 章将进一步讨论股东权益报表。

2.2.3 利润表（盈余的报表）

利润表（income statement）汇总了收入和费用以及利得和损失，最后得出净收益。它总结了一个特定时期主体的经营成果。净收益包含在资产负债表股东权益部分的留存收益之中（这对于资产负债表的平衡是必要的）。

2.2.4 现金流量表（现金流入与流出的报表）

现金流量表（statement of cash flows）详细描述了在一个特定时期内主体的现金流入量与流出量，这个时期与利润表的时期一致。现金流量表包括三个部分：经营活动现金流量、投资活动现金流量和筹资活动现金流量。

2.2.5 附注（注释）

财务报表的附注通常提供财务报表所包含项目的附加信息以及额外的财务信息，是财务报表的一个组成部分。详细讨论附注有助于理解财务报表。

某些财务信息必须在附注中披露。会计政策一般作为第一个附注被披露，或在单独的重大会计政策总结中披露（第一项附注之前）。会计政策包括存货计价和折旧政策等项目。其他特别要求在附注中披露的信息包括或有负债的存在和某些资产负债表日后事项。

或有负债根据一个或多个未来事项发生或不发生来确定负债，诉讼的解决或税收法院的裁决可以作为确认或有负债的例子。在贷款协议中，作为担保人签字是另一种形式的或有负债。

或有负债的估计损失将作为收益的抵减项目，只有在损失很可能发生且金额可以合理确定时才作为一项负债。或有负债的记录也经常在附注中披露。或有损失如果有可能发生，但可能性不大，也必须披露，即使其损失不能合理估计（这种或有损失不作为收益抵减项目或负债）。低于合理可能的或有损失不需要披露，但如果存在很大的潜在损失则可能需要披露。

图表 2—2 列示了英特尔公司的一项或有负债附注。英特尔公司的会计年度截止于 2008 年 12 月 27 日。该或有负债与法律诉讼有关。

图表 2—2　　　　　　　　　　英特尔公司[*]

会计年度截止于 2008 年 12 月 27 日

或有负债（部分）

高级微处理器设备公司、高级微处理器设备公司国际销售与服务有限公司、英特尔公司及英特尔股份有限公司，以及相关的消费者集体诉讼与政府调查机构

总体而言，下列诉讼指控我们的某些竞争方式，质疑我们与某些专有或接近专有顾客的微处理器交易行为的价格返还和其他折扣。我们认为我们的竞争方式合法，我们的市场营销方式有利于我们的顾客和股东，我们将积极为我们的行为辩护。当然，因指控我们的经营方式而引起的这些烦心事并不是我们愿意看到的，我们已经发生而且将来可能还要发生巨额的与辩护相关的法律成本和其他成本。我们认为（投资者也应该认为）这些指控可能持续数年，而且需要投入大量的管理时间和巨额的财务资源来解释和辩护。不过，管理层目前相信这些诉讼的最终结果，无论是单独还是整体，都不至于严重损害公司的财务状况、现金流量或经营成果的总体趋势。这些诉讼及其相关的政府调查本身就具有不确定性，因此，可能出现对公司不利的判决。对公司不利的判决可能包括巨额的货币性损害赔偿以及下达裁决书或其他补偿方式。裁决书或其他指令可能禁止我们以某种方式销售一种或更多产品，甚至禁止我们销售产品。如果出现这种不利的最终后果，我们的经营活动、经营成果、财务状况和总体趋势可能受到重创。

---

[*] "以收入为标准，我们是世界最大的半导体集成电路片制造商。" 10-K 格式报告。

2009 年 5 月 13 日，欧盟委员会对英特尔公司开出了数额最大的反竞争罚单。欧盟委员会对英特尔公司的罚款数额为 14.50 亿美元。

资产负债表日后事项在资产负债表编制后及公布前发生。通常会发生两种类型的资产负债表日后事项。第一种类型的资产负债表日后事项在资产负债表日前就存在，它会影响报表的评估并在报表公布前获得证实。例如，如果有新的信息证明一个主要客户的应收账款可能无法收回，那么，就必须进行调整。第二种类型的资产负债表日后事项则为在资产负债表日还未存在的情况提供证据但不需要对报表进行调整。如果没有披露这些事项可能误导使用者，披露将以附注或补充表格的形式出现。第二种类型的资产负债表

延伸阅读 2-1

日后事项包括证券销售、诉讼的解决或意外损失。其他资产负债表日后事项的例子如债务的发生、减少或再融资；未完成或生效的经营合并；不能持续经营；员工福利计划和发行或回购股票。图表 2—3 描述了家乐氏公司的一项资产负债表日后事项，其会计年度截止于 2009 年 1 月 3 日。

图表 2—3　　　　　　　　　　　　家乐氏公司*

会计年度截止于 2009 年 1 月 3 日

附注 15

日后事项

　　2009 年 1 月 14 日，公司就奥斯丁和基布勒品牌的花生酱三明治饼干与名牌阿莫斯和基布勒品牌的花生酱曲奇发布一个预警公告。美国食品药品管理局已经在调查为家乐氏公司的饼干和曲奇产品提供花生酱面团的美国花生酱公司。2009 年 1 月 16 日，家乐氏公司主动召回这些产品。因为提供给家乐氏公司的这些面团成分可能被沙门氏菌污染了。2001 年 1 月 31 日、2009 年 2 月 2 日和 2009 年 2 月 17 日，受美国花生酱公司面团成分的影响，召回的产品延伸到赤熊牌（Bear Naked）产品、卡斯（Kashi）牌及其相关产品。

　　公司已经发生召回这些产品的相关成本，并根据美国公认会计原则在公司 2008 年度财务成果中报告了与该日后事项相关的项目。

　　与该召回相关的费用使得 2008 年公司北美分部的经营利润减少了 34 000 000 美元或每股收益减少了 0.06 美元。在这些费用总额当中，与顾客退回商品和顾客退款相关的数额为 12 000 000 美元，已经作为销售净额的抵减项目入账；与退回商品和存货的处置、注销相关的成本为 21 000 000 美元，已经作为销售成本入账；与其他成本相关的 1 000 000 美元已经作为销售、一般及行政管理费用入账。

---

　　* "家乐氏公司创建于 1906 年，1992 年在特拉华州转为公司制。其附属公司从事即食麦片粥和方便食品的生产和销售。"10-K 格式报告。

2.3　会计循环

　　每一个会计期间所完成的会计程序称为会计循环。会计循环的步骤大体上总结为：

　　（1）记录经济事项；

　　（2）记录调整分录；

　　（3）编制财务报表。

2.3.1　记录经济事项

　　经济事项（transaction）是由于公司的资产、负债或股东权益发生变化而导致公司财务状况发生变化的事项。经济事项可能发生在公司外部，也可能发生在公司内部。外部事项涉及外部的当事人，而内部事项只发生在公司的内部。例如，销售是一项外部经济事项，而对设备的使用是一项内部经济事项。

　　经济事项必须记录在日记账（journal）（原始分录的账簿）上。所有的经济事项都要记录在普通日记账上。公司还使用一系列特种日记账记录大多数经济事项。特种日记账的设立是为了提高账簿的效率，而这种效率仅仅通过普通日记账无法获得。那些没有设置特种日记账的公司通过普通日记账记录经济事项。记录在日记账中的经济事项就是日记账分录（journal entry）。

所有的经济事项都记录在日记账（日记账分录）上，随后从日记账转入总账（general ledger）（一个公司的账户组）。过账之后，总账包含了与分类账相同的信息，但信息通过账户汇总了。

账户包含经济事项记录的货币信息。类似的例子如现金、土地和厂房等账户。会计系统可以通过计算机或手工完成。作为教科书的解释工具，手工系统通常使用T形账户，因为T形账户是一种合理的形式。

T形账户分为左边（借方）和右边（贷方）。T形账户的例子如下：

现金
借方	贷方

为了处理经济事项的记录，发明了复式记账体系。在复式记账体系中，记录的每一笔经济事项的借方金额等于贷方金额。复式记账体系的模式包含着会计等式（accounting equation）：

资产＝负债＋股东权益

在复式记账体系中，借方仅意味着账户的左边，而贷方仅意味着账户的右边。每一笔经济业务的左边与右边金额必须相等。有的账户可能只包含单一的经济业务，但借方与贷方仍然必须相等。

借贷记账法是一项在很长一段时期内为人所接受的技术。本书不能使你学会使用复式记账法（借贷记账法），但本书将强化你对会计处理最终结果的理解，并使你可以有效地利用财务会计信息。

资产、负债和股东权益账户是永久性账户（permanent account），因为这些账户的余额将结转到下一个会计年度。收入、费用、利得、损失和股利这些临时性账户（temporary account）的余额将被转入留存收益账户，而不结转到下一个会计年度。

图表2—4描述了复式记账体系。注意会计等式"资产＝负债＋股东权益"体现了永久性账户。临时性账户由收入、费用和股利所组成（利得和损失将分别作为收入和费用处理）。资产负债表只有在临时性账户的余额结转到留存收益账户之后才能平衡。

2.3.2　记录调整分录

前面我们已经对权责发生制和收付实现制进行了区分。权责发生制要求在收入实现时（实现原则）和费用发生时（配比原则）予以确认。在权责发生制下确认收益，收入的现金何时收到和作为费用的现金何时支付并不重要。为了取得合理的结果，公司通常以权责发生制为基础编制资产负债表和利润表。

权责发生制需要在会计期末对账户的余额进行一系列的调整。例如，在10月1日支付1 000美元的一年保险费用（从今年10月1日到次年的9月30日）应该借记"保险费用"（1 000美元），贷记"现金"（1 000美元）。如果该公司在12月31日编制财务报表，它有必要调整保险费用，因为并不是所有的保险费用都应在10月1日至12月31口这3个月的时间内确认。调整将借记"预付保险费"（资产账户）750美元，并贷记"保险费用"750美元。这样，本年利润表的保险费用为250美元，而750美元的预付保险费（资产）将出现在资产负债表上。

图表 2—4   **复式记账体系**

（描述永久性账户和临时性账户的关系）

永久性账户（资产、负债和股东权益）

资产	=	负债	+	股东权益

资产账户*		负债账户*		普通股*	
借方**	贷方	借方	贷方**	借方	贷方**
增加	减少	减少	增加	减少	增加

留存收益*	
借方	贷方**
减少	增加

临时性账户（收入、费用和股利）

股利***	
借方**	贷方
增加	减少

收入***	−	费用***	=	收益或损失

收入账户		费用账户		损失 收益
借方	贷方**	借方**	贷方	
减少	增加	增加	减少	

*   永久性账户
**   正常余额
***   临时账户

调整分录将记录在普通日记账上，然后结转到总账。所有账户一旦都调整为以权责发生制为基础，就可以编制财务报表了。

2.3.3 编制财务报表

会计师利用调整后账户编制财务报表，这些报表便是会计系统的产品。利润表和资产负债表这两个基本的财务报表可以直接利用调整后账户编制，而现金流量表的编制则需要对账户进行进一步的分析。

2.3.4 特德威委员会

特德威委员会（Treadway Commission）是美国反对虚假财务报告委员会（National Commission on Fraudulent Reporting）的通俗名称，使用其第一个主席，即前证券交易委员会委员詹姆斯·C. 特德威（James C. Treadway）的名字命名。该委员会就防止财务报告欺诈、伦理和有效内部控制发布了许多建议。特德威委员会成立于1985年，是一个自愿性私人组织。[1]

全美反舞弊性财务报告委员会发起组织（Committee of Sponsoring Organization of the Treadway Commission，COSO）发表的报告阐述了内部控制系统的详情。这些报告为评价内部控制有效性提供了标准。

《萨班斯—奥克斯利法案》404 款强调了内部控制及管理层对内部控制职责的重要性。该法案要求会计师事务所在资产负债表日对管理层就财务报表内部控制及其有效性的评估给出审计意见。

管理层对财务报告内部控制的报告以及会计师事务所为股东和董事会提供的报告经常参照由全美反舞弊性财务报告委员会发起组织设定的内部控制标准。

2.4 审计意见

审计师（注册会计师）对企业提供的财务信息进行独立的检查并据此出具报告。审计意见是审计师对财务报表进行审计后正式的意见声明。审计意见可以分为以下几种：

（1）无保留意见（unqualified opinion）。无保留意见说明财务报表符合公认会计原则的规定，在所有重要的方面公允地反映了企业的财务状况、经营成果和现金流量。

（2）保留意见（qualified opinion）。保留意见说明除了存在某些事项使无保留意见的条件不完全具备外，财务报表符合公认会计原则的规定，在所有重要的方面公允地反映了企业的财务状况、经营成果和现金流量。

（3）否定意见（adverse opinion）。否定意见说明财务报表不符合公认会计原则，在所有重要的方面不能公允地反映企业的财务状况、经营成果和现金流量。

（4）拒绝表示意见（disclaimer of opinion）。拒绝表示意见说明审计师无法对财务报表表示意见。拒绝表示意见在审计师无法获得足够的审计证据支持其审计意见时出具。

《萨班斯—奥克斯利法案》通过之后，审计意见的种类可能变动非常大。私人公司并不受《萨班斯—奥克斯利法案》的约束，但是越来越多的私人公司已经遵循《萨班斯—奥克斯利法案》的部分条款。私人公司遵循《萨班斯—奥克斯利法案》部分条款的原因如下：

- 所有者希望出售其公司或上市。
- 端坐于上市公司董事会的董事看到《萨班斯—奥克斯利法案》的好处。
- 高层经理人认为强有力的内部控制有助于改善公司的效率。
- 顾客需要强有力的内部控制。
- 贷款人可能更愿意贷款。[2]

无保留（或清洁）意见通常有三段。第一段指出财务报表已经经过审计，并说明公司管理层对这些报表负责。这一段指出审计师有责任在对这些报表进行审计的基础上表示或拒绝表示意见。

第二段指出审计师按照公认审计准则的规定进行审计。审计准则决定了审计质量水平。这些准则分为"基本准则"、"外勤工作准则"和"报告准则"。这段内容同时说明了这些审计准则如何要求审计师计划和执行审计，以获得合理的保证财务报表在所有重要方面不存在错误的陈述。第二段还包含一个对审计内容的简要描述。

第三段对报表出具意见——它们是否符合公认会计原则。在某种情况下，无保留意见可能需要审计师在审计意见段后附加说明段。在这个段落中，审计师可能表示同意企业使用违背现有原则的会计政策，描述一个重要的不确定性因素，描述某项会计原则的改变或表示对公司持续经营能力的怀疑。说明段也可能是为了强调某个事项。

除了需要增加对财务报告内部控制有效性的评述外，上市公司的审计意见与私人公司的审计意见并无二致。审计意见需要体现出管理层对财务报告内部控制及经营有效性评估的意见。

在分析财务报表时，要看独立审计师的报告。它对你的分析非常重要。从分析的角度看，具有无保留意见且没有带说明段或解释性语句的财务报表具有高度的可靠性。这种类型的报告说明财务报表没有与公认会计原则背离而且审计没有受到限制。

如果无保留意见包含一个说明段或解释性语句，则必须确定它与真正的无保留意见存在多大的区别。例如，会计政策改变的说明段通常不会被认为是重要的，尽管它可能对于你的分析很重要，而说明重要不确定性因素的说明段通常被认为是一个重要的事项。

你可能会认为保留意见或否定意见说明财务报表的可靠性受到重大的质疑。在每一种情况下，你在形成自己的意见之前都必须仔细阅读审计师的报告。

拒绝表示意见说明你无法将审计师的报告作为对报表可靠性的一个说明。当出具这种类型的报告时，审计师没有执行足够的审计程序以获得审计意见或者审计师不是独立的。

有时，与财务报表有关的外部会计师的作用要小于审计。这些会计师的报告会指出财务报表已经经过审查和编辑。

审查（review）主要包括对公司职员的询问和对应用在财务数据上的会计程序进行分析。它的范围远小于按照公认审计原则所执行的检查，后者的目的是将财务报表视为一个整体出具意见，因此，会计师不需要表示意见。会计师的报告将说明会计师认为为了符合公认会计原则的规定，财务报表无须进行任何重大的调整，或报告将指出财务报表不符合公认会计原则。违反公认会计原则可能是由于报表所使用的一个或几个会计原则缺乏合理的依据，遗漏了必要的注释披露或遗漏了对现金流量表的披露。

总体上，会计师提供的对财务报表的审查报告其可信性大大低于审计报告。别忘了，会计师的报告并没有对已审财务报表发表意见。

当外部会计师只是代表管理层提供财务信息时，人们认为他或她编辑（compile）了财务报表。编辑财务报表说明会计师没有审计或审查财务报表，因此，会计师无法对财务报表表示意见或给出任何其他形式的保证。如果会计师执行了一个编辑任务并意识到财务报表存在缺陷，那么，会计师的报告将反映如下缺陷：

- 所有重要披露的遗漏；
- 现金流量表的遗漏；
- 使用的会计原则并非公认的。

有时，呈报的财务报表并没有附带会计师的报告。这意味着报表没有经过审计、审查或编辑。这种报表只代表了管理层的意见。

2.4.1 公司内部控制的审计报告

对于根据《萨班斯—奥克斯利法案》编制报表的上市公司，除了审计报告外还需要提供公司的内部控制报告。内部控制报告的篇幅通常比审计报告的长得多。某些公司会将审计意见和公司的内部控制报告进行合并。在这种情况下，审计报告的篇幅会非常长。

图表2—5是普信集团的审计报告。该审计报告是一份无保留意见的审计报告。普信集团是一家上市公司，需根据《萨班斯—奥克斯利法案》编制报表。图表2—6是该集团的内部控制审计报告。

图表2—5　　　　**普信集团*无保留意见审计报告——2004年年报**

独立注册会计师事务所报告

普信集团董事会和股东：

　　我们审计了普信集团及其子公司2008年12月31日和2007年12月31日的合并资产负债表，以及到2008年12月31日为止过去三年相关的利润表、股东权益表和现金流量表合并报表。这些合并财务报表由公司管理层负责。我们的责任是基于审计对这些合并财务报表发表审计意见。

　　我们根据上市公司会计监管委员会（美国）的标准实施审计。这些标准要求我们计划并执行审计，以合理确信有关财务报表不存在重大错报。审计包括在测试的基础上检查支持财务报表中金额和披露信息的证据。审计还包括对管理层使用的会计准则和重要估计进行评估，以及对财务报表的总体呈报进行评估。

　　我们认为，上述财务报告在各重大方面公允地反映了普信集团及其子公司2008年12月31日和2007年12月31日的财务状况，以及到2008年12月31日为止过去三年的经营结果和现金流量情况，其编制符合美国公认会计原则的要求。

　　我们也根据上市公司会计监管委员会（美国）的标准审计了普信集团2008年12月31日财务报告的内部控制有效性（基于由全美反舞弊性财务报告委员会发起组织颁布的《内部控制——整体框架》中设定的标准）。我们于2009年2月5日对财务报告内部控制的管理层评估和操作有效性签发无保留意见审计报告。

签名：毕马威会计师事务所

巴尔的摩，马里兰州

2009年2月5日

　　*"普信集团是一家金融服务控股公司，其合并收入和净收益主要来自其子公司向受资的普信集团共同基金及其他投资组合中的个人和机构投资者提供的投资咨询服务。"10-K格式报告。

图表2—6　　　　**普信集团*公司内部控制审计报告——2008年年报**

独立注册会计师事务所报告

普信集团董事会和股东：

　　我们审计了包括在随附普信集团财务报告内部控制报告中的管理层评估，认为根据上市公司会计监管委员会（美国）的标准，普信集团对2008年12月31日财务报告保持了有效的内部控制（基于由全美反舞弊性财务报告委员会发起组织颁布的《内部控制——整体框架》中设定的标准）。普信集团负责保持有效的财务报告内部控制及其对财务报告内部控制有效性的评估。我们的责任是基于审计对这些管理层评估和公司财务报告内部控制有效性发表审计意见。

　　我们根据上市公司会计监管委员会（美国）的标准实施审计。这些标准要求我们计划并执行审计，以合理确信在所有重大方面都维持了有效的财务报告内部控制。我们的审计包括获取对财务报告内部控制的了解，评价管理层评估，测试并评价内部控制的设计及其运作有效性，以及执行在任务环境中我们认为有必要的其他程序。我们相信我们的审计工作可以为我们的审计意见提供合理的基础。

公司财务报告内部控制是一个程序，其设计旨在为财务报告的可靠性和以外部使用为目的根据公认会计原则进行的财务报表编制提供合理确信。公司财务报告内部控制包括以下政策和程序：（1）关于保持适当详细的记录以便准确、公允地反映公司资产的交易和处置。（2）提供合理确信按需记录交易，以允许按照公认会计原则编制财务报表，以及公司的收支活动仅在管理层和公司董事的授权下进行。（3）提供合理确信能够防止并及时发现对财务报表产生重大影响的公司资产的未授权购置、使用或处置。

鉴于其内在的局限性，财务报告内部控制可能无法防止并发现错报。同时任何对未来期间有效性评估的预测均具有以下风险：由于环境改变，内部控制变得不充分；政策或程序合规性可能削弱。

我们认为，基于由全美反舞弊性财务报告委员会发起组织颁布的《内部控制——整体框架》中设定的标准，普信集团 2008 年 12 月 31 日财务报告内部控制有效性的管理层评估在各重大方面表述公允。我们也认为，基于由全美反舞弊性财务报告委员会发起组织颁布的《内部控制——整体框架》中设定的标准，普信集团在各重大方面维持了对 2008 年 12 月 31 日财务报告的有效内部控制。

根据上市公司会计监管委员会（美国）的准则，我们还审计了普信集团及其子公司 2008 年 12 月 31 日和 2007 年 12 月 31 日的合并资产负债表，以及到 2008 年 12 月 31 日为止过去三年相关的利润表、股东权益表和现金流量表合并报表。我们于 2009 年 2 月 5 日对这些合并财务报表签发无保留意见审计报告。

签名：毕马威会计师事务所

巴尔的摩，马里兰州

2009 年 2 月 5 日

* "普信集团是一家金融服务控股公司，其合并收入和净收益主要来自其子公司向受资的普信集团共同基金及其他投资组合中的个人和机构投资者提供的投资咨询服务。" 10-K 格式报告。

2.4.2 财务报告内部控制的管理层报告

根据《萨班斯—奥克斯利法案》，上市公司必须呈报财务报告内部控制的管理层报告。图表 2—7 为普信集团的管理层内部控制报告，与 2008 年年报一同呈报。

图表 2—7　　**普信集团*财务报告内部控制管理层报告——2008 年年报**

财务报告内部控制管理层报告

普信集团股东：

我们和普信集团其他管理人员负责建立和保持充分的财务报告内部控制。财务报告内部控制是在我们的监管下设计的，并受公司董事会、管理层和其他人员的影响，其目的旨在为财务报告的可靠性和以外部使用为目的根据美国公认会计原则进行的财务报表编制提供合理确信。

财务报告内部控制有效性具有内在局限性，其中包括存在无法防止并发现重大错报的可能性。因此，即便是有效的财务报告内部控制也仅能就财务报表的编制提供合理确信。此外，内部控制的有效性也会随着环境的变化而变化。

公司管理层已经根据全美反舞弊性财务报告委员会发起组织颁布的《内部控制——整体框架》中设定的标准评估了 2008 年 12 月 31 日财务报告的内部控制有效性。基于管理层的评估，我们认为 2008 年 12 月 31 日财务报告的公司内部控制是有效的。

毕马威会计师事务所，一家独立注册会计师事务所，已经对包括在此年报中的财务报表进行了审计，并签发了无保留意见的审计意见。毕马威会计师事务所也对 2008 年 12 月 31 日财务报告内部审计的管理层评估和有效运作签发了无保留意见的审计意见。

2009 年 2 月 5 日

签名：乔治·A. 罗切

总裁兼首席执行官

签名：肯纳斯·V. 莫兰德

副总裁兼首席财务官

---

* "普信集团是一家金融服务控股公司，其合并收入和净收益主要来自其子公司向受资的普信集团共同基金及其他投资组合中的个人和机构投资者提供的投资咨询服务。" 10-K 格式报告。

2.5 管理层对财务报表的管理责任

编制财务报表和保证财务报表的完整性是公司管理层的责任。审计师的责任是对财务报表进行独立审计，并在审计的基础上对财务报表出具意见。为了使财务报表的使用者意识到管理层的责任，公司将管理层声明作为年报的一部分提供给股东。图表 2—8 为家乐氏公司 2008 年年报中呈报的财务报表管理层责任报告示例。

图表 2—8　　**家乐氏公司 * 财务报表管理层责任——2008 年年报**

财务报表管理层责任

编制公司合并财务报表和相关附注是公司管理层的责任。管理层认为合并财务报表显示了公司依据美国公认会计原则并使用所需最佳估计和判断后的公司财务状况和经营结果。

独立注册会计师事务所根据上市公司会计监管委员会的准则对公司的合并财务报表进行审计，并对报告的经营结果和财务状况提供客观、独立的审查。

公司董事会是由 5 名非管理层董事组成的审计委员会。该委员会定期与管理层、内部审计师和独立注册会计师事务所会面，审查会计、内部控制、审计和财务报告问题。

包括现行的伦理和公司行为计划在内的正式政策和程序支持内部审计，这些政策和程序的制定旨在确保员工遵守个人和职业道德的最高标准。我们具有完整的内部审计计划，能够独立评估内部控制的充分性和有效性。

---

* "家乐氏公司创建于 1906 年，1992 年在特拉华州转为公司制。其附属公司从事即食麦片粥和方便食品的生产和销售。" 10-K 格式报告。

2.6 美国证券交易委员会（SEC）的全面披露体系

一般来说，在美国，证券交易委员会有权制定公开发行股票的公司的对外财务报告要求。在此权限下，证券交易委员会要求某些财务报表信息必须包含在提供给股东的年报中。这种年报连同其补充信息必须包含或合并在提交给证券交易委员会的年度文档中，这就是我们所知道的 10-K 报告（10-K Report）或 10-K 格式（Form 10-K）。10-K 报告应在公司会计年度结束后 60 天、75 天或 90 天内提交，具体视普通股市场价值而定（参见图表 2—9）。年报和 10-K 报告包括已审财务报表。

证券交易委员会在年报和10-K格式报告之间提供了一个完整的披露系统，其目的是为了改进披露的质量，减轻披露的负担并使披露的信息标准化，从而实现年报与10-K格式报告相一致。

除了公司基本财务报表，10-K格式报告还必须包括以下内容：

（1）与普通股和相关证券持有者有关的市场信息，包括最高和最低销售价格、股利金额与发放次数以及股票数量。

（2）经选择的五年财务数据摘要，包括销售收入净额或经营收入净额、持续经营收益、资产总额、长期债务、可赎回优先股和每股现金股利（某些公司选择提供超过五年的数据和/或扩大披露），主要强调趋势分析。

（3）管理层对财务状况和经营成果的讨论和分析（MDA），尤其要求对负债、资本来源和经营成果进行讨论。

（4）两年已审资产负债表及三年已审利润表和现金流量表。

（5）国内和国外分支机构税前收益的披露，除非国外的分支机构不重要。

证券交易委员会会迫使管理层关注整个财务报表，而不仅仅关注利润表和企业经营状况。如果趋势信息是相关的，那么讨论应该集中在五年摘要上。讨论需要强调好的或不好的趋势并确定重要的事项和不确定性。这种讨论为分析者提供了对企业状况的一个合理总结。

图表2—9　　　　10-K格式报告和10-Q格式报告提交的最后期限

文件类别	10-K格式报告最后期限	10-Q格式报告最后期限
大单加速文件（市场价值700 000 000美元及其以上*）	60天	40天
加速文件（市场价值75 000 000美元及其以上，但700 000 000美元以下*）	75天	40天
非加速文件（市场价值75 000 000美元以下*）	90天	45天

*市场价值是非关联方持有的流通在外具有投票权和不具有投票权普通股权益的全球市场价值。

资料来源　摘自证券交易委员会公告第33-8644号。2005年12月21日，该公告修改了提交定期报告的加速文件定义和加速文件的最后期限。

图表2—10列示了10-K格式报告主要部分的一个总结。在实务中，许多10-K格式报告需要的信息以索引的形式出现。索引意味着信息不在10-K格式报告中，一个10-K格式报告的索引指明了可以在什么地方找到所需的信息。

通过对公司10-K格式报告的审查可以发现年度报告没有披露的信息。例如，10-K格式报告的第2项披露了一个详细的财产清单，并说明了财产是租赁还是自有。

证券交易委员会要求公司在季度结束后的40天或45天内提交包括财务报表、管理层讨论与分析信息在内的季度报告，具体视普通股市场价值而定（参见图表2—9，会计年度的第四个季度不必提交10-Q格式报告）。多数公司也向股东公布季度财务报告。10-Q格式报告和季度财务报告没有经过审计。

图表 2—10   10-K 格式报告概览

第 1 部分	
第 1 项	经营业务
第 1A 项	风险因素
第 1B 项	未决员工问题
第 2 项	财产
第 3 项	法律诉讼
第 4 项	对有投票权的证券持有者的建议事项
第 2 部分	
第 5 项	与注册普通股权益及股东相关的市场行情和发行者购买权益证券情况
第 6 项	经筛选的财务数据
第 7 项	公司财务状况和经营成果的管理层讨论与分析
第 7A 项	市场风险的定性与定量披露
第 8 项	财务报表与补充数据
第 9 项	会计师对会计和财务披露的变更和不同意见
第 9A 项	控制与程序
第 9B 项	其他信息
第 3 部分	
第 10 项	董事、高管与公司治理
第 11 项	高管薪酬
第 12 项	确定受益所有者、管理层和相关股东的证券所有权
第 13 项	关联方关系及其交易与董事的独立性
第 14 项	主要会计师收费与服务
第 4 部分	
第 15 项	图表和财务报表目录
签名	
图表	索引

除了 10-K 格式和 10-Q 格式报告，还必须向证券交易委员会提交 8-K 格式报告以报告某些特殊事项。需要报告的特殊事项包括主要股东变更、审计师变更、收购和剥离、破产和董事辞职。8-K 格式报告必须在事件发生后 15 天内提交。

10-K 格式、10-Q 格式和 8-K 格式报告也提供给社会公众。许多公司都不情愿将这些报告发送给非股东。对于上市公司，这些报告可以在以下网站上找到：http：//www. sec. gov。

2.7　委托书

委托书（proxy）分发给股东以征求股东对董事的选举和其他公司行动的意见，它代表了股东行使其投票权的权利。委托书包括年度报告的通知、主要股东（地址以及持有超过公司发行在外股票 5%的股东的股票持有情况）、董事会成员、常设委员会、董事薪酬、高级管理人员薪酬、员工福利计划、与高级管理人员和董事有关的事务、与独立会计师的关系以及其他事项。

《1934 年证券交易法案》对委托书所作的规定适用于所有根据该法案第 12 节已登记的有价证券。证券交易委员会通过该法案对委托书报告的规定获得了对年报的影响力。

证券交易委员会的委托书规则规定的与投资者利益有关的内容包括高级管理人员薪酬披露、业绩图表和高级管理人员退休计划。这些规定是为了增加股东对支付给高级管理人员和董事的薪酬、获得薪酬的标准以及薪酬与公司业绩关系的理解。

在其他情况下，管理人员薪酬规则要求提供四张非常正规的披露表格，并披露薪酬委员会薪酬的决策基础。

这四张披露高级管理人员薪酬的表格是：

• 一张高级管理人员薪酬概要表，包括公司首席执行官和其他四位最高薪酬管理人员过去三年的薪酬。

• 两张有关期权和股票增值权的详细设计方案表格。

• 一张长期激励计划表格。

业绩图表是将公司累计的全部股东收益率与股票市场整体业绩指标以及公布的行业指数或同类公司进行比较的线形图表，这种业绩图表必须反映公司五年的状况。

高级管理人员的养老金计划表披露预计高级管理人员退休后所有已确定福利或主要由年终薪酬（或平均年终薪酬）和服务年限决定的保险精算计划的年度福利支付。还有其他需要补充的披露，这种披露项目包括潜在支付的薪酬与薪酬概要表所披露的薪酬之间的关系，以及每一个被任命的高级管理人员的估计服务年限。

对于上市公司，可以在以下网站找到委托书：http：//www.sec.gov。

2.8 年度报告摘要

上市公司要公布年度报告摘要。年度报告摘要是一个浓缩报告，它忽略了许多包含在一般年报中的财务信息。全面年度报告包括的财务栏目要多于非财务栏目。年度报告摘要通常有许多非财务栏目。[3] 当一个公司公布年度报告摘要时，发给股东的委托书的内容必须包括一套完整的已审报表和其他必要的财务披露。

要进行有效的分析仅有一个年度报告摘要是不够的。对公司而言，公布年度报告摘要需要提供委托书和 10-K 格式报告的复印件。即使公司公布了全面的年度报告，最好也附有委托书和 10-K 格式报告的复印件。某些公司同时公布年度报告和 10-K 格式报告，而有些公司则同时公布年度报告和委托书。

2.9 有效市场假说

有效市场假说（efficient market hypothesis，EMH）与资本市场证券价格能否反映其真实价值有关。有效市场假说意味着公开信息充分反映在股票价格之中。如果市场不能获得相关信息或存在虚假信息，那么，市场不可能有效。

毋庸置疑，财务会计准则委员会和证券交易委员会评估其行动对证券价格的影响。证券交易委员会特别关注内幕交易，因为通过内幕信息可以获得超常收益。

如果市场是有效的，或者公司不遵循全面披露原则，那么投资者可能受到伤害。

在一个有效市场中，采用何种披露方法不如是否披露某个项目重要。一个项目是在财务报表中披露还是在附注中披露并不重要，重要的是对实质性事项进行披露而不是如何披露这些事项。

通常披露存在成本。应该尝试确定与披露有关的附加成本。只有披露的预期收益超过额外成本，才应该披露。

一般认为，在大型的、有组织的股票市场交易的大型企业比没有在大型的、有组织的股票市场交易的小型企业更有效。

尽管有关研究证据与有效市场假说相矛盾，但这个假说对美国的财务报告仍起着重要的作用。

2.10 伦理

"伦理（ethics）和道德（moral）是同义词。伦理来自于希腊语，而道德来自于拉丁语。它们是可以互换的词，都是指品质或行为观念。这些观念以一种行为规范的形式出现，为判别对与错提供了标准。"[4] 伦理成为一个研究主题已经有几百年的历史。从事财务工作的个人必须能够认识道德问题并通过适当的方式处理之。

伦理影响所有的人——从财务职员到高级财务总监。个人根据其个人价值观进行日常决策。除了法律要求（它被视为道德规范的最低标准）之外，有些公司和职业机构建立了作为抱负表述和正直诚实标准的道德规章。

人与人之间关系的十个重要价值观如下：[5]

（1）人道；

（2）诚实；

（3）责任心；

（4）遵守承诺；

（5）追求卓越；

（6）忠诚；

（7）公平；

（8）正直；

（9）尊重他人；

（10）遵守公民义务。

道德可能是财务报告的一个特殊问题。从短期看，公认会计原则为不同的结果留下了足够的空间。过高的主观估计显然会影响盈余。担保成本准备是什么？贷款损失准备是多少？有疑问账户的折扣应该是多少？

美国会计学会从1988年开始启动了一个职业与伦理项目。该项目其中的一个目标就是给学生提供一个在遇到道德困境时评估其行为的框架。美国会计学会开发了一个用于解决道德问题的决策模型。[6]

（1）确定事实——什么事件、参与人、地点、时间、如何处理。

（2）界定道德问题（包括确定受制定决策或执行行动影响的特定团体）。

（3）确定主要的原则、标准和价值观。

（4）说明可选择的项目。

（5）比较规范、原则以及与选择项有关的价值观，看是否可以做出一个明确的决策。

（6）评价后果。

（7）决策。

例证1：储蓄与贷款机构的道德问题

与储蓄和贷款机构（S&L）有关的丑闻，揭露了储蓄机构的几个审计人员从其审计的储蓄和贷款机构借了大笔的款项，其中的一些贷款涉及特别因素。[7] 在一个案例中，某家会计师事务所的一些合伙人从商业房地产贷款机构借入资金，在房地产市场崩溃时，其中的一些合伙人无法偿还贷款。[8] 无法肯定这些特殊的贷款是否违反了职业道德标准。美国注册会计师协会随后改变其道德标准，禁止所有这样的贷款。

在另一个案例中，某家会计师事务所支付了150万美元解决加利福尼亚州会计学委员会对其1987年对林肯储蓄和贷款机构审计疏漏的诉讼。该会计学委员会控告该事务所同意被审单位不恰当确认了大约6 200万美元的利润。[9]

例证2：影视行业的道德问题

好莱坞的会计实践通常被认为是"神秘的"。[10] 一个案例是阿特·包可华对派拉蒙电影公司违反与电影《来到美国》有关合同的诉讼。派拉蒙电影公司1983年购买了阿特·包可华的故事《一天的国王》的版权，并承诺将该影片1.5%的利润给阿特·包可华。阿特·包可华的律师皮尔斯·欧·唐尼尔指责派拉蒙电影公司在确定利润时"大量减少了"利润。尽管电影在全球获得了3.5亿美元的收入，但派拉蒙电影公司却宣布损失了1 800万美元。根据派拉蒙电影公司的会计核算结果，阿特·包可华没有获得任何利润分成。[11] 阿特·包可华最终在1992年的法院判决中获得了15万美元。[12]

除了阿特·包可华外的许多好莱坞名人都控告好莱坞方式的会计。这包括温斯顿·格卢姆转让电影版权给《阿甘正传》，简·方达失去了与电影《在金色的池塘》有关的大量利润，以及詹姆斯·加纳失去了在《洛克福德档案》（电视剧）中属于他的利润份额。会计是好莱坞最佳创作的一部分。

例证3：投资机构的道德问题

近年来，证券交易委员会不断指控参与庞氏（Ponzi）骗局的众多个人投资者。2008年，在伯纳德·麦道夫（Bernard Madoff）被指控操纵超过500亿美元的巨额庞氏骗局之后，历史上最大规模的骗局终于浮出水面。庞氏骗局是一种金字塔式的骗局。该骗局得名于查尔斯·庞氏（Charles Ponzi）。早在20世纪20年代，查尔斯·庞氏就开始诱骗投资者从事邮票的投机活动。该骗局的操纵者没有投入任何钱或只投入少部分钱。庞氏骗局的操纵者挥霍投资者投入的钱，并用投资者投入的钱回报那些希望收回其投资的投资者。

证券交易委员会的要求——伦理法规

2003年1月，证券交易委员会投票就是否要求在公司年度报告中披露公司对其主要经理、主要财务人员和主要会计人员或主计长或其他执行同样职能的人进行道德规范进行了投票。这个规定将把道德规范确定为一项书面的标准以合理地阻止错误的行为并促进：

（1）诚信和合乎伦理的行为，包括符合伦理地处理个人与职业之间的实质或表面的利益冲突。

（2）在公司归档或呈交的以及公司和委员会发布的其他公众信息的报告和文件中完整、公允、真实、及时和便于理解地进行披露。

（3）符合相应的政府法律、制度和规章。

（4）有关违反法规的内部报告及时交给适当的人或法规确定的人。

（5）拥护相关法规的责任。[13]

证券交易委员会要求公司在其年度报告（10-K 格式报告）中展示它的伦理规则副本，或在公司内部网站上提供这个副本。

证券交易委员会要求的结果是《萨班斯—奥克斯利法案》的出台。延伸阅读 2-2
图表 2—11 列示了耐克公司的伦理法规。

图表 2—11　　　　　　　　　　　耐克公司的伦理法规*

界定耐克公司的经营范围和游戏规则

做正确的事

来自菲尔的信息

在耐克公司，我们始终保持积极进取的精神。我们努力经营，我们为成功而经营，但是，我们按游戏规则经营。

这个伦理法规至关重要。它包括耐克公司的游戏规则。这些规则是我们赖以生存的规则，我们为之而努力奋斗。请认真阅读，如果你以前已经阅读过，请再认真阅读。

然后，花一些时间思考这些规则的内容，并承诺按这些规则经营。界定耐克公司经营范围可以确保无论耐克公司面临什么变化和挑战，我们的行动和决策都符合我们共同的价值观。

谢谢你的承诺。

菲利普·H. 耐特

注释：菲利普·H. 耐特是耐克公司的董事会主席。

耐克公司伦理法规是一份长达 28 页的"界定耐克公司的经营范围和游戏规则"。

可以在网站（http://www.nikebiz.com）找到耐克公司的伦理法规。点击"Investors"，接着点击"Corporate Governance"，然后点击"Code of Ethics"，最后再点击"Code of Business Conduct & Ethics"。耐克公司董事会批准了公司的伦理法规的更新。新版的伦理法规从 2009 年 3 月 30 日开始生效。

* "我们的主要经营业务是高质量的鞋类、服饰、装备及其附属产品的设计、开发和全球市场营销。"10-K 格式报告。

2.11　国际会计准则的协调

对会计实务的改革动力来自于企业界和政府。随着国际商务和全球资本市场的扩张，企业界和政府对国际间会计准则协调的兴趣与日俱增。

由于缺乏国际间会计准则协调而引起的问题包括：

1. 跨国公司需要招聘能在不同国家会计之间架起桥梁的关键职员。

2. 对本地会计准则进行调整以消除进入其他资本市场所遇到的困难。

3. 欠发达国家的公司进入资本市场所遇到的困难。[14]

4. 会计实务和服务给国际贸易带来的负面影响。[15]

为了适应国内环境，美国已经制定出了国内会计准则。以下几个因素影响会计准则本土化：

1. 在美国，充满分歧的环境使得许多个案需要更详细的会计准则。

2. 某些国家的高通货膨胀率引起了固定资产定期性价值重估和其他价格水平调整或披露事项。

3. 某些国家（如日本和德国）更为强调财务报告与所得税申报的吻合程度。这无疑对国内财务报告产生重大影响。

4. 开放性市场作为资本流动中介的主要途径，拉动了美国和其他发达国家对财务报告的信息需求。[16]

已经观察到的影响某个国家财务会计运作的因素如下：

1. 投资者和信贷者即信息使用者是哪些（个人、银行和政府）。

2. 投资者和信贷者的数量。

3. 企业与投资者或信贷集团之间关系的密切程度。

4. 股票交易和债券市场的发达程度。

5. 国际金融市场的利用程度。[17]

基于这种不同的背景，短期内难以（如果可能的话）将各国的会计准则和谐地纳入一个有意义的国际会计准则框架。尽管如此，许多人还是看到国际会计准则协调的好处，而且也感到会计必须沿着这个方向发展。

联合国（UN）对国际会计准则协调显示出极大的兴趣。联合国 1973 年指定了一个团体，研究国际会计准则协调。这是一个特别的工作组，工作组的成员代表政府而不是私营机构。工作组不颁布准则而是推动准则的发展。联合国关注的是跨国公司如何影响发展中国家。[18]

除了国际会计准则理事会（IASB）和联合国，许多其他组织也在国际会计准则协调中扮演重要的角色。这些组织包括美国财务会计准则委员会（FASB）、欧洲经济共同体（EEC）、国际经济发展与合作组织（OECD）和国际会计师联合会（IFAC）。

1973 年，包括美国在内的 9 个国家组建了国际会计准则委员会（IASC）。国际会计准则委员会包括大约 100 个成员国和超过 100 个会计职业团体。国际会计准则委员会是唯一一个参与制定国际会计准则的民间机构。从 1973 年至 2000 年，国际会计准则（IAS）由国际会计准则委员会负责发布。

国际会计准则委员会的目标包括：

1. 制定国际会计准则和信息披露规则，以满足国际资本市场和国际化经营企业的需求。

2. 制定会计准则，以满足发展中国家和新兴工业化国家的需求。

3. 为了增强国内会计准则与国际会计准则的可比性而工作。[19]

2001 年 1 月，为了取代国际会计准则委员会组建了国际会计准则理事会（IASB）。国际会计准则理事会是重新审视国际会计准则委员会的组织结构的产物。新的组织结构特征类似于国际会计准则委员会。国际会计准则理事会基本上延续了国际会计准则委员会的目标。

尽管国际会计准则理事会没有权力强制实施这些会计准则，但是，已经有大约 100 个国家全部或部分实施了这些会计准则。有些人将这种缺乏强制力视为一种积极因素。因为如果可以强制实施这些会计准则，那么，这有助于原本不需要投票的会计准则获得通过。但是，与基于会计准则可以强制实施而制定的会计准则相比，这使得这些会计准则更为理想。国际会计准则理事会负责发布国际财务报告准则（IFRSs）。现在，"国际财务报告准则"泛指全部的国际会计准则。

国际会计准则理事会采用类似于财务会计准则委员会的合法工作流程。这包括征求意见稿和评论期。所有拟议的会计准则和相关指南都披露出来并有大约 6 个月的评论期。

2002 年 9 月 18 日，在康涅狄格州的诺沃克市，财务会计准则委员会与国际会计准则理事会达成共识。它们承诺共同制定出高质量、可比的、能够适用于国内外财务报告的会计准则。（这就是著名的"诺沃克协定"）

自从诺沃克协定以来，财务会计准则委员会与国际会计准则理事会都取得了重要进展。在 2005 年 4 月和 10 月的联席会议上，财务会计准则委员会和国际会计准则理事会再次承诺它们将致力于推进美国公认会计原则与国际财务报告准则的趋同。在 2006 年 2 月 27 日的联席会议上，它们达成了美国公认会计原则与国际财务报告准则在 2006 年至 2008 年间趋同的路线图。已经确认短期内趋同的某些主题如下：[20]

财务会计准则委员会负责审查的主题	国际会计准则理事会负责审查的主题
1. 公允价值期权	1. 借款成本
2. 减损	2. 减损
3. 所得税	3. 所得税
4. 投资性财产	4. 政府拨款
5. 研究与开发	5. 合资企业
6. 日后事项	6. 分部报告

财务会计准则委员会与国际会计准则理事会还就一些主要的主题达成共识。这些主题如下：[21]

1. 企业合并
2. 合并报表
3. 公允价值计量指南
4. 负债与权益的区别
5. 绩效报告
6. 退休后津贴
7. 收入确认
8. 撤销确认
9. 金融工具

10. 无形资产

11. 租赁

2007 年 7 月，主要的共同主题绩效报告——财务报表的呈报——已经被更新。该项目包括由一套完整财务报表组成的财务报表的呈报与列示。该项目将彻底地改变现在根据美国公认会计原则和国际财务报告准则呈报和列示的财务报表范式。2008 年 6 月 30 日，财务会计准则委员会与国际会计准则理事会就财务信息如何呈报这个主题发表了探索性和初步性的观点。

短期性趋同项目和主要共同主题已经取得了重要进展，但还有许多工作要做。完成这些项目还需要几年的时间。如果这些工作都完成了，那么将显著改变国际财务报告准则，甚至很可能消除美国公认会计原则。

2007 年，布什总统就美国与欧盟之间的关系签署了一项协定。该协定确定了鼓励众多上市公司减少使用美国公认会计原则而更多地使用国际会计准则的步骤。同样在 2007 年，证券交易委员会宣布将接受上市公司根据国际会计准则理事会发布的国际财务报告准则编制的财务报表，而不必调整为根据美国公认会计原则编制的财务报表。

美国会计学会有一个专门应对财务会计与报告问题的讨论备忘录和征求意见稿的财务报告政策委员会。为了应对证券交易委员会公告，财务报告政策委员会发表声明指出"基于文献回顾，本委员会认为消除调整要求为时尚早"[22]。财务报告政策委员会提出许多观点支持其结论。这些观点如下：[23]

1. 美国公认会计原则与国际财务报告准则之间存在着重要的调整项目，而目前调整项目反映了美国股票市场参与者影响股票价格的信息。

2. 各国制度性差异很可能导致实施会计准则的差异。因此，考虑到各国执行会计准则的实际情况，国际财务报告准则（执行之前）可能是一套高质量的报告准则，但据此而编制的财务报表信息可能是低质量的。

3. 法律和制度障碍限制了私人企业起诉在美国的外国企业，而证券交易委员会很少对外国上市公司实施强制性行动。由于缺少可靠的强制机制，即便是高质量的会计准则也可能产生低质量的财务报告。

4. 各国会计准则的执行差异和国内外上市公司强制力的差异导致即使运用已经趋同的会计准则，也可能产生不同的财务报告。必要的调整究竟是减少会计准则执行差异还是改善会计准则的遵循程度，这是一个公开的问题。然而，在这个问题解决之前，证券交易委员会应该清楚必要的调整在减少会计准则执行差异和改善会计准则的遵循程度方面所扮演的角色。

5. 如果会计准则的协调提升了可比性，国际财务报告准则提供了对美国投资者投资决策更有用的信息，那么，会计准则的协调将有利于美国投资者。财务会计准则委员会与国际会计准则理事会联手制定会计准则，会计准则的协调将成为现实。如此一来，证券交易委员会法定的特别干预似乎没有必要。

芝加哥大学会计学教授雷·鲍尔注意到实施国际财务报告准则可能出现诸多问题。他的某些观点如下：

1. "从不利的方面看，一个值得担心的问题是各国难免存在的财务报告质量差异已经降低了会计准则的执行水平，而现在正以一致性的名义掩盖这种事实。"[24]

2. "尽管全球化趋势日益增强，但是，影响财务报告实践的多数政治和经济因素依然是本土化问题。目前存在的各种国际性执行机构实际上并没有约束力。这又强化了本土化因素。"[25]

3. "在实践中，会计准则执行的一致性问题一直面临质疑的最根本原因在于激励财务报表编制者（经理人）和实施者（审计师、法庭、制度制定者、董事会、大股东、政客、分析师、评级机构和新闻界）的因素主要还是本土化。"[26]

4. "根据其章程，国际会计准则理事会只是一个会计准则的制定机构，但对会计准则却没有强制执行力。"[27]

5. "随着时间的推移，国际会计准则理事会可能演变成为一个政治化、两极化、官僚化，类似于联合国的机构。"[28]

证券交易委员会就美国上市公司采用国际财务报告准则发布了一个建议性的路线图征求公众的意见。"许多人对高质量的全球接受的会计原则表达了肯定的意见，但是，证券交易委员会的建议性路线图征求公众意见却引来众多的批评。这些评论者非常关注在采用成本与采用收益方面，与会计准则趋同相比，国际财务报告准则是否真正与美国公认会计原则一样好，甚至比美国公认会计原则更好。"[29]

就采用成本而言，存在许多问题。显然，最首要的问题是税收问题、实施成本以及因增加报告收益而增加的纳税额。这些成本可能超过数千亿美元。美国从一种报告准则转换为一种基于原则的方法还可能发生巨额的法律成本。[30]国际财务报告准则基于原则的方法使得运用职业判断的自由度更大。

特别是2002年以来，财务会计准则委员会与国际会计准则理事会在国际会计问题上一直都运用趋同方法。这种方法在美国得到广泛的支持。证券交易委员会提出一个路线图，要求美国公司采用国际会计准则理事会制定的会计准则，但受到强烈的反对。美国似乎将转向运用某些国际会计准则。当然，这条路会走多远目前还不能确定。证券交易委员会将采用趋同方法还是强制性方法呢？

2.12　合并报表

如果公司是一个单独的实体（合并过的），在法律上相互独立的实体应该公布其财务报表以说明其财务状况、收益和现金流量。这种报表反映的是经济概念的实体而不是法律概念的实体。在合并报表中，被合并的实体之间所有的交易——公司内部交易必须被抵销。

如果对一个子公司的所有权少于100%并且它的报表需要合并，则少数股东权益必须在合并财务报表中确认，少数股东权益在资产负债表的净资产项下反映，而少数股东对利润的分配也要在利润表中反映。与少数股东权益有关的账户我们将在第3章详细讨论。

合并报表是母公司及其子公司财务报表合并后产生的财务报表，由母公司编制。最终编制的财务报表被视为一个公司的财务报表。母公司概念强调控股股东（母公司股东）的利益，而子公司是受其他公司控制的公司。未合并的子公司被视为母公司资产负债表上的一项投资。

有两种报告方法编制合并报表。第一种方法，子公司的账户与母公司的账户分开列示。当所属子公司与母公司经营业务不同时，这种方法比较符合逻辑。福特汽车公司的合并报表就分为汽车和融资服务两个类别分别显示。

第二种方法是，多数公司的合并报表将母公司和子公司的账户合计列报。陶氏化学公司的合并报表就将母公司和子公司的账户合计呈报。

母公司对子公司多数流通在外的具有投票权的股份所有权享有法律控制权。当子公司的多数董事会成员不是通过具有法律控制的方法选举的，母公司就可以进行有效控制。

公司也可能仅拥有多数具有投票权的股份的所有权，而不具有控制权。只有当子公司已申请破产保护时才会出现这种情况。在申请破产时，破产法院的法官具有控制权。

控制权也可以不通过获得多数股票所有权来获取。财务会计准则委员会确认了风险、收益、决策制定能力和主要的受益人。这样，当公司承担所有权的大多数（超过50%）风险和收益时，就要求进行合并。由风险、收益和决策制定能力而进行的合并将是一种接受主要的生产能力和贷款状况（授予主要控制）的契约。

编制合并财务报表在美国已经实行多年，但是在其他国家却仍未实行。有些国家根本不对报表进行合并，而另一些国家根据其他的规则编制合并报表。像加拿大、法国、德国、意大利、日本和英国这样的国家实行了合并报表，但是所遵循的合并标准各不相同。

国际会计准则委员会通过了准则，要求合并所有受控子公司的报表。虽然无法强制实行国际会计准则委员会准则，但是此准则也将扩大合并报表的接受范围。

2.13　合并企业会计

通过并购形成企业主体合并的情况非常多。这种外部企业扩张有许多原因，包括达到规模经济和减少进入新市场的时间。合并必须使用购买法（purchase method）记账。

购买法将企业合并视为一个企业购买另一个企业。企业进行购买记录时，按照资产和负债获得时的公允价值确认。已确认资产和负债的公允价值与公司实际支付的金额之间的差额作为商誉（一项资产）处理。

在购买时，并购企业取得了购买日被并购企业的收益。被并购企业的留存收益不再延续存在。

2.14　本章小结

本章讨论了基本财务报表。接下来的几章将详细讨论这些财务报表。

对每一个会计期间内会计程序即会计循环的理解，有助于对最终结果——财务报表的理解。

本章描述了经营主体的形式，包括独资企业、合伙企业和公司。

管理层对财务报表负责。这些财务报表由审计师进行检查，并由审计师在审计报告中表达其对报表是否符合公认会计原则的意见。审计报告通常指出影响财务报表分析的关键因素。证券交易委员会启动了一个项目，要求将这些年度报告与10-K格式报告相结合。

对上市公司的报告意见、年度报告摘要（一份简化的年报），省略了许多包含在常规年度财务报告中的财务信息。

有效市场假说与资本市场产生能够反映证券价值的价格能力有关。如果在市场上不能获得相关信息或提供了虚假信息，那么，市场就不是有效的。

从事财务工作的人应该能够辨别伦理问题并适当解决它们。

随着国际业务和全球资本市场的扩张，企业界和政府对国际会计准则协调的兴趣与日俱增。证券交易委员会可能要求美国公司运用国际会计准则理事会制定的会计准则。

如果公司是一个单独的实体（合并过的），在法律上相互独立的实体应该公布其财务报表以说明其财务状况、收益和现金流量。

通过并购形成企业主体合并的情况非常多。理解企业合并如何影响基本报表对分析师来说非常重要。

思考题

2.1 在编制财务报表时，管理层和审计师的作用分别是什么？

2.2 一个企业的三种基本财务报表是什么？请说明每一种财务报表的目的。

2.3 为什么财务报表需要附注？

2.4 我们在什么地方可以找到对企业会计政策的说明？

2.5 道德和法律之间有何关系？

习题

2—1 下列账户取自卡尔森公司的会计记录。**请回答下列问题：**

负债总额（年末）	$92 000	资产总额（年末）	$143 000
股本（年末）	16 000	留存收益（年初）	15 000
该期间股利	20 000	净收益	40 000

要求

1. 留存收益的年末余额是多少？

2. 用美元数额写出卡尔森公司的年末会计方程式。

3. 如果该年度股东权益增加，是否就意味着该公司盈利了？请说明理由。

2—2 根据下列项目在财务报表的归属，将其归为利润表项目（IS）或资产负债表项目（BS），同时指出各个项目是收入（R）、费用（E）、资产（A）、负债（L）还是股东权益（SE）项目。

	归属于哪种报表？	账户类型
1. 留存收益	_____	_____
2. 建筑物	_____	_____
3. 普通股	_____	_____
4. 应付账款	_____	_____
5. 棒球票收入	_____	_____
6. 工资费用	_____	_____
7. 应收账款	_____	_____

2—3 迪克公司 12 月底有下列调整分录：

1.5 月 1 日，迪克公司支付了两年的保险单共 960 美元。这些保险单有效期从 5 月 1 日到次年 4 月 30 日（两年）。现在是第一年。这项交易要记录为一项保险费用。

2.12 月 1 日，迪克公司用现金 400 美元购买了一些物料。这项交易记为一项资产即物料。12 月 31 日，确定了经营过程所消耗的物料，现存物料成本为 300 美元。

3. 迪克公司持有一张 4 000 美元的应收票据。这张票据是带息票据。利息将在票据到期时收取。这张票据是 6 月 30 日开出的一年期票据，票面利率为单利 5%。

4. 迪克公司 12 月底有一笔 800 美元的应付工资。

5.12 月 31 日，迪克公司预收服务款项 600 美元。该服务 12 月 31 日之前还没有履行。因此，这需要确认一项负债，即未赚取收入，同时减少收入。

6.12 月 20 日，迪克公司收到了 12 月所做广告的账单 400 美元。这需要确认一项负债即应付账款，同时还应确认相关费用。

要求

用 T 形账户记录 12 月 31 日的调整分录。

2—4 以下是摘自劳拉·吉布森公司 12 月 31 日的账户：

	永久性（P）或临时性（T）账户	正常余额（借方或贷方）
现金	_____	_____
应收账款	_____	_____
设备	_____	_____
应付账款	_____	_____
普通股	_____	_____
销售收入	_____	_____
购货	_____	_____
租金费用	_____	_____
公用事业费用	_____	_____
销售费用	_____	_____

要求

在空格中填写：

1. 指出哪一个账户是永久性：（P）账户或临时性，（T）账户。

2. 指出其正常余额在借方（Dr）还是贷方（Cr）。

2—5 公司编制财务报表的目的是为了汇总财务信息，以下是财务报表的类型及其描述。

财务报表

a. 资产负债表

b. 利润表

c. 现金流量表

d. 股东权益表

描述

1. 详细描述了在某一特定期间内现金的使用和来源。
2. 汇总某一特定期间内的收入和费用以及利得和损失。
3. 说明某一特定时点会计主体的财务状况。
4. 展示股东权益账户期初和期末余额的调节情况。

要求

将财务报表与其描述相配对。

案例 管理层的责任

3M 公司①的 2008 年度报告包括了这些报告。

管理层对财务报告的责任

管理层对财务报告包含的财务信息的完整性和客观性负责。财务报表根据美国公认会计原则编制。显然，财务报表反映了基于管理层职业判断的各种估计。

管理层已经为公司及其附属企业建立并保持一个内部会计与其他控制系统。该系统及其已经建立的会计程序和相关的控制措施合理地保证资产得到安全保护，账簿和记录恰当地反映所有交易、会计政策与程序，由胜任的人执行、合理编制并公允呈报财务报表。广泛沟通的文件政策支持了公司的内部控制系统。这些政策包括经营行为政策。经营行为政策要求所有员工在公司经营行为方面必须保持高水准的伦理标准。内部审计师不断地检查会计与内部控制系统。

3M 公司

财务报告内部控制的管理层报告

管理层负责建立和维护一个充分有效的财务报告内部控制系统。管理层负责评估公司基于特德威（Treadway）委员会的发起组织委员会的《内部控制框架（整合框架）》建立的财务报告内部控制系统。基于该评估，管理层认为截止到 2008 年 12 月 31 日公司的财务报告内部控制是有效的。

管理层对截止到 2008 年 12 月 31 日公司的财务报告内部控制有效性评估不包括艾罗（Aearo）公司。2008 年 4 月，3M 公司以收购业务合并的方式取得艾罗公司。艾罗公司是 3M 公司的全资子公司，截止到 2008 年 12 月 31 日，其资产总额和全部销售收入净额占 3M 公司合并资产总额和合并全部销售收入净额的比例分别在 10% 和 2% 以下。根据证券交易委员会的相关指引，在收购的第一年整合被并购公司期间，3M 公司的财务报告内部控制评估可以不包括收购而来的艾罗公司。

作为一家独立的会计师事务所，普华永道有限责任公司已经审计了公司截止到 2008 年 12 月 31 日的财务报告内部控制系统。正如其审计报告所言，普华永道有限责任公司对公司截止到 2008 年 12 月 31 日的财务报告内部控制的有效性出具了无保留意见。

3M 公司

---

① "3M 公司在下列业务领域是一个全球的多元化技术公司：工业与运输、卫生保健、安全与保护服务、办公消费品、艺术绘画、电子通信。"

要求

1. 谁对财务报表负责?

2. 就财务报表而言，会计师（审计师）扮演什么角色?

3. 会计师（审计师）经常被列为财务报表诉讼案件的被告。请思考其中的奥妙。

4. 为什么 3M 公司的 2008 年度报告包括"财务报表内部控制的管理层报告"?

互联网案例：Thomson ONE（商学院版）

请登录 www. cengage. com/international，完成包含本章讨论主题的网络案例。你可以使用 Thomson ONE（商学院版）。这是一个强有力的工具，它包含一系列基本财务信息、盈余估计、市场数据和 500 个上市公司的原始文档。

注释

1. http://www. coso. org.

2. Jaclyne Badal and Phred Dvorak, "Sarbanes-Oxley Gains Adherents," *The Wall Street Journal* (August 14, 2006), p. B3.

3. Charles H. Gibson and Nicholas Schroeder, "How 21 Companies Handled Their Summary Annual Reports," *Financial Executive* (November/December 1989), pp. 45-46.

4. Mary E. Guy, *Ethical Decision Making in Everyday Work Situations* (New York: Quarum Books, 1990), p. 5.

5. Ibid., p. 14.

6. William W. May, ed., *Ethical in the Accounting Curriculum: Cases & Reading* (Sarasota, FL, American Accounting Association, 1990), pp. 1-2.

7. "Regulators Investigate Peat on Its Auditing of S & L," *The New York Times* (May 23, 1991), p. D-1.

8. "S. E. C. Inquiry Is Reported on Loans to Accountants," *The New York Times* (February 7, 1991), p. D-1.

9. "Ernst & Young Settles Negligence Charge," *Business Insurance* (May 6, 1991), p. 2.

10. Ronald Grover, "Curtains for Tinseltown Accounting?" *Business Week* (January 14, 1991), p. 35.

11. Shahram Victory, "Pierce O'Donnell Pans 'Fatal Subtraction'", *American Lawyer* (May, 1991), p. 43.

12. "Buchwald Wins Just $150 000 in Film Lawsuit," *The Wall Street Journal* (March 17), 1992, p. B-1.

13. SEC Adopts Rules on Provisions of Sarbanes-Oxley Act, SEC Internet web site, http://www. sec. gov/The SEC News Digest Archive, January 16, 2003.

14. Dennis E. Peavey and Stuart K. Webster, "Is GAAP the Cap to International Markets?" *Management Accounting* (August 1990), pp. 31-32.

15. John Hagarty, "Why We Can't Let GATT Die," *Journal of Accountancy* (April

1991) ,p. 74.

16. Dennis Beresford, "Internationalization of Accounting Standards," *Accounting Horizons* (March 1990) ,p. 10.

17. Gerhard G. Mueller, Helen Gernan, and Gary Meek, *Accounting:An International Perspective*, 2d ed. (Homewood,IL,Richard D. Irwin , Inc. ,1991) ,pp. 11–16.

18. Ibid. ,pp. 45–46.

19. Peavey and Webster,"Is GAAP the Cap to International Markets?"p. 34.

20. http://www. fasb. org,Financial Accounting Standards Board,*International Overview of FASB's Memorandum of Understanding*,*A Roadmap for Convergence Between IFRSs and U. S. GAAP—2006—2008*,*Memorandum of Understanding Between the FASB and IASB* (February 27,2006) ,p. 2.

21. Ibid. ,3.

22. "Response to the SEC Release, "Acceptance from Foreign Private Issuers of Financial Statements Prepared in Accordance with International Financial Reporting Standards without Reconciliation to U. S. GAAP File No. S7–13–07,"*Accounting Horizons* (June 2008) ,p. 225.

23. Ibid. ,225.

24. Ray Ball,"International Financial Reporting Standards(IFRSs):Pros and Cons for Investors,"*Accounting and Business Research*,*International Accounting Policy Forum*(2006) , pp. 5,6.

25. Ibid. ,15.

26. Ibid.

27. Ibid. ,17.

28. Ibid. ,22.

29. "Where Will the SEC Take the IFRS Roadmap? An AICPA analysis of Comment Letters on the SEC's Proposal. "*American Institute of Certified Public Accountants*(April 27, 2009) ,http://www. ifrs. com/updates/aicpa/IFRS_SEC. html.

30. Ellen M. Heffes, "Legal Considerations in the Proposed Transition to International Financial Reporting Standards,"*Financial Executive*(May 2009) ,pp. 14,15.

第3章 资产负债表

主要财务报表包括资产负债表、利润表和现金流量表。本章将详细介绍资产负债表。资产负债表还称作财务状况表和财务情况表，而资产负债表是最常用的名称。[1]

另一份报表为股东权益表，它是资产负债表的一部分，用来调整股东权益的变动。此报表也将在本章中讲述。股东权益表也有许多其他的名称，而股东权益表是最常使用的名称。[2]

3.1 资产负债表的基本要素

资产负债表（balance sheet）说明了某个会计主体在某一特定时点的财务状况。资产负债表包括资产（企业的资源）、负债（企业的债务），以及股东权益（企业所有者的权益）。

资产主要来自两个渠道：债权人和所有者。在任何时候，资产必须等于债权人和所有者的投入。下面的会计等式表述了这种关系：

资产＝负债+股东权益

在资产负债表中，资产等于负债加股东权益。它们可能出现在资产负债表左右两边（账户式），也可能资产在顶部而负债和股东权益在底部（报告式）。图表3—1展示了资产负债表的典型报告式，而图表3—2则展示了资产负债表的典型账户式。在美国，报告式占主导地位。[3]

各国的资产负债表格式有所不同。例如，受英国影响的国家，其财务报告先报告流动性最弱的资产，将现金放到最后；而受美国影响的国家，正如本章所述，其资产负债表则强调资产的流动性。

3.1.1 资产

资产（assets）是某特定主体由于过去的交易事项所产生或控制的可预期的未来经济利益。[4] 资产可能是有形的，如土地、建筑物、存货、原材料或完工产品等；资产也可能是无形的，如专利和商标。

资产通常分为两个主要类型：流动资产和非流动（长期）资产。流动资产（current assets）包括：（1）以现金形式存在的资产；（2）将以现金形式实现的资产；（3）企业经营周期或一年内（视两者孰短）转变为现金的资产。经营周期包括从获得存货到销售存货收回现金的这段时间。非流动资产或长期资产（long-term assets）是指在超过一年或一个经营周期的期间不能转变为现金或以现金的形式进行保存的资产。某些行业如银行（财务机构）、保险公司或房地产公司，不会将资产（或负债）区分为流动和非流动。第12章将讨论这些特殊行业。

如果被合并的一个重要分支机构来自不使用流动与非流动概念的行业，那么，合并报表也将不使用流动与非流动概念。这些公司通常提供分部报告，并将分支机构作为一项投资处理（不合并）。

例如，通用电气公司（GE）不使用流动与非流动概念。通用电气公司的合并报表提供了公司的制造与非财务服务业务的合并及通用电气资本服务有限公司（GECS）的信息。

图表 3—1　　　　　　　**奎克化学公司＊合并资产负债表（报告式）**

	2008 年	2007 年
	（除了面值和股票数量，单位为千美元）	
资　　产		
流动资产		
现金及现金等价物	20 892	20 195
建设基金（限定用途现金）	8 281	—
应收账款净额	98 702	118 135
存货净额	57 419	60 738
递延所得税	4 948	4 042
预付费用于其他流动资产	10 584	10 391
流动资产合计	200 826	213 501
财产、厂房和设备净值	60 945	62 287
商誉	40 997	43 789
其他无形资产净值	6 417	7 873
对子公司投资	7 987	7 323
递延所得税	34 179	30 257
其他资产	34 088	34 019
资产总额	385 439	399 049
负债和股东权益		
流动负债		
短期借款和长期债务的流动部分	4 631	4 288
应付账款	48 849	65 202
应付股利	2 492	2 178
应计薪酬	7 741	17 287
应计养老金和退休后津贴	7 380	1 726
其他流动负债	12 771	15 670
流动负债合计	83 864	106 351
长期债务	84 236	78 487
递延所得税	7 156	7 583
应计养老金和退休后津贴	37 638	30 699
其他流动负债	42 670	41 023
负债总额	255 564	264 143

负债和股东权益		
少数股东权益	3 952	4 513
承诺和或有负债	—	—
股东权益		
普通股（面值 1 美元，核准发行 30 000 000 股，2008 年发行了 10 833 325 股，2007 年发行了 10 147 239 股）	10 833	10 147
资本公积	25 238	10 104
留存收益	117 089	115 767
累计其他全面损失	(27 237)	(5 625)
股东权益合计	125 923	130 393
负债和股东权益总额	385 439	399 049

＊"奎克化学公司除了为各类重工业和制造装备业设计、生产和销售大批量定制性的化学产品之外，还提供化学品管理服务。"10-K 格式报告。

图表 3—2　　　　　**高尔曼·鲁普公司＊合并资产负债表（账户式）**　　　　单元：千美元

合并资产负债表

资　　产	12 月 31 日		负债和股东权益	12 月 31 日	
	2008 年	2007 年		2008 年	2007 年
流动资产：			流动负债：		
现金及现金等价物	23 793	24 604	应付账款	15 878	14 162
短期投资	—	5 586	工资及相关负债	7 442	7 122
应收账款	48 200	47 256	应付佣金	5 246	5 008
存货	420	493	应计费用	4 641	4 925
原材料与在产品	32 996	27 917	应计退休与医疗津贴	2 362	2 264
完工部件	20 288	21 348	流动负债合计	35 569	33 481
产成品	3 597	3 958	应付所得税	863	823
	56 881	53 223	退休津贴	11 421	—
递延所得税	1 198	1 567	退休后津贴	24 020	26 661
预付费用和其他费用	4 194	3 052	递延所得税	459	609
流动资产合计	134 266	135 288	少数股东权益	618	520
财产、厂房与设备：			股东权益：		

续表

资　　产			负债和股东权益		
土地	1 694	1 694	无面值普通股:		
建筑物	71 900	51 022	注册资本（核准发行		
机器与设备	104 436	102 663	35 000 000股；2008年发		
	178 030	155 379	行 16 707 535 股，2007	5 099	5 098
累计折旧	97 624	95 409	年发行 16 703 035 股（分别扣除了 2008 年的库藏股 604 683 股和2007年的库藏股609 183 股))		
财产、厂房与设备净值	80 406	59 970	留存收益	171 312	151 467
递延所得税	6 883	4 510	累计其他全面损失	(17 823)	(7 125)
其他资产	9 983	11 766	股东权益合计	158 588	149 440
	231 538	211 534		231 538	211 534

* "高尔曼·鲁普公司设计、制造和销售运用于水、废水、建筑、工业、石油、原始设备、农业、防火、暖气装置、通风设备和空调、军用设备和其他液体处理装置的各种泵及其相关设备（泵和发动机控制器）。"10-K 格式报告。

流动资产

流动资产按流动性（liquidty）（转变为现金的能力）顺序列示在资产负债表中。流动资产主要包括现金、可出售证券、短期应收账款、存货和预付账款。在某些情况下，除了这些以外的一些资产也可能被视为流动资产。如果是这样的话，说明管理层认为这项资产可以在一个经营周期或一年内转化为现金。一个例子就是持有准备立即处理的土地。如果查询《会计趋势和技术》（2006 年版）可以看到其中列示的应作为其他流动资产披露的项目。流动资产不包括受限制的现金、以控制为目的的投资、长期应收账款、人寿保险缴纳现金值、土地与其他自然资源、应计提折旧资产和长期预付账款。

现金　现金（cash）是流动性最强的资产，包括可转让支票和在支票账户中不受限制的存款余额以及持有的现金。即使银行可能不会在某一特定期间内发放现金，但储蓄账户仍被视为现金。图表3—3 列示了现金项目。

有价证券　有价证券（marketable securities）（也可称为短期投资）的特征是它们可以以一个已经确定的市场价格进行交易。某个企业持有有价证券是为了利用准现金资产赚取回报。要将这些资产视为有价证券，管理层必须准备在短期内将这些资产转化为现金。

债务和权益类有价证券的实现基础是公允价值。图表3—3 列示了有价证券。

应收账款　应收账款（accounts receivable）是通过向顾客销售或提供劳务到期应收回的资金。应收账款通常以扣除折让后的净值出现，以反映其可实现价值。这些账款预期是可收到的。最普遍的折让是坏账（无法收回的账款）。其他的折让可能包括预期的销售折扣，即为了及时收回资金或因销售退回而给予的折扣。这些类型的折让

图表 3—3

思迁国际公司[*]合并资产负债表（部分）——现金、有价证券和应收账款示例

单位：千美元

	2009 年 1 月 31 日	2008 年 1 月 31 日
资　　产		
流动资产：		
现金及现金等价物	62 458	63 359
限定用途现金	1 431	—
有价证券	9 447	19 266
应收账款净值（分别扣除了 853 000 美元和 663 000 美元的坏账准备）	41 513	28 376
应收所得税	771	44
未开账单应收款	4 595	7 367
存货净额	17 251	14 315
预付费用与其他流动资产	3 348	2 612
流动资产总额	140 814	135 339

　　[*] "思迁国际公司……1993 年 7 月 9 日创建于特拉华州，是一家技术领先的数码视频系统和服务的设计者、制造商和销售商。"10-K 格式报告。

在销售期内（即折让发生时）确认为费用。在未来期间内，当这些损失发生时，将对已计提的折让予以冲销。图表 3—3 列示了思迁国际公司的应收账款账户（扣除折让）。2009 年 1 月 31 日，公司预期可收回 41 513 000 美元，而应收账款总额可以调整为：

应收账款净值	41 513 000 美元
加：折让	853 000 美元
应收账款总额	42 366 000 美元

　　流动资产还包括其他的应收款项。这些应收款项可能来自合同、税收退回的求索权、资产出售、出售应收款的保留利益、员工，以及分期付款票据或款项等。[5]

　　存货　存货（inventories）是持有货物的余额。在制造性企业，存货包括原材料、在产品和产成品。存货按成本结转，并按成本与市价孰低法列示（成本法和成本与市价孰低法将在第 7 章讨论）。图表 3—4 列示了存货的例子。

　　原材料　购买的这些物品直接用于制造产品并构成产品的一部分。例如，在缝制衬衣时，布和棉花都是原材料。

　　在产品　在产品说明产品开始生产但还不能销售。在产品包括材料成本、直接用于制造产品的劳动力成本和工厂的管理费用。工厂的管理费用包括的成本项目有租金、间接工资和维护成本。

图表 3—4

辛普森制造公司*及其子公司合并资产负债表（部分）——存货示例

单位：千美元

	12 月 31 日	
	2008 年	2007 年
资产		
流动资产		
现金及现金等价物	170 750	186 142
应收账款净额	76 005	88 340
存货	251 878	218 342
递延所得税	11 995	11 623
持有待售的资产	8 387	9 677
其他流动资产	8 582	8 753
流动资产总额	527 597	522 877

合并财务报表附注（部分）

1. 经营业务与重要会计政策概述（部分）

存货计价

存货按成本与可变现（市场）净值孰低计价。成本包括每一件产品从开始到其现在的位置和状态所发生的所有费用，具体如下：

原材料和外购产成品——主要以加权平均法确定的成本计价。

在产品和产成品——直接材料和直接人工成本加上根据正常业务量水平分配的间接费用。

公司运用可变现净值和废弃价值确定存货的价值。公司根据销售价格减去进一步加工的成本和处置费用确定可变现净值。公司将现有存货与未来预期需求对比确定滞销产品。过时冷背产品是指产品现有的库存超过该产品两年的销售需求量或公司认为难以再销售出去的产品。因为没有可变现净值，公司重新评估过时冷背的存货价值，并注销其所有账面价值。公司一直运用这种方法。公司认为这种方法较为稳健，而且为滞销存货和过时冷背存货计提了适当的准备金。一旦计提了准备金，就产生一种新的存货成本。

12 月 31 日（单位：千美元）

	2008 年	2007 年
原材料	92 638	82 164
在产品	26 371	23 674
产成品	132 869	112 504
	251 878	218 342

* "总部在特拉华州的辛普森公司通过其子公司辛普森紧固件公司从事设计与制造业务。该公司是一家领先的木质与木质、木质与水泥以及木质与砖瓦连接器、快速螺丝钉紧固与校勘系统、不锈钢紧固件和预制板等建筑材料的制造商。辛普森紧固件公司的锚定系统公司还提供用于水泥、砖瓦和钢铁的黏合剂、机械锚、硬质合金钻头和粉末催化剂等一系列产品。"10-K 格式报告。

产成品　产成品是准备用于销售的产品。这些存货的成本同样包括原材料成本、直接用于制造产品的劳动力成本和工厂的部分管理费用。

由于零售和批发行业的企业不自行制造产品而只销售产品，因此，它们唯一的存货就是商品。这些企业没有原材料、在产品或产成品。

办公用品　除了持有的货物，企业可能还有办公用品。对于一个衬衣厂，办公用品包括产品销售记录带、铅笔和缝纫机针等。与存货有关的具体内容通常在附注中披露。

预付账款　预付账款（prepaid）是在使用服务或获得商品之前的一项支出，它代表由过去交易而带来的未来利益。例如，如果预先支付了 3 年的保险费用，那么在第 1 年的年底，有 2 年的费用是预付的，主体保留了 2 年保险的权利。

预付账款通常包括广告费、税费、保险费、开办费和长期合约的预付账款。预付账款通常不单独披露。在图表 3—1 和图表 3—2 中，预付账款没有单独披露，而在图表 3—2 中，预付账款作为预付费用和其他流动资产项目的一部分。

长期资产

长期资产通常分为四类：有形资产、投资、无形资产和其他资产。

有形资产　有形资产指在企业经营过程中使用的实物工具。这里要介绍土地、厂房、设备和在建工程等有形资产。与厂房和设备有关的累计折旧也将在此阐述。

土地　土地可按获得成本列示并且不需要计提折旧，因为土地不会被耗尽，然而，土地包含的资源会用完，如矿床和森林，这属于损耗。损耗费用试图衡量这些资源的损耗程度。这与折旧的原理一样，只是折旧与有形的固定资产相关，而损耗与自然资源相关。

厂房　厂房按原始成本加上改良成本列示。厂房在其估计的使用年限内折旧（费用化）。

设备　设备按历史成本列示，包括运输和安装成本，加上所有为延长其使用寿命或提高其服务质量的重大改良成本。设备在其估计的使用年限内折旧。

在建工程　在建工程代表在建项目已经发生的成本。这些成本在建设结束后将转化为相应的有形资产。企业在建设过程中不能使用这些资产。有些分析直接关注公司使用经营资产的效率，这些分析可能会被在建工程所误导，因为在建工程也是有形资产的一部分。为了避免这种错误，将在建工程分类列入长期资产的其他项目。

累计折旧　折旧是对厂房和设备在受益期间内的成本分配过程。每个期间内发生的折旧费用将累计记入一个单独账户（累计折旧）。累计折旧是厂房和设备成本的抵减项目。净值就是资产的账面价值（book value），但它并不是资产的现行市场价值。

企业可以选择的折旧方法很多。企业对某项资产计提折旧时，通常在财务报表上使用一种折旧方法，而在所得税申报表上使用另一种折旧方法。企业通常希望财务报表的折旧速度慢一些，因为这能形成最高的现时收益和最高的资产余额。企业也希望在所得税申报表上的折旧速度更快一些，因为这可以形成最低的收益和最低的所得税。在资产的整个使用周期内，无论使用哪一种折旧方法，其折旧总额都是相等的。

在计算折旧时，一般要考虑三种因素：（1）资产成本；（2）资产的使用年限；（3）资产报废后的残值。资产的使用年限和残值必须在资产投入使用时予以估计。

如果存在正当理由，这些估计值可能会发生变更。

为了说明各种折旧方法，假设：

（1）资产成本——10 000 美元；

（2）估计资产的使用年限——5 年；

（3）估计残值（或剩余价值）——2 000 美元；

（4）估计使用小时总数——16 000 小时。

直线法 直线法（straight-line method）在资产的使用年限内按相等金额计提折旧。使用直线法计算折旧的过程如下：

（成本−残值）÷估计使用年限＝年折旧额

对于假设中的资产，每 1 年的折旧额可以计算如下：

（10 000−2 000）÷5＝1 600（美元）

在资产使用的 5 年内每年将确认 1 600 美元的折旧额。残值无须计提折旧。

余额递减法 余额递减法（declining-balance method）是一种加速折旧法，它用直线法折旧率的倍数对账面价值计提折旧（成本减累计折旧），以便在资产的估计使用年限内获得一个递减的折旧额。本书将使用双倍直线折旧率，这是可以使用的最大折旧率。使用余额递减法计算折旧额的过程如下：

$$\frac{1}{资产估计的使用年限}×2×年初账面价值＝年折旧额$$

对于假设中的资产，第 1 年的折旧额可以计算如下：

$$\frac{1}{5}×2×（10\ 000−0）＝4\ 000（美元）$$

使用余额递减法计算的在资产的 5 年寿命内每年的折旧额如图表 3—5：

图表 3—5　　　　　　**在资产 5 年寿命内每年的折旧额（余额递减法）**　　　　　单位：美元

年份	成本	年初累计折旧	年初账面价值	年折旧额	年末账面价值
1	10 000	—	10 000	4 000	6 000
2	10 000	4 000	6 000	2 400	3 600
3	10 000	6 400	3 600	1 440	2 160
4	10 000	7 840	2 160	160	2 000
5	10 000	8 000	2 000	—	2 000

估计的残值不包含在公式中，但资产在折旧后的账面价值不能低于残值。以样本资产为例，计算公式在第 4 年得出了 864 美元的折旧额，但只有 160 美元的折旧额可以在第 4 年计提，因为扣除 160 美元的折旧额后，资产账面价值下降到与残值一致。一旦账面价值等于残值，就没有折旧可以计提了。

使用年限总和法 使用年限总和法（sum-of-the-years'-digits method）是一种加速折旧法，因此，折旧费用在资产的使用年限内稳定下降。这种方法是每年用一个分数乘以成本减残值后的余额。分数的分子每年都在变，它是资产的剩余使用年限。分数的分母保持不变，它是资产预计使用年限数字的总和。按照使用年限总和法计算折旧额如下：

剩余使用年数÷预计使用年限总和×（成本−残值）＝年折旧额

对于假设中的资产，第 1 年的折旧额可以计算如下：

5÷（（1+2+3+4+5）或15）×（10 000−2 000）= 2 666.67（美元）

使用年限总和法计算的在资产的 5 年寿命内每年的折旧额如下（金额单位：美元）：

年份	成本	分数	年折旧额	年末累计折旧	年末账面价值
1	8 000	5/15	2 666.67	2 666.67	7 333.33
2	8 000	4/15	2 133.33	4 800.00	5 200.00
3	8 000	3/15	1 600.00	6 400.00	3 600.00
4	8 000	2/15	1 066.67	7 466.67	2 533.33
5	8 000	1/15	533.33	8 000.00	2 000.00

产量法　产量法（unit-of-production method）将折旧额与资产的生产能力相联系，并估计资产的使用寿命。生产能力选择最适合于资产的单位，如产量、使用小时或里程。在我们的假设中，资产将以使用小时为单位。这里资产估计的使用寿命为 16 000 小时。通过用资产的成本减去残值后的余额除以估计的生产时间来确定单位产量的折旧额。假设中的资产，每使用 1 小时的折旧额为 0.50 美元（（资产成本 10 000 美元−残值 2 000 美元）÷16 000 小时）。

每年的折旧额由单位产量的折旧额乘以当年的产量得出。假设第 1 年资产使用了 2 000 小时，那么，该年的折旧额将为 1 000 美元（0.50 美元×2 000）。当累计折旧等于资产成本减去残值后的余额时不再计提折旧。假设中的资产在累计折旧等于 8 000 美元时不再计提折旧。

在图表 3—6 中，美国凯丽服务公司的资产如财产、厂房和设备按成本列示，并在附注中披露了详细信息。

租赁　租赁分为经营租赁和融资租赁。如果租赁的实质是一项所有权的安排，那么它是一项融资租赁；否则就是一项经营租赁。融资租赁下的资产租赁确认为一项长期资产。它们按摊销（折旧）净值披露，并与财产、厂房和设备一同列示于报表中（租赁债务的贴现值作为流动负债或长期负债的一部分）。第 7 章将对租赁进行更详细的讨论。

投资　长期投资通常是其他公司的股票和债券，是为了保持与其他公司的业务关系或实施控制而持有的。长期投资与可出售证券不同，可出售证券的持有目的是为了获得短期利润和保持流动性（财务报告通常将可出售证券作为投资）。

对债务证券的投资通常分为持有到期的证券或为出售而持有的证券。持有到期的证券是企业准备并有能力持有到期的证券。持有到期的债务证券按已摊销成本计算其账面价值，为出售而持有的债务证券则按公允价值计算其账面价值。

权益证券投资按公允价值结转账面价值。使用公允价值的一个例外是持有的普通股对该公司有显著的影响。对于这些普通股投资，投资按照权益法结转。在权益法下，持有成本根据下属公司（被投资公司）留存利润的增长（下降）按本企业持有的股份比例调整。例如，一个母公司持有子公司 40% 的股份，购买成本为 400 000 美元。当子公司赚取 100 000 美元时，母公司按 100 000 美元的 40% 即 40 000 美元增加投资账户的余额。当子公司宣布发放 20 000 美元的股利时，母公司按 20 000 美元的 40% 即 8 000 美元减少投资账户的余额。之所以减少投资账户余额是因为投资账户随子公司的留存收益成比例变动。

图表 3—6

凯丽服务公司*及其子公司合并资产负债表（部分）——资产和折旧

单位：千美元

	2008 年	2007 年
资　　产		
流动资产		
现金及现金等价物	118 277	92 817
应收账款净值（分别扣除了 17 003 000 美元和 18 172 000 美元的坏账准备）	815 789	888 334
预付费用和其他流动资产	61 959	53 392
递延税款	31 929	29 294
流动资产合计	1 027 954	1 063 837
财产和设备		
土地和建筑物	59 204	62 707
计算软硬件、设备、家具和租赁资产改良	302 621	326 314
累计折旧	(210 533)	(211 002)
财产和设备净值	151 292	178 019
非流动性递延税款	40 020	43 436
商誉净值	117 824	147 168
其他资产	120 165	141 537
资产总额	1 457 255	1 573 997

合并财务报表附注（部分）

1. 重要会计政策概述（部分）

财产和设备。财产和设备按成本计价，并在其预计使用年限内主要采用直线法计提折旧。按其用途，财产和设备的预计使用年限如下（单位：千美元）：

类别	2008 年	2007 年	预计使用年限
土地	3 818	3 818	—
在建工程	8 169	22 344	—
建筑物及其改良	55 386	58 889	15 年至 45 年
计算软件和硬件	201 369	205 574	3 年至 12 年
设备、家具和固定装置	42 485	43 429	5 年
租赁资产改良	50 598	54 967	租赁年限与 5 年孰短
财产和设备总额	361 825	389 021	

根据美国注册会计师协会财务状况公告第 98-1 号"内部使用的计算机软件开发或外购成本的会计处理"，公司将开发内部用软件所发生的外部成本和内部工资成本予以资本化。在建工程表示尚未投入使用的内部用软件的资本化成本，随后将作为计算机软件和硬件、设备、家具和租赁资产改良列示于资产负债表。基于持续经营，2008 年、2007 年和 2006 年的折旧费用分别为 41 400 000 美元、40 400 00 美元和 39 500 000 美元。

*　"我们从一个主要集中于传统办公室员工招聘业务的美国公司发展成为专注于全球人力资源问题解决方案的领先者。"10-K 格式报告。

财务会计准则委员会提供了公允价值应用指南。公允价值就是公司在计量日以一种有序的交易方式在市场参与者之间出售某项资产（或转让某项负债）的交易价格。根据公允价值，企业选择最高标准进行估价。估价的变量值标准如下：

1. 第一种标准：相同资产（或负债）在活跃市场的报价。

2. 第二种标准：相似资产（或负债）经过调整的报价。如果难以取得第一种标准的变量值，就只能应用第二种标准的变量值。

3. 第三种标准：难以观测的变量值（例如预期现金流量现值）。某项资产的现值就是与该资产相关的未来现金流入量折现值减去未来现金流出量折现值。

公司必须围绕上述三种标准的变量值单独说明公允价值的计量方式。就第三种标准而言，公司的说明必须包括衡量公允价值的估价方法、该期间公允价值变动的调整及其相关的讨论。图表3—7列示了金泰克斯公司的各种投资。

图表3—7　金泰克斯公司*及其子公司合并资产负债表（部分）——各种投资　　单位：美元

资　　　产	2008年12月31日	2007年12月31日
流动资产：		
现金及现金等价物	294 306 512	317 717 093
短期投资	29 177 273	80 271 688
应收账款	44 528 810	64 181 511
存货	54 993 855	48 049 560
预付费用与其他流动资产	34 145 509	18 274 096
流动资产合计	457 151 959	528 493 948
厂房与设备：		
土地、建筑物与改良	111 240 060	101 215 484
机器与设备	306 301 187	260 619 845
在建工程	12 807 041	26 331 641
	430 348 288	388 166 970
减：累计折旧与摊销	（215 396 569）	（182 557 299）
	214 951 719	205 609 671
其他资产：		
长期投资	81 348 942	155 384 009
专利与其他资产净值	9 650 760	8 535 052
	90 999 702	163 919 061
	763 103 380	898 022 680

合并财务报表附注（部分）

1. 重要会计和报告政策概述（部分）

投资

2006 年 9 月，财务会计准则委员会发布了财务会计准则公告第 157 号"公允价值计量"。该公告建立了一种计量资产和负债公允价值的框架。鉴于现有的会计准则允许或基于某些情境要求估计公允市场价值，该框架试图在如何确定公允价值方面增强其一致性。财务会计准则公告第 157 号还拓展了财务报表披露要求，要求公司披露公允价值计量方法的运用，包括所运用的计量方法对盈余的影响。财务会计准则公告第 157 号于 2007 年 11 月 15 日之后开始的会计年度生效。

公司于 2008 年采用了财务会计准则公告第 157 号与金融资产和金融负债相关的条款。不过，这对公司合并的财务状况、经营成果或现金流量并没有重大影响。公司的投资性证券属于可供出售证券，按以市场报价为基础确定的公允价值计价。投资的公允价值调整在股东投资的累计其他全面收益（损失）的范围内作为所得税净额的增减额处理（不包括非暂时性减值）。2008 年 12 月 31 日，需要再计量的资产或负债列示如下：

类　　别	2008 年 12 月 31 日的余额	报告日公允价值计量		
		相同资产在活跃市场的报价（第一种标准）	其他重要的可观测变量（第二种标准）	重要的难以观测的变量值（第三种标准）
现金及等价物	294 306 512	294 306 512	—	—
短期投资	29 177 273	22 177 273	7 000 000	
长期投资	81 348 942	81 348 942		
合　计	404 832 727	397 832 727	7 000 000	

公司的短期投资主要包括政府证券（第一种标准）和存款证（第二种标准）。长期投资主要包括可出售权益证券和权益共同基金。

2008 年 12 月 31 日和 2007 年 12 月 31 日投资证券的摊销成本、未实现利得与损失和市场价值如下：

2008 年 12 月 31 日	未　实　现			
	损失		市场价值	
政府证券	21 238 329	280 618	—	21 518 947
存款证	7 000 000	—	—	7 000 000
公司债	—	—	—	—
其他固定收益证券	658 326	—	—	658 326
权益性证券	81 039 674	4 605 386	(4 296 118)	81 348 942
	109 936 329	4 886 004	(4 296 118)	110 526 215

2007 年 12 月 31 日	未 实 现			
	成本	利得	损失	市场价值
政府证券	28 973 865	20 401	—	28 994 266
存款证	49 000 000	—	—	49 000 000
公司债	298 890		(3 483)	295 407
其他固定收益证券	1 982 015			1 982 015
权益性证券	125 358 799	32 983 925	(2 958 715)	155 384 009
	205 613 569	33 004 326	(2 962 198)	235 655 697

2008 年 12 月 31 日，投资的未实现损失（不包括非暂时性减值）如下：

	未实现损失总额	公允价值总额
期限短于一年	4 296 118	30 101 557
期限超过一年	—	

正如修改之后的财务会计准则公告第 115 号"某些债务和权益性证券投资的会计处理"所解释的，该公告提供了如何确定某项投资是非暂时性减值的指南。公司检查了固定收益证券和权益性投资组合的未实现损失。这些投资组合被认定为非暂时性减值项目，需要在收益中确认减值损失。如果投资的成本超过其公允价值，公司将综合其他因素评估市场整体情况、持续期、公允价值低于成本的程度、我们的意图和持有该投资的能力。管理层也将考虑用证券的类型、相关行业、部门绩效、已出版的分析师报告的投资等级来评估投资组合。一旦确定了非暂时性公允价值减少额，就要记录减值损失并重新确定投资的成本。如果市场、行业和/或被投资者的状况恶化了，公司将来可能发生减值损失。2008 年 12 月 31 日，管理层认为权益性投资的非暂时性减值损失为 17 909 901 美元，因此，2008 年 12 月 31 日的合并利润表确认了该损失。

下表详细地描述了 2008 年 12 月 31 日权益性投资的非暂时性减值损失对税前净收益的可能影响：

	历史成本	调整后成本	已确认发生的损失	未实现利得（损失）
非暂时性权益性投资损失	42 386 788	24 476 887	(17 909 901)	0

根据合同，固定收益证券的到期日如下：

1 年内到期	29 177 273
1 年至 5 年内到期	
5 年之后到期	
	29 177 273

金融工具的公允价值

公司的金融工具包括现金及现金等价物、投资、应收账款和应付账款。公司的这些金融工具的公允价值估计值大约为其 2007 年 12 月 31 日和 2008 年 12 月 31 日的账面价值。

* "金泰克斯公司设计、制造和销售运用于电子光学仪器技术的专有产品：自动防眩目汽车后视镜和防火产品。"10-K 格式报告。

　　无形资产　　无形资产是非实物资产，如专利和版权。无形资产按历史成本与其使用年限和法律年限中较短者进行摊销后记录。通过收购而产生的购买商誉是摊销的一个例外。研究与开发费用必须在发生时予以费用化。因此，研究与开发成本在美国意味着即期费用，而不是一项无形资产。这与其他许多国家的要求不同。下面是美国列示为无形资产的例子。

　　商誉　　商誉（goodwill）是购买一个企业的总金额高于其实物资产价值的部分，通常是因为该企业具有超常的盈利能力。它可能来自于良好的顾客关系、一个值得尊敬的所有者等。购买的商誉不需要摊销，但需要进行年度减损测试。[6]

　　各国对商誉的处理存在显著差异。在某些国家，并不记录商誉，因为它直接计入股东权益。在这种情况下，商誉对报告收益没有影响。在另一些国家，商誉在取得的当年费用化。许多国家记录并摊销商誉。

　　专利　　授予发明者 20 年专有法律权利的专利（patents）按其购买成本估价。专利应在其法定年限和使用年限两者中较短的期间内摊销。

　　商标　　商标（trademarks）是一种特殊的名字或符号。商标权的年限不确定，它可以与商标所有者将其使用在有关产品或服务上的期间相同。

　　特许经营权　　特许经营权（franchises）是以一个特定企业名称进行经营的法定权利，提供某个品牌的产品或服务。特许经营权成本将在其使用年限内摊销。

　　版权　　版权（copyrights）是作者、画家、音乐家、雕塑家和其他艺术家对其创作的作品拥有的权利。版权的期限为创作者的寿命加 70 年，版权成本应在其预期受益期内摊销。

　　图表 3—8 列示了百力通公司无形资产的披露，它包括商誉和其他无形资产。

图表 3—8　　　**百力通公司[*] 合并资产负债表（部分）——无形资产**　　　单位：千美元

	2008 年 6 月 29 日	2007 年 7 月 1 日（重述）
资　　　　产		
流动资产：		
现金及现金等价物	32 468	29 469
应收账款净值（分别扣除了 5 607 000 美元和 4 102 000 美元的坏账准备）	320 568	327 475
存货		
产成品和部件	339 186	344 074
在产品	177 280	198 242
原材料	13 738	7 766
存货合计	530 204	550 082
递延所得税资产	53 496	55 520
预付费用和其他流动资产	41 801	30 547
流动资产合计	978 537	993 093
商誉	248 328	250 107
其他无形资产净值	90 687	92 556

资 产		
投资	21 956	47 326
预付养老金	90 020	103 247
递延贷款成本净值	3 106	3 135
其他长期资产净值	8 827	6 686
厂房和设备：		
土地及其改良	18 826	18 039
建筑物	139 876	142 873
机器设备	838 085	814 037
在建工程	16 200	31 453
	1 012 987	1 006 402
减：累计折旧	621 154	618 084
厂房和设备净值	391 833	388 318
	1 833 294	1 884 468

＊ "百力通公司是世界上最大的户外动力设备的气冷式汽油发动机制造商"。10-K 格式报告。

合并财务报表附注（部分）

（2）重要会计政策概述（部分）

商誉和其他无形资产：商誉反映了并购成本超过分配给所并购的可辨认资产公允价值部分。商誉以预期并购协同效应为基础分配到各个报告单位。公司商誉的报告单位分别为机器动力产品、家用动力产品和庭院动力产品。2008 年 6 月 29 日，其商誉分别为 129 000 000 美元、86 900 000 美元和 32 400 000 美元。其他无形资产指因并购而产生的可辨认无形资产。其他无形资产包括商标、专利和顾客关系。尽管商誉和商标没有确定的使用期限，可以不摊销，但是，每年必须进行减值测试。其他无形资产必须在有限的期限内按直线法摊销。专利的预计加权平均使用期限为 30 年。顾客关系的预计有效期限为 25 年。公司面临的财务报表风险视商誉和无形资产是否减值而定。公司在 2006 年、2007 年和 2008 年都进行了必要的减值测试，这些资产都没有发生减值损失。

（4）商誉和其他无形资产

商誉反映了并购成本超过分配给所并购的可辨认资产公允价值部分。商誉以预期并购协同效应为基础分配到各个报告单位。商誉的报告单位分别为机器动力产品、家用动力产品和庭院动力产品。2008 年 6 月 29 日，其商誉分别为 129 000 000 美元、86 900 000 美元和 32 400 000 美元。

截止于 2008 年 6 月 29 日和 2007 年 7 月 1 日的会计年度，公司商誉的账面价值变动情况如下（单位为千美元）：

	2008 年度	2007 年度
商誉期初余额	250 107	251 885
摊销的税收效应	（1 779）	（1 778）
商誉期末余额	248 328	250 107

截止于 2008 年 6 月 29 日和 2007 年 7 月 1 日的会计年度，公司其他无形资产如下（单位为千美元）：

续表

	2008 年度			2007 年度		
	账面价值	累计摊销	净值	账面价值	累计摊销	净值
已摊销无形资产:						
专利	13 281	(4 638)	8 643	13 281	(3 488)	9 793
顾客关系	17 910	(2 866)	15 044	17 910	(2 149)	15 761
其他已摊销无形资产	279	(279)		279	(277)	2
已摊销无形资产合计	31 470	(7 783)	23 687	31 470	(5 914)	25 556
未摊销无形资产:						
商标/品牌	67 000	—	67 000	67 000	—	67 000
未摊销无形资产合计	67 000	—	67 000	67 000	—	67 000
无形资产总额	98 470	(7 783)	90 687	98 470	(5 914)	92 556

2006 年、2007 年和 2008 年其他无形资产的摊销费用大约分别为 1 869 100 美元、2 039 200 美元和 1 850 000 美元。

今后 5 年, 其他无形资产的预计摊销费用（单位为千美元）:

2009 年	1 860
2010 年	1 860
2011 年	1 860
2012 年	1 860
2013 年	1 860
	9 300

其他资产　企业可能会有某些不同于上述类型的资产。这些被称为"其他资产"的资产包括非流动的应收账款和非流动的预付账款。

3.1.2　负债

延伸阅读 3—1

负债（liabilities）是指某特定主体由于过去交易事项所产生的在现时承担的未来要向其他主体交付资产或提供服务的责任，这种责任将引起可预期的未来经济利益的牺牲。[7] 负债通常分为流动负债和长期负债。

流动负债

流动负债是指可以合理预期在 1 年内或超过 1 年的 1 个经营周期内（视何者为短）需要利用企业现有资产偿还的债务。它们包括以下项目:

应付款项　它包括由购买货物或服务所引起的短期债务，如应付账款（购买用于使用或销售的原材料或商品）、应付工资和应付税款。应付款项可能还以签发承兑票据即应付票据的形式出现。

未赚得收益　在提供服务之前收取的应收款项称为未赚得收益，包括租金收入和定金收入。它在未来支付给顾客的是一项服务或商品，而不是现金。

其他流动负债　还有许多其他的流动负债需要在 1 年内支付。图表 3—9 列示了谷歌公司的各项流动负债。

图表 3—9　　**谷歌公司*合并资产负债表（部分）——流动负债**　　单位：千美元

	2008 年	2007 年
流动负债：		
应付账款	282 106	178 004
应计薪酬和津贴	588 390	811 643
应计费用和其他流动负债	465 032	480 263
应计收入分成	522 001	532 547
递延收入	178 073	218 084
应付所得税净额	——	81 549
递延收入（非本期）	2 035 602	2 302 090

*　"谷歌公司是一家致力于改善人们获取信息方式的全球技术领先企业。" 10-K 格式报告。

长期负债　长期负债是那些偿还期超过 1 年或 1 个经营周期（视何者为短）的债务。长期负债通常包括两类：资产的融资协议和经营性负债。

与融资协议有关的负债　与资产的融资安排有关的长期债务通常需要系统地支付本金和利息。它包括应付票据、应付债券和贷款协议。

应付票据　偿还期超过 1 年或 1 个经营周期（视两者孰短）的承兑票据被视为长期负债。如果存在对实物资产的求索权，作为保证的票据则称为抵押票据。

应付债券　债券（bond）是一种债务证券。一般发行的债券的票面价值为 1 000 美元，并且要求按票面利率每半年支付一次利息。应付债券与应付票据相似。应付债券的偿还期通常比应付票据长。

债券未必按账面价值出售。如果设定的利率高于市场利率，它可以溢价销售；而如果设定的利率低于市场利率，则折价销售。如果售价高于票面价值，便产生应付债券溢价，并增加了应付债券的账面价值；同样，如果售价低于票面价值，便产生应付债券折价，并减少了资产负债表应付债券的账面价值。这些债券的折价或溢价都将在债券偿还期内通过利息费用逐步抵销（摊销）。在到期日，应付债券的账面价值将等于其票面价值。对债券折价的摊销增加了利息费用；对债券溢价的摊销减少了利息费用。图表 3—10 列举了债券按票面价值、溢价或折价销售的情况。

对于可以转换为普通股的债券，债券持有者（债权人）有权将其转换成一定数量的普通股，这时债券持有人便成为股东。通常可转换债券在管理层认为普通股价格较低时发行，企业最终希望增加其普通股权益。通过发行可转换债券，企业得到的普通股数量可能比发行时得到的普通股更多。这个转换特征使企业可以按比那些没有转换特征的债券更高的利率发行债券。同样，可转换债券利息可以抵税，这减少了企业利用这些资金的成本。如果发行普通股，普通股的股利不能作为税收抵减项目。因此，企业发现发行可转换债券是一个在长期内增加普通股权益资金的有吸引力的途径。然而，如果企业的股票价格在发行可转换债券后持续下降，那么，企业将在债券到期前产生一项可转换债券的负债。图表 3—11 列举了威瑞信及其子公司的可转换债券。

图表 3—10　　　　　　　　　　**按面值、溢价或折价出售的债券**

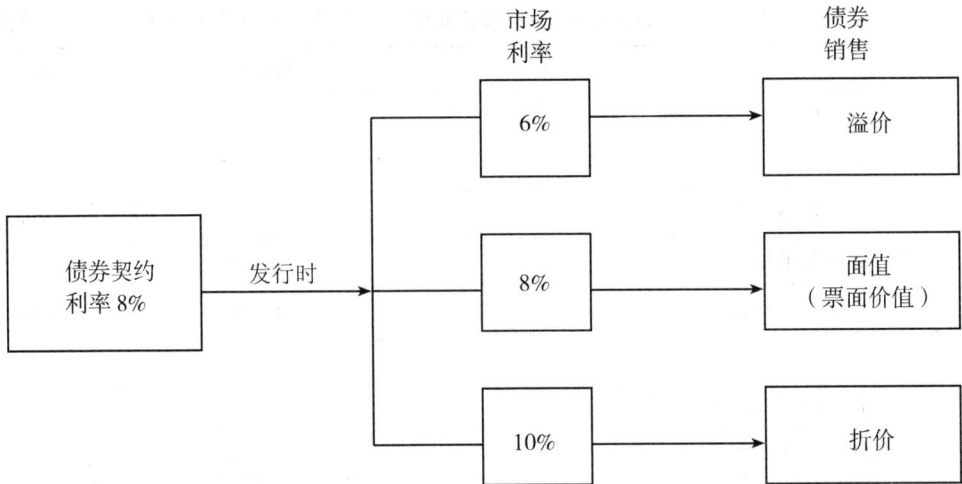

注：市场利率成为有效利率。

图表 3—11

威瑞信及其子公司*合并资产负债表（部分）——负债（可转换债券）

单位：千美元

	2008 年	2007 年
流动负债：		
应付账款和应计负债	263 535	398 124
应计重组成本	28 920	2 878
递延收入	629 800	581 355
递延所得税负债	5 463	2 632
与持有待售资产相关的负债	49 160	—
流动负债合计	976 878	984 989
长期递延收入	215 281	192 980
长期应计重组成本	3 307	1 473
可转换信用债券	1 261 655	1 265 296
长期应付税金	16 378	41 133
长期负债合计	1 496 351	1 500 882
负债总额	2 473 229	2 485 871

合并财务报表附注（部分）

附注 10：次级附属可转换信用债券。

注释：次级附属可转换信用债券这个术语的种类很多。

* "我们是网络化世界值得信赖的互联网基础设施服务提供商。" 10-K 格式报告。

贷款协议　许多企业为了未来的贷款从银行或保险公司获得了贷款承诺。通常企业签订贷款协议的目的不是获得这些贷款，而是为了防止额外的资金需求。这种贷款协议不代表一项负债，除非公司真正需要资金。从分析的角度看，一个潜在贷款协议的存在对企业来说是一个好的条件，因为它可以减轻企业在现有债务遇到问题时的压力。

作为签订贷款协议的回报，银行或保险公司会获得一定的费用。这个承诺费用通常是承诺资金未使用部分的一定百分比的数额。银行通常也要求企业在银行账户保留一定的资金，即补偿性余额。图表3—12列示了卡莱集团公司的贷款协议。

图表3—12 卡莱集团公司*——贷款协议 单位：百万美元

	2008 年 12 月 31 日	2008 年 12 月 31 日
负债		
流动负债：		
短期债务（包括本期到期部分）	127.0	58.6
应付账款	123.6	132.5
应计负债	148.3	150.8
递延收入	14.7	15.7
与持有待售资产相关的流动负债	28.9	30.6
流动负债总额	442.5	388.2
长期负债：		
长期债务	273.3	262.8
递延收入	106.2	93.7
其他长期负债	159.8	125.2
长期负债总额	539.3	481.7

合并财务报表附注（部分）

附注7：借款（部分）

2007 年 7 月 12 日，为了增加信用额度、延展信用期限、降低借款成本并改善某些信用条款，公司以 5 年期的 400 000 000 美元的周转信用额度替代其 300 000 000 美元的周转信用额度。该协议于 2008 年 3 月 31 日生效。为了增强借款能力，公司行使其 400 000 000 美元的周转信用额度，将借款规模提高到 500 000 000 美元。

公司利用其周转信用额度清偿 2007 年 12 月 31 日列为长期债务但 2008 年 5 月 15 日到期的某些应付债券 100 000 000 美元。2008 年 12 月 31 日，基于周转信用额度的借款总额达到 135 000 000 美元。根据公司预期的未来现金流量的需求，公司预计 2008 年 12 月 31 日之后的 12 个月内还需要保留借款 110 000 000 美元。该周转信用额度的有效期到 2012 年 7 月为止。这样，2008 年 12 月 31 日的长期债务包括基于周转信用额度的借款 110 000 000 美元，剩下的 25 000 000 美元借款属于短期债务，列示于流动负债。2007 年 12 月 31 日，基于周转信用额度的借款总额达到 20 000 000 美元，属于短期债务，列示于流动负债。2008 年 12 月 3 日，基于周转信用额度，公司还有 359 900 000 美元的借款额度。根据公司高级无担保银行或其他无担保高级债券的信用等级以及公司信用额度的利用程度，该周转信用协议采用网格式利率定价方式。2008 年和 2007 年，该周转信用额度的平均利率分别为 3.14% 和 5.71%。

2008 年 7 月 16 日，公司将应收账款 150 000 000 美元证券化。基于会计目的，该证券化额度作为借款处理。因此，2008 年 12 月 31 日和 2007 年 12 月 31 日，与此相关的债务数额分别为 100 000 000 美元和 15 000 000 美元，属于短期债务，列示于流动负债。基于公司的 150 000 000 美元应收账款证券化额度，2008 年 12 月 31 日还有 20 400 000 美元可用。2008 年和 2007 年，其平均利率分别为 3.19% 和 5.83%。

公司还有 55 000 000 美元的未承诺信用额度。2008 年 12 月 31 日和 2007 年 12 月 31 日，公司分别借款 2 000 000 美元和 10 500 000 美元。因此，2008 年 12 月 31 日，根据该信用额度，公司还有 53 000 000 美元可用。2008 年和 2007 年，该未承诺信用额度的平均利率分别为 3.22% 和 5.65%。

2008 年 12 月 31 日和 2007 年 12 月 31 日，公司的信用证数额分别达到 36 200 000 美元和 46 600 000 美元，主要是为保险协议和某些贷款提供担保。

根据公司的各种债务和信用额度，公司必须满足各种限制性契约条款和限制条件，包括资本净值、现金流量比率以及某些子公司的债务余额限制。2008 年和 2007 年，公司都满足各种契约条款和限制条件。

信用证、担保品以及通过相关债券的发行收入而购买的机器设备为产业发展与收益债券提供了担保。2008 年和 2007 年，该收入债券的加权平均利率分别为 3.43% 和 4.54%。公司估计其产业发展与收入债券的公允价值大体上就是其账面价值。

公司的其他借款主要是为生产能力扩张筹集资金而发生的资本租赁债务，2008 年和 2007 年，资本租赁债务分别为 6 600 000 美元和 6 300 000 美元。2008 年和 2007 年，这类借款的加权平均利率都是 13.28%。

---

* "卡莱集团公司是一家包括 9 个经营公司在内的制造和分销多种产品的多元化制造商。" 10-K 格式报告。

与经营责任有关的负债

与经营责任有关的长期负债包括因经营某项业务而引起的债务，这项业务多数是服务性质的业务，如养老金债务、除养老金外的退休后福利债务、递延税款和服务担保。第 7 章将详细讨论除养老金计划外的退休金和退休后福利债务。

递延税款　递延税款是由在纳税申报和对外报告时使用了不同的会计方法而引起的。例如，企业可能出于纳税目的使用了加速折旧法，而在对外报告时却使用了直线折旧法。这导致了基于报告目的的税收费用高于按照纳税申报表所应支付的税款。这个差异就是递延税款。在任何情况下，当财务报表与纳税申报表所确认的收入或费用的时期不同时，就会出现递延税款情况（资产或负债）。例如，在固定资产使用年限的最后一年，直线法与加速法相比会有一个较高的折旧额和较低的收益，那么，出于报告目的的税收费用将低于实际支付的税款，而递延税款将减少（已支付）。所以，企业通常购买更多价格较高的资产，无论如何递延税款的增加将超过递延税款的减少。在这种情况下，部分或全部的转回是不会发生的。税款可能会在一段较长的时间内递延，甚至可能是永久性的。第 7 章将详细讨论递延税款。

担保负债　担保负债是由产品保证而引起的估计负债。产品担保要求销售商在销售后的一段特定时期内承担对产品或服务的任何数量、质量或功能问题进行解决的责任。对担保负债的估计是为了在资产负债表日确认相关的负债和在产品销售时确认相关的费用。

图表 3—13 中列示了福特汽车公司的担保负债。

图表 3—13　　　　　　　**福特汽车公司及其子公司*担保负债**

会计年度截止于 2008 年 12 月 31 日

附注 29：承诺和或有负债（部分）

担保

应计的担保成本包括已售车辆最基本的保证费用。尽管下列担保负债调整部分不包括额外的服务行为，如产品召回和其他顾客服务行为，但是，在销售的时点还是应计其成本。公司主要根据过去保证服务经验估计担保成本。下列是"应计负债和递延收入"的应计产品保证负债调整表（单位为百万美元）：

	2008 年	2007 年
期初余额	6 243	5 814
该期间发生的支出	（3 076）	（3 287）
与该期间发生的担保相关的应计负债变动额	2 242	2 894
与之前发生的担保相关的应计负债变动额	109	（232）
外币折算和其他影响	（297）	252
期末余额	3 840	4 862

*　"我们是世界上最大的轿车和货车生产商。"10-K 格式报告。

非控制性股东权益（以前称为"少数股东权益"）

非控制性股东权益说明非控制性股东所有权在合并子公司的权益小于 100%。考虑下面的简例。母公司 P 拥有子公司 S 的普通股的 90%。

（单位：百万美元）	母公司 P 的资产负债表 2010 年 12 月 31 日	子公司 S 的资产负债表 2010 年 12 月 31 日
流动资产	100	10
对子公司 S 的投资	18	–
其他长期资产	382	40
	500	50
流动负债	100	10
长期负债	200	20
负债总额	300	30
股东权益		
普通股	50	5
资本公积	40	5
留存收益	110	10
股东权益总额	200	20
负债和股东权益总额	500	50

这将体现在如下的合并资产负债表上（单位为百万美元）：

母公司 P 及其子公司 S 合并资产负债表（2010 年 12 月 31 日）

流动资产	110
长期资产	422
	532
流动负债	110
长期负债	220
负债总额	330
股东权益	
普通股	50
资本公积	40
留存收益	110
非控制性股东权益	2
股东权益总额	202
负债和股东权益总额	532

在 2008 年 12 月 15 日之后会计年度开始生效的新会计准则之前，非控制性股东权益称为少数股东权益，通常列示于负债之后和股东权益之前。本书实际公司的示例通常将非控制性股东权益列示于负债之后和股东权益之前。不过，这些示例通常使用"少数股东权益"这个术语，因为其会计年度开始于 2008 年 12 月 15 日或之前。

非控制性股东权益（少数股东权益）的数额通常不大。如果某个公司的非控制性股东权益（少数股东权益）的数额较大，那么，需要分析两次：第一次基于保守起见，将非控制性股东权益（少数股东权益）视为一种负债项目；第二次则将非控制性股东权益（少数股东权益）视为股东权益项目。非控制性股东权益（少数股东权益）的示例请参见图表 3—14。

图表 3—14

康明斯公司及其子公司* 合并资产负债表（部分）——非控制性股东权益

单位：百万美元

	2008 年 12 月 31 日	2007 年 12 月 31 日
流动资产总额	2 639	2 711
长期负债		
长期债务（附注 10）	629	555
养老金（附注 11）	574	140
除了养老金之外的退休津贴（附注 11）	452	493
其他负债和递延收入	745	594
负债总额	5 039	4 493
承诺和或有负债（附注 13）	—	—
少数股东权益**（附注 14）	250	293
股东权益（附注 15）		

附注 14：少数股东权益

合并子公司的少数股东权益如下（单位为百万美元）：

	2008 年 12 月 31 日	2007 年 12 月 31 日
康明斯印度公司	165	167
联合柴油公司	—	54
无锡霍尔塞特动力公司	28	23
其他	57	49
总额	250	293

　＊ "我们是一家全球性的生产动力产品的领先企业。我们设计、制造、销售柴油动力、天然气动力、电力发动系统以及与动力相关的产品（包括过滤与排气装置、控制与空气处理系统），同时提供相应的服务。"10-K 格式报告。

　＊＊这里之所以用"少数股东权益"这个术语是因为会计年度开始于 2008 年 12 月 15 日或之前。

　　根据新的会计准则，必须说明母公司和非控制性股东权益的期初期末余额调整过程。调整的内容包括净收益和归属于母公司和非控制性股东权益的所有权贡献。这种调整过程可以通过附注说明，也可以通过股东权益表说明。第 4 章将讨论股东权益表。

　　其他非流动负债　许多其他非流动负债可能被披露。要讨论所有可能存在的非流动负债是不实际的，销售的递延利润就是一个例子。

　　可赎回优先股　可赎回优先股可以是一种具有强制赎回要求的优先股，也可以是一种具有不受发行者控制的可赎回特征的优先股。如果这个特征与没有投票权或固定收益相关，那么，优先股通常具有债券的特征，它更像是一种负债而不是权益。基于这个原因，证券交易委员会区分了三种类型的股票：可赎回优先股、不可赎回优先股和普通股，它们并非全部出现在资产负债表上。此外，股东权益部分不应包含可赎回优先股。图表 3—15 列示了可赎回优先股。由于可赎回优先股更像是一种负债而不是权益，因此，基于财务报表分析的目的，应将其视为负债总额的一部分。

3.1.3　股东权益

　　股东权益（stockholders' equity）是一个主体的资产减去负债后的剩余所有者权益，[8]通常可以分为两种基本类型：实收资本和留存收益。其他可能出现在股东权益中的项目通常是从实收资本或留存收益中分离出来的。其他项目包括累计其他全面收益、权益型的递延薪酬和员工持股计划（ESOPs）。

　　实收资本

　　第一种类型的实收资本账户是股本。两种基本类型的股本是优先股和普通股。

　　优先股和普通股都可以作为面额股票发行（某些州将其称为设定价值股票）。公司章程确定面值，即每股一个设定价值。许多州规定发行股票的面值乘以发行股票的数量构成法定资本（legal capital）。有些州还规定如果原始发行股票低于面值销售，

图表 3—15 　　　　耐克公司*合并资产负债表（部分）——可赎回优先股

金额单位：百万美元

	2008 年 5 月 31 日	2007 年 5 月 31 日
流动负债总额	3 321.5	2 584.0
长期债务（附注 7）	441.1	409.9
递延所得税和其他负债（附注 8）	854.5	668.7
承诺和或有负债（附注 14 和附注 16）	—	—
可赎回优先股（附注 9）	0.3	0.3
股东权益：		
按设定面值计价的普通股（附注 10）		
A 类可转换证券（分别发行 96 800 000 股和 117 600 000股）	0.1	0.1
B 类证券（分别发行 394 300 000 股和 384 100 000股）	2.7	2.7
资本公积	2 497.8	1 960.0
累计其他全面收益（附注 13）	251.4	177.4
留存收益	5 073.3	4 885.2
股东权益总额	7 825.3	7 025.4
负债和股东权益总额	12 442.7	10 688.3

合并财务报表附注（部分）

附注 9：可赎回优先股

双日美国公司（Sojitz America）是公司可赎回优先股的唯一所有者。该可赎回优先股的面值为 1 美元。双日美国公司或本公司有权按面值赎回，总额为 300 000 美元。每股累计股利 0.10 美元在每年 5 月 31 日支付，除非可赎回优先股的股利已经宣告发放或全部支付，否则，不能宣告或支付普通股股利。会计年度截止于 2008 年 5 月 31 日、2007 年 5 月 31 日和 2006 年 5 月 31 日这三年的可赎回优先股没有任何变动。作为可赎回优先股的持有者，双日美国公司没有常规性投票权，但是，作为一个独立的阶层，对公司及其子公司出售全部或绝大部分资产、并购、清算或解散公司、出售或指定代理已经在美国销售的运动鞋的耐克商标等行为具有投票权。

* "我们的主要经营业务是设计、开发和在全球销售高质量的鞋类产品、服装、装备及其附属产品。耐克公司是世界上最大的运动鞋和运动服装销售商。" 10-K 格式报告。

那么购买者对面值与实际支付金额之间的差异承担或有责任。这通常没有什么问题，因为面值与市场价格（即股票的销售价格）没有直接关系。例如，股票预期的销售价格可能是 25 美元，但其面值可能是 1 美元。

某些州允许发行没有面值的股票（包括普通股和优先股），其中的一些州要求出售无面值股票所收到的全部款项都要作为法定资本。

资本公积是购买股票实际支付的金额超过普通股和优先股的票面或设定价值的金额。这里也包含了出售库藏股获得的高于其成本的金额（这将在本章随后部分讨论）、企业接受捐赠资产引起资本增加和当市场价格高于面值时将留存收益转为股票股利的溢价。

普通股

普通股股东享有所有的股东权利和代表具有投票、清算权利的所有权。普通股股东选举董事会成员，并对公司的主要决策进行投票。在清算时，普通股股东的清算权利使他们享有在所有债权人和优先股股东的权利得到实现后公司剩余资产的索取权。

优先股

优先股很少具有投票权。如果优先股具有投票权，那么通常是因为它没有支付股利。例如，优先股股东如果在两个连续的期间内没有收到股利就可能获得投票权。优先股的其他特点如下：

- 优先获得股利；
- 累计股利；
- 分享超过票面股利率的利润；
- 可转换为普通股；
- 可由公司赎回；
- 在未来到期日赎回（参见前述对可赎回优先股的讨论）；
- 清算时的优先分配权。

优先获得股利

当优先股有获得股利的优先权时，当前年度的优先股股利必须在支付普通股股利之前支付。对于有每股价值（或面值）的优先股，股利通常按照面值的一个百分比来确定。例如，如果股利利率为6%而票面价值是每股100美元，那么，每股股利就是6美元。对于没有票面价值的优先股，如果票面的股利是5美元，那么，在支付股利时股东每股将收到5美元。优先获得股利的优先股并不能得到保证股利会在某特定年度支付。董事会在股利支付之前必须宣布股利的金额。没有固定的股利支付承诺和本金没有到期日是许多公司选择发行优先股而不是债券的主要原因。与债券相比，优先股通常是一项费用较高的资金来源。优先股股利无法抵税，但债券的利息可以扣税。

累计股利

如果董事会在某一年度没有宣布发放股利，那么，持有非累计优先股股票的人将不会再收到股利。为了使优先股对投资者更具有吸引力，公司通常发行累计优先股。如果公司没有宣布对累计优先股股东发放本应发放的股利，那么，这项股利将成为一项积欠股利（dividends in arrears）。在支付优先股股东的积欠股利和当期股利之前不能向普通股股东支付任何股利。

为了说明积欠股利，假设某公司有10 000股面值为100美元、利率为8%的未到期优先股。如果2004年和2005年都没有宣布发放股利，但2006年宣布了，优先股股东将有权在支付普通股股利之前获得160 000美元的积欠股利和80 000美元的当期股利。

分享超过票面股利率的利润

当优先股参与分享剩余收益时，优先股股东可能会收到超过票面股利率的额外股利。参与分享的条件取决于股票凭证的条款。例如，条款可能规定支付给普通股股东的任何超过每股10美元的股利将同时支付给优先股股东。

为了说明这类参与分享的优先股，假设某公司发行了面值为100美元、利率为8%的优先股，同时，在参与分享的优先股的条款中规定支付给普通股股东的任何超过每股10美元的股利将同时支付给优先股股东。在当前年度，宣布发放给普通股的每股股利为12美元，那么，在当前年度必须向优先股股东支付每股10（8%×100+2）美元的股利。

可转换为普通股

可转换的优先股包含一项条款，该条款允许优先股股东有权按照一个特定的转换比例将其所持有的优先股股票转换为公司所发行的其他证券。这些证券主要是普通股。可转换的特点对投资者非常有吸引力。例如，条款可能规定每股优先股可以转换为4股普通股。

可转换优先股类似于可转换债券，但可转换优先股没有固定支付的承诺。优先股股利需要宣布，而且优先股股利没有到期日。发行可转换优先股的主要原因与发行可转换债券的原因类似，即如果管理层认为现有的股票价格较低，最终又希望增加公司的普通股权益，那么，公司可以先通过发行可转换优先股筹集资金，并在将来获得一定数量的普通股权益。

企业在其资本结构可以承受更多的负债而又不会增加风险时，一般更愿意发行可转换债券而不是可转换优先股。可转换债券的利息是税收的抵减项目，而可转换优先股的股利则不然。

可由公司赎回的优先股

公司有权收回可赎回的优先股。收回价格是原有股票合约的一部分。如果优先股股票是累计支付股利的，则赎回条款通常要求在收回之前支付积欠股利。

赎回条款有利于公司，因为公司可以决定何时收回股票。投资者不喜欢赎回条款。因此，这类有赎回条款的证券必须具有行销性，而且赎回条款通常在一定年度内不能执行。例如，2005年发行的可赎回优先股可能有一项条款规定企业不能在2015年之前赎回。

清算时的优先分配权

当公司清算时，通常优先股股东与普通股股东相比对资产有优先索取权。然而，优先股股东的索取权与债权人（包括债券持有者）的索取权相比是第二位的。

优先股在清算中比普通股优先获得分配通常不被认为是一项重要的条款。这是因为通常在清算时资金并不足以支付优先股股东的权益，即使债权人也可能只收到他们债权的一部分。

披露

优先股可能包括各种条款。每一种优先股的条款都应该在资产负债表的股东权益部分或附注中披露。公司可能发行许多种优先股，每一种都有不同的条款。图表3—16列举了优先股的例子。

捐赠资本

实收资本可能已经包括捐赠资本（donated capital）。捐赠资本由股东、债权人或其他主体（如城市）捐给公司。例如，一个城市给一个公司提供土地作为吸引公司在当地建立工厂的条件，以提高当地的就业率水平。企业根据评估金额记录捐赠土地，并将作为股东权益部分的捐赠资本记录为一项权益。

图表 3—16　　　　宝洁公司*合并资产负债表（部分）——优先股　　　　单位：百万美元

	2008 年 6 月 30 日	2007 年 6 月 30 日
股东权益		
A 类可转换优先股（每股面值 1 美元，核准发行 600 000 000股）	1 366	1 406
B 类没有投票权优先股（每股面值 1 美元，核准发行 200 000 000 股）	—	—
普通股（每股面值 1 美元，核准发行 10 000 000 000 股，2008 年和 2007 年分别发行了 4 001 800 000 股和 3 989 700 000股）	4 002	3 990
资本公积	60 307	59 030
员工持股计划准备金	（1 325）	（1 308）
累计其他全面收益	3 746	617
库藏股（按面值计价，2008 年和 2007 年分别持有 969 100 000股和 857 800 000 股）	（47 588）	（38 772）
留存收益	48 986	41 797
股东权益总额	69 494	66 760

　*　"宝洁公司致力于提供高质量和超值的著名消费品，以改善全世界消费者的生活品质。" 10-K格式报告。

　　另一个例子是公司可能需要增加可供使用的现金。制订一个计划，要求现有普通股股东将其所持有的部分股份捐赠给公司。当股票被出售时，收入价款将增加现金账户的金额，而股东权益的捐赠资本也将增加。

　　留存收益

　　留存收益（retained earnings）是公司的未分配利润，即公司过去所有期间的净利润减去已经宣布发放的股利（包括现金股利和股票股利）。留存收益、现金股利和股票股利将在第 4 章详细讨论。图表 3—16 列示了留存收益。

3.1.4　准改组

　　准改组（quasi-reorganization）是一个相当于会计新起点的会计程序。公司在留存收益出现赤字时以 0 而不是一个负值为余额"重新开始"。准改组包括对留存收益赤字的重新分类。它转移了赤字和一个同等金额的实收资本。准改组可能还包括对资产和负债的现行价值进行重新表述，以反映其现行价值。

　　当实施准改组时，留存收益将被定在一个重新调整了的日期内并在 5～10 年的期间内在财务报表中披露。图表 3—17 列举了欧文康宁公司的准改组案例。

3.1.5　累计其他全面收益

　　在概念上，累计其他全面收益（accumulated other comprehensive income）代表了来自于其他全面收益的留存收益。除了合计数额，公司要求披露组成其他全面收益的不同类型的收益。对不同部分的披露可以列示在资产负债表上，在股东权益部分进行报告或在附注中披露。第4章将讨论全面收益。图表3—16列举了累计其他全面收益的披露。

图表3—17　　**欧文康宁公司*及其子公司合并资产负债表——准改组**

会计年度截止于 2006 年 12 月 31 日

合并财务报表附注（部分）

---

3. 新起点会计**（部分）

　　在生效日，公司根据见解声明第90-7号采用了新起点会计。由此，2006年11月1日，产生一个新的报告主体。它是一个全新的会计基础、全新的资本结构以及没有留存收益或累计损失的报告主体。在得到少于50%的具有投票权的接管公司确认之前，现有具有投票权股东要求公司马上实施新起点会计。根据见解声明第90-7号，新起点会计为公司提供了确定基于财务报告目的而选择的时点归属于重组公司权益价值的依据。

　　重组价值是指根据公司与其债权人的协商结果，满足了所有债务及其可能的求索权之后剩余资源的价值。公司重组时的价值为58亿美元，其中普通股权益价值为37亿美元。这包括在生效日已经发行的私募A认股权证和私募B认股权证预计的公允价值。

　　按照新起点会计，根据财务会计准则公告第141号，公司的重组价值以资产和负债的公允市场价值为基础进行分配。公允价值意味着在生效日基于内外部评估的公司价值的最合理估价。除了递延所得税，生效日已经存在的负债按其根据现行利率确定的应该支付的现值数额计价。无法归属于具体有形资产或可辨认无形资产的部分都视为商誉。然而，公司认为企业的价值大致相当于其公允价值。正如附注10所讨论的，所运用的测试商誉减损方法与协商价值之间的差异可能对公司的经营成果产生负面的影响。

　　根据见解声明第90-7号，截止到2006年10月31日10个月的经营成果包括注销59亿美元债务而产生的重组之前利得。这是因为基于该计划根据协商的结果免除了部分负债。税后重组前利得22亿美元来自于根据新起点会计，公司重组前资产和负债的账面净值转化为公允价值而产生的变动总额。

---

　　*　"欧文康宁公司是一家创建于特拉华州的全球公司，其总部设在俄亥俄州托莱多市。该公司是一家住宅和商用建筑材料、玻璃纤维增强产品和混合系统的其他类似材料的领先制造商。"10-K格式报告。

　　** 2006年10月31日开始运用新起点会计。

3.1.6　员工持股计划

　　员工持股计划（employee stock ownership plans，ESOPs）是一种有资格限制的股票奖金，或是股票奖金和货币购买养老金计划的混合体，它主要是对雇主的证券进行投资而设计的。一项有资格限制的员工持股计划必须满足国内收入法典的具体要求。为了员工的利益，一项员工持股计划必须建立一个永久的信托计划。

　　这个信托计划作为员工持股计划的一部分，其收益不必纳税，且雇主可以从对该计划的捐赠中获得一个当期的抵扣额。该计划的参与者在分配时成为有条件获得税收优惠的人。

　　员工持股计划可能借入资金购买雇主的股票。这些资金可能从公司、股东或如银行等第三方借入。公司可以为员工持股计划提供贷款保证。财务杠杆——员工持股计划为了购买雇主股票的借款能力——是一个重要的方面。

国内收入法典为员工持股计划的借款提供优惠。商业贷款机构、保险公司和共同基金为员工提供员工持股计划中购买公司股票的贷款所收到的 50% 利息收益不用纳税。因此，这些机构愿意对这些贷款索取一个较低的利率。

从公司角度看，员工持股计划既有优点，也有缺点。优点就是员工持股计划作为一项资金来源按一个合理的比例扩大了公司的资金来源，其他可能的优点如下：

（1）从大股东或公司不欢迎的股东手中购买股票的一种途径。

（2）有助于为杠杆收购融资。

（3）减少潜在的敌意收购。

（4）有助于创造公司股票的交易市场。

有些企业没有发现员工持股计划的吸引力，因为它可能使公司员工持有大量有投票权的股票。现有的股东也可能没有发现员工持股计划的好处，因为它将稀释其所拥有的所有权。

雇主向员工持股计划捐款将减少企业现金，并且一个未获得的薪酬项目减少了企业的股东权益。在随后的期间内，这些未获得的薪酬将在利润表内摊销。如果员工持股计划借入资金且企业（包括正式或非正式保证）承诺在未来向员工持股计划提供捐赠以满足债务服务的需求，那么，企业将这项承诺记录为一项负债并在股东权益中记录一项递延薪酬扣除。当债务偿还时，负债和递延薪酬便减少。

图表 3—18 显示了好时公司的员工持股计划报告。

3.1.7 库藏股

企业购买自己的股票并且没有将其注销便产生了库藏股。由于库藏股减少了流通在外的股票，因此，它减少了股东权益。库藏股在本质上是减少了实收资本。

企业可能通过两种方法记录库藏股。一种方法是按面值或设定价值记录库藏股，称为按面值记录库藏股方法。这种方法减少的实收资本超过了最初发行时的面值（或设定价值）。库藏股作为实收资本的抵减项目。

另一种方法称为成本法，这种方法按照股票的成本记录库藏股（作为股东权益的抵减项目）。大多数企业按成本记录库藏股。

图表 3—19 列举了康尼格拉食品公司的库藏股披露。注意，企业不能记录处理自己股票的利得或损失。任何与库藏股有关的利得或损失必然影响股东权益，如减少留存收益。

3.1.8 非公司企业的股东权益

非公司企业没有股东。非公司企业的股东权益就是资本。所有者投资的金额加上留存收益以一个总额的形式出现。独资企业只有一个业主（一个资本账户）。合伙企业的业主超过一个（每一个业主有一个资本账户）。第 2 章讨论了这些企业形式。

股东权益报表

企业需要提供其调节后的期初和期末股东权益账户余额。这通过提供"股东权益报表"来完成。

图表 3—18　　　　　　　　　　**好时公司*员工持股计划**　　　　　　　　单位：千美元

股东权益：	2006 年 12 月 31 日	2005 年 12 月 31 日
优先股（已发行股份：2006 年和 2005 年没有发行）	—	—
普通股（已发行股份：2006 年和 2005 年分别发行 299 085 666 股和 299 083 266 股）	299 085	299 083
B 类普通股（已发行股份：2006 年和 2005 年分别发行 60 816 078 股和 60 818 478 股）	60 816	60 818
资本公积	298 243	252 374
未实现员工持股计划的薪酬	—	（3 193）
留存收益	3 965 415	3 641 483
库藏股（按面值计价的普通股，2006 年和 2005 年分别为 129 638 183 股和 119 377 690 股）	（3 801 947）	（3 224 863）
累计其他全面损失	（138 189）	（9 322）
股东权益总额	683 423	1 016 380

合并财务报表附注（部分）

13. 员工持股计划信托基金

我们公司的员工持股计划信托基金主要作为雇主对面向国内受薪和计时工资员工的好时公司 401（K）计划（以前称为"好时公司员工储蓄股票投资与持股计划"）捐款的工具。1991 年 12 月，我们通过提供 15 年期、利率为 7.75% 的贷款 47 900 000 美元为员工持股计划筹集资金。员工持股计划通过该贷款取得的款项购买我们的普通股。2006 年和 2005 年，员工持股计划得到了一笔股利。该股利分别来自尚未分配和已经归于我们的普通股。这笔股利的数额必须等于该贷款的本金和利息。同时，员工持股计划每年分配给参与者 318 351 股公司普通股。到了 2006 年 12 月 31 日，所有股票都分配出去了。在计算每股收益时，我们将员工持股计划的股票都视为流通在外的股票。

下表总结了我们的员工持股计划费用和股利（会计年度截止于每年 12 月 31 日）：

单位：百万美元

	2006 年	2005 年	2004 年
与员工持股计划相关的薪酬（收益）费用	（0.3）	0.4	（0.1）
员工持股计划尚未分配股票的股利	0.3	0.5	0.7

我们所确定的薪酬费用净额等于已经分配的股票数量乘以每股原始成本 10.03 美元，再减去员工持股计划尚未分配股票所收到的股利。

我们将已经支付所有员工持股计划股票的股利视为留存收益的抵减项目。

---

*"我们是北美最大的高质量巧克力和甜食产品的制造商，也是一家领先的小吃食品公司。" 10-K 格式报告。

图表 3—19　　　康尼格拉食品公司*合并资产负债表（部分）——库藏股

单位：百万美元（每股数据除外）

	2008 年 5 月 25 日	2007 年 5 月 25 日
普通股股东权益		
普通股（面值 5 美元，核准发行 1 200 000 000 股，2008 年和 2007 年已经分别发行 566 653 605 股和 566 410 152 股）	2 833.4	2 832.2
资本公积	866.9	816.8
留存收益	3 409.5	2 856.0
累计其他全面收益（损失）	286.5	(5.9)
减：库藏股（按成本计价，2008 年和 2007 年的普通股数量分别为 82 282 300 股和 76 631 063 股）	(2 058.9)	(1 916.2)
普通股股东权益总额	5 337.4	4 582.9

　　*"康尼格拉食品公司是一家为杂货零售商、餐馆和其他食品服务企业提供服务的北美领先的包装食品公司。"10-K 格式报告。

　　该报表包含所有股东权益账户。在进行财务报表分析时，重要的是要关注这些账户的变化。例如，普通股账户显示了普通股的变化，留存收益账户则说明了留存收益的变化，而库藏股账户则显示了库藏股的变化。该报表将在第 4 章讨论。

　　对于许多企业而言，观察累计其他全面收益（损失）账户的变化很重要。这个账户与全面收益有关，这将在第 4 章讨论。

资产负债表列报中的问题

　　资产负债表列报中存在的许多问题可能引起财务报表分析的困难。

　　首先，许多资产按成本计价，因此，人们不能确定许多资产的市场价值或重置成本，从而资产负债表的金额未必就是其现行价值。

　　其次，用于资产估价的方法很多。例如，存货的计价方法可能因企业而异，即便是同一个企业，产品的不同也可能导致计价方法的不同。长期资产估价和折旧方法选择也存在类似问题。

　　还存在另一类问题，并非所有对企业有价值的项目都作为资产。例如，优秀员工、杰出的管理和选择合理的经营地点等特征都不体现在资产负债表上。同样，与或有事项有关的负债也不体现在资产负债表上。资产负债表的许多问题将在第 6 章和第 7 章讨论。

　　这些问题并不意味着难以进行财务报表分析。这只是需要将定性判断运用于定量数据，从而评估这些问题的影响。

3.1.9　国际合并资产负债表（国际财务报告准则）

　　国际财务报告准则并没有规定资产负债表的标准格式。通常，首先列示非流动资产，然后再列示流动资产。至于负债与所有者权益，则首先列示"资本与储备"，然后再列示非流动负债，最后才列示流动负债。

"资本与储备"部分的储备并不是美国公认会计原则的组成部分。储备可能来自财产和投资的增量再评估，也可能来自货币折算差异。这类似于美国公认会计原则的其他全面收益的分类。

国际四大会计公司之一的德勤，在其网站（http：//www.deloitte.com）披露了基于国际财务报告准则的财务报表范本。这些财务报表范本将用于说明基于国际财务报表准则的财务报表。

"我们打算用国际公认会计原则有限公司的财务报表范本说明国际财务会计准则的呈报与披露要求。该财务报表范本还包括某些最佳实践的额外披露，尤其是示例所包括的基于某个具体会计准则的披露。"

"我们假设国际公认会计原则有限公司根据国际财务报告准则编制财务报表已经有好多年了，因此，并不是首次采用国际财务报告准则的公司。读者可以参考国际财务报告准则第1号'首次采用国际财务报告准则'了解某个会计主体首次采用国际财务报告准则编制财务报表的具体要求，并参考德勤的呈报与披露清单，基于国际财务报告准则第1号的第一部分，详细了解首次采用国际财务报告准则的具体披露要求。"

"已经呈报的财务报表范本没有考虑当地的法律或法规。财务报表的编制者必须确保基于国际财务报告准则而选择的方法与相应法规没有冲突（例如，某些国家或地区不允许资产的重估，但是，如果某个会计主体根据国际会计准则第16号'财产、厂房与设备'采用重估模型，那么，这些财务报表应说明其呈报与披露是必要的）。此外，在国际财务报告准则之外，当地的法律或证券法规可能具体规定披露要求（例如，与董事薪酬相关的披露要求）。如此一来，财务报表编制者必须使财务报表范本符合当地法律或法规的额外要求。"

"财务报表范本不包括当地法律或法规要求编制或企业自愿编制的母公司单独财务报表。当然，如果某个会计主体提供了符合国际财务报告准则的独立财务报表，就适用国际会计准则第27号'合并财务报表与单独财务报表'的要求。这时，通常需要编制母公司的全面收益、财务状况、权益变动和现金流量的单独报表及其支持性附注。"

"在相关的准则和解释文本中，对基本披露要求是相互借鉴的。（除非特别之处）通常借鉴相关会计准则和解释的最近版本，而国际公认会计原则有限公司已经采用了相关会计准则和解释。因此，国际财务报告准则第3号、国际会计准则第1号和国际会计准则第27号分别与国际财务报告准则第3号（2008年修订版）、国际会计准则第1号（2007年修订版）和国际会计准则第27号（2008年修订版）相互借鉴。"

在这些2009年财务报表范本中，德勤具体说明了采用一系列新的、修订之后的会计准则和解释的影响。

国际会计准则第1号（2007年修订版）的许多术语发生了变化，包括修订了财务报表的名称（例如，"资产负债表"改为"财务状况表"）。这些财务报表范本已经全面采用了修订之后的术语。不过，财务报表编制者应该清楚财务报表的这些新名称并不是非用不可。

基于披露全面收益表和现金流量表的目的，根据国际财务报告准则而例示的这些财务报表也可以相应地改变其编制方法。财务报表编制者应该选择最适合其环境的编制方法（http：//www. deloitte. com）。

值得注意的是，德勤为了说明问题，这些财务报表范本经常包括没有数额列示的线下项目。尽管这些线下项目不适合国际公认会计原则有限公司，但是，却是实践中普遍存在的项目。这并不意味着我们已经穷尽所有可能的披露方法，更不意味着在实践中会计主体就应该列示这些没有数额的线下项目。

图表3—20列示了这些合并资产负债表范本。

图表3—20　　　　　　　　**国际财务报告准则合并资产负债表范本**　　　　　　单位：千美元

会计准则来源	国际公认会计原则有限公司			
IAS1. 10 (a), (f), 51 (b), (c)	2009年12月31日合并财务状况表			
IAS1. 113 IAS1. 51 (d), (e)	附注	2009年12月31日	2008年12月31日	2008年1月1日
	资产			
IAS1. 60	非流动资产			
IAS1. 54 (a)	财产、厂房与设备	15	109 783	135 721	161 058
IAS1. 54 (b)	投资性财产	16	1 936	132	170
IAS1. 55	商誉	17	20 285	24 060	23 920
IAS1. 54 (c)	其他无形资产	18	9 739	11 325	12 523
IAS1. 54 (e)	对子公司的投资	20	7 402	7 270	5 706
IAS1. 54 (o)	递延所得税资产	10	—	—	—
IAS1. 55	融资租赁应收款	26	830	717	739
IAS1. 54 (d)	其他金融资产	22	10 771	9 655	7 850
IAS1. 55	其他资产	23	—	—	—
	非流动资产合计		160 746	188 880	211 966
IAS1. 60	流动资产			
IAS1. 54 (g)	存货	24	31 213	28 982	29 688
IAS1. 54 (h)	应收账款及其他应收款	25	19 735	16 292	14 002
IAS1. 55	融资租赁应收款	26	198	188	182
IAS1. 54 (d)	其他金融资产	22	8 757	6 949	5 528
IAS1. 54 (n)	流动性所得税资产	10	125	60	81
IAS1. 55	其他资产	23	—	—	—
IAS1. 54 (i)	现金与银行存款		23 446	19 778	9 082
			83 474	72 429	58 563
IAS1. 54 (j)	持有待售资产	12	22 336	—	—

	流动资产合计		105 810	72 249	58 563
	资产总额		<u>266 556</u>	<u>261 129</u>	<u>270 529</u>
	权益与负债				
	资本与储备				
IAS1.55	已筹集资本	28	32 439	48 672	48 672
IAS1.55	储备	29	4 237	3 376	1 726
IAS1.55	留存收益	30	<u>110 805</u>	<u>94 909</u>	<u>73 824</u>
			147 481	146 957	124 222
IAS1.55	与持有待售资产直接相关的已确认权益	12	—	—	—
IAS1.54（r）	归属于公司所有者的权益		147 481	146 957	124 222
IAS1.54（q）	非控制性权益	31	24 316	20 005	17 242
	权益合计		171 797	166 962	141 646
IAS1.60	非流动负债				
IAS1.55	借款	32	20 221	31 478	28 014
IAS1.54（m）	其他金融负债	34	15 001	—	—
IAS1.55	退休津贴债务	39	508	352	739
IAS1.54（o）	递延所得税负债	10	4 646	3 693	2 593
IAS1.54（i）	准备金	35	2 294	2 231	4 102
IAS1.55	递延收入	41	219	95	41
IAS1.55	其他负债	36	180	270	—
	非流动负债合计		<u>43 069</u>	<u>38 119</u>	<u>35 489</u>
IAS1.60	流动负债				
IAS1.54（k）	应付账款与其他应付款	37	16 373	21 220	52 750
IAS1.55	借款	32	22 446	25 660	33 618
IAS1.54（m）	其他金融负债	34	116	18	—
IAS1.54（n）	流动性税务负债	10	5 270	5 868	4 910
IAS1.54（i）	准备金	35	3 356	3 195	2 235
IAS1.55	递延收入	41	355	52	63

续表

IAS1.55	其他收入	36	90	95	–
			48 006	56 048	93 576
IAS1.54（p）	与持有待售资产直接相关的负债	12	3 684	—	—
	流动负债合计		51 690	56 048	93 576
	负债合计		94 759	94 167	129 065
	权益与负债总额		266 556	261 129	270 529

注释：根据国际会计准则第 10 号第 10（f）节的要求，财务状况表在最早的比较期开始时呈报。其他财务报表也需要呈报，因为该年度会计主体已经追溯性地运用了新的会计政策（参见财务报表附注 2）。

资料来源　德勤授权使用。

免责声明

这里的德勤泛指德勤瑞士联盟的成员所及其各自分所和附属机构之一或更多单位。作为一个瑞士联盟（协会），德勤或其任何成员所都没有义务为彼此之间的行为或差错负责任。尽管每一个成员所都以"德勤"或其他类似的名义从事经营业务，但是，它们都是一个单独的机构和独立的法律主体。本文告无意成为"百科全书"，只包括一般性信息，也不提供具体的会计、经营、财务、投资、法律、税务或其他专业性的建议或服务。本文告并不是专业性建议或服务的替代物，它不应该成为任何可能影响你或你的业务决策或行动的基础。在做出任何可能影响你或你的业务决策或行动之前，你必须咨询合格的专业顾问。

尽管我们尽最大努力确保本文告包含准确的信息，但是，我们不能确保已经做到。无论是德勤还是其他相关主体，都不对运用本文告所包含信息的任何人或主体承担责任。任何责任都由使用者自负。

延伸阅读 3-2

3.2 本章小结

资产负债表揭示了某个会计主体在某一特定时点的财务状况。它是一个最基本的财务报表，许多使用者都阅读资产负债表，并且将其作为决策过程的一部分。本章还讨论了国际合并资产负债表。

思考题

3.1 说出并描述资产负债表的三类主要账户。

3.2 流动资产通常从现金开始按照一定顺序排列。这种排列顺序用意何在？

3.3 基于报告的目的，管理层喜欢较高的利润，而基于纳税的目的，他们则希望报告较低的应税收益。为了实现这些目标，企业出于纳税和报告目的通常使用不同的折旧方法。哪一种折旧方法适合于报告目的，哪一种适合于纳税目的？为什么？

3.4 什么时候非控制性股东权益会出现在资产负债表上？

3.5 描述与资产和负债相关的公允价值。

习题

3—1 卡森公司的会计师从该公司 2012 年 12 月 31 日的会计记录获取如下清单：

留存收益	?	预付费用	$ 3 000
现金	$ 7 000	普通股	40 000
应付账款	15 000	应收账款	17 000
销售收入	125 000	利息收益	500
销售成本	70 000	工资费用	4 000
土地	75 000	所得税费用	200
应付票据	15 000	销售费用	45 000
存货	20 000	应付工资	5 000

为卡森公司确定下列项目的金额：

1. 2012 年末的资产总额。

2. 2012 年末的负债总额。

3. 2012 年末的权益总额。

3—2 下列信息摘自埃利克有限公司 2010 年 12 月 31 日的账户。它没有按顺序排列。

普通股（核准发行 21 000 股，每股面值 1 美元，已经发行 10 000 股）	$ 10 000
资本公积	38 000
现金	13 000
有价证券	17 000
应收账款	26 000
应付账款	15 000
长期债务的流动部分	11 000
应付抵押款	80 000
应付债券	70 000
存货	30 000
土地与建筑物	57 000
机器与设备	125 000
商誉	8 000
专利	10 000
其他资产	50 000
递延所得税（长期负债）	18 000
留存收益	33 000
累计折旧	61 000

要求

按照报告格式编制一份资产负债表。对于资产项目，按流动资产、厂房与设备、无形资产和其他资产分类。对于负债，按流动负债和长期负债分类。

3—3　假设你作为一家小型会计师事务所审计人员。在审计的过程中，你发现以下与同一个客户相关的下列项目：

1. 某会计年度，企业宣告并支付了 10 000 美元的股利。

2. 你的客户成为一个涉及金额较大的法律诉讼的被告，但你收到客户的辩护律师的声明，该声明指出遭受损失的可能性很小。

3. 由于成本控制行动和一般员工的不满，客户在可以预见的将来可能遭受罢工的巨大损失。

4. 结账日之后 20 天，客户其中一间厂房遭遇了一场较大的火灾。

5. 现金账户包括一个为支付养老金义务所预留的较大金额。

6. 有价证券包括基于控制目的而大量持有的股票。

7. 土地按其市场价格 1 000 000 美元列示在资产负债表上。12 年前，购买该土地的成本为 670 000 美元。

8. 某会计年度，乌干达政府没收了位于当地的一间厂房。这是一个重大损失。

要求

这些项目如何反映在年末资产负债表和附注上？

3—4　科瓦列斯公司拥有小哈里斯伯格公司 80% 的股票。2010 年 12 月 31 日，小哈里斯伯格公司简要资产负债表如下：

小哈里斯伯格公司资产负债表
2010 年 12 月 31 日

流动资产	$ 100 000	流动负债	$ 50 000
		长期负债	150 000
财产、厂房与设备净值	400 000	股本	50 000
	$ 500 000	留存收益	250 000
			$ 500 000

2010 年小哈里斯伯格公司的税后盈余为 50 000 美元。

要求

1. 科瓦列斯公司资产负债表的非控制性股东权益是多少？基于财务报表分析目的，非控制性股东权益如何处理。

2. 科瓦列斯公司利润表的非控制性股东应得的盈余是多少？

3—5　1 月 1 日以成本为 50 000 美元获得一台设备，其预计使用寿命为 5 年，估计残值为 10 000 美元。

要求

1. 站在管理的角度，直线法、余额递减法和使用年限总和法这三种方法，选择哪一种方法可以使企业第 1 年财务报表的收益达到最大？假设税率每年都保持不变，从所得税申报的角度看应该选择哪一种折旧方法？请解释并列出计算过程。

2. 是否允许财务报表使用与纳税申报表不同的折旧方法？

案例 电信服务公司——第一部分

中国联通（香港）有限公司提供各种电信服务，包括在中国的移动与固定在线服务。

该公司在纽约股票交易所上市并根据证券交易委员会要求提交了 2008 年 12 月 31 日的 20-F 格式报告。

20-F 格式报告披露了下列事项：

1. 年度报告披露的财务信息与某些统计信息的特别说明；

2. 审计报告；

3. 合并资产负债表。

年度报告披露的财务信息与某些统计信息的特别说明：

我们根据国际会计准则理事会发布的国际财务报告准则编制的 20-F 格式年度报告包括 2007 年 12 月 31 日和 2008 年 12 月 31 日的合并财务报表。这些财务报表也遵循了香港财务报告准则。香港财务报告准则汇集了香港注册会计师公会发布的香港财务报告准则和香港会计准则与解释的所有术语。就本公司的运用而言，香港财务报告准则在所有重要方面与国际财务报告准则一致。根据国际财务报告准则第 1 号"首次采用国际财务报告准则"的要求，过渡到国际财务报告准则的日期确定为 2007 年 1 月 1 日。这是我们在合并财务报表充分提供比较性信息的最早期间的开端。充分考虑以前期间的会计政策和国际财务报告准则第 1 号的要求，我们认为没有必要调整 2007 年 1 月 1 日或 2007 年 12 月 31 日基于香港财务报告准则编制财务报表所列示的数额。因此，我们认为 20-F 格式报告的年度报告所包含的 2007 年 12 月 31 日和 2008 年 12 月 31 日合并财务报表完全遵循了国际会计准则理事会所发布的国际财务报告准则。我们的会计师事务所——普华永道对我们根据国际会计准则理事会发布的国际财务报告准则编制的财务报表出具了审计报告。

遵照美国证券交易委员会采纳的 2008 年 3 月 4 日生效的法规修正案，我们没有必要提供调整为美国公认会计原则的财务报表。而且，根据证券交易委员会关于首次采用国际财务报告准则过渡时期的要求，20-F 格式报告的年度报告没有包括基于国际财务报告准则编制的已审计的 2006 年 12 月 31 日财务报表和财务信息。

先前已经提交给证券交易委员会的 20-F 格式报告的年度报告所包含的 2005 年 12 月 31 日和 2006 年 12 月 31 日合并财务报表根据香港财务报告准则编制。至于先前已经提交给证券交易委员会的 20-F 格式报告的年度报告所包含的 2004 年 12 月 31 日及其之前的合并财务报表则根据香港公认会计原则编制。

20-F 格式报告的年度报告所发布的与中华人民共和国相关的统计信息来自各种现有公开的政府出版物。我们没有编制或独立核实这些统计信息。这些统计信息可能与来自中华人民共和国内外部其他来源的其他统计信息不相符。

致中国联通（香港）有限公司

（以前称为中国联通有限公司）董事会和股东

（在中华人民共和国香港特别行政区（"香港"）以有限责任的形式重组为公司制企业）

我们认为，所附的合并资产负债表及其相关的合并利润表、权益变动表和现金流量表在所有重大方面如实地反映了中国联通（香港）及其子公司（合在一起，统称"集团公司"）2008 年 12 月 31 日和 2007 年 12 月 31 日的财务状况、截止于 2008 年 12 月 31 日的前两年的经营成果和现金流动状况。这些财务报表符合国际会计准则理事会发布的国际财务报告准则和香港注册会计师协会发布的香港财务报告准则。同时，我们认为，截止于 2008 年 12 月 31 日，在所有重大方面，集团公司根据特德威委员会发起人组织委员会（COSO）发布的"内部控制——整合框架"所确立的标准对财务报告实施了有效的内部控制。集团公司的管理层对这些财务报表、财务报告有效的内部控制、财务报告内部控制有效性评估以及 20-F 格式报告的年度报告项目 15 所包含的财务报告内部控制管理层报告等问题负责。我们的责任是基于我们的完整审计对这些财务报表及集团公司财务报告内部控制有效性发表我们的审计意见。我们根据（美国）上市公司会计监管委员会的准则实施我们的审计。这些准则要求我们有计划地实施各项审计，以获得在所有重大方面财务报表是否存在重大错报以及财务报告内部控制是否有效的可靠证据。我们的财务报表审计包括以测试的方式核查支撑财务报表数据及其披露的信息的证据、评估管理层所运用的会计原则和做出的重要估计、评价财务报表的整体呈报。我们对财务报告内部控制的审计包括理解财务报告内部控制、评估可能存在重大缺陷的风险、以评估过的风险为基础测试和评估内部控制的设计及其实施有效性。我们的审计还包括实施基于特定情境我们认为有必要的其他程序。我们认为，我们的审计为我们的审计意见提供了合理的基础。

公司的财务报告内部控制设计是为了合理保证财务报告的可靠性和基于外部目的编制的财务报表符合公认会计原则的一种程序。公司的财务报告内部控制包括下列一些政策和程序：（1）合理保证所有账户记录较为详细、准确和如实地反映公司资产的交易与安排；（2）合理保证必要的交易记录有助于根据公认会计原则编制财务报表，公司的各项收入与支出只有得到管理层和董事的授权才能发生；（3）合理保证防患于未然或及时发现可能对财务报表产生重大影响的未授权公司资产的购置、使用或处置。

由于其内在局限性，财务报告的内部控制未必能够防患于未然或发现错报。同时，任何评估未来期间有效性的计划都可能存在风险。因为环境的变化可能使得各种控制变得不充分或对各种政策或程序的遵循程度也可能恶化。

普华永道会计公司（香港）

2009 年 6 月 18 日

中国联通（香港）有限公司合并资产负债表

2007 年 12 月 31 日和 2008 年 12 月 31 日 单位：百万

	附注	2007 年重述（附注2.2）	2008 年	2008 年
		人民币	人民币	美元
资产				
非流动资产				
财产、厂房与设备	6	276 110	283 912	41 614

	附注	2007 年重述（附注 2.2）	2008 年	2008 年
		人民币	人民币	美元
预付租赁款	7	8 063	7 799	1 143
商誉	8	3 144	2 771	406
递延所得税资产	9	2 514	5 326	781
其他资产	10	12 081	8 996	1 319
小计		301 912	308 804	45 263
流动资产				
存货与消耗品	12	2 815	1 171	172
应收账款净额	13	11 014	8 587	1 258
预付款与其他流动资产	14	4 314	2 427	356
应收最终持股公司款项	37.1	–	15	2
应收相关主体款项	37.1	502	439	64
应收国内运营商款项	37.2	816	865	127
处置 CDMA 业务应收款	33	–	13 140	1 926
短期银行存款	15	735	238	35
现金及其等价物	16	11 979	9 238	1 354
小计		32 175	36 120	5 294
资产总额		334 087	344 924	50 557
权益				
归属公司股东权益的资本与储备				
股本	17	1 437	2 329	341
股本溢价	17	64 320	166 784	24 446
储备	18	76 275	(23 183)	(3 398)
留存利润				
计划分配股利	34	6 427	4 754	697
其他		30 053	56 026	8 212
小计		178 512	206 710	30 298
非控制权股东权益		4		
权益总额		178 516	206 710	30 298

所有的附注都是合并财务报表的一个组成部分。

	附注	2007 年重述（附注 2.2）	2008 年	2008 年
		人民币	人民币	美元
负债				
非流动负债				
长期银行借款	19	16 086	997	146
公司债	20	2 000	7 000	1 026
递延所得税负债	9	18	16	2
递延收入		5 246	3 383	496
应付相关主体款项	37.1	6 169	–	–
其他债务	22	2 007	1 599	235
小计		31 525	12 995	1 905
流动负债				
应付款与应计负债	23	49 312	65 687	9 628
应付税款		4 990	11 304	1 657
应付最终持股公司款项	37.1	821	–	–
应付相关主体款项	37.1	5 656	2 727	400
应付国内运营商款项	37.2	510	538	79
处置 CDMA 业务应付款	37.2	–	4 232	620
应付股利		–	149	22
短期商业票据	24	20 000	10 000	1 466
短期银行借款	25	11 850	10 780	1 580
长期银行借款短期部分	19	7 411	1 216	178
金融租赁债务短期部分		103	–	–
递延收入短期部分		3 103	2 200	322
其他债务短期部分	22	3 381	3 012	442
预收顾客款项		16 909	13 374	1 960
小计		124 046	125 219	18 354
负债总额		155 571	138 214	20 259
权益与负债总额		334 087	344 924	50 557
流动负债净额		(91 871)	(89 099)	(13 060)
资产总额减流动负债		210 041	219 705	32 203

要求

1. 特别说明等内容

（1）基于何种报告准则编制财务报表？

（2）这些报告准则与公认会计原则一致吗？请评述之。

（3）为什么中国联通（香港）有限公司不提供 2006 年 12 月 31 日的已审计财务报表？

（4）根据何种公认会计原则编制 2006 年度及其之前的财务报表？

2. 审计报告

（1）包括多少个年度的财务报表？

（2）运用何种报告准则？

（3）运用何种原则指导内部控制？

（4）请评述管理层对财务报表的责任。

（5）请评述所运用的审计准则。

（6）有效的内部控制可以防患于未然或发现错报。请评述之。

3. 合并资产负债表

（1）为什么同时采用人民币和美元计价？

（2）请评述资产的呈报方式。

（3）请评述权益的呈报方式。

（4）请评述负债的呈报方式。

互联网案例：Thomson ONE（商学院版）

请登录 www. cengage. com/international，完成包含本章讨论主题的网络案例。你可以使用 Thomson ONE（商学院版）。这是一个强有力的工具，它包含一系列基本财务信息、盈余估计、市场数据和 500 个上市公司的原始文档。

注释

1. *Accounting Trend & Techniques*（New York：American Institute of Certified Public Accountants,2006），p. 137.

2. Ibid. ，p. 289.

3. Ibid. ，p. 137.

4. *Statement of Financial Accounting Concepts No. 6*，"Elements of Financial Statements,"（Stamford,CT：Financial Accounting Standards Board,1985），par 25.

5. *Accounting Trends & Techniques*（New York：American Institute of Certified Public Accountants,2006），p. 147.

6. 2007 年 12 月发布的财务会计准则公告第 141 号(修订版)"企业合并"是目前计算商誉的准则。2001 年 6 月发布的财务会计准则公告第 142 号"商誉与其他无形资产"是与商誉何时注销或减值相关的准则。财务会计准则公告第 142 号发布之前,商誉在 40 年内摊销。

7. *Statement of Financial Accounting Concepts No. 6*，par 35.

8. *Statement of Financial Accounting Concepts No. 6*，par 212.

第 4 章　利润表

利润表通常被认为是最重要的财务报表。该报表的常用名称还有利润表、盈余表、经营表。经营表和利润表都是常用名称。[1]

4.1　利润表的基本要素

利润表总结了某一特定期间的收入、费用、利得和损失，并最后得出净收益。多步式利润表通常分别列出毛利、经营收益、税前收益和净收益。

简化的多步式利润表如下（单位为美元）：

	销售净额（收入）	×××
−	商品销售成本（销售成本）	×××
	毛利	×××
−	经营费用（销售与管理费用）	×××
	经营收益	×××
+（−）	其他收益或费用	×××
	税前收益	×××
−	所得税	×××
	净收益	×××
	每股收益	×××

许多企业采用单步式利润表。单步式利润表加总所有收入和利得（销售收入、其他收益），再减去费用总额和损失（销售成本、经营费用、其他费用等）。简化的单步式利润表如下（单位为美元）：

收入：	
销售净额	×××
其他收益	×××
收入总额	×××
费用：	
商品销售成本（销售成本）	×××
经营费用（销售与管理费用）	×××
其他费用	×××
所得税费用	×××
费用总额	×××
净收益	×××
每股收益	×××

单步式利润表列示所有收入和利得（通常按金额大小顺序列示），再列示所有费用和损失（通常按金额大小顺序列示），收入和利得总额减去费用和损失总额得出净收益。大部分采用单步式利润表的企业都会用一定的方法对其进行完善，比如，将联邦所得税费用作为一个单独的项目列示。

图表 4—1 和图表 4—2 列示了这两种不同的利润表。图表 4—1 中，莱德系统公司采用的是单步式利润表，而图表 4—2 中，英特尔公司则采用多步式利润表。

图表 4—1 **莱德系统公司 * 单步式利润表**

莱德系统公司及其子公司合并利润表

	12 月 31 日		
	2008 年	2007 年	2006 年
	（除了每股数据之外，单位为千美元）		
收入	6 203 743	6 565 995	6 603 643
经营费用（单独列示项目除外）	3 029 673	2 776 999	2 735 752
工资及与员工相关成本	1 399 121	1 410 388	1 397 391
转包运输费用	323 382	950 500	865 475
折旧费用	843 459	815 962	743 288
出售交通工具利得净额	（39 312）	（44 094）	（50 766）
设备租金	80 105	93 337	90 137
利息费用	157 257	160 074	140 561
杂项费用（收益）净额	1 735	（15 904）	（11 732）
重组与其他费用净额	58 401	13 269	3 564
小计	5 853 821	6 160 531	5 913 670
税前利润	349 222	405 464	392 973
所得税费用	150 041	151 603	144 014
净利润	199 881	253 861	248 959
普通股每股收益			
基本每股收益	3.56	4.28	4.09
稀释后每股收益	3.52	4.24	4.04

* "莱德系统公司于 1993 年创建于佛罗里达州，是一家提供运输与供应链管理解决方案的全球领先企业。" 10-K 格式报告。

图表 4—2　　　　　　　　　　　　**英特尔公司*多步式利润表**

英特尔公司合并利润表

会计年度截止于 9 月 27 日 （除了每股数据，单位为百万美元）	2008 年	2007 年	2006 年
收入净额	37 586	38 334	35 382
销售成本	16 742	18 430	17 164
销售毛利	20 844	19 904	18 218
研究与开发费用	5 722	5 755	5 873
营销、一般及行政管理费用	5 458	5 417	6 138
重组与资产减值损失	710	516	555
经营费用	11 890	11 688	12 566
经营利润	8 954	8 216	5 652
权益法投资净利得（损失）	（1 380）	3	2
其他权益投资净利得（损失）	(376)	154	212
利息与其他费用净额	488	793	1 202
税前利润	7 686	9 166	7 068
所得税费用	2 394	2 190	2 024
净利润	5 292	6 976	5 044
普通股基本每股收益	0.93	1.20	0.87
普通股稀释后每股收益	0.92	1.18	0.86
加权平均流通在外股票数量			
基本股票数量（百万股）	5 663	5 816	5 797
稀释后股票数量（百万股）	5 748	5 936	5 880

*　"以收入为标准，我们是世界最大的半导体芯片制造商。" 10-K 格式报告。

　　对于一个兼有商品销售成本、商品生产成本或服务成本的企业来说，其财务报表分析应该采用多步式利润表。多步式利润表为财务报表分析提供了很有用的中间利润数据。你可以把单步式利润表改为多步式利润表。图表 4—3 列示了综合多步式利润表。美国大部分企业所采用的利润表与此相似。该图表为许多分析提供一种指引。

4.1.1　销售净额（收入）

　　销售收入指的是向顾客出售产品或提供劳务所取得的收入。企业从其主要产品的销售中取得收入。利润表的销售收入通常是减去销售折扣、退回和折让后的净额。

4.1.2　商品销售成本（销售成本）

　　该项目列示的是已销售产品的成本。对于一个零售企业，其销售成本等于期初存货加上当期购入存货减去期末存货，而对于制造企业，其销售成本是生产成本而非进货成本，因为其货物是生产出来的，而非购买得来的。服务性企业没有销售成本，但存在服务成本。

图表4—3　　　　　　　　　　　**特别项目举例**

G 公司和 F 公司利润表（多步式）

会计年度截止于 2007 年 12 月 31 日　　　　　　　　　　　单位：美元

销售净额		×××
产品销售成本		×××
毛利		×××
其他营业收入		×××
经营费用		
销售费用	×××	
一般费用	×××	（×××）
经营收益		×××
其他收益（包括利息收益）		×××
其他费用（包括利息费用）		（×××）
（A）分项列示非正常或非经常项目［损失］		（×××）
（B）非合并报表的子公司的股权收益［损失］		×××
税前收益		×××
与经营有关的所得税		×××
经营净收益		×××
（C）中断经营		
停业部门的经营收益（损失）（减：所得税×××美元）	（×××）	
处置×分部的收益（损失）（减：所得税×××美元）	（×××）	（×××）
（D）特别利得（损失）（减：所得税×××美元）		（×××）
（E）会计原则变更的累计影响（损失）（减：所得税×××美元）		×××
非控制性股东权益前的净收益		×××
（F）净收——非控制性股东权益		（×××）
净收益		×××
每股收益		×××

4.1.3 其他营业收入

依靠企业的经营，可能产生其他营业收入，如租赁收入和特许权收入。

4.1.4 经营费用

经营费用分为两类：销售费用和管理费用。销售费用（selling expenses）是企业为推销产品而付出的代价，包括广告费、销售佣金、销售中损耗的物料等。管理费用（administrative expenses）是企业经营活动的一般管理费用，包括办公人员薪金、保险费、电话费、坏账费用和其他一些难以分配的费用。

4.1.5 其他收益或费用

该项目反映的是企业的附加活动，与企业正常经营没有直接联系。例如，企业有多余的仓库出租，该租金收益就属于其他收益。股利、利息、出售资产的利得和损失都归属于这一类。利息费用则归类为其他费用。

延伸阅读 4—1

4.2 利润表的特别项目

为了理解和分析利润数字，有必要弄清那些需要特别披露的利润表项目。图表4—3列示了需要特别披露的项目。表中以字母打头的项目都会在下面予以讨论。注意它们中有些是税前数字，有些是税后数字。

4.2.1 （A）分项列示非正常或非经常项目

某些利润表项目是非正常或不经常发生的，包括销售有价证券的利得、应收账款减值损失或存货减值损失等。这些项目与正常的、重复发生的收入、费用、利得和损失一并列示。当数额较大时，必须分别逐项以税前金额列示。在进行基本的财务报表分析时，往往不考虑这些项目。

在补充的辅助财务报表分析中，非正常或非经常项目应以税后金额列示。通常对所得税影响的估计是必要的。通过运用通常在附注中披露的现行所得税税率或用税前收益除以所得税费用可以合理地估计所得税影响。

参阅图表4—4。该图表分项列示了泰瑟国际公司的非正常或非经常项目。该非正常或非经常项目是一项股东诉讼费用。

2006年发生的非正常或非经常项目扣除如下：

股东诉讼处置费用	$ 17 650 000
减去预计税收影响（17.98%×$ 17 650 000）	3 173 470
股东诉讼处置费用净额	14 476 530

泰瑟国际公司2006年报告4 087 679美元的净损失。除去不正常或非经常项目获得的收益10 388 851美元。

图表 4—4　　　　　　　　**泰瑟国际公司* 非正常或非经常项目**

泰瑟国际公司利润表
会计年度截止于每年 12 月 31 日

	2008 年	2007 年	2006 年
销售净额	92 845 490	100 727 191	67 717 851
产品销售成本：			
直接制造费用	26 756 080	31 507 727	18 296 039
间接制造费用	9 085 183	11 659 645	6 242 751
产品销售成本总额	35 841 263	43 167 372	24 538 790
销售毛利	57 004 227	57 559 819	43 179 061
销售、一般及行政管理费用	38 860 729	32 814 170	29 680 764
研究与开发费用	12 918 161	4 421 596	2 704 521
股东诉讼处置费用	—	—	17 650 000
经营收益（损失）	5 225 337	20 324 053	(6 856 224)
利息与其他收益净额	1 717 967	2 202 187	1 872 645
税前利润（亏损）	6 943 304	22 526 240	(4 983 579)
所得税费用（抵免）	3 306 263	7 499 764	(895 900)
净利润	3 637 041	15 026 476	(4 087 679)
普通股及其等价物每股收益			
基本每股收益	0.06	0.24	(0.07)
稀释后每股收益	0.06	0.23	(0.07)
加权平均流通在外普通股及其等价物数量			
基本股票数量	62 371 004	62 621 174	61 984 240
稀释后股票数量	64 070 869	65 685 667	61 984 240

　* "泰瑟国际公司的使命是通过提供更安全、更有效的工具和技术来保护生命。"10-K 格式报告。

4.2.2　（B）非合并报表的子公司的股权收益

　　如果企业用权益法核算其股票投资（被投资企业的财务报表不与其财务报表合并），则投资者在其报表上列示股权收益（损失）。股权收益（equity earnings）（损失）是按股份所占比例享有被投资企业的部分利润。例如，如果投资者拥有被投资者 20% 的股票，被投资者报告 10 万美元的利润，那么，投资者在其利润表中可以报告股权收益 2 万美元。本书若未特别强调股权损失，都用股权收益一词。

　　如果现金股利并没有伴随股权收益发放给投资者，那么，投资者报告的股权收益大于从投资中获得的现金流入量。如果投资公司报告的股权收益金额很大，那么，其净收益会大大超过其支付股利的能力和偿还到期债务的能力。

在财务报表分析中，未合并子公司的股权收益产生了一些实务问题。例如，股权收益代表的是其他企业的收益，而非投资企业的日常经营所得。因此，股权收益可能会歪曲投资方的经营业绩。本书推荐了几种方法用于分析那些受股权收益影响的比率指标。

参阅图表4—5，其中列示了荷美尔食品公司未合并子公司的股权收益。该表的项目反映了盈利能力分析的一个问题，那就是大多数盈利能力指标是将利润表与其他报表（主要是资产负债表）的数据联系起来计算，股权收益数字是从未合并子公司来的，其他报表数字却不一定包含未合并子公司的有关数字。因此，计算比率时，分子和分母的含义可能不一致（第5章将详细讨论该比率）。

图表4—5　　　　　　　　**荷美尔食品公司*股权收益**

（除了每股数据，单位为百万美元）	2008 年 12 月 26 日	2007 年 10 月 28 日	2006 年 12 月 29 日
销售净额	6 754 903	6 193 032	5 745 481
产品销售成本	5 233 156	4 778 505	4 362 291
销售毛利	1 521 747	1 414 527	1 383 190
费用：			
销售与运输费用	834 292	771 597	754 143
一般及管理费用	178 029	162 480	182 891
费用总额	1 012 321	934 077	937 034
子公司权益收益	4 235	3 470	4 553
经营利润	513 661	483 920	450 709
其他收益与费用：			
利息与投资收益（损失）	(28 102)	13 624	5 470
利息费用	(28 023)	(27 707)	(25 636)
税前利润	457 536	469 837	430 543
所得税费用	172 036	167 945	144 404
净利润	285 500	301 892	286 139
每股净收益：			
基本每股净收益	2.11	2.20	2.08
稀释后每股净收益	2.08	2.17	2.05
加权平均流通在外股票数量：			
基本股票数量（百万股）	135 360	137 216	137 845
稀释后股票数量（百万股）	137 128	139 151	139 561

*　"公司主要在美国和世界各地从事各种肉类和食品的生产与营销活动。"10-K 格式报告。

股权收益对某些指标的歪曲程度比其他指标更大。例如，收益与销售收入的比率因为权益收益的缘故可能被歪曲。该比率的分子是收益，它包括了母公司和所属未合并子公司的股权收益，而分母（销售收入）只包括母公司的销售收入。因为报表不合并，子公司的销售收入数字不在母公司的报表上反映，所以该比率就被歪曲了。

未合并子公司收益的权益（股权收益）以税前数额列示。所有税收只与收到的股利相关，而且通常是不重要的。因此，为了分析的目的去掉股权收益时，不用计算所得税的影响。

4.3　与经营有关的所得税

以报告利润为基础计算的联邦、州和地方所得税都在此列示了。所得税费用包括已付所得税和递延所得税。在此报告的所得税不包括以税后净额列示的项目的税额。

4.3.1　（C）中断经营

非正常项目的一种常见类型就是转让或处理、出售部分生产线，或停止某经营分部的经营。如果该处置符合中断经营的标准，则处置该经营分部的收益或损失应在利润表中作为一个单独项目列示。此外，已经被停止或将要被停止经营的经营分部的经营成果也要与处置损益一并报告。这些影响作为一个单独的项目在持续经营项目之后列示。

中断经营为盈利能力分析提出了一个问题。理想状态下，持续经营收益是预测未来收益的较好数据。但基本的盈利能力分析剔除中断经营的影响会产生两方面的问题：（1）为了剔除资产负债表中与中断经营有关的数字而使与中断经营有关的数据披露不足；（2）缺乏中断经营部分过去的利润和亏损数据。

图表4—6是中断经营在净收益中的列示。分析财务报表时，最好把与中断经营有关的项目从利润表中剔除。

利润表中与中断经营相关的项目都是以税后金额列示的，因此，在进行基本财务分析而剔除中断经营项目时，可以不再对所得税进行调整，而在辅助分析中，为了不忽略中断经营项目，可以对这些项目加以考虑。

最好在进行基本财务分析时，把与中断经营有关的项目从资产负债表中剔除。在辅助分析中应考虑这些因素，因为它们对未来经营收入没有影响。然而，不充分的披露会导致分析时根本无法把它们剔除掉。

如果某项业务或生产线在年终的资产负债表日前被停止或处理，那么，与此有关的资产负债表项目也应作相应的会计处理。这时，与中断经营有关的资产负债表项目就不会为当年的财务报告带来问题。

4.3.2　（D）特别项目

特别项目是指不经常发生的、性质上与正常经营内容不同的重大事项或交易业务。例如，重大灾祸（如火灾）、新颁布的法律禁止事项和财产征用等。特别项目必须在扣除相应的税额之后单独列示。一些公告对特别项目做了具体的规定，如用前期亏损抵减当年税额以及因债务取消而产生的收益或损失。特别项目对每股盈利的影响也必须单独列示。图表4—7列示的就是因债务取消而产生的收益或损失。

图表 4—6　　　　　　　**科比房地产公司 * 中断经营**

科比房地产公司合并利润表

（除了每股数据，单位为百万美元）	会计年度截止于每年 11 月 30 日		
	2008 年	2007 年	2006 年
收入总额	3 033 936	6 416 526	9 380 083
住宅建筑业务：			
收入	3 023 169	6 400 591	9 359 843
建造与土地成本	（3 314 815）	（6 826 379）	（7 666 019）
销售、一般及行政管理费用	（501 027）	（824 621）	（1 123 508）
商誉减值	（67 970）	（107 926）	——
经营利润（亏损）	（860 643）	（1 358 335）	570 316
利息收益	34 610	28 636	5 503
提前赎回利息费用（扣除资本化数额）净额	（12 966）	（12 990）	（16 678）
非合并企业权益损失	（152 750）	（151 917）	（20 830）
住宅建筑业务税前利润（亏损）	（991 749）	（1 494 606）	538 311
金融服务业务：			
收入	10 767	15 935	20 240
费用	（4 489）	（4 796）	（5 923）
非合并企业权益收益	17 540	22 697	19 219
金融服务业务税前利润	23 818	33 836	33 536
税前持续经营利润（亏损）	（967 131）	（1 460 770）	571 847
所得税抵免（费用）	（8 200）	46 000	（178 900）
持续经营利润（亏损）	（976 131）	（1 414 770）	392 947
中断经营利润（扣除所得税费用）净额	——	47 252	89 404
出售中断经营业务利得（扣除所得税费用）净额	——	438 104	——
净利润（亏损）	（976 131）	（929 414）	482 351
基本每股收益（亏损）：			
持续经营	（12.59）	（18.33）	4.99
中断经营	——	6.29	1.13
基本每股收益（亏损）	（12.59）	（12.04）	6.12
稀释后每股收益（亏损）：			
持续经营	（12.59）	（18.33）	4.74
中断经营	——	6.29	1.08
稀释后每股收益（亏损）	（12.59）	（12.04）	5.82

　　* "我们以科比房地产的名义通过美国各地的经营分部建造和销售各种住宅。" 10-K 格式报告。

图表 4—7　　　　　　　　**富达银团公司[*]特别项目**　　　　　　　单位：千美元

富达银团公司合并利润表（部分）

	2008 年 9 月 30 日	2007 年 9 月 30 日
所得税抵免前利润与特别项目利得	2 279	4 536
所得税抵免	1 438	914
特别项目利得之前利润	841	3 622
特别项目利得税后利润	—	89
净利润	841	3 711

　*"公司是一家总部在宾夕法尼亚州匹兹堡市的宾夕法尼亚公司。公司通过其全资银行子公司富达银行提供各种各样的银行服务。"10-K 格式报告。

　　在对利润进行趋势分析时，必须剔除特别项目因素，因为人们认为特别项目不会重复发生。然而，在辅助财务分析中，应该考虑特别项目的影响。

　　特别项目通常以扣除所得税后的净额列示。因此，从利润表中剔除特别项目因素时不用做所得税的调整。

4.3.3 （E）会计原则变更的累计影响

　　披露会计原则变更的方法有两种：追溯调整法和未来适用法。

　　根据追溯调整法，以前各会计期间的账户必须调整，以体现应用新会计原则的影响。当期财务报表应用新的会计原则。

　　根据未来适用法，以前各会计期间的账户不必调整反映应用新会计原则的影响。当期财务报表应用新会计原则。以前各会计期间财务报表应用新会计原则的利润影响在当期利润表上作为会计原则变更累计（税后）影响项目披露。这就产生了各会计期间之间的可比性问题。

　　从一种公认会计原则变更为另一种公认会计原则，可能是会计原则的自愿性变更，也可能是因为财务会计准则委员会采用了某种新会计原则而引起的强制性变更。

　　财务会计准则委员会 2005 年 5 月发布的会计准则要求除非无法实施，否则，需要追溯调整自愿性会计原则变更以前各期财务报表。该会计准则可能要求新的会计公告包括具体说明如何报告会计原则变更的内容。

　　2005 年该会计准则发布之前，美国采用未来适用法披露自愿性会计原则变更。这种披露方式与国际会计准则理事会的报告方式不一致。通过消除美国财务会计准则委员会与国际财务会计准则理事会之间的差异，自愿性会计原则变更的报告被视为美国财务报表可以得到改善的一个领域。报告自愿性会计原则变更的新准则在 2005 年 12 月 15 日之后开始的会计年度发生会计原则变更时生效。

　　回顾 2008 年的年度报告发现，不少公司 2006 年度利润表列示了会计原则变更的累计影响。图表 4—8 列示了一个会计原则变更累计影响的示例。

图表4—8　　　　　　　　斑马技术公司*会计原则变更的累计影响

斑马技术公司合并损益表（部分）

（除了每股数据，单位为千美元）	会计年度截止于12月31日		
	2008年	2007年	2006年
经营利润（亏损）	（15 346）	143 185	80 429
其他利润（费用）：			
投资收益	1 281	23 966	23 182
外汇利得（损失）	3 518	523	（635）
其他费用净额	（1 366）	（299）	（1 334）
其他利润小计	3 433	24 190	21 213
考虑会计原则变更累计影响和所得税之前的利润（亏损）	（11 913）	167 375	101 642
所得税	26 508	57 262	32 015
考虑会计原则变更累计影响之前的利润（亏损）	（38 421）	110 113	69 627
扣除所得税694 000美元后会计原则变更累计影响（附注2）	—	—	1 319
净利润（亏损）	（38 421）	110 113	70 946
考虑会计原则变更累计影响之前的基本每股收益（损失）	（0.60）	1.61	0.99
考虑会计原则变更累计影响之前的稀释后每股收益（损失）	（0.60）	1.60	0.98
基本每股收益（损失）	（0.60）	1.61	1.01
稀释后每股收益（损失）	（0.60）	1.60	1.00
加权平均流通在外的基本股票数量	64 524	68 463	70 516
加权平均流通在外的稀释后股票数量	64 524	68 908	70 956

　　*"斑马技术公司通过识别、跟踪和管理资产、业务和人员为顾客提供产品和解决方案，帮助其顾客提升其运作重要资产的能力，从而使这些重要资产运作得更有效。"10-K格式报告。

可以预见，随着新会计准则的运用，受报告会计原则变更累计影响的公司数量会显著减少。不过，如果某些公司报告了会计原则变更累计影响，在分析财务报表时，明确如何处理该项目依然很重要。

新会计准则要求追溯调整法保证会计原则变更当年与前两年保持一致（三年都应用新会计准则）。如果财务报表分析运用了多个年度报告，可能存在问题。因为以前的年度报告采用以前的会计原则编制。因此，如果财务报表分析运用了多个年度报告，可能就难以做一致性分析。

4.3.4　（F）净收益——非控制性股东权益（以前的"少数股东权益"）

如果企业合并了其非全资子公司，那么母公司的财务报表包括了该子公司的全部收入与费用。然而，为了确定归属于母公司的利润，就必须扣除归属于非控制性股东的那部分利润。这就是"净收益——非控制性股东权益"。2009 年 12 月 31 日之前，这称为"少数股东权益"。该项目必须以税后基础列示。

非控制性股东权益反映了非控制性股东所有权来自非全资子公司权益的利润。思考以下报表：

XYZ 公司合并利润表

（会计年度截止于 12 月 31 日）

销售收入	$ 3 000
销售成本	1 700
销售费用	300
一般与行政管理费用	200
经营利润	800
利息与其他费用净额	40
税前利润	760
所得税	250
合并净利润	510
减：非控制性股东权益	30
净利润	$ 480
每股收益——基本与稀释后每股收益	0.56

图表 4—9 列示了非控制性股东权益。因为该示例是 2008 年的数据，该图表还是用"少数股东权益"这个术语。这与现在的报告多少有些不同。

由于存在"净收益——非控制性股东权益"项目，有些比率可能受到严重的扭曲。鉴于各个比率都受到"净收益——非控制性股东权益"项目的影响，本书提供一种建议性方法。

图表 4—9　　**纽蒙特矿业公司*非控制性股东权益（少数股东权益）**

纽蒙特矿业公司合并损益表（部分）

（除了每股数据，单位为百万美元）	会计年度截止于 12 月 31 日		
	2008 年	2007 年	2006 年
收入			
黄金销售收入净额	5 447	4 305	4 211
铜销售收入净额	752	1 221	671
小计	6 199	5 526	4 882
成本与费用			
销售成本——黄金（1）	2 745	2 404	2 043
销售成本——铜（2）	399	450	292
处置价格上限远期销售合同损失（附注 3）	—	531	—
重新开发迈达斯的费用（附注 4）	—	11	—
摊销费用	747	695	589
自然增殖费用	32	29	27
勘探费用	214	177	166
预期项目研发费用（附注 5）	166	62	81
一般管理费用	144	142	136
商誉减值（附注 20）	—	1 122	—
财产、厂房与矿开发减值	137	10	3
其他费用净额（附注 6）	360	246	251
成本与费用小计	4 944	5 879	3 588
其他收益（费用）			
其他收益净额（附注 7）	123	106	53
利息费用（其中，资本化利息净额分别为 $47、$50 和 $57）	(102)	(105)	(97)
小计	21	1	(44)
考虑所得税、少数股东权益合资公司权益损益之前的持续经营损益	1 276	(352)	1 250
所得税费用（附注 8）	(113)	(200)	(326)
合并子公司的少数股东权益利润（附注 9）	(329)	(410)	(363)
子公司权益损益（附注 10）	(5)	(1)	2
持续经营损益	829	(963)	563
中止经营损益（附注 11）	24	(923)	228
净利润（亏损）	853	(1 886)	791

*　"纽蒙特矿业公司及其子公司主要经营一个行业，即黄金产品的勘探与开发。"10-K 格式报告。

4.4 每股收益

一般来说，**每股收益**（earnings per share）就是用收益除以发行在外的股票股份数。第 9 章将详细讨论每股收益及其计算方法，同时，可运用净收益除以流通在外的普通股股份数这个公式。

4.5 留存收益

留存收益（retained earnings）是资产负债表的一个账户，它表示企业未分配的利润。留存收益调整表总括反映了留存收益的变动情况。它列示了留存收益的期初数、作为加项的本年净收益和作为减项的股利，最后得出期末留存收益。它还反映对前期数据的调整（税后净额）和会计原则变更的影响（税后净额）。这些项目将重新调整期初留存收益额。留存收益的其他可能变更不在本书的讨论范围之内。

有时，部分留存收益因指定了用途（或限制了用途）而不能用于发放股利。指定了用途的留存收益仍是留存收益的一部分，这部分留存收益可能具有重要的价值，也可能没有。

法定的留存（通常是州法律规定的）和合同规定的留存被认为是重要的，它们可能会使剩下的未指定用途的留存收益不足以发放股利。（注：某公司即使有足够的未指定用途的留存收益余额也不一定有能力支付股利，除非它具有充足的现金或具有筹措现金的能力，同时遵守了公司所在州的法律。）

多数指定用途留存收益源于管理层的决策。通常，它们被认为是不重要的，因为管理层可以解除该项指定。

应该注意的是，切勿将留存收益或指定用途的留存收益与现金和其他资产混淆。留存收益不包括现金和其他资产。指定用途的理由应该在留存收益调整表或附注中披露。从这些披露中可以看出该指定是否有意义。例如，库伯轮胎橡胶公司 2001 年 12月 31 日的留存收益为 1 103 080 000 美元。一项债务附注揭示，其 2001 年 12 月 31 日的留存收益中有 206 593 000 美元可用于发放现金股利和购买该公司的普通股。这看起来并没有太大的意义，因为 2001 年该公司发放的股利只有30 475 000美元。尽管该公司似乎有足够的现金和未指定用途的留存收益，但它发放现金股利必须符合公司所在州现行法律规定。

留存收益调整表通常作为股东权益表的一部分出现，有时它与利润表相结合。图表 4—10 是留存收益调整表作为股东权益表一部分列示的例子。

图表 4—10   **钢铝公司* 合并股东权益表**

钢铝公司* 合并股东权益表					
（除了股票和每股数据之外，单位为千美元）	普通股		留存收益	累计其他全面收益（损失）	合计
	股票数量	金额			
2006 年 1 月 1 日余额	66 217 998	325 010	704 530	325	1 029 865
年度净利润	—	—	354 507	—	354 507
其他全面收益（损失）：					
外币折算利得（损失）	—	—	—	1 221	1 221
未实现投资利得	—	—	—	116	116

（除了股票和每股数据之外，单位为千美元）	普通股		留存收益	累计其他全面收益（损失）	合计
	股票数量	金额			
最低养老金负债	—	—	—	423	423
全面收益	—	—	—	—	356 267
首次应用财务会计准则公告第158号的（税后）调整额	—	—	—	(3 716)	(3 716)
股票基础的薪酬	—	6 060	—	—	6 060
已履行的股票期权	438 290	7 115	3 446	—	10 561
发行与并购相关的股票和股票期权	8 962 268	360 453	—	—	360 453
发行与退休储蓄计划相关的股票	78 288	2 830	—	—	2 830
发行与激励计划相关的股票	5 202	222	—	—	222
现金股利：每股0.22美元	—	—	(16 144)	—	(16 144)
2006年12月31日余额	75 702 046	701 690	1 046 339	(1 631)	1 746 398
年度净利润	—	—	407 955	—	407 955
其他全面收益（损失）：					
外币折算利得（损失）	—	—	—	24 681	24 681
未实现投资利得	—	—	—	(54)	(54)
最低养老金负债	—	—	—	(2 751)	(2 751)
全面收益	—	—	—	—	429 831
股票基础的薪酬	—	10 120	—	—	10 120
已履行的股票期权	872 001	16 483	9 511	—	25 994
股票回购	(1 673 467)	(82 168)	—	—	(82 168)
发行与激励计划相关的股票	6 244	281	—	—	281
现金股利：每股0.32美元	—	—	(24 207)	—	(24 207)
2007年12月31日余额	74 906 824	646 406	1 439 598	20 245	2 106 249
年度净利润	—	—	482 777	—	482 777
其他全面收益（损失）：					
外币折算利得（损失）	—	—	—	(42 624)	(42 624)
未实现投资利得	—	—	—	(1 163)	(1 163)
最低养老金负债	—	—	—	(8 474)	(8 474)
全面收益	—	—	—	—	430 516
股票基础的薪酬	—	13 189	—	—	13 189
已履行的股票期权	844 338	17 987	9 693	—	27 680
股票回购	(2 443 500)	(114 774)	—	—	(114 774)
首次应用紧急问题工作组2006年第10号公告调整额	—	—	(2 479)	—	(2 479)
发行与激励计划相关的股票	5 052	284	—	—	284
现金股利：每股0.40美元	—	—	(29 229)	—	(29 229)
2008年12月31日余额	73 312 714	563 092	1 900 360	(32 016)	2 431 436

钢铝公司*合并股东权益表

* "我们是北美最大的金属服务公司。" 10-K格式报告。

4.6　股利与股票分拆

利润以股利的形式返还给公司的所有者。当董事会宣布发放现金股利时，从留存收益账户中减去所宣布的数额，并相应增加一项流动负债——应付股利。股利支付日在股利宣布日之后。在股利支付日，减少负债账户即应付股利，同时减少现金。注意，是股利宣布日而非股利支付日影响留存收益并产生负债。

董事会可能会选择宣布和发放另一种股利，即股票股利。企业以现有的股东各自所持股份的一定百分比配发新股。例如，发放 10% 的股票股利，使一位原来拥有 1 000 股股票的股东另外获得 100 股新股。如果增发的股票数不多（低于现有股数的 25%），则会计上要求在股利宣布日给这些股票确定一个合理的市价，再从留存收益中扣除，并转为企业实收资本。如果增发的股票数额很大，则转入的金额等于每股面值乘以新发行股数。注意，股票股利对股东权益总额和每个所有者的权益总额并没有影响，但发行在外的股份数却增加了。

股票股利会按其发行的百分比降低股票的市场价格。在理论上，所有流通在外的股票的市场价值总额不变。实际上，市场价值变化的百分比可能并不完全与发放的股票股利的百分比相同。

改变每股市价的一个强度更大的措施是宣告股票分拆。一项 2:1 的股票分拆使每股市价变成分拆前的一半。实际上，每股市价的变化并不完全与分拆的比例相同。市场价格还取决于股票的供求关系。

对于高价出售的股票而言，（正如管理层所感觉到的）降低股票价格有时更有吸引力。高价格的股票交易不活跃。股票股利或股票分拆可以影响股票的需求。

股票分拆仅仅增加了股份数，它通常并不改变留存收益和实收资本。例如，某家企业拥有 1 000 股的普通股，一项 2:1 的股票分拆使它的股份数变成了 2 000 股。

对于股票分拆，股票的面值或设定价值将按股票分拆的比例改变，而留存收益、资本公积或股本都没有变化。例如，某企业拥有面值为 10 美元的普通股，宣布一项 2:1 的股票分拆后，其面值降为 5 美元。

因为股票股利和股票分拆都会使股票数额改变，所以，要使任何以股份数为基础计算的比率之间的比较具有意义，都应重新计算这些比率。例如，如果某企业 2005 年度的每股收益是 4 美元，2008 年的一项 2:1 的股票分拆要求重新表述每股收益，因为股份数增加了，2007 的每股收益变为 2 美元。与本年度财务报表一同呈现的所有以前年度的财务报表都要重新表述，包括一个 5 年或 10 年的汇总。

4.7　对股东分配的合法性

对股东分配的合法性由现行的州法律进行管理。对股东分配的目的有三类，目前 50 个州的情况都可归入以下三类中的某一类。[2]

（1）只要企业有能力偿还到期债务，那么，对股东分配就可以接受。

（2）只要企业有偿付能力，且分配的金额不超过净资产的公允价值，那么，对股东分配就是可以接受的。

（3）企业有清偿能力，资产负债表符合流动性和风险性测试的要求，那么，就可以对股东分配。

因此，对股东分配正当与否由法律去解释。会计师还没有承担揭示企业是否有能力对股东进行分配的责任。会计师只负责披露留存收益的指定用途。对留存收益的用途作限制会暂时限制企业分配的能力，管理层经常利用这种用途指定来限制或阻止现金股利的发放。

在 20 世纪 80 年代和 90 年代，出现了很多对股东分配超过企业净资产账面价值的情况。它们经常伴随着债务重组的发生，经常导致留存收益出现负数，甚至整个所有者权益部分出现负数。

1988 年，假日公司（美国假日酒店的所有者）分配每股 65 美元的股利以阻止一项敌意收购。结果，留存收益出现了相当大的赤字，所有者权益也出现了大约 7.7 亿美元的赤字。[3]

类似的情况也发生在欧文康宁公司。20 世纪 80 年代，该公司对股东进行了大金额的分配，并实施了债务重组，同时，它还因与石棉有关的疾病问题而产生一笔金额相当大的费用。1995 年年底，欧文康宁公司出现了 7.81 亿美元的留存收益赤字和 2.12 亿美元的股东权益赤字。

1996 年 6 月 20 日欧文康宁公司的新闻发布是这样描述的（部分）：

董事会已经同意了一项每年分发每股 20 美分股利政策，并在 1996 年 10 月 15 日向已在 1996 年 9 月 30 日登记在册的股东宣布了一个季度的股利，每股 6.25 美分。

谈到股利，我们有能力实施这一举措，因为债务已减少至目标水平，经营现金流量也将超过内部的资金需要。

我们很高兴有能力对股东回馈股利，重新发放股利是我加入公司以后首要考虑的事情，而我现在非常高兴地看到目标将要实现了。

4.8　全面收益

第 1 章描述了作为评价现有财务会计和报告准则基础的概念公告。概念公告第 5 号和第 6 号中都出现了"全面收益"这个概念。财务会计概念公告第 6 号将全面收益描述为：企业在某个期间内由于交易和其他事项或非所有者投入而导致的企业权益变动。

随后，财务会计准则公告第 130 号发布，要求对全面收益进行报告，但它对全面收益的定义范围比财务会计概念公告第 6 号狭窄。第 130 号公告将全面收益定义为净收益加上本期累计的其他全面收益的变化。累计其他全面收益是第 3 章讨论过的股权收益的一个项目。

累计其他全面收益包括：

（1）外币折算调整。国际贸易范围的扩大和广泛的币值调整导致了特殊会计问题的产生，最大的难题在于将外国财务报表换算成美国财务报表。

美国财务报表要求推迟未实现汇兑损益的确认，直到对外交易实质完成和结清，这就使股东权益出现一个独立的项目——未实现汇兑损益。这种方法避免了由于折算调整而导致的利润大幅波动。对于在高通胀经济环境下经营的子公司，其折算调整纳入净利润。同样，已实现汇兑损益也纳入净利润。

（2）未实现有价证券持有损益。归入有价证券的债权证券和产权证券都以公允价值披露。未实现持有损益作为一个单独的项目在股东权益中列示，因此，它不包括在净收益中。注意，这种会计处理只适用于可供销售的有价证券；商业证券则在资产负债表中以公允价值列示。未实现持有损益包括在当期的收益中；持有到期债权证券则在资产负债表日以摊销后成本报告。

（3）附加的最低退休金负债调整引起的股东权益的变化。会计准则要求在一个限定的福利计划下，股东权益要减去最低退休金负债。关于限定的福利计划的会计处理将在第 7 章讨论。

（4）衍生工具未实现损益。衍生工具是权利和义务都符合资产或负债定义的金融票据或其他合同。有些衍生工具的损益在当期利润中报告，而其他衍生工具的损益则作为全面收益的一部分报告。如果预测套期交易影响利润，这些票据的损益则在以后的会计期间作为收入确认。

要求披露的内容如下：

- 全面收益；
- 其他全面收益的各个项目；
- 其他全面收益项目的重新分类调整；
- 其他全面收益各个项目的税收影响；
- 累计其他全面收益各个项目的余额。

会计准则为报告全面收益提供了相当大的弹性。第一种格式是在一张利润表中报告净收益和全面收益。第二种格式是用一张单独的财务活动报表反映全面收益。第三种格式是在股东权益变动表中反映全面收益。图表 4—11 列示了会计准则提供的这三种可供选择的格式。

图表 4—11　　　　　　　　**全面收益报告**

格式 A　在同一张利润表内报告净收益和全面收益

XYZ 公司收益与全面利润表

会计年度截止于 2010 年 12 月 31 日　　　　　　　　单位：千美元

销售收入	230 000
销售成本	140 000
毛利	90 000
营业费用	40 000
营业收益	50 000
其他收益	4 000
所得税税前收益	54 000
所得税	20 000
净收益	34 000
其他全面收益	
可供销售证券调整，扣除 2 500 000 美元所得税后的净额	5 500
最低应付退休金调整，扣除 1 000 000 美元所得税后的净额	3 500
汇兑损益调整，扣除 1 500 000 美元所得税后的净额	（5 000）
其他全面收益	4 000
全面收益	38 000
每股收益（美元）	
（每股收益将继续在净收益的基础上计算）	2.80

格式 B　全面收益和利润表单独列示

XYZ 公司全面利润表

会计年度截止于 2010 年 12 月 31 日　　　　　　　　　　单位：千美元

净收益	34 000
其他全面收益	
可供销售证券调整，扣除 2 500 000 美元所得税后的净额	5 500
最低应付退休金调整，扣除 1 000 000 美元所得税后的净额	3 500
汇兑损益调整，扣除 1 500 000 美元所得税后的净额	(5 000)
其他全面收益总额	4 000
全面收益	38 000

格式 C　全面收益在股东权益变动表中列示

XYZ 公司股东权益表

会计年度截止于 2010 年 12 月 31 日　　　　　　　　　　单位：千美元

	总额	留存收益	累计其他全面收益	普通股金额	普通股股数
期初余额	180 000	60 000	10 000	110 000	55 000
净收益	34 000	34 000			
其他全面收益					
可供销售证券调整，扣除 2 500 000 美元所得税后的净额	5 500		5 500		
最低应付退休金调整，扣除 1 000 000 美元所得税后的净额	3 500		3 500		
汇兑损益调整，扣除 1 500 000 美元所得税后的净额	(5 000)		(5 000)		
其他全面收益	38 000				
期末余额	218 000	94 000	14 000	110 000	55 000

　　前两种方式并不流行，因为全面收益应该与利润表紧密相关。全面收益比净收益更具有波动性。这是因为累计其他全面收益的项目都有波动的可能。全面收益不是体现收益的最好方式，但它的确是体现长期盈利能力的较好方式。有些企业选择在财务报表附注中披露全面收益。全面收益的分析将在第 12 章阐述。

4.9　国际合并利润表（国际财务报告准则）

　　利润表的国际财务报告准则与美国公认会计原则相似，只是某些报告方式存在差异。根据美国公认会计原则的要求，利润表要么是单步式，要么是多步式，而国际财务报告准则对利润表的格式没有相应的要求。不过，根据国际财务报告准则，所有费用按其功能性质分类。

　　根据国际财务报准则，设备可能需要重估，由此可能导致折旧费用的调整。国际财务报告准则允许利润表列示不同的绩效指标，而美国公认会计原则却不允许。

国际四大会计公司之一德勤，在其网站（http：//www.deloitte.com）披露了基于国际财务报告准则的财务报表范本。这些财务报表范本将用于说明基于国际财务报表准则的财务报表。

这些财务报表范本"试图说明国际财务会计准则的呈报与披露要求。该财务报表范本还包括某些最佳实践的额外披露，尤其是示例所包括的基于某个具体会计准则的披露"。

"我们假设国际公认会计原则有限公司根据国际财务报告准则编制财务报表已经有好多年了，因此，并不是首次采用国际财务报告准则的公司。读者可以参考国际财务报告准则第 1 号'首次采用国际财务报告准则'了解某个会计主体首次采用国际财务报告准则编制财务报表的具体要求，并参考德勤的呈报与披露清单，基于国际财务报告准则第 1 号的第一部分，详细了解首次采用国际财务报告准则的具体披露要求。"

"已经呈报的财务报表范本没有考虑当地的法律或法规。财务报表的编制者必须确保基于国际财务报告准则而选择的方法与相应法规没有冲突（例如，某些国家或地区不允许资产的重估，但是，如果某个会计主体根据国际会计准则第 16 号'财产、厂房与设备'采用重估模型，那么这些财务报表应说明其呈报与披露是必要的）。此外，在国际财务报告准则之外，当地的法律或证券法规可能具体规定披露要求（例如，与董事薪酬相关的披露要求）。如此一来，财务报表编制者必须使财务报表范本符合当地法律或法规的额外要求。"

"财务报表范本不包括当地法律或法规要求编制或企业自愿编制的母公司单独财务报表。当然，如果某个会计主体提供了符合国际财务报告准则的独立财务报表，就适用国际会计准则第 27 号'合并财务报表与单独财务报表'的要求。这时，通常需要编制母公司的全面收益、财务状况、权益变动和现金流量的单独报表及其支持性附注。"

"在相关的准则和解释文本中，对基本披露要求是相互借鉴的。（除非特别之处）通常借鉴相关会计准则和解释的最近版本，而国际公认会计原则有限公司已经采用了相关会计准则和解释。因此，国际财务报告准则第 3 号、国际会计准则第 1 号和国际会计准则第 27 号分别与国际财务报告准则第 3 号（2008 年修订版）、国际会计准则第 1 号（2007 年修订版）和国际会计准则第 27 号（2008 年修订版）相互借鉴。"

在这些 2009 年财务报表范本中，德勤具体说明了采用一系列新的、修订之后的会计准则和解释的影响。

国际会计准则第 1 号（2007 年修订版）的许多术语发生了变化，包括修订了财务报表的名称（例如，"资产负债表"改为"财务状况表"）。这些财务报表范本已经全面采用了修订之后的术语。不过，财务报表编制者应该清楚财务报表的这些新名称并不是非用不可。

基于披露全面收益表和现金流量表的目的，根据国际财务报告准则而例示的这些财务报表也可以相应地改变其编制方法。财务报表编制者应该选择最适合其环境的编制方法（http：//www.deloitte.com）。

值得注意的是，德勤为了说明问题，这些财务报表范本经常包括没有数额列示的线下项目。尽管这些线下项目不适合国际公认会计原则有限公司，但是，却是实践中普遍存在的项目。这并不意味着我们已经穷尽所有可能的披露方法，更不意味着在实践中会计主体就应该列示这些没有数额的线下项目。

图表4—12列示的利润表范本按其功能归集各项费用，而图表4—13列示的利润表范本则按其性质归集各种费用。

图表4—12　　　　　　　国际财务报告准则合并利润表范本　　　　　单位：千美元

会计准则来源	国际公认会计原则有限公司			
IAS1.10（b），51（b），(c)	2009年12月31日合并全面收益表			
IAS1.113IAS1.51 (d)，(e)		附注	2009年12月31日	2008年12月31日[第一种方案]
	持续经营			
IAS1.82（a）	收入	5	140 918	151 840
IAS1.99	销售成本		(87 897)	(91 840)
IAS1.85	销售毛利		53 021	60 000
IAS1.85	投资收入	7	3 608	2 351
IAS1.85	其他利得与损失	8	647	1 005
IAS1.99	分销费用		(5 087)	(4 600)
IAS1.99	营销费用		(3 305)	(2 254)
IAS1.99	场地占用费用		(2 128)	(2 201)
IAS1.99	行政管理费用		(11 001)	(15 124)
IAS1.82（b）	财务成本	9	(4 418)	(6 023)
IAS1.99	其他费用		(2 801)	(2 612)
IAS1.82（c）	下属机构分来利润	20	1 186	1 589
IAS1.85	处置下属机构权益利得	20	581	—
IAS1.85	税前利润		30 303	32 131
IAS1.82（d）	所得税费用	10	(11 564)	(11 799)
IAS1.85	该年度持续经营利润	13	18 739	20 332
	中断经营			
IAS1.82（e）	该年度中断经营利润	11	8 310	9 995
IAS1.82（f）	该年度利润		27 049	30 327
	其他全面收益			
IAS1.82（g）	外币业务折算差异		(39)	85

续表

IAS1.82（g）	可供出售金融资产净利得		66	57
IAS1.82（g）	现金流量套期保值净利得		39	20
IAS1.82（g）	财产重估净利得		—	1 150
IAS1.82（h）	下属机构分来其他全面收益		二	二
IAS1.85	该年度税后其他全面收益		66	1 312
IAS1.82（i）	该年度全面收益总额		<u>27 115</u>	<u>31 639</u>
IAS1.83（a）	归属公司所有者的利润		23 049	27 564
IAS1.83（a）	归属非控制性股东权益的利润		4 000	2 763
			<u>27 049</u>	<u>30 327</u>
IAS1.83（b）	归属公司所有者的全面收益		23 115	28 876
IAS1.83（b）	归属非控制性股东权益的全面收益		4 000	2 763
			<u>27 115</u>	<u>31 639</u>
	每股收益	14		
	来自持续与中断经营			
IAS33.66	基本每股收益（美分）		<u>132.2</u>	<u>137.0</u>
IAS33.66	稀释后每股收益（美分）		<u>115.5</u>	<u>130.5</u>
	来自持续经营			
IAS33.66	基本每股收益（美分）		<u>84.5</u>	<u>87.3</u>
IAS33.66	稀释后每股收益（美分）		<u>74.0</u>	<u>83.2</u>
	注释：上述第一种方案说明全面收益在一种报表列示，而第二种方案（参见图表4—13）说明全面收益在两种报表列示 无论采用哪种列示方式，已确认的利润或亏损项目和已确认的其他全面收益项目都存在差异。第一种方案与第二种方案唯一的差别在于第二方案单独的利润表以"该年度利润"列示其总额（该数额与第一种方案列示的"小计"数额相同）。"该年度利润"是全面收益表的起点，全面收益表紧接着利润表。根据第二种方案，"该年度利润"归属于母公司所有者的数额与归属于非控制性股东权益的数额之间的分析列示于单独的利润表的底部 无论采用哪种方案，就其他全面收益的组成项目而言，可选择的其他列示方式如下：			
IAS1.90	在全面收益表列示各个项目的税后金额（如图表4—12所示）或以总额列示，但单独一行列示所得税的扣除情况。无论采用哪种方式，都必须在全面收益表或附注（参见附注29）披露与全面收益各个项目相关的所得税问题			
IAS1.93	基于重分类调整的需要，可能采用汇总列示的方式，但在附注分别单独披露当年的利得或损失和重分类调整事项（参见图表4—12和附注29）。相反，如果采用分类列示的方式，当年的利得或损失和重分类调整事项单独列示于全面收益表			
	第一种方案按其功能归集各种费用			

资料来源 德勤授权使用。

图表 4—13　　　　　　　**国际财务报告准则合并利润表范本**　　　　　　单位：千美元

会计准则来源	国际公认会计原则有限公司			
IAS1.10（b），81（b），51（b），(c)	2009 年 12 月 31 日合并全面收益表			
IAS1.113IAS1.51（d），(e)		附注	2009 年 12 月 31 日	2008 年 12 月 31 日［第二种方案］
	持续经营			
IAS1.82（a）	收入	5	140 918	151 840
IAS1.85	投资收入	7	3 608	2 351
IAS1.85	其他利得与损失	8	647	1 005
IAS1.99	产成品与在产品存货变动		（7 134）	2 118
IAS1.99	已消耗原材料与消费品		（70 391）	（85 413）
IAS1.99	折旧与摊销费用	13	（11 193）	（13 878）
IAS1.99	员工津贴费用	13	（9 803）	（11 655）
IAS1.82（b）	财务成本	9	（4 418）	（6 023）
IAS1.99	咨询费用		（3 120）	（1 926）
IAS1.99	其他费用		（10 578）	（7 877）
IAS1.82（c）	下属机构分来利润	20	1 186	1 589
IAS1.85	处置下属机构权益利得	20	581	—
IAS1.85	税前利润		30 303	32 131
IAS1.82（d）	所得税费用	10	（11 564）	（11 799）
IAS1.85	该年度持续经营利润	13	18 739	20 332
	中断经营			
IAS1.82（e）	该年度中断经营利润	11	8 310	9 995
IAS1.82（f）	该年度利润		27 049	30 327
IAS1.83（a）	归属公司所有者的利润		23 049	27 564
IAS1.83（a）	归属非控制性股东权益的利润		4 000	2 763
			27 049	30 327
	每股收益	14		
	来自持续与中断经营			
IAS33.66，67A	基本每股收益（美分）		132.2	137.0
IAS33.66，67A	稀释后每股收益（美分）		115.5	130.5
	来自持续经营			
IAS33.66，67A	基本每股收益（美分）		84.5	87.3
IAS33.66，67A	稀释后每股收益（美分）		74.0	83.2

注释：上述格式按其性质归集各种费用。

参见图表 4—12 有关全面收益表格式的讨论。值得注意的是，根据 IAS1.12 的要求，如果采用第二种方案，利润表之后必须紧接着列示全面收益表。

IAS1.82（f）	该年度利润		27 049	30 327
	其他全面收益			
IAS1.82（g）	外币业务折算差异			
	当年折算差异		75	121
	外币业务套期保值差异		（12）	—
	与处置当年外币业务相关的重分类调整		（166）	—
	与处置当年外币业务套期保值相关的重分类调整		46	—
			（57）	121
IAS1.82（g）	可供出售金融资产			
	当年可供出售金融资产重估净利得		94	81
	与处置当年可供出售金融资产相关的重分类调整		—	—
			94	81
IAS1.82（g）	现金流量套期保值			
	当年利得		436	316
	在利润或亏损中确认的重分类调整数额		（123）	（86）
	转移到套期保值项目的重分类调整数额		（257）	（201）
			56	29
IAS1.82（g）	财产重估利得		—	1 643
IAS1.82（h）	下属机构分来其他全面收益		—	—
	与其他全面收益项目相关的所得税		（27）	（562）
IAS1.82（i）	该年度全面收益总额		27 115	31 639
IAS1.83（b）	归属公司所有者的全面收益总额		23 115	28 876
IAS1.83（b）	归属非控制性股东权益的全面收益总额		4 000	2 763
			27 115	31 639

资料来源　德勤授权使用。

免责声明

这里的德勤泛指德勤瑞士联盟的成员所及其各自分所和附属机构之一或更多单位。作为一个瑞士联盟（协会），德勤或其任何成员所都没有义务为彼此之间的行为或差错负责任。尽管每一个成员所都以"德勤"或其他类似的名义从事经营业务，但是，它们都是一个单独的机构和独立的法律主体。本文告无意成为"百科全书"，只包括一般性信息，也不提供具体的会计、经营、财务、投资、法律、税务或其他专业性的建议或服务。本文告并不是专业性建议或服务的替代物，它不应该成为任何可能影响你或你的业务决策或行动的基础。在做出任何可能影响你或你的业务决策或行动之前，你必须咨询合格的专业顾问。

尽管我们尽最大努力确保本文告包含准确的信息，但是，我们不能确保已经做到。无论是德勤还是其他相关主体，都不对运用本文告所包含信息的任何人或主体承担责任。任何责任都由使用者自负。

4.10　本章小结

利润表总结了某一特定期间的利润。要理解和分析盈利能力，使用者必须熟悉收益的组成以及要求特别披露的利润表项目。本章介绍了一些特别的利润表项目，如要求单独披露的非正常或非经常项目、未合并子公司的股权收益、中断经营、特别项目、非控制性股东权益净收益。本章还讨论了留存收益调整表、股利和股票分拆、全面收益以及国际合并利润表（IFRS）。

思考题

4.1　给出三个分项列示的非正常或非经常项目的例子。为什么要分项列示？它们是在税前还是税后列示？为什么？

延伸阅读4-2

4.2　我们将来可能看到少数公司披露的"会计原则变更的累计影响"。请评述之。

4.3　资产负债表揭示的是某一特定日期的状况，如"12月31日"，而利润表揭示的是某一段时期，如"会计年度截止于2010年12月31日"。为什么会存在这种差异？

4.4　利润表总结了某一特定时期的收入、费用、利得和损失，并最后得出净收益。说出两类传统的利润表格式，哪一类更有利于分析？为什么？

4.5　管理层通常不喜欢把全面收益与利润表放在一起表述。请对此进行评论。

习题

4—1　自从1965年以来，坦帕公司就一直从事为佛罗里达州坦帕市当地企业递送小件包裹的业务。2012年12月31日，该公司2012年相关财务活动信息如下：

递送收入	$280 000	现金	$56 000
支付股利	85 000	薪金与工资费用	82 000
建筑物	140 000	租金费用	43 000
应付账款	30 000	土地	60 000
股本	105 000	留存收益（2012年12月1日）	42 000
水、气和电力	28 000	所得税费用	18 000

要求

（1）编制一份会计年度截止于 2012 年 12 月 31 日的单步式利润表。

（2）如果你是银行贷款主管，坦帕公司希望从贵行贷款 100 000 美元，你同意吗？请解释之。

（3）计算 2012 年 12 月 31 日的留存收益。

4—2　以下项目是泰珀莱公司 2010 年 12 月 31 日的数据。假设该公司所有项目的税率统一为 40%（包括灾难损失）。

销售收入	$ 670 000
租金收入	3 600
出售固定资产利得	3 000
一般与行政管理费用	110 000
销售费用	97 000
利息费用	1 900
该期间折旧费用	10 000
非常项目（税前灾难损失）	30 000
销售成本	300 000
普通股（流通在外股份数量为 30 000 股）	150 000

要求

（1）编制一份会计年度截止于 2010 年 12 月 31 日的单步式利润表，包括扣除特别项目前的每股收益和净收益。

（2）编制一份会计年度截止于 2010 年 12 月 31 日的多步式利润表，包括扣除特别项目前的每股收益和净收益。

4—3　你最近被维特公司聘请为助理主计长。昨天，主计长因骑自行车意外受伤，现在正在医院昏迷不醒。你的老板刚好通知你今天应该编制财务报表了。搜寻主计长的桌面，你发现如下信息：

（1）根据计算，到目前为止尚未考虑所得税的持续经营收益是 400 000 美元。其税率为 30%。

（2）已宣布并发放股利 20 000 美元。该年度流通在外普通股数量是 100 000 股。

（3）在一场特大雹灾中，公司估计税前损失为 20 000 美元。该事件属于非正常和非经常发生事件。

（4）公司决定将存货计价方法从平均成本法改成先进先出法。该变更的影响使以前年度的税前收益增加 30 000 美元。2010 年开始采用先进先出法。（提示：这项调整必须放在净利润之前。）

（5）2010 年，公司结束了一场官司并以被判赔偿 10 000 美元（税前）而告终。该项赔偿不需要以前年度承担但需要在 2011 年 2 月支付。

（6）2010 年，公司出售部分长期证券，获得税前利得 30 000 美元。

（7）2010 年 8 月，公司处置其消费品分部，发生税前损失 90 000 美元。8 月份的税前经营亏损为 60 000 美元。

要求

用规范的格式，从持续经营收益开始，编制一份 2010 年度利润表。同时，计算每股的持续经营收益、中断经营收益、特别项目损失、会计原则变更的累计影响和净收益。

4—4　托尔斯公司的会计年度截止于 2010 年 12 月 31 日。其利润表如下：

销售收入		$ 980 000
产品销售成本		510 000
销售毛利		470 000
经营费用：		
销售费用	$ 110 000	
行政管理费用	140 000	250 000
经营收益		220 000
非合并子公司权益收益		60 000
税前经营收益		280 000
与经营活动相关的所得税		100 000
经营净收益		180 000
水灾特别项目损失（扣除相应的税项 50 000 美元）		（120 000）
净收益——非控制性股东权益收益		（40 000）
净收益		$ 20 000

要求

（1）计算剔除非经常性发生事项之后的净收益。

（2）计算来自非合并子公司的收益。

（3）对于该非合并子公司，如果将其合并，其应该包括的收益是多少？

（4）合并子公司的少数股东收益是多少？

（5）计算所得税总额。

4—5 珈芬尼公司会计年度截止于 2010 年 12 月 31 日。其相关信息如下：

珈芬尼公司利润表

会计年度截止于 2010 年 12 月 31 日

收入：		
销售收入		$ 450 000
其他收入		5 000
收入合计		455 000
费用：		
产品销售成本	$ 280 000	
销售费用	50 000	
行政与一般管理费用	20 000	
联邦与州所得税	30 000	
费用合计		380 000
净收益		75 000
其他全面收益		
可供出售证券调整（扣除所得税 5 000 美元之后的净额）	$ 7 000	
外币折算调整（扣除所得税 3 000 美元之后的净额）	8 000	
其他全面收益		15 000
全面收益		$ 90 000

要求

（1）净收益或全面收益，哪一个更具有波动性？请评述之。

（2）计算每股收益应该应用哪一个收益数字？

（3）报告的所得税费用总额是多少？

（4）其他全面收益项目总是作为净收益的附加项目吗？请评述之。

案例 电信服务公司——第二部分

中国联通（香港）有限公司提供各种电信服务，包括在中国的移动与固定在线服务。

该公司在纽约股票交易所上市并根据证券交易委员会要求提交了 2008 年 12 月 31 日的 20-F 格式报告。为此案例提供了合并利润表。

中国联通（香港）有限公司合并利润表

2007 年 12 月 31 日和 2008 年 12 月 31 日

单位：百万（每股数据除外）

	附注	2007 年重述（附注2.2）	2008 年	2008 年
		人民币	人民币	美元
持续经营				
收入	5，26	150 687	148 906	21 826
扩展接口费用		(11 214)	(12 011)	(1 761)
折旧与摊销费用		(47 369)	(47 678)	(6 988)
网络、营运与支持费用	28	(16 022)	(16 577)	(2 430)
员工福利费用	31	(17 540)	(18 902)	(2 771)
其他经营费用	29	(32 776)	(33 582)	(4 922)
财务成本	30	(3 231)	(2 411)	(353)
利息收益		285	239	35
财产、厂房与设备减值损失	6	—	(11 837)	(1 735)
已实现可转换债券衍生部分公允价值变动损失	21	(569)	—	—
其他收益净额	27	4 990	1 994	292
税前持续经营收益		27 241	8 141	1 193
所得税费用	9	(7 083)	(1 801)	(264)
持续经营收益		20 158	6 340	929
中断经营				
中断经营收益	33	654	1 438	211
处置中断经营业务利得	33	626	26 135	3 831
净收益		21 438	33 913	4 971
归属于：				
公司股东权益的净收益		21 437	33 912	4 971
少数股东权益的净收益		1	1	—
		21 438	33 913	4 971
预期最终股利	34	6 427	4 754	697
该年度已支付股利	34	5 885	6 231	913

续表

	附注	2007 年重述（附注2.2）	2008 年	2008 年
		人民币	人民币	美元
该年度归属于公司股东权益的净收益的每股收益				
基本每股收益	35	0.93	1.43	0.21
稀释后每股收益	35	0.92	1.42	0.21
该年度归属于公司股东权益的持续经营收益的每股收益				
基本每股收益	35	0.87	0.27	0.04
稀释后每股收益	35	0.86	0.27	0.04
该年度归属于公司股东权益的中断经营收益的每股收益				
基本每股收益	35	0.06	1.16	0.17
稀释后每股收益	35	0.06	1.15	0.17

要求

合并利润表

（1）为什么同时以人民币和美元为计量单位？

（2）该合并利润报表按功能还是按性质呈报？

（3）请评述"归属于"的净收益这部分呈报。

（4）为什么披露归属于股东的每股收益？

（5）请评述利润表披露的该年度已支付股利（预期最终股利和该年度已支付股利）。

互联网案例：Thomson ONE（商学院版）

请登录 www. cengage. com/international，完成包含本章讨论主题的网络案例。你可以使用 Thomson ONE（商学院版）。这是一个强有力的工具，它包含一系列基本财务信息、盈余估计、市场数据和 500 个上市公司的原始文档。

注释

1. Accounting Trends & Techniques（New York, NY: American Institute of Certified Public Accountants, 2008), p. 311.

2. Michael L. Roberts, William D. Samson, and Michael T. Dugan, "The Stockholders' Equity Section: Form Without Substance," *Accounting Horizon* (December 1990), pp. 35–46.

3. Ibid. , p. 36.

第5章 分析基础

财务数据分析要运用多种技术，以强调数据之间的可比性和数据的相对重要性，并对企业状况进行评估。这些技术包括比率分析、同比分析、不同行业财务报表组成部分异同的研究、描述性财务资料的研究及不同类型数据结果的比较。应该综合由不同的分析方法所得出的信息，从而得出企业的总体评价。没有一种分析方法可以提供所有的结果或满足所有的报表使用者。本章将讨论各种财务信息分析与运用方法。

财务报表分析是一个判断的过程，其主要目的就是鉴别某些趋势、数量方面的主要变化（转折点）及二者之间的关系，并调查产生这些变化的原因。转折点通常可能是一个企业将来成败中重大转变的信号。经验与各种分析工具的运用可以改善判断过程。

5.1 比率分析

财务比率通常以百分比或倍数表示。后面的章节将详细讨论以下几种比率。

（1）流动性比率：衡量企业偿还流动负债的能力。它包括衡量流动资产和流动负债使用效率的比率（参见第6章）。

（2）借款能力（财务杠杆）比率：衡量对长期资金提供者的保护程度（参见第7章）。

（3）盈利能力比率：衡量企业的盈利能力，还包括对资产使用效率的讨论（参见第8章）。

（4）除了流动性、负债和盈利能力比率外，投资者关心的一组特殊比率（参见第9章）。

（5）现金流量比率：可以综合反映企业变现能力、借款能力和盈利能力（参见第10章）。

比率可以从任意一组数字中计算得到。从包含大量数据的财务报表中可以得到一系列有意义的比率。不存在标准的比率指标体系或标准的计算方法。每个财务分析者都使用不同的比率体系。本书阐述最为普遍使用和最为广泛讨论的比率。

比率在与以下比率的比较中更能说明问题：（1）前期比率；（2）竞争者的比率；（3）行业比率；（4）预定标准。比率的变动趋势与变动性也是要考虑的重要因素。

由于财务报表的时间性问题，以比率的方式对利润表和资产负债表的数据进行比较可能出现困难。利润表涵盖整个会计期间，而资产负债表只反映某个时点，如年末。要将利润表的数字（如销售收入）与资产负债表的数字（如应收账款）进行比较，我们需要知道该销售收入所涉及期间的平均应收账款，然而，企业外部分析者无法获得这些数据。有时，分析者会使用资产负债表数据的期初数与期末数的简单平均。这种方法实际上是假定在会计年度内每个月的数据都相等，但它没有考虑经营的季节性和周期性变化，也没有反映整个年度内不均衡变动的状况。

要知道，从两个相似资产负债表日期计算得出的平均数可能产生误导，因此，根据对外公布的报表可能不能计算出有代表性的平均数。

即使比率已经扭曲，比率通常也可能代表一种相当准确的趋势，但如果比率被扭曲，它就不能代表一个很好的绝对数。

把美国的比率分析技术运用到其他国家编制的报表也可能产生误导，必须结合各国所运用的会计准则、经营实践和文化理解比率分析。

5.2 同比分析（横向和纵向）

同比分析以百分率进行比较。例如，如果现金是 40 000 美元，资产总额是 1 000 000美元，则现金占资产总额的4%。举例说明会更清楚一些。如果 A 企业赚取 10 000 美元，B 企业赚取 1 000 美元，哪个企业盈利能力更高呢？也许，你的回答是 A 企业。但是，A 企业的所有者权益总额是 1 000 000 美元，B 企业的所有者权益总额是 10 000 美元。所有者权益报酬率如下：

	A 企业	B 企业
$\dfrac{利润}{所有者权益}$	$\dfrac{10\ 000}{1\ 000\ 000}=1\%$	$\dfrac{1\ 000}{10\ 000}=10\%$

同比分析使不同规模企业之间的比较更有意义。在运用同比分析时必须注意绝对数的微小变化，因为绝对数的一个微小变化都可能导致百分率发生很大变化。例如，假设去年的利润是100 美元，今年增加到 500 美元，利润只是增加 400 美元，但其百分率的增长幅度却是相当大的。

纵向分析指同一年度的不同数据对比。例如，2009 年的广告费是 1 000 美元，销售收入是 100 000 美元，那么，广告费占销售收入的1%。

横向分析是不同年度数据之间的比较。例如，2008 年的销售收入是 400 000 美元，2009 年的销售收入是 600 000 美元，则 2008 年的销售收入是 2004 年的 150%，增加了 50%。

图表5—1 列示了同比分析（纵向和横向）范例。

图表5—1　　　　　　　　　**梅尔切公司利润表**

同比分析范例（纵向和横向）　　　　　　　　　金额单位：美元

	会计年度截止于 12 月 31 日		
	2009 年	2008 年	2007 年
销售收入	100 000	95 000	91 000
销售成本	65 000	60 800	56 420
毛利	35 000	34 200	34 580
营业费用			
销售费用	14 000	11 400	10 000
一般费用	16 000	15 200	13 650
营业费用总额	30 000	26 600	23 650
所得税税前经营收益	5 000	7 600	10 930
与经营有关的所得税	1 500	2 280	3 279
净收益	3 500	5 320	7 651
纵向同比分析			
销售收入（%）	100.0	100.0	100.0

	会计年度截止于 12 月 31 日		
	2009 年	2008 年	2007 年
销售成本（％）	<u>65.0</u>	<u>64.0</u>	<u>62.0</u>
毛利（％）	<u>35.0</u>	<u>36.0</u>	<u>38.0</u>
营业费用（％）			
销售费用（％）	14.0	12.0	11.0
一般费用（％）	<u>16.0</u>	<u>16.0</u>	<u>15.0</u>
营业费用总额（％）	<u>30.0</u>	<u>28.0</u>	<u>26.0</u>
所得税税前经营收益（％）	5.0	8.0	12.0
与经营有关的所得税（％）	<u>1.5</u>	<u>2.4</u>	<u>3.6</u>
净收益（％）	<u>3.5</u>	<u>5.6</u>	<u>8.4</u>
横向同比分析			
销售收入（％）	109.9	104.4	100.0
销售成本（％）	115.2	107.8	100.0
毛利（％）	101.2	98.9	100.0
营业费用（％）			
销售费用（％）	140.0	114.0	100.0
一般费用（％）	117.2	111.4	100.0
营业费用总额（％）	126.8	112.5	100.0
所得税税前经营收益（％）	45.7	69.5	100.0
与经营有关的所得税（％）	45.7	69.5	100.0
净收益（％）	45.7	69.5	100.0

5.3　年度变化分析

运用绝对数和百分率比较两个时期的财务报表很有意义。这种方法有助于保持绝对数和百分率的变化趋势。例如，一个相当大的百分率变化可能因为一个不重要的绝对数变化而变得不相关。运用年度变化分析时，应遵循以下规则：

（1）如果某项目在基期有数值而在下期没有数值，其跌幅为 100%。

（2）一个正数与一个负数不能得出一个有意义的百分率变化数据。

（3）如果基期没有数据，不能计算百分率变化。

这些规则体现在图表5—2中。

图表5—2 　　　　　　　　**年度变化分析**

（举例说明有关规则）

项　目	第一年（美元）	第二年（美元）	变化分析	
			金额（美元）	百分比（%）
广告费用	20 000	—	(20 000)	(100)
经营收益	6 000	(3 000)	(9 000)	—
净收益	(7 000)	8 000	15 000	—
其他	—	4 000	4 000	—

5.4 　不同行业的财务报表差异

商业企业（零售—批发）销售从其他企业买来的商品，其主要资产是存货，包括产成品。对于某些商业企业而言，其大部分销售收入可能是现金。在这种情况下，其应收账款余额可能会相对低一些；有些企业则有大量的赊销，但也接受信用卡，如 VISA 卡，因此，其应收账款也相对较低；另一些企业扩大其信用限度，持有应收账款，其拥有相对较高的应收账款余额。由于行业竞争，利润表上的利润率常常很低，销售成本和营业费用是其费用的主要项目（参见图表5—3列示的百思买公司合并报表）。

不同行业的财务报表，尤其是资产负债表和利润表，其组成部分不同。图表5—3、图表5—4 和图表5—5 分别列示了商业企业（百思买公司）、服务企业（凯丽服务公司及其子公司）和制造企业（库伯轮胎及橡胶公司）的财务报表。

图表5—3　　　　**百思买公司*（商业企业）合并资产负债表**

单位：百万美元（每股数据除外）

	2009 年 2 月 28 日	2008 年 3 月 1 日
资产		
流动资产		
现金及现金等价物	498	1 438
短期投资	11	64
应收款项	1 868	549
商品存货	4 753	4 708
其他流动资产	1 062	583
流动资产合计	8 192	7 342
财产与设备		
土地与建筑物	755	732
租赁资产改良投资	2 013	1 752
固定装置与设备	4 060	3 057
资本租赁财产	112	67

	2009 年 2 月 28 日	2008 年 3 月 1 日
	6 940	5 608
减：累计折旧	2 766	2 302
财产与设备净值	4 174	3 306
商誉	2 203	1 088
商标	173	97
顾客关系	322	5
权益与其他投资	395	605
其他资产	367	315
资产总额	15 826	12 758
负债与股东权益		
流动负债		
应付账款	4 997	4 297
不可赎回礼品卡负债	479	531
应计薪酬及相关费用	459	373
应计负债	1 382	975
应计所得税	281	404
短期债务	783	156
长期债务的短期部分	54	33
流动负债合计	8 435	6 769
长期负债	1 109	838
长期债务	1 126	627
少数股东权益	513	40
股东权益		
优先股（每股面值 1.00 美元，核准发行 400 000 股，尚未发行与流通）	—	—
普通股（每股面值 0.10 美元，核准发行 10 亿股，分别发行与流通 413 684 000 股和 410 578 000 股）	41	41
资本公积	205	8
留存收益	4 714	3 933
累计其他全面收益（损失）	(317)	502
股东权益合计	4 643	4 484
负债与股东权益总额	15 826	12 758

* "我们是消费电子产品、家庭办公用品、娱乐软件以及相关产品和服务的专业零售商。" 10-K 格式报告。

合并利润表

单位：百万美元（每股数额除外）

会计年度截止于	2009 年 2 月 28 日	2008 年 3 月 1 日	2007 年 3 月 1 日
收入	45 015	40 023	35 934
商品销售成本	34 017	30 477	27 165
销售毛利	10 998	9 546	8 769
销售、一般及行政管理费用	8 984	7 385	6 770
重组费用	78	—	—
商誉与商标减值	66	—	—
经营收益	1 870	2 161	1 999
经营收益（费用）			
投资收益及其他收益	35	129	162
投资减值	(111)	—	—
利息费用	(94)	(62)	(31)
扣除所得税、少数股东权益和子公司权益收益之前利润	1 700	2 228	2 130
所得税费用	674	815	752
少数股东权益收益	(30)	(3)	(1)
子公司权益收益（损失）	7	(3)	—
净收益	$ 1 003	$ 1 407	$ 1 377
每股收益			
基本每股收益	$ 2.43	$ 3.20	$ 2.86
稀释后每股收益	$ 2.39	$ 3.12	$ 2.79
加权平均流通在外普通股数量（百万股）			
基本股票数量	412.5	439.9	439.9
稀释后股票数量	422.9	452.9	496.2

图表5—4　　凯丽服务公司及其子公司*（服务企业）合并资产负债表　　单位：千美元

	2008 年	2007 年
资产		
流动资产		
现金及现金等价物	118 277	92 817
应收账款（分别扣除坏账准备 17 003 000 美元和 18 172 000 美元）	815 789	888 334
预付费用与其他流动资产	61 959	53 392
递延所得税	31 929	29 294
流动资产合计	1 027 954	1 063 837
财产与设备		
土地与建筑物	59 204	62 707
计算机软硬件、设备、固定装置与租赁资产改良投资	302 621	326 314
减：累计折旧	(210 533)	(211 002)
财产与设备净值	151 292	178 019
非流动性递延所得税	40 020	43 436
商誉净值	117 824	147 168
其他资产	120 165	141 537
资产总额	1 457 255	1 573 997
负债与股东权益		
流动负债		
短期借款	35 197	49 729
应付账款与应计负债	244 119	171 471
应计工资及相关税费	243 160	270 575
应计保险费	26 312	23 696
收益与其他税费	51 809	69 779
流动负债合计	600 597	585 250
非流动负债		
长期债务	80 040	48 394
应计保险费	46 901	60 404
应计退休福利	61 576	78 382
其他长期负债	15 234	13 338
非流动负债合计	203 751	200 518
股东权益		
股本（每股面值1.00美元）		
A级普通股（2008年和2007年发行了 36 633 906 股）	36 634	36 634
B级普通股（2008年和2007年发行了 3 481 960 股）	3 482	3 482
库藏股（按成本计价）		
A级普通股（2008年和2007年分别5 326 251股和5 036 085股）	(110 640)	(105 712)
B级普通股（2008年和2007年分别22 175股和22 575股）	(589)	(600)
资本公积	35 788	34 500
留存收益	676 047	777 338
累计其他全面收益	12 185	42 587
股东权益合计	652 907	788 229
负债与股东权益总额	$ 1 457 255	$ 1 573 997

*　"我们从一家主要从事传统办公服务的美国公司发展成为一家提供专业服务的全球人力资源问题解决方案的领先公司。"10-K格式报告。

合并利润表

单位：千美元（每股数据除外）

	2008 年	2007 年	2006 年
服务收入	5 517 290	5 667 589	5 546 778
服务成本	4 539 639	4 678 500	4 640 052
销售毛利	977 651	989 089	906 726
销售、一般及行政管理费用	967 389	909 009	828 685
资产减值	80 533	—	—
经营收益（亏损）	(70 271)	80 080	78 041
其他收益（费用）净额	(3 452)	3 211	1 471
税前持续经营收益（亏损）	(73 723)	83 291	79 512
所得税费用	7 992	29 567	22 727
持续经营收益（亏损）	(81 715)	53 724	56 785
中断经营收益（损失）净额	(524)	7 292	6 706
净收益（亏损）	(82 239)	61 016	63 491
基本每股收益（亏损）	—	—	—
持续经营每股收益（亏损）	(2.35)	1.48	1.57
中断经营每股收益（亏损）	(0.02)	0.20	0.19
每股收益（亏损）	(2.37)	1.68	1.76
稀释后每股收益（亏损）			
持续经营每股收益（亏损）	(2.35)	1.47	1.56
中断经营每股收益（亏损）	(0.02)	0.20	0.19
每股收益（亏损）	(2.37)	1.67	1.75
每股股利	0.54	0.52	0.45
平均流通在外普通股数量（千股）			
基本股票数量	34 760	36 357	35 999
稀释后股票数量	34 760	36 495	36 314

图表5—5　　**库伯轮胎及橡胶公司***（制造企业）12 月 31 日合并资产负债表

单位：千美元（面值金额除外）

	2007 年	2008 年
资产		
流动资产：		
现金及现金等价物	$345 947	$247 672
短期投资	49 765	—
应收账款（2007 年和 2008 年分别扣除坏账准备 8 631 000 美元和 10 680 000 美元）	354 939	318 109
存货按成本与市价孰低法计价：		
产成品	185 658	247 187
在产品	30 730	28 234
原材料与用品	88 172	144 691
	304 560	420 112
其他流动资产	134 713	58 290
流动资产合计	1 189 924	1 044 183
财产、厂房与设备：		
土地与土地改良	42 318	33 731
建筑物	340 512	319 025
机器与设备	1 642 179	1 627 896
模具与用具	273 032	273 641
	2 298 041	2 254 293
减：累计折旧	1 305 826	1 353 019
财产、厂房与设备净值	992 215	901 274
商誉	31 340	—
无形资产（分别扣除 2007 年和 2008 年的累计摊销额 21 102 000 美元和 24 096 000 美元）	22 896	19 902
限制用途现金	2 791	2 432
其他资产	59 324	75 105
	$2 298 490	$2 042 896
负债与股东权益		
流动负债		
应付票据	$86 384	$184 774

134

续表

	2007 年	2008 年
应付账款	301 621	248 637
应计负债	141 748	123 771
所得税	1 450	1 409
中断经营负债	1 332	1 182
长期债务的流动部分	—	147 761
流动负债合计	532 535	707 534
长期债务	464 608	325 749
养老金之外的退休后福利	244 491	236 025
养老金福利	55 607	268 773
其他长期负债	108 116	115 803
与出售汽车经营业务相关的长期负债	10 185	8 046
合并子公司非控制性股东权益	90 657	86 850
股东权益：		
优先股（每股面值 1 美元，核准发行 5 000 000 股，尚未发行）	—	—
普通股（每股面值 1 美元，核准发行 300 000 000 股，2007 年和 2008 年发行了 86 322 514 股）	86 323	86 823
资本公积	40 676	43 764
留存收益	1 350 527	1 106 344
累计其他全面损失	(205 677)	(450 079)
	1 271 849	786 352
减：按成本计价的普通股库藏股（2007 年和 2008 年分别为 26 661 295 美元和 27 411 564 美元）	(479 558)	(492 236)
股东权益合计	792 291	294 116
	$ 2 298 490	$ 2 042 896

* "库伯轮胎及橡胶公司是一家处于领先地位的备用胎制造商。" 10-K 格式报告。

合并经营表

会计年度截止于 12 月 31 日

单位：千美元（每股数额除外）

	2006 年	2007 年	2008 年
销售收入净额	2 575 218	2 932 575	2 881 811
产品销售成本	2 382 150	2 617 161	2 805 638
销售毛利	193 068	315 414	76 173
销售、一般及行政管理费用	187 111	177 507	185 064
商誉与不定年限无形资产减值	49 973	—	31 340
重组费用	3 236	3 515	76 402
经营利润（亏损）	(45 252)	134 392	(216 633)
利息费用	47 165	48 492	50 525
债务豁免成本	(77)	2 558	593
利息收益	(10 067)	(18 004)	(12 887)
非合并子公司股利	(4 286)	(2 007)	(1 943)
其他项目净额	(1 992)	(12 677)	4 854
扣除所得税和非控制性股东权益前持续经营收益（损失）	(75 995)	116 030	(257 775)
所得税费用（抵免）	(5 338)	15 835	(30 274)
扣除非控制性股东权益前持续经营收益（损失）	(70 657)	100 195	(257 775)
税后非控制性股东权益净收益	(3 663)	(8 760)	8 057
持续经营收益（损失）	(74 320)	91 435	(219 444)
税后中断经营收益（损失）	(4 191)	1 660	64
税后处置中断经营业务利得	—	26 475	—
净收益（损失）	(78 511)	119 570	(219 380)
每股收益（损失）：			
持续经营每股收益（损失）	(1.21)	1.93	(3.72)
中断经营每股收益（损失）	(0.07)	0.03	—
处置中断经营业务每股利得	—	0.43	—
每股净收益（损失）	(1.28)	1.93	(3.72)
稀释后每股收益（损失）：			
持续经营每股收益（损失）	(1.21)	1.46	(3.72)
中断经营每股收益（损失）	(0.07)	0.03	—
处置中断经营业务每股利得	—	0.42	—
每股净收益（损失）	(1.28)	1.91	(3.72)

服务企业靠提供服务获得收入。因为服务是不能储存的，因此，服务企业的存货量很低，甚至根本不存在。在人员密集型的服务企业中，如广告公司，财产和设备的投资和制造企业相比也是微不足道的。请参见图表5—4列示的凯丽服务公司及其子公司合并报表。

制造企业总是存在大量的存货，包括原材料、在产品、产成品以及财产、厂房和设备方面的大量投资。应收票据和应收账款也可能很多，这取决于其销售方式。销售成本是其最主要的费用。请参见图表5—5列示的库伯轮胎橡胶公司的合并报表。

5.5　描述性信息的复核

在年度报告、商业期刊和工业调查报告中都可以找到一些描述性信息。这些信息有助于我们了解企业的财务状况。描述性材料可能讨论研究与开发在创造未来销售方面的作用，提供资本扩张的数据和目标，讨论劳资关系，如未成年劳工的雇佣或工会谈判，或帮助解释企业的股利政策。

5.6　各种比较

除非与其他数字或比率相比较，否则绝对数或比率没有多大意义。如果有人问10美元是否意味着很多钱，那么只有比较才能回答这个问题。对于一个还欠别人25美分的小孩来说，10美元够多了，而对于一个百万富翁而言，10美元根本不算什么。同样，对于一个企业来说，资产总额的60%是房屋建筑物和设备这种资产构成是正常的，而对于另一个企业，这种资产构成可能就是灾难了。分析者在确定所计算的比率和其他指标的意义时，一定要有所指向。下面讨论几种比较方式。

5.6.1　趋势分析

趋势分析通过研究企业的历史财务状况来作比较分析。通过观察某个特定比率的趋势，可以看出该比率是下降、上升还是保持相对稳定。这有助于发现问题或识别好的管理方式。

5.6.2　标准产业分类（SIC）手册

标准产业分类手册是分产业的商业统计分类。该分类手册由国家技术信息服务部发行，由总统行政办公室下属的管理和预算办公室具体负责。

标准产业分类的使用增强了美国不同经济类型企业之间的可比性，并且它依据经济的构成和结构对产业进行定义。系统的标准产业分类包括一个两位数的主组别号码、一个三位数的产业组别号码和一个四位数的产业号码。这些号码描述了企业的产业细目的同一标准。

在研究一个公司、一个行业或一种产品时，认明企业的标准产业分类是一个良好的开端。很多图书馆都利用标准产业分类的号码编排方法作为分类的方法。

5.6.3　北美产业分类体系（NAICS）

北美产业分类体系由美国、加拿大和墨西哥共同创制，目的是替代各国现有的分类。本体系有加拿大标准产业分类（1980）、墨西哥商业行为与产品分类（1994）和美国标准产业分类（1987）。

在北美产业分类体系中，生产过程相似的经济单位被归入同一产业，产业间划分的界限也描述了不同产业生产过程的差异。采用这种基于经济概念的系统是因为产业分类系统是收集投入产出信息的一个框架，这有利于收集如生产率、人工成本和资本密集程度等统计数据。

北美产业分类体系增强了北美自由贸易区三个贸易国之间的产业可比性。它还增强了美国标准产业分类的两位数层级的产业可比性。

北美产业分类体系把经济划分为 20 个部门。这 20 个部门的行业根据产品标准进行分组，4 个部门主要是产品生产行业，16 个部门全部是服务行业。

在大部分的部门中，北美产业分类体系提供五位数等级的行业兼容性，而一些部门则提供少于四位数、三位数或两位数层级的兼容性。每个国家都可以添加更细分的行业，从而为北美产业分类体系的等级分类提供更详细的材料。

美国是在 1997 年采用北美产业分类体系的。现在大部分美国政府机构采用北美产业分类体系替代标准产业分类（SIC），证券交易委员会（SEC）是一个例外。向证券交易委员会报告的企业要在报告中提供其标准产业分类，而一些要发布行业数据的私营公司，有些采用北美产业分类体系，有些采用标准产业分类，还有些则两者兼用。

美国人口调查局提供一个网站，详细介绍北美产业分类体系，同时提供搜索的关键词。只要打开 www. census. gov，在 "business and industry（企业与行业）" 下，点击 "NAICS（北美产业分类体系）"，就可以登录该网站。如果你谷歌（搜索）"North American Industry Classification System（北美产业分类体系）"，该网站很可能排在第一位。

5.6.4　行业平均指标以及与竞争对手的对比

如果将结果与行业平均指标和竞争对手的数据对比，企业财务报表分析将更有意义。一些财经服务机构还为不同行业提供复合的数据。

如果企业经营因涉及多种行业而无法被归入某个行业，分析者就会面临这样的问题：因为很多企业无法被清晰地归入某个行业，所以经常需要为所要分析的企业寻找一个最合适归类的行业。财经服务机构在企业的行业归类方面也面临同样的问题，因此，财经服务机构在为企业作行业归类时总是需要发挥其最佳的判断力。

本部分简要地介绍一些财经服务机构。为了作更广泛的解释，这里参考了一些服务机构的文献，对每个服务机构都介绍了其比率计算方法和所提供的数据。

《商务部财务报告》（*The Department of Commerce Financial Report*）是联邦政府的出版物，针对制造业、矿业和贸易公司，由统计局经济调查部出版。它包括行业利润表和资产负债表的总括数据，它还包括行业的纵向同比利润表（比率形式的利润表）和行业横向同比资产负债表（挑选的资产负债表比率），包括挑选的经营比率和资产负债表比率。该政府出版物采用北美产业分类体系作为分类标准。

该报告每季度更新一次，提供最及时的信息。它通常在季末的 6 ~ 7 个月内提供。

它是行业总体数据的唯一来源。它使企业可将自身数据（如销售收入）与行业（销售）水平进行对比。该服务是免费的，并可从互联网上得到。

《年度报表研究》（*Annual Statement Studies*）由风险管理协会（Risk Management Association）出版发行，该协会是借贷和信用风险的专业机构。《年度报表研究》中的数据由风险管理协会的机构成员提交，涵盖了制造业、批发业、零售业、服务业、农业、建筑业中数百个产业的信息。

《年度报表研究》把数据按行业分类，采用标准产业分类编码和北美产业分类体系编码。它提供用同比表示的资产负债表和利润表及16个比率。

数据按资产和销售收入分类整理。这种处理对于比较财务状况和经营存在很大区别的小企业和大企业的数据特别有意义。这些资料还包括所有在某个特定标准产业分类编号下的企业的5年历史数据比较。

在每一个类目里，都计算出中位数与较高和较低的四分位数。例如：

企业数目（9）

比率—资产报酬率

9家企业的数据（从高到低排列）：12%，11%，10.5%，10%，9.8%，9.7%，9.6%，7.0%，6.5%

中位数：9.8%

最高值与中位数中间是较高的四分位数：10.5%

最低值与中位数中间是较低的四分位数：9.6%

如果某个数值较高的比率更可取，结果将由高到低排列，例如，10.5%（较高四分位数）、9.8%（中位数）和9.6%（较低四分位数）。

因为《年度报表研究》结合了同比报表、挑选的比率和可比的历史数据，因此，它是运用最广泛的行业数据资料之一。银行的商业贷款部门通常也采用该数据。

目前《年度报表研究》有两本书：《财务比率标杆》和《行业违约概率与现金流量指标》。这些书也可供产业研究之用。产业研究还包括查询功能、六个地区的全面数据、顾客比较清单以及可下载的数据。

这些书除了当年的数据之外，还包括四年的数据，而产业研究则除了当年的数据之外，还包括九年的数据。

投资者对《标准普尔行业调查》（*Standard & Poor's Industry Survey*）所包含的信息尤为感兴趣，其内容包括各行业最新信息以及行业中所有公司和特定公司的统计数据。

《工商业财务比率年鉴》（*Almanac of Business and Industrial Financial Ratios*）由CCH Incorporated出版发行，是公司税收返还数据的汇总。它涵盖了192个行业，并提供了11个大小等级公司的50项统计数据，其中包括制造业、建筑业、运输业、零售业、银行业和批发业。

从2002年版开始，年鉴中的每个行业都与一个NAICS编码交叉索引。年鉴中的附录报告了三种系统分类：SIC、IRS和IRS的精简版NAICS。IRS的精简版NAICS体现了在年鉴中使用的分类系统。

《行业标准和主要商业比率》（*Industry Norms and Key Business Ratios*）由邓白氏

（Dun & Bradstreet）发布，涵盖超过 800 个由标准产业分类编码定义的不同行业，内容包括 1 年的简化资产负债表和利润表金额及同比数据。它还包括营运资本和各种比率。

有 14 种比率列示较高四分位数、中位数和较低四分位数的数据。这 14 种比率是：

偿债能力

　　速动比率（倍数）

　　流动比率（倍数）

　　流动负债与资本净额比率（%）

　　流动负债与存货比率（%）

　　负债总额与资本净额比率（%）

　　固定资产与资本净额比率（%）

效率

　　收账期（日）

　　销售收入与存货比率（倍数）

　　资产与销售收入比率（%）

　　销售收入与营运资本净额比率（倍数）

　　应付账款与销售收入比率（%）

盈利能力

　　销售收入报酬率（%）

　　资产报酬率（%）

　　营运资金净额报酬率（%）

邓白氏建议将《行业标准和主要商业比率》当作一种参考标准使用，而不是作为绝对标准使用。《行业标准和主要商业比率》还在以下 5 个部分作了扩展：

（1）农业、矿业、建筑业、运输业、通讯业、公用事业；

（2）制造业；

（3）批发业；

（4）零售业；

（5）金融业、房地产业、服务业。

所有五种不同行业都以三种版本提供，故而共有 15 本书。三种版本如下：

（1）行业标准和主要商业比率，三年发行一版；

（2）行业标准和主要商业比率，一年发行一版；

（3）主要商业比率，一年发行一版。

《价值线投资服务》（*Value Line Investment Service*）为公司和行业提供了总体的盈利性和投资数据。价值线将公司归为 98 个行业之一。此服务评估每只股票的时间性、安全性和技术性，深受投资者欢迎。

在价值线中的公司数据通常覆盖一段相对较长的期间（11 年至 17 年）。因行业的不同，所提供的数据也会有所不同。对许多公司而言，通常提供的一些数据包括：

《价值线投资服务》（*Value Line Investment Service*）共提供了 1 700 家企业和行业

的盈利能力及投资数据。价值线将企业归为 96 种行业之中。该服务对每只股票的适时性和安全性予以评估，深受投资者欢迎。

价值线提供的企业数据大多覆盖较长时期（5～10 年）。每个企业提供的数据如下：

（1）每股收入；

（2）每股现金流量；

（3）每股收益；

（4）宣告的每股股利；

（5）每股资本支出；

（6）每股账面价值；

（7）发行在外的普通股股份数；

（8）年平均市盈率；

（9）相对市盈率；

（10）年平均股利收益率；

（11）收入；

（12）营业毛利；

（13）折旧；

（14）净利润；

（15）所得税税率；

（16）净利率；

（17）运营资本；

（18）长期负债金额；

（19）股东权益；

（20）总资本回报；

（21）股东权益回报；

（22）普通股权益留存收益率；

（23）全部股利与净利润比率。

如前所述，由于近年来越来越多的企业变成集团公司并进行多元化的产品生产，因此，企业间的比较也变得越来越困难。为了解决这个问题，证券交易委员会要求向其呈递报告的企业提供分部报告。这些报告是对外发布的。财务报告准则第 14 号也要求提供分部报告，该要求在一定程度上解决了由于集团化经营而产生的分析困难，但并不能完全解决该问题，因为企业必须解决如何分摊管理和联合成本问题。

如果无法得到行业数据或存在与竞争对手对比的要求，那么，就要对其他企业的报表进行分析，但要记住的是，其他企业未必一定是好的或差的，同时，它也不能代表行业的标准或一般水平。

在很多情况下，可以采用多种会计方法。同类型的企业可能会采用不同的计价方法或费用计算方法，因此，必须仔细阅读其报表和附注，看其报表是否可比。

能同时运用多种比较方法当然是最理想的。趋势分析、行业平均指标、与竞争对手对比等方法都会为调查研究提供支持，并为财务分析提供一个坚实的基础。

在分析各种比率时，分析者有时会遇到利润数字为负值的情形。对分子或分母是负值的比率进行分析没有意义，因此，要留意各种比率的负号。

5.6.5 谨慎使用各种行业平均指标

财务分析要求分析者做出自己的判断。财务报表使用者必须谨慎，不能完全信赖各种比率或比较。

记住，各种比率只是一个分数。财务分析存在很多成对的数字，它们没有设定的组合，也没有哪一个比率是固定用相同的数字计算的，甚至行业比率计算公式也会不断变化，而对行业比率的计算方法又常常缺乏详细的披露。根据某本书的推荐去分析一个企业，然后用一些与其计算方法并不一样的行业比率进行比较是导致问题产生的原因。

不同会计方法的使用也会产生问题。因为同类企业可能使用不同的计价方法和收入确认方法，所以，要仔细阅读报表和附注，弄清报表之间的可比程度，然而，趋势分析对每个企业来说都是有意义的。行业平均指标把使用不同会计准则的企业分成不同组。

不同的会计年末也会产生不同的结果。一个会计年末为 11 月 30 日的玩具店和一个会计年末为 12 月 31 日的玩具店，其存货余额就存在很大的差别。行业平均指标并没有把不同会计年末的企业的财务比率进行分组。

行业平均指标包括的企业可能运用不同的财务政策。资本密集型企业很可能与劳动密集型企业被归为一组，有大量债务的企业可能与倾向于规避债务风险的企业被放在一起求平均数。

某些仅根据小量样本得出的行业平均指标也许没有足够的代表性。一个比较极端的报表，如出现大量亏损的企业，也有可能扭曲行业数据。

比率可以有多种计算方式。在比较年度之间、企业之间或企业与行业之间的状况时，采用相同的公式计算比率才有意义。比如，罗伯特·墨利斯用税前数据计算利润率，邓白氏用税后利润计算。分析者在进行行业比较时，应在相同计算基础上计算企业的比率，但实际上这难以做到。

延伸阅读 5-1

最后，各种比率不是绝对标准的，它们只是作为总括指南结合其他方法共同评价某个企业的财务状况。尽管使用各种比率存在各种问题，但只要合理使用，它们还是具有参考价值的。

5.7 企业的相对规模

不同规模企业间的比较可能要比相同规模企业间的比较困难。例如，大规模企业可以进入更广阔和更复杂的资本市场，大量进货，为更广大的市场提供服务。比率分析和同比分析有助于解决由于使用绝对数比较而产生的问题。

在比较财务指标时，还应该注意企业规模的差异。这些差异体现在销售收入、资产或利润中。投资服务机构（如价值线）还提供另一个很有意义的数据——市场占有率。

5.8　其他资料来源

具有代表性的商业文库有很多关于特定企业、行业和产品的信息。这里介绍的其中一些信息来源将有助于搜寻企业、行业和产品的信息。

5.8.1　《行政区商业登记簿》

《行政区商业登记簿》涵盖国内私有公司与上市公司。所列示的各家企业提供的信息多达 20 项。其数据包括企业名称、地址、电话号码、电子邮箱和网页地址、销售额、员工数量以及前五名高管的名字和头衔。《行政区商业登记簿》是查询私有公司信息的一个非常好的帮手。2007 年，《行政区商业登记簿》纳入盖尔图书指南，全面实现数字化。

5.8.2　《标准普尔报告》

《标准普尔报告》涵盖了在纽约股票交易所、美国股票交易所、纳斯达克股票市场和地区性交易所交易的公司。按股票交易所的字母顺序排列，它简要地描述与分析公司常规的经营活动，同时提供与利润表、资产负债表和每股数据相关的关键财务数据。此外，它还包括管理层、公司业务、产品线以及其他重要因素的评述。

5.8.3　《标准普尔公司注册、董事和执行官记录》

该年度信息资源有 3 册：

第 1 册按字母顺序列示近 75 000 家企业的资料，包括邮政编码、电话号码、办公室人员职责、董事长和其他主要负责人，最后是北美产业分类体系编码。

第 2 册第一部分按字母顺序介绍 70 000 位办公室人员、董事长、董事会成员、信托人和合伙人等个人情况。它提供的资料包括主要的经营同盟、经营地址、住宅地址等。

第 2 册第二部分包括 7 个子部分：

第 1 子部分——解释北美产业分类体系的结构和应用，并按主要组别和字母及主要组别的数字分部列示这些编码。

第 2 子部分——按 6 位数的北美产业分类体系编码顺序列示企业。

第 3 子部分——按州和主要城市的地理位置列示企业。

第 4 子部分——按字母顺序列示子公司和分部，并列出它们的母公司（在第 1 册中列示的企业）。

第 5 子部分——列示出版商在上一年度获悉的已逝世的管理人员名单。

第 6 子部分——列示第 1 次出现在该刊物中的个人名单。

第 7 子部分——列示第 1 次出现在该刊物中的企业名单。

5.8.4　《标准普尔分析师手册》

该资料包括挑选的收益数据、资产负债表项目和应用于标准普尔行业股票价格指数的相关比率。某个企业的进展应该与其所在行业的综合数据相比照。每个月特定行业数据的简要更新是该手册年度版本的补充。

5.8.5 《标准普尔公司记录》

该资料提供的是美国企业的背景信息和详细的财务统计数字，对某些企业还做很详细的介绍。该资料的内容和指标全年及时更新。

5.8.6 《标准普尔证券所有者股票指南》

这本由标准普尔每月出版的指南涵盖了 5 300 只普通股和优先股。它提供在纽约证券交易所、美国股票交易所、地方性证券交易所进行交易的企业和柜台交易企业的交易活动、价值变化范围及股利等情况。这些信息都以大量的缩写和脚注披露，以便使每一个公开交易的证券信息都能简明地用一行文字表述。

5.8.7 《标准普尔统计服务》

《标准普尔统计服务》（*Standard & Poor's Statistical Service*）提供了包括许多行业在内的综合统计数据，如农业、金属业、建筑业和运输业。其中还提供了其他许多统计数据，如价格指数，每日股票最高价、最低价和收盘价。

5.8.8 《标准普尔网络资料》

标准普尔网络资料在许多学术性图书馆、公共图书馆、公司图书馆和信息中心都可以找到。这些参考资料可能是纸质文本，也可能是网络文本，或者两者兼而有之。不过，在"其他资料来源"名下，本书所列示的标准普尔出版物当中，标准普尔网络资料都是纸质文本。网络资料还包括下列出版物：
1. 标准普尔股票报告
2. 标准普尔公司注册、董事和执行官记录
3. 标准普尔公司记录

5.8.9 《摩根特股利记录》和《标准普尔年度股利记录》

这些有关股利的出版物记录了美国所有上市公司和某些国外公司的股利支付情况。

5.8.10 《邓白氏百万美元登记簿》

该出版物包括许多项目，包括公司名称、地址、电话号码、建立年份、年销售额、股票交易、股票代码和公司办公人员。

《邓白氏百万美元登记簿》分五册出版，前三册按字母顺序排列，后两册根据州的地理位置和标准产业分类相互对照参考。

公司必须至少满足下列两个要求之一：
1. 销售额达到或超过 9 000 000 美元。
2. 如果公司是一个总部或单一地点，员工总数必须达到或超过 180 人；如果公司是一个分支机构，那么某个地点的员工总数必须达到或超过 900 人。

5.8.11 《公司联营登记簿》

该登记簿深入地介绍企业及其分部、子公司和其联营企业。它包括字母索引、地理位置索引和标准产业分类。对所列示的母公司信息包括地址、电话号码、股票代码、股票交易、大致的销售规模、员工数量、经营类型和高级办公人员。该数据库涵盖超过 180 000 家母公司、联营企业、子公司以及全球分部。

5.8.12 《托马斯美国制造商注册记录》

这是一本有关产品与服务（1 ~ 14 册）、公司介绍（15 册和 16 册）和目录文件的综合参考资料。

5.8.13 《摩根特工业手册和新闻报道》

这些手册已经出版了两册，涵盖了在纽约证券交易所、美国股票交易所和其他交易所上市的 2 000 家工业公司。此外，《摩根特工业手册和新闻报道》还提供更广泛的信息如历史、业务、财产、子公司、财务报表和标准产业分类代码。

5.8.14 《邓白氏公司管理层参考读物》

《邓白氏公司管理层参考读物》共四册，内容包括超过 12 000 家公司的 200 000 名公司主要管理人员的概括性信息。这些信息包括出生年份、教育背景、服兵役情况、目前职位以及之前担任过的职位。该出版物还提供其他管理人员以及非管理人员董事的名字和头衔信息。

5.8.15 压缩披露

这个包括约 12 000 家企业的文字和财务信息的数据库可以从菜单驱动界面得到。这些信息来源于向证券交易委员会呈递报告的企业的年度或定期性报告。企业完整的资料大约有 14 页左右，包括主要的财务报表（年度和季度）、过去 3 年的各种财务比率、社会机构持有的股份、内部人持股、总裁的信件和财务注释。

通过键入公司名称和标识符号就可读取企业的资料。另外，该系统还可通过经营类别（标准产业分类）、地理位置（州、城市、邮政编码或电话区号）、股票价格财务比率等很多种方式搜索公司资料。

5.8.16 《律商联讯》

《律商联讯》（Lexis-Nexis）提供会计、法律、报纸和周期性信息，其中包括数千家上市公司年报的完整报表部分。许多商学院、法学院、会计师事务所和律师事务所都订阅此读物。

5.9 财务报表使用者

财务报表为各种各样的使用者编制，报表使用者在分析财务报表数据时各有各的目的。

作为财务数据的主要使用者，管理层必须从投资者和债权人的角度分析数据。管理层必然关心企业现在的偿债能力和企业未来获利前景。

管理层关心企业的财务结构，以便对短期债务、长期债务和所有者投入的比例结构做出一个合理的安排。同时，资产结构——现金、存货、应收账款、投资和固定资产的组合也会受到关注。

管理层必须指引企业制定合理的长期和短期的财务政策，引领企业赚取利润。例如，流动性和盈利性是矛盾的。最具流动性的资产（现金和有价证券）通常盈利性最低。如果企业没有能力偿还流动负债，那么，以最高利润率作为财务政策指导方针对企业是不利的。如果债权人不再提供贷款，并要求马上偿还贷款，企业很快就会陷入破产的困境。同样，管理层必须正确地运用资源以获得合理的回报。

作为另一类报表使用者，公众投资者对特定类型的分析感兴趣。投资者关心企业的财务状况和将来的获利能力。他们会利用企业过去的趋势分析和现状判断企业的未来前景。

贷款提供者对企业的财务报表感兴趣。纯粹的贷款提供者只能从扩展信用额度中得到有限的回报：固定的利率（银行就是这样）或通过提供赊销商品或服务得到的利息（提供赊销商品或服务的供应商也是如此）。因为回报极其有限且存在收不回本金的可能，所以，贷款提供者在扩展其信用额度时都非常谨慎。

供应商的情况与银行相似。赊销商品时，如果估计 5 个单位的商品将有 1 个单位可能无法收回货款，就把赊销商品的价格提高 20%，以防止损失。另外，债权人还应考虑扩展信用额度的资本成本，扩展信用相当于给企业提供资金。

提供短期贷款的贷款者和提供长期贷款的贷款者使用财务报表的目的不同。提供短期贷款的贷款者主要关心财务报表的短期性指标以决定其贷款是否可以延期。提供长期贷款的贷款者主要关心企业的盈利前景以看其本利能否收回。例如，企业现有资源并不能显示企业能否归还 30 年期的债券，债务的归还还要靠企业的未来盈利。因此，提供贷款的贷款者基于不同贷款条件和意图，财务分析目的也有所不同。只要可以预见有足够的资源偿还贷款，企业的盈利性不是一个主要的考虑因素。

债权人关心企业的财务结构，因为权益资本与债务的比例显示了债权人承担的风险。权益资本为债权人在遭遇债务人经营亏损时提供了一个缓冲器。如果权益资本很小，债权人将承担企业的大部分风险。

还有很多对财务报表分析有兴趣的人和组织。作为员工代表的工会关心企业增加工资和福利（如养老金计划）的能力；政府则出于征税和反托拉斯法的目的而关注财务报表分析。

延伸阅读 5-2

5.10 本章小结

财务报表分析包括定量和定性两方面，用于衡量企业之间、企业与行业之间相对的财务状况。分析方法多种多样，这取决于企业和行业的类型以及使用者的特殊需要。财务报表因企业规模及所在行业不同而有所不同。

标准产业分类和北美产业分类体系分类系统的开发是为了提高各公司间的可比性。确定公司的标准产业分类和/或北美产业分类体系是调查一家公司、一个行业或一个产品的良好开端。

如果将财务报表的结果与行业平均数据及竞争对手的经营结果相比较，会使财务报表的分析更有意义。但是，在使用行业平均数据和竞争对手经营成果时必须小心谨慎。

大量的图书馆服务也可供利用，其中有许多与各个公司、行业和产品相关的文献资料。在调查公司时，这些文献资料会提供很有价值的帮助。

财务报表的编制是为了供不同的使用者使用。这些使用者对财务报表具有各种各样的需求和用途。

思考题

5.1 何谓比率？如何运用比率解决不同规模企业之间的比较问题？

5.2 以下每一种比率分别衡量什么？指出每一种比率为哪些使用者所关心。

（1）流动性比率；

（2）长期借款能力；

（3）盈利能力。

5.3 布朗公司 2009 年的销售利润率是 5.5%，需要哪些未来的信息对该结果进行评价？

5.4 指出纵向分析和横向分析的区别。以销售收入为例解释其区别。

5.5 假设你对同一行业的两家企业进行比较，一家规模大而另一家规模小。在每个个案中是相对数还是绝对数更有价值？哪一类统计数字有助于评价相对规模？

习题

5—1 图表 5—4 列示了凯丽服务公司及其子公司 2008 年度报告的资产负债表。
要求

1. 运用资产负债表，以资产总额为基础，展开 2008 年和 2007 年的纵向同比分析。

2. 运用资产负债表，以 2007 年为基础，展开 2008 年和 2007 年的横向同比分析。

3. 请评述上述分析出现的重要趋势。

5—2 图表 5—4 列示了凯丽服务公司及其子公司 2008 年度报告的利润表。
要求

1. 运用利润表，以销售收入总额为基础，展开 2008 年、2007 年和 2006 年的纵向同比分析。

2. 运用利润表，以 2006 年为基础，展开 2008 年、2007 年和 2006 年的横向同比分析。

3. 请评述上述分析出现的重要趋势。

快速零售公司比较利润表如下：

5—3

快速零售公司比较利润表				单位：千美元
	12 月 31 日		增加（减少）	
	2010 年	2009 年	金额	百分比
销售净额	$30 000	$28 000		
产品销售成本	20 000	19 500		
销售毛利	10 000	8 500		
销售、一般及行政管理费用	3 000	2 900		
经营收益	7 000	5 600		
利息费用	100	80		
税前利润	6 900	5 520		
所得税费用	2 000	1 600		
净利润	$4 900	$3 920		

要求

1. 计算各个项目增减变动额和百分比。

2. 请评述上述趋势。

案例 Kraco 零售公司

你的第一份工作是作为一个区域性会计师事务所的注册会计师。你的第一个任务就是从顾客的比较财务报表中提炼出六个财务比率/指标。

在经济低迷时期，Kraco 零售公司面临一些难以应对的难题，希望运用你所提供的信息，提高投资者对公司财务稳定性和经营效率等方面的信心。除了提炼财务比率之外，你还要准备一份向投资者展示的报告。除了审计过的 2012 年度利润表、2011 年度和 2012 年度资产负债表之外，你的上司还给你提供了目前行业平均水平指标以及两年前为了相同任务而比较 2010 年和 2009 年比率得出的结果。

Kraco 零售公司利润表

会计年度截止于 2012 年 12 月 31 日　　　　　　　　　　　　　　单位：千美元

销售净额		61 000
减：成本与费用		
产品销售成本	35 200	
销售与管理费用	7 100	
折旧与摊销费用	3 780	
成本与费用总额		(46 080)
息税前利润		14 920
利息收益	1 000	
利息费用	1 800	(800)
税前利润		14 120
所得税费用		(5 600)
净利润		8 520

Kraco 零售公司资产负债表

会计年度截止于 12 月 31 日 单位：千美元

	2012 年	2011 年
现金及现金等价物	800	1 000
有价证券（按成本计价）	600	400
应收账款净额	6 400	5 800
存货	12 000	10 800
流动资产总额	19 800	18 000
财产、厂房与设备净值	14 200	14 000
资产总额	34 000	32 000
应付账款	7 400	6 800
应付所得税	1 800	1 600
应计费用	3 400	2 800
流动负债总额	12 600	11 200
长期债务	4 000	3 600
负债总额	16 600	14 800
普通股（每股面值为 1 美元）	5 400	5 400
资本公积	2 000	2 000
留存收益	10 000	9 800
股东权益总额	17 400	17 200
负债与股东权益总额	34 000	32 000

Kraco 零售公司

	2010 年	2009 年	目前行业平均水平
流动比率	1.60	1.62	1.64
酸性测试比率	0.65	0.64	0.68
利息保障倍数	8.54	8.49	8.45
净利润率	13.3%	12.0%	13.0%
资产周转率	1.86	1.84	1.86
存货周转率	3.16	3.22	3.18

要求

1. 根据所提供的财务数据，计算一套新的比率。

2. 解释各个比率的分析结果并描述投资者如何从中理解 Kraco 零售公司的财务稳定性和/或经营效率。

3. 投资者应该注意比率分析的哪些普遍存在的局限性？

互联网案例：Thomson ONE（商学院版）

请登录 www.cengage.com/international，完成包含本章讨论主题的网络案例。你可以使用 Thomson ONE（商学院版）。这是一个强有力的工具，它包含一系列基本财务信息、盈余估计、市场数据和 500 个上市公司的原始文档。

第6章 短期资产的流动性及相关的偿债能力

企业是否具有一定的短期偿债能力对于所有财务报表的使用者来说都是很重要的。如果企业不能保持一定的短期偿债能力，它也就不可能具有长期的偿债能力，也就不可能使股东满意。即使是盈利企业，如果不能按期偿还短期债权人的债务，也有可能破产。企业对于流动负债的偿还能力也与该企业的变现能力相关，这点我们将在第10章讨论。

在分析企业的短期偿债能力时，我们会发现流动资产与流动负债之间有着紧密的联系。通常，偿还流动负债的现金来源于流动资产。正如前所述，企业盈利并不代表其具有短期偿债能力。换句话说，在权责发生制下，企业报表可能反映出巨额的利润，但企业可能由于缺少可以使用的资金而无法偿还流动负债；反过来，企业报表可能反映出亏损，但企业可能仍然有能力支付短期债务。

本章将讨论企业流动资产和短期偿债能力分析的程序。学习该程序之前必须对流动资产、流动负债和财务报表附注有所了解。

本章还对四项非常重要的资产即现金、有价证券、应收账款和存货进行了详细讨论。应收账款和存货这两项重要的资产常常对企业资产的流动性和盈利能力产生重大的影响。

第6章至第10章将广泛使用耐克公司2009年度财务报表说明财务分析技术，这将有助于读者全面了解财务分析。耐克公司的财务报表在随后的第10章列示。第6章至第10章将讨论耐克公司财务报表分析的小结和详细的分析内容。

6.1 流动资产、流动负债和经营周期

流动资产是指在一年或者一个营业周期内（视两者孰长）以现金的形式存在，或将要变为现金，或视同现金使用的资产。[1]

流动资产通常有五类资产，以流动性大小排列分别为现金、有价证券、应收账款、存货和预付账款，其他资产也可以归入流动资产，如持有待出售的资产。本章将详细讨论每一种流动资产。

营业周期（operating cycle）是指企业从取得商品到销售商品最终收回现金的整个期间。例如，某家食品店购买存货，然后将其销售取得现金就是一个营业周期。食品店存货资产的持有时间较短表示其营业周期也较短。又如某汽车制造厂购入原材料，耗费了人工和费用后，最终将这些材料制造成汽车，批发商先赊购汽车，然后才向制造商付款。与食品店相比，汽车制造厂的营业周期要长得多，但它仍然短于一年。只有少数企业的营业周期长于一年。例如，某个出售度假财产的企业，其将该度假财产销售之前的平均持有时间加上平均收款期，一般长于一年。

6.1.1 现金

现金（cash）是一种交换媒介，银行接受它为存款，债权人接受它来偿债。要

将其归类为流动资产，现金必须不受任何限制，随时可以存入银行或者用于偿还流动负债。即使限制现金专门用于偿还某项短期债务，很多企业仍然将其归入流动资产类别，但会揭示限制的内容。在确定企业短期偿债能力时，受制于短期债务偿还的现金应与相应数额的短期债务一并扣除。只有那些可用于偿还一般短期债务的现金才被视为企业短期偿债能力的一部分。

银行中一种越来越普遍的做法是，要求借款人在整个贷款期内保留一部分的贷款存于银行。这种存款称为补偿性余额（compensating balances），它减少了借款者可用于偿还债务的现金数额，同时也提高了借款者的实际借款利率。

短期借款的补偿性余额单独列示于报表的流动资产部分或者附注中。长期借款的补偿性余额则单独列示于非流动资产的投资或者其他资产项下。

现金账户在资产负债表中通常表示为现金、现金和现金等价物，或者现金及存款单。现金的分类通常包括货币和不受限制的银行存款。

在分析流动资产时，将面临两个主要问题：确定资产的公允价值以及确定资产的流动性。对于现金资产来说，只有在它的使用受到限制时才会有这些问题。因此，在确定企业的短期偿债能力时，确定使用的现金数额通常就十分简单。

6.1.2 有价证券

企业在整个年度都会有各种现金需求。因为持有可使用的货币会提高潜在的成本，所以，管理人员通常不愿意将企业所需要的现金在整个年度内都以现金的形式持有。更为有效使用现金的可行的选择方法是，将部分现金转变为短期投资（有价证券），在需要现金时，有价证券可以随时变现。

要成为合格的有价证券（marketable security），该投资必须可以马上在市场上交易，并且是管理人员准备在该营业周期或者一年内（视两者孰长）变现的。当然，评判的标准关键在于管理意图（managerial intent）。

以有价证券而非长期投资的方式进行投资，对管理层是有利的，因为这种分类可以在表面上提高企业资产的流动性。同样的证券被年复一年地列为有价证券，很可能是为了某种商业目的。例如，某一公司可能是被分析公司的主要供应商或者客户，那么，它不愿意出售有价证券来偿还短期债务。为了谨慎起见，最好将这些有价证券归入投资进行分析。

归类为有价证券的投资必须是临时性的。有价证券的例子包括国库券、公司短期票据、政府债券、公司债券、优先股和普通股。对优先股和普通股的投资称为有价权益证券。

债务性证券和权益性证券都应以公允价值计价。如果打算将某些债务性证券持有至到期日，则可以例外地将其以折余价值计价，但是，这些债务性证券应该归入长期投资（不能归入流动资产项下）。[2]

要将证券归类为有价证券，证券的流动性必须按顺序加以确定。分析者必须假设这些归类为有价证券的证券都可以随时上市交易。

图表6—1列示了耐克公司2009年年度报告的有价证券情况。它披露了有价证券的详细内容。许多公司并不揭示这些详细情况。

图表 6—1 　　　　　**耐克公司[*]有价证券（短期投资）**
　　　　　　　　　耐克公司合并资产负债表　　　　　　　单位：百万美元

	2009 年 5 月 31 日	2008 年 5 月 31 日
资　产		
流动资产：		
现金及现金等价物	2 291. 1	2 133. 9
短期投资	1 164. 0	642. 2
应收账款净额（附注 1）	2 883. 9	2 795. 3
存货（附注 1 和附注 2）	2 357. 0	2 438. 4
递延所得税（附注 9）	272. 4	227. 2
预付费用与其他流动资产	765. 6	602. 3
流动资产总额	9 734. 0	8 839. 3

附注 1——重要会计政策概述（部分）

短期投资

　　短期投资包括具有高度流动性的投资项目，主要是购买时离到期日还有三个月以上的商业票据、美国国库券、美国政府债券和公司债务性证券。公司有能力也希望持有至到期的债务性证券按其摊销后成本计价，因此，大体上相当于公允价值。2009 年 5 月 31 日，公司没有持有任何归类为持有至到期日的短期投资。2008 年 5 月 31 日，124 900 000 美元的短期投资归类为持有至到期日证券，主要包括美国国库券和美国政府债券。

　　除非未实现损失属于暂时性的，可供出售债务性证券按包含所报告的未实现利得和损失（税后）在内的公允价值计入其他全面收益。公司认为所有可供出售证券（包括到期日超过 12 个月的证券）都是为了确保当期经营流动性的需要。因此，这些证券都作为短期投资列为合并资产负债表的流动资产。2009 年 5 月 31 日，公司持有一年内到期的可供出售证券 1 005 000 000 美元和一至五年内到期的可供出售证券 159 000 000 美元。

　　以公允价值计价，归类为可供出售证券的短期投资，其价值如下（单位为百万美元）：

	2009 年 5 月 31 日	2008 年 5 月 31 日
可供出售投资：		
美国国库券和政府债券	772. 8	194. 1
公司商业票据和债券	391. 2	323. 2
可供出售投资总额	1 164. 0	517. 3

　　2009 年 5 月 31 日、2008 年 5 月 31 日和 2007 年 5 月 31 日，就财务报表所包括的利息收益，与短期投资、现金及现金等价物相关的利息收益分别为 49 700 000 美元、115 800 000 美元和 116 900 000 美元。

　　[*] "我们的主要经营业务是设计、开发和在全球营销高质量的鞋、服装、设备及附属产品。"10-K 格式报告。

6.1.3 应收账款

企业通常会有一些能够获取未来现金流入量的债权。这种债权在财务报表上通常归入应收账款（accounts receivable）和应收票据（notes receivable）。大多数企业的这种债权主要来自于向客户赊销商品或劳务，客户承诺在限定的时期（如30天）内付款，这种债权称为应收销货款。其他债权可能来自于向员工贷款或联邦税的退回。

对客户的债权通常表现为应收账款，这种债权既不计息，也不享有对客户特定财产的要求权。但是，在有些情况下，客户签发一张票据承诺付款，而不是享有开立账户的特权。通常，带息票据的期限要长于应收账款。有时候，客户在无力支付到期的应收账款时，会签发一张应收票据代替应收账款。

应收账款的共同特点就是企业期望在将来某一时间收回现金。这就产生了两个计价问题：第一，应收账款要收到现金必须经过一段时间，因此，企业使用这些资金要耗费一定的成本。第二，应收账款有可能收不回来。

在对应收账款和作为流动资产的应收票据计价时，等待收回的时间价值可忽略不计，因为等待收回的时间很短，价值差异也很小。如果是属于投资类别的长期应收账款或应收票据，那么，等待收回的时间问题就不能忽略不计。一般认为设定的利率是公允的，但下列情况除外：

（1）没有设定利率；

（2）设定利率明显不合理；

（3）票据的面值与交易日财产、商品、劳务的现销价格或票据的市场价值差别较大。[3]

如果票据面值不代表公允交易价值，票据应以初始交易日的现值金额入账。在考虑了货币的时间价值后，票据将以小于（或者大于）面值的金额入账，入账金额与面值之间的差额将于以后摊销并转入利息收入（应收票据）或者利息费用（应付票据）。

应收账款和应收票据计价的第二个问题是：它们可能收不回来。通常要对估计收不回来的账款计提坏账准备。在下列情况下，一方面，预计损失应抵减收益；另一方面，还应确认资产的减少（或者负债的增加）：

（1）财务报表公布之前就已经获取的信息表明，财务报表日某项资产已经发生减值，或者一项负债已经产生。

（2）损失的金额可以被合理估计。[4]

这两个条件通常作为收不回款项确认的条件，它们对于确定不可收回账款金额也是很重要的。因此，在大多数情况下，企业必须估计坏账费用，并且揭示应收账款的减值。坏账费用在利润表中反映，应收账款的减值通过坏账准备（allowance for doubtful accounts）加以反映。坏账准备将从应收账款总额中扣除。其后，如果具体客户的应收账款被认为收不回来，再减少资产负债表的坏账准备和应收账款总额（这并不意味着企业将停止收账的努力）。

要估计任何一项具体的应收账款可收回的数额都是很困难的，但是，如果考虑将所有的应收账款设立一个备抵数，估计的可收回总额就能合理地确定。每一类应收账款，包括应收票据，都存在收账问题。为了方便起见，企业一般只用一个坏账准备账户，但是，在确定坏账准备账户金额时，要考虑各类应收账款和应收票据可能存在的收款问题。

除了坏账以外，还有其他导致应收账款发生减值的可能，如现金折扣、销售退回、销售折让。通常企业会将由各种原因引起的应收账款减值数在一个坏账准备账户核算，而不单独为每一种原因引起的减值设置一个账户。

耐克公司2009年5月31日和2008年5月31日的应收账款列示如下：

	2009 年	2008 年
应收账款净额	$ 2 883 900 000	$ 2 795 300 000

这表明扣除坏账准备之后，2009年5月31日和2008年5月31日的应收账款金额分别为2 883 900 000美元和2 795 300 000美元。

附注1：重要会计政策概述（部分）

应收账款坏账准备

应收账款主要是应收顾客款项的数额。我们不断评估应收账款的可收回程度，并根据顾客支付能力估计可能发生的损失确定坏账准备数额。我们根据过去赊销信用损失水平并根据信用评估结果判断重要顾客的可信赖程度，以此为基础确定坏账准备数额。从资产负债表日算起，预期回收时间超过12个月的应收账款及其相关的坏账准备就要视为非经常性项目并计入其他资产项目。2009年5月31日和2008年5月31日，坏账准备分别为110 800 000美元和78 400 000美元。其中，分别有36 900 000美元和36 700 000美元计入其他资产。

运用该附注，应收账款净额披露的坏账准备计算如下：

	2009 年	2008 年
坏账准备总额	$ 110 800 000	$ 78 400 000
减：		
记录在其他资产的数额	（36 900 000）	（36 700 000）
以应收账款披露的数额	$ 73 900 000	$ 41 700 000

运用备抵法可以使坏账费用在销售期间确认，这样就可以使费用与其相关的收入匹配，由此也确认了资产减值损失。以后注销某笔具体的应收账款不会影响利润表或资产负债表的应收账款净额。这种注销使得应收账款和坏账准备同时减少。

如果不符合前述两个条件，或者应收账款数额不大，企业的坏账费用可以使用直接销账法。在这种方法下，坏账费用在认定某一个客户的应收账款收不回来时确认。此时，坏账费用要在利润表确认，并在资产负债表的应收账款总额中扣除。在直接销账法下，确认坏账的时间和利润表以及退税的期间一致。

在直接销账法下，坏账费用的确认是在销售年度以后，这样就不能将费用与收入恰当地配比。在这种方法下，报表反映的是应收账款总额，它不确认由于应收账款收不回来而产生的资产减值。

一些公司具有应收货款和分期应收账款。分期应收账款通常时间周期相对较长。

一年内到期的分期应收账款列示在流动资产类别下。一年后到期的分期应收账款也列示在流动资产类别下。

列示在流动资产类别下的分期应收账款通常比典型的应收货款期间长得多。当与竞争对手进行比较时，分析人士需要特别关注这一点。例如，有大量分期应收账款的零售公司与没有分期应收账款的零售公司不具可比性。由于收回分期应收账款所需的时间周期较长，因此通常认为，与其他应收款项相比，分期应收账款的质量比较低。更重要的一点是，具有分期应收账款的公司在给予赊欠时需要制定更高的标准，并需要紧密监控应收款项。

图表6—2　　　　　　国际联合电脑公司及其子公司*分期应收账款

国际联合电脑公司及其子公司合并资产负债表（部分）　　单位：百万美元

	2009 年 3 月 31 日	2008 年 3 月 31 日
资　产		
流动资产		
现金、现金等价物和有价证券	2 713	2 796
应收销货款与分期应收账款净额	839	970
递延所得税——流动性部分	524	623
其他流动资产	104	79
流动资产总额	4 180	4 468
一年后到期的分期应收账款净额	128	234
财产与设备		
土地与建筑物	199	256
设备、固定装置与改良	1 258	1 236
	1 457	1 492
累计折旧与摊销	（1 015）	（996）
财产与设备净值总额	442	496
外购软件产品（已经分别扣除累计摊销 4 715 000 000美元和4 662 000 000 美元）	155	171
商誉	5 364	5 351
递延所得税——非流动性部分	268	293
其他非流动资产净额	715	743
资产总额	11 252	11 756
附注6 应收销货款与分期应收账款		

注释：财务报表包含一个更具体的描述性附注。

*"国际联合电脑公司是处于全球领先地位的独立信息技术管理软件公司。"10-K 格式报告。

在考虑应收账款质量时，顾客集中度是一个重要的因素。如果大部分应收账款都来自于几个顾客，那么企业就可能高度依赖这几个顾客。耐克公司的10-K格式报告显示"2009年度公司没有任何顾客达到或超过我们的销售收入净额的10%"。

企业应收销货款的流动性可以通过两个指标来检测。第一个指标是日销售额占会计期末应收账款的比例，第二个指标是确定应收账款周转率。周转率指标可以表示为每年应收账款的周转次数，或者表示为平均每次收回应收账款的天数。

应收账款与日销售额之比

该指标与应收账款总额和平均日销售额相关。在计算该指标时，应收账款总额中包括应收商业票据。不涉及赊销的其他应收账款就不应该包括在此指标之中。应收账款与日销售额之比的计算公式如下：

应收账款与日销售额之比＝应收账款总额÷（销售净额÷365）

该公式用一年的天数去除销售净额，然后，再用应收账款总额去除该结果。图表6—3列示了耐克公司2009年年末和2008年年末该指标的数额。比较两年的数字发现，应收账款与日销售额之比由2008年年末的55.59天上升到2009年年末的56.30天，这表明公司应收账款的管理存在略微恶化的迹象。

图表6—3　　　　　　　　　　　**耐克公司应收账款与日销售额之比**

会计年度截止于2009年5月31日和2008年5月31日　金额单位：百万美元

	2009 年	2008 年
应收账款净额	2 883.9	2 795.3
坏账准备	73.9	41.7
应收账款总额（应收账款净额加上坏账准备）（A）	2 957.8	2 837.0
销售净额	19 176.1	18 627.0
平均日赊销额（赊销净额÷365）（B）	52.54	51.03
应收账款与日销售额之比（A÷B）	56.30 天	55.59 天

内部分析时通过将应收账款与日销售额之比的结果与公司的信用条件进行比较，可以看出公司管理应收账款的效率。例如，假设信用期是30天，那么，应收账款销售天数就不应该超过30天。如果超过30天，说明公司应收账款的收回有问题，应该努力使指标天数接近信用期。

要考虑信用条件的改变对应收账款质量的影响。缩短信用期意味着降低将来收回应收账款的风险，而延长信用期则意味着增加将来收回应收账款的风险。进行内部分析时，信用条件信息很容易得到，或许可以在报表附注中取得。

商品的退货权对应收账款的质量也有重大的影响。自由退货的特权对应收账款质量以及已经入账的销售额都有负面的影响。对于商品退货权的变化要特别加以注意。内部分析时，很容易确定商品退货权，如果商品退货权影响较大，那么，该信息应该在附注中披露。

销售净额包括可收回的和不可收回的账款。如果有一个准确的方法能够在销售之前就断定哪一个赊购客户将不会付款，那么，就不存在不可收回的账款了。企业在调查客户的信用情况之后，应该努力确定客户的信誉等级，但是，该程序并不能消除不可收回的账款。由于销售净额包括可收回的和不可收回的账款（销售总额），因此，相应的应收账款数额也应该包括应收账款总额，而不是扣除坏账准备以后的净额。

应收账款与日销售额之比反映年末未收回应收账款的时间长度，但是，如果企业的销售是季节性的或者使用自然营业年度，这个指标就会给人误导。如果企业使用自然营业年度作为会计期间，应收账款与日销售额之比可能被低估，因为年末实际的日销售额要低于全年平均日销售额。应收账款与日销售额之比的低估，也可能是因为年末应收账款总额低于年平均应收账款。

下面举例说明，如果企业以自然营业年度作为会计年度，应收账款与日销售额之比如何被低估。

全年平均日销售额	2 000 美元
自然营业年末日销售额	1 000 美元
年末应收账款总额	100 000 美元

根据公式计算的应收账款与日销售额之比：

100 000÷2 000＝50（天）

以自然营业年末日销售额为基础计算的应收账款与日销售额之比：

100 000÷1 000＝100（天）

采用自然营业年度的企业，其流动性容易被高估，但是，只有通过调查才能知道企业是否采用了自然营业年度。这种信息可能不是现成的。

季节性经营的企业不太可能将会计年度截止于营业高峰期。在营业高峰期，企业员工的工作非常繁忙，应收账款也很可能处于最高水平。如果企业在营业高峰期结束会计年度，应收账款与日销售额之比将被高估，而流动性将被低估。

应收账款未收回的时间长度反映了收账的可能性。应将几年的应收账款与日销售额进行比较。企业的应收账款与日销售额之比还应与同行业的其他企业以及行业平均数进行比较。内部分析和外部分析都可以进行这类比较。

假设应收账款与日销售额之比没有因为季节性经营或者使用自然营业年度而被歪曲，那么，出现应收账款与日销售额之比偏高的原因可能是：

（1）年末销售数量剧增。

（2）应收账款未收回并且应该被冲销方式。

（3）企业季节性地签发账单（比如说，玩具制造商通常 8 月份装船发货，而应收账款在 12 月底到期）。

（4）大部分应收账款是分期应收账款。

假设指标的偏差不是因为季节性经营或者使用自然营业年度引起的，那么，出现应收账款与日销售额之比偏低的原因可能是：

（1）年末销售数量剧减。

（2）大量地采用现销方式。

（3）企业签订了保理协议，出售了大部分的应收账款（根据保理协议，应收账款将出售给公司外部的集团）。

在进行外部分析时，如果没有取得内部信息，许多引起应收账款与日销售额之比出现异常的原因就不能确定。

应收账款周转率

另一个指标，即应收账款周转率，表明应收账款的流动性。年度应收账款周转率的计算公式如下：

应收账款周转率＝销售净额÷平均应收账款总额

图表6—4列示了耐克公司2008年和2009年年末应收账款指标的计算过程。应收账款周转率由2008年的6.94次下降到2009年的6.62次。这对耐克公司来说是一个不利的趋势。

如果企业是季节性波动的或者使用自然营业年度，那么，以年初或者年末数额计算平均应收账款总额可能会出现偏差。为了避免季节性波动带来的问题，同时，为了使采用自然营业年度的企业与采用日历年度的企业具有可比性，应该使用应收账款的月末余额（甚至周末余额）计算该指标。这在内部分析时是可行的，但对于外部分析却难以做到。对于外部分析可以使用季度数，以便解决这些问题。如果不能解决这些问题，处于不同基础的企业就没有可比性。使用自然年度的企业趋于高估应收账款周转率，从而高估其流动性。

图表6—4　　　　　　　　　　　**耐克公司应收账款周转率**

会计年度截止于2009年5月31日和2008年5月31日　金额单位：百万美元

	2009 年	2008 年
销售净额（A）	19 176.1	18 627.0
年末应收账款净额	2 883.9	2 795.3
年初应收账款净额	2 795.3	2 494.7
坏账准备		
2009 年年末 73 900 000 美元		
2008 年年末 14 170 000 美元		
2007 年年末 138 200 000 美元		
年末应收账款总额（净额+备抵数）	2 957.8	2 837.0
年末应收账款总额（净额+备抵数）	2 837.0	2 532.9
平均应收账款总额（B）	2 897.4	2 685.6
应收账款周转次数（A÷B）（次）	6.62	6.94

应收账款周转天数

应收账款周转率可以用天数代替次数。应收账款周转天数也可以跟年末应收账款与日销售额之比进行比较。应收账款周转天数也可以直接与企业信用条件比较。计算应收账款周转天数的公式如下：

应收账款周转天数＝平均应收账款总额÷（销售净额÷365）

这个计算公式除了应收账款总额使用平均数以外，其他同应收账款与日销售额之比的计算完全一样。图表6—5列示了耐克公司2009年年末和2008年年末该指标的计算过程。应收账款周转天数从2008年的52.62天上升至2009年的55.15天。这说明公司应收账款管理的退步。

图表 6—5 　　　　**耐克公司应收账款周转率**

会计年度截止于 2009 年 5 月 31 日和 2008 年 5 月 31 日　金额单位：百万美元

	2009 年	2008 年
销售净额	19 176.1	18 627.0
平均应收账款（A）	2 897.4	2 685.0
日销售额（销售净额÷365 天）（B）	52.54	51.03
应收账款周转天数（A÷B）（天）	55.15	52.62

每年应收账款周转次数与周转天数也可以用另一个公式计算，以耐克公司 2009 年数据为例，计算如下：

（1）每年应收账款周转次数

365÷应收账款周转天数＝365÷55.15＝6.62（次/年）

（2）每年应收账款周转天数

365÷应收账款周转次数＝365÷6.62＝55.14（天）

用这个公式计算出来的每年应收账款周转次数和应收账款周转天数与前述计算公式的计算结果可能会有点不同，这是由四舍五入引起的。

赊销与现销

在计算应收账款流动性时可能遇到的一个难题就是判断赊销还是现销。销售净额包括赊销和现销数额。为了使应收账款流动性符合实际，销售净额只能包括赊销。如果将现销也包括在内，那么，应收账款的流动性将被高估。

内部分析应该确定赊销数，解决赊销还是现销问题。外部分析应该对这个问题有清醒的认识，不为流动性数字所误导。区分现销和赊销数额通常不是外部分析的主要问题，因为某些类型的企业通常只用现销，而有些企业则只用赊销。例如，制造企业通常只用赊销，某些企业（如零售商店）则将赊销和现销混合使用。

延伸阅读 6-1

如果是混合销售，赊销和现销的比例通常保持相对稳定。因此，应收账款的流动性是可比的（但被高估了），可以在企业不同期间或者相似的企业之间进行比较。

6.1.4　存货

在确定企业短期偿债能力时，存货通常是最为重要的资产。存货通常占所有流动资产总额的一半以上。有鉴于此，必须特别重视存货，以便对其做出合理分析。

存货（inventory）必须是企业在日常经营情况下被销售出去，或者产品的生产过程中被消耗掉的资产。商业企业购买商品只是为了销售给顾客。无论是批发还是零售商业企业，通常存货只在一个存货账户中反映（商品存货）。制造企业为销售而生产产品。制造企业的存货一般分为三类不同的存货账户核算：生产使用的存货（原材料存货）、生产过程中的存货（在产品存货）和生产完工的存货（产成品存货）。

通常，确定制造企业的存货数额要比确定商业企业的更为困难。制造企业在确定存货数额时，涉及材料、人工和制造费用，而商业企业只涉及购买的商品。在确定制造企业存货时，经常会遇到制造费用如何在在产品存货与完工产品存货中分配的问题。制造费用包括除直接材料、直接人工以外的其他所有工厂成本。但从分析的角度看，在企业财务报表公布之前，大部分存货计价问题都已经得到合理的解决。

存货对企业经营活动的变化特别敏感，因此，管理人员必须使存货与经营活动保持平衡。如果不能做到这点，就会导致成本的过度增加（如储存成本）、生产中断、员工被解雇。例如，要保持汽车制造企业的存货和经营活动的平衡就很困难。当销售急剧下降时，制造企业很难迅速调整产量，使之与下降的销售需求相适应。制造企业必须给予客户诸如价格折扣等消费刺激，使大量的存货降低到可控制的水平。在企业经营活动增加时，存货的短缺会导致延时成本的发生。企业经营活动的增加还会导致现金的短缺，因为取得存货、销售产品和收账都需要一定的时间。

存货的数量和成本可以使用永续盘存制（perpetual）或者定期盘存制（periodic）核算。使用永续盘存制，企业可以对存货实物数量保持一个连续的记录。永续盘存制包括成本的核算（相对于只记数量），因此，企业在发生购货和销售产品时，可以适时、连续地记录存货和销售成本（存货每年至少需要通过一次实地盘点加以核实）。

使用定期盘存制，要定期进行实地盘点，至少每年一次。期末存货成本根据实地盘点数，以成本流动假设为基础计算确定。销售成本是以可供销售的产品成本减去期末存货计算出来的。

存货成本

大部分企业面临的关键问题是确定使用哪一种成本价格，因为成本价格通常在一定时间内是会变化的。如果我们能够确定每一项特定存货的成本，那么该成本就是可使用的最好数据，这样也就减少了存货的计价问题。实践中，因为有很多不同的存货项目，这些存货不停地流动，所以，要确定具体每一项存货的成本是不现实的（除非是体积巨大或者非常贵重的存货）。例如，在汽车零售商的展销厅里，可以个别确定新车成本，或者在珠宝行里，贵重钻石的成本也可以个别确定。使用个别确定特定存货成本的方法，我们称之为个别辨认法（specific identification）。

由于特定存货成本通常在实践中难以确定，并且还需要考虑其他问题，因此，企业一般都使用成本流动假设。最普遍使用的成本流动假设便是先进先出法（FIFO）、后进先出法（LIFO），或者一些平均法。由于价格的变化，这些不同的假设可能导致极为不同的结果。

先进先出法（first-in，first-out，FIFO）假定先取得的存货先卖出去。这就意味着产品销售成本账户由期初存货和最早购入存货构成。留在存货账户中的是最后购入存货。这些最后的成本能够公允地反映当前存货的重置成本。如果存货的流动速度较慢（周转较慢），或者存在剧烈的通货膨胀，即便采用先进先出法也不能使资产负债表的存货反映存货的重置成本。制造企业的部分存货成本包括制造费用，其中有些可能反映的是几年前的成本，例如，厂房和设备的折旧。通常，在先进先出法下，结转到产品销售成本中的数额要比现行成本低，因而，现行成本就不能与现行收入配比。在通货膨胀时期，这会导致利润的高估。从某种程度上说，存货并不代表重置成本，存货成本被低估了。

后进先出法（last-in，first-out，LIFO）假设最后购入或者生产的存货成本为现行产品的销售成本。这种假设通常可以大大提高现行成本与现行收入的配比，从而使利润更加接近实际。相对于重置成本，最初的存货项目（最早的成本）可能使所报告的存货数字出现较大的偏差。多年来一直使用后进先出法的企业，其有些存货的成本可能是 20 年以前甚至更早的数字。由于存在通货膨胀，存货数字不能反映现行重置成本。后进先出法始于美国，现在已经被其他国家所接受。

平均成本法将成本汇总起来计算一个平均数，其计算出来的存货结存数和产品销售成本从某种程度上介于先进先出法和后进先出法之间。在通货膨胀情况下，存货的结存额高于按后进先出法计算的存货数，而低于按先进先出法计算的结果；商品销售成本则低于按后进先出法计算的结果，而高于按先进先出法计算的结果。

查阅了《会计趋势和技术》（2008，159 页）中 600 家企业存货计价方法的使用情况。该图表包括 2007 年、2006 年、2005 年、2004 年 4 年的数据（注意图表中企业数之和不等于 600 家，因为有些企业使用一种以上的存货计价方法）。图表中显示的最为普遍使用的存货计价方法是先进先出法和后进先出法，可以看出使用后进先出法比使用先进先出法需要更多的管理成本。在通货膨胀率相对较低的时期，后进先出法的使用就不那么普遍了，而在高通货膨胀时期，后进先出法被普遍采用，因为在后进先出法下，以最近的成本与收入配比。正是因为用最近较高的成本与收入配比，后进先出法可以使企业得到税收方面的利益。

下例中，年末存货使用定期盘存制核算。无论是使用定期盘存制还是永续盘存制，先进先出法和个别辨认法都会得出一样的结果，而在后进先出法和平均成本法下，使用定期盘存制和使用永续盘存制得到的结果却不同。

为了说明确定哪些成本应该分配到年末存货和哪些成本应该结转到已售产品的主要成本计算方法，假设如下（见图表6—6）：

图表6—6　　　　　　　　　**主要成本计算方法举例**

日期	摘要	数量	单位成本（美元）	总成本（美元）
1 月 1 日	期初存货	200	6	1 200
3 月 1 日	购入	1 200	7	8 400
7 月 1 日	购入	300	9	2 700
10 月 1 日	购入	400	11	4 400
		2 100		16 700

12 月 31 日的实物盘存表明存货结存 800 个单位。全年可供销售存货 2 100 个单位，年末结存 800 个单位，因而，本期已售存货 1 300 个单位。

为了说明如何确定期末存货成本和相应的产品销售成本，采用四种成本流动假设：先进先出法、后进先出法、平均成本法、个别辨认法。

先进先出法（FIFO）　以先进先出的成本流动假设为基础，期末存货成本等于库存数乘以单位成本。产品销售成本则通过可供销售商品成本减去期末存货成本计算而得。

日期	摘要	数量	单位成本（美元）	存货成本（美元）	产品销售成本（美元）
10 月 1 日	购入	400	11	4 400	
7 月 1 日	购入	300	9	2 700	
3 月 1 日	购入	100	7	700	
期末存货		800		7 800	
产品销售成本（16 700－7 800）					8 900

后进先出法（LIFO） 以后进先出的成本流动假设为基础，期末存货成本等于库存数乘以单位成本。产品销售成本则通过可供销售商品成本减去期末存货成本计算而得。

日期	摘要	数量	单位成本（美元）	存货成本（美元）	产品销售成本（美元）
1月1日	期初存货	200	6	1 200	
3月1日	购入	600	7	4 200	
期末存货		800		5 400	
产品销售成本（16 700-5 400）					11 300

平均成本法 计算平均成本的方法很多。在加权平均法下，以成本总额除以数量总和确定平均单位成本。平均单位成本与存货数量相乘确定存货的成本。产品销售成本则通过可供销售商品成本减去期末存货成本计算。

	存货成本（美元）	产品销售成本（美元）
成本总额 16 700÷数量总和 2 100＝7.95		
期末存货成本（800×7.95）	6 360	
产品销售成本（16 700-6 360）		10 340

个别辨认法 在个别辨认法下，每一项存货的成本都按具体购入时发生的特定成本确认。例如，假设根据辨认确定800个单位的存货为3月1日购买的。产品销售成本则通过可供销售商品成本减去期末存货成本计算而得。

	存货成本（美元）	产品销售成本（美元）
期末存货成本（800×7.00）	5 600	
产品销售成本（16 700-5 600）		11 100

用不同存货计价方法计算的存货成本和产品销售成本的差异可能很大，也可能不大。对其结果产生影响的主要原因是通货膨胀率的高低。一般而言，通货膨胀率越高，用不同方法计算的结果的差异也就越大。

由于不同成本流动假设下确定的存货金额存在很大差别，因此，如果企业采用不同的成本流动假设，在分析比较其流动性时就要特别谨慎。如果企业使用后进先出法，则尤其需要谨慎，因为对于企业短期偿债能力来说，后进先出法是毫无意义的。如果需要比较两个使用不同成本流动假设的企业，应该记住这点，以免被其列示的短期偿债能力所迷惑。

无论采用什么成本计价方法，计算出来的存货成本都不等于存货重置成本，因此，在确定企业的短期偿债能力时，还需要考虑另一个问题，即为了获得利润，存货必须以高于成本的价格出售。从某种程度上说，存货只要以高于成本的价格出售，短期偿债能力就被低估了，但低估的程度会因为以下几个因素而大大减小：第一，企业除了发生存货成本外，还会发生大量的销售和管理费用，因而，减少了净利润，也就降低了对流动性的低估；第二，存货重置成本通常超过报告的存货成本，即使采用先进先出法也是如此，因而，需要用更多的资金购买已销售的存货，这将降低企业未来的短期偿债能力；第三，由于会计人员支持稳健性原则，因此，他们宁愿稍微低估企业的短期偿债能力，也不愿意将其高估。

必须了解不同存货计价方法给企业带来的影响。由于后进先出法和先进先出法是存货计价的两个极端，因此，下面对这两种方法进行总结。这里的总结假设企业处于通货膨胀时期。如果企业处于通货紧缩时期，那么，得出的结论可能相反。

（1）一般情况下，根据后进先出法计算的利润低于根据先进先出法计算的利润，因为后进先出法计算的销售成本较高。这种差别可能很大。

（2）一般情况下，根据后进先出法计算的利润比根据先进先出法计算的利润更接近于实际，因为后进先出法计算的销售成本更接近于重置成本。这点无论是通货膨胀时期还是通货紧缩时期都一样。

（3）根据先进先出法报告的期末存货金额较高（更接近于实际），然而，这个数额还是低于真实的重置成本。

（4）后进先出法下的现金流量大于先进先出法下的现金流量，因为两种方法的税负不同。这也是为什么企业愿意选择后进先出法的重要原因。

（5）有些企业使用定期盘存制，存货总分类账户每年只结账一次。根据后进先出法，期末购入的存货成为销售成本的一部分。如果该期间价格上升了，利润便会下降。如果在接近年末时购入大量的存货且采用定期盘存制，那么，会计人员应该及时告诉管理人员利润可能会下降。这点非常重要。

（6）如果企业销售减少，或者正常的存货储备数额受到限制，那么，使用后进先出法的企业可能面临严重的纳税和现金流量问题。存货数量的下降将使早期的存货成本与现时的销售收入配比，这就高估了利润，而高估的利润又使所得税增加。当企业需要补充存货时，就需要额外的现金。只有周密地计划并监督生产和购货活动才能使这些问题得到解决。使用后进先出法的企业目前经常使用货币价值后进先出法。这种方法以存货有关的物价指数代替存货数量和单位成本。使用这种方法，每个期间的存货以存货价值总额确定（可以参阅中级会计书，以得到货币价值后进先出法的更详细解释）。

（7）对于周转率很高的存货也可能不使用后进先出法，因为使用先进先出法和后进先出法得出的结果差别不大。

（8）使用后进先出法计算的利润比使用先进先出法低，而销售成本比较高。

使用后进先出法的企业必须在财务报表附注中揭示后进先出法准备账户金额。通常该数额应该加进存货以估算出先进先出法的存货数额。先进先出法下的存货一般比较接近当前存货的重置成本。

成本与市价孰低法　前面已经讨论先进先出法、后进先出法、平均成本法和个别辨认法等以成本为基础的存货计价方法。这些成本计价方法都被视为历史成本法。会计职业界要求"如果存货不再具有与成本相当的效用，就应该允许其与存货成本背离"。产品效用通过市价计量。如果存货的市价下跌到低于成本，就必须把存货调为较低的市价。这就是成本与市价孰低法（lower-of-cost-or-market，LCM）。市价指重新购买或重新制造的现行重置成本。

根据成本与市价孰低法，存货记录可能调整至低于成本，但绝不可能调至高于成本。成本与市价孰低法使损失在存货失去效用的时期得以确认。成本与市价孰低法与配比性原则和稳健性原则相符。

成本与市价孰低法除了在美国运用外，还在许多国家得到运用。正如前所述，市价在美国指当前重置成本，但在其他国家可能存在不同的定义，如"可变现净值"。

耐克公司对存货采用先进先出法。高尔曼·鲁普公司的示例可以用来说明后进先出法。图表6—7列示了摘选自高尔曼·鲁普公司2008年度报告的资产负债表和附注。

图表6—7 高尔曼·鲁普公司*先进先出法示例——合并资产负债表（部分）

单位：千美元

	2008年12月31日	2007年12月31日
存货：		
原材料与在产品	32 996	27 917
完工部件	20 288	21 348
完工产品	3 597	3 958
	$ 56 881	$ 53 223

合并财务报表附注（部分）

附注A——主要会计政策概述（部分）

存货

存货按成本与市价孰低法计价。2008年12月31日和2007年12月31日，大约92%的存货成本采用后进先出法确定，其余的存货成本采用先进先出法确定。根据吸收成本法，成本包括原材料、部分固定性与变动性修理费用。

附注C——存货

2008年12月31日和2007年12月31日，重置成本超过基于后进先出法的成本大约分别为49 791 000美元和45 182 000美元。重置成本大致相当于现时成本。2008年，有些存货数量减少了，从而导致根据后进先出法计算有些存货按以前年度和当年较低成本结转其成本。受此影响，净收益增加了907 000美元（每股收益增加了0.05美元）。2008年12月31日和2007年12月31日，过量过时存货储备总额分别为2 293 000美元和2 100 000美元。

*"高尔曼·鲁普公司设计、制造和销售运用于水、废水、建筑、工业、石油、原装设备、农业、防火、暖气装置、通风设备和空调、军用设备和其他液体处理装置的各种泵及其相关设备（泵和发动机控制器）。"10-K格式报告。

2008年12月31日和2007年12月31日，高尔曼·鲁普公司的存货现时成本大约数额如下：

	2008 年	2007 年
资产负债表余额	$ 56 881 000	$ 53 223 000
附注的其他金额	49 791 000	45 182 000
现时成本大约数额	$ 92 203 000	$ 90 624 000

存货的流动性 分析存货流动性的方法与分析应收账款流动性的方法相似。第一个指标是在会计期末计算存货与日销售额之比，第二个指标是计算存货年周转次数，第三个指标是计算存货周转天数。

存货与日销售额之比 存货与日销售额之比同期末存货和平均日销售成本有关。所有存货账户都必须包括在内。这个指标表示存货销售完所需要的时间长度。如果企业的销售是季节性的或者使用自然营业年度，则这个指标可能会使人产生误解。

如果企业以自然营业年度作为会计期间，存货与日销售额之比可能被低估，因为平均日销售成本在年内的这段时间是比较低的。如果存货与日销售额之比被低估，那么，存货的流动性可能被高估了。正如在确定应收账款流动性时所指出的，如果企业使用自然营业年度而其他企业使用日历年度，那么，对存货的流动性进行比较就要特别谨慎。

如果企业在营业活动高峰期结束其会计年度，存货与日销售额之比可能被高估，而存货的流动性被低估。正如前面讨论应收账款时所说的，企业没有理由在营业活动高峰期结束其会计年度，因此，这种情况很罕见。

存货与日销售额之比的计算公式如下：

存货与日销售额之比＝期末存货÷（产品销售成本÷365）

公式先将产品销售成本除以 365 天，再用该平均日销售成本去除期末存货。图表 6—8 列示了耐克公司 2009 年 5 月 31 日和 2008 年 5 月 31 日的存货与日销售额之比的计算结果。存货与日销售额之比从 2008 年年底的 86.93 下降到 2009 年年底的 81.39，这体现了一个正面的趋势。

如果销售额基本稳定，那么，存货与日销售额之比越小，说明企业对存货控制得越好。如果营业量降低，那么，存货增加就只能是企业的一个负担；如果企业的营业量扩大了，存货增加对企业就是一件好事，因为企业可以保证更好地满足客户的需要。存货与日销售额之比能够估计出企业销售本期存货所需要的天数。由于多种原因，这个估计数可能并不准确。产品销售成本以上一年度的销售额为基础，然后除以 365 天，而第二年的销售进度可能与上一年度不同，而且期末存货也可能并不代表当前实际的存货数量，尤其在使用后进先出法的情况下。

在季节性经营情况下，期末存货通常偏低或偏高，那么，存货与日销售额之比的计算结果也就不符合实际。同样，如果使用自然营业年度，也会使年末存货偏低，从而，使存货与日销售额之比的计算结果不符合实际。因此，该指标的计算结果只能作为一个粗略的估计，但它对于同一个企业不同期间，或者相似企业之间的比较还是很有帮助的。如果销售萎缩，就会使存货与日销售额之比显得过低。根据行业经验，企业应检查存货与日销售额之比是否过低。

在有些情况下，不仅产品销售成本没有单独在报表中列示，而且列示的数额也不是产品销售成本的近似值。显然，这给外部报表分析者带来问题。在这种情况下，使用销售净额代替销售成本。这个计算结果不是实际的存货与日销售额之比，但它对于同一个企业不同期间，或者不同企业之间的比较还是很有用的。使用销售净额计算的存货与日销售额之比可能偏低，从而，高估期末存货的流动性。因此，只有在同一个企业不同期间以及不同企业同一个期间进行趋势比较时，才可以使用这种非实际数。如果你对存货与日销售额之比指标的合理性存有疑问，可以用它进行趋势分析。

如果存货金额或者成本不合理，那么，用这些数据计算出来的比率就会被扭曲。我们可以使用数量代替金额以减少这些误差。如果只有一种产品或者相似的产品，使用数量指标就很有用，但对于大批不同的存货就不起作用了，因为存货的混合比例可能会改变。同时，如果运用外部公开披露的报表，那么，运用数量而非金额就很难了。

图表6—8　　　　　　**耐克公司存货与日销售额之比**

会计年度截止于 2009 年 5 月 31 日和 2008 年 5 月 31 日　　金额单位：百万美元

	2009 年	2008 年
年末存货（A）	2 357.0	2 438.4
产品销售成本	10 571.7	10 239.6
日平均销售成本（销售成本÷365）（B）	28.96	28.05
存货与日销售额之比（A÷B）（天）	81.39	86.93

下面就是一个以存货数量代替金额计算存货与日销售额之比的例子。

期末存货　　　　　　50 个单位
产品销售成本　　　　500 个单位

存货与日销售额之比 = 50÷（500÷365）= 36.5（天）

存货周转率　存货周转率反映存货的流动性，其计算公式与应收账款周转率相似。

存货周转率计算公式如下：

存货周转率＝产品销货成本÷平均存货

图表6—9 列示了耐克公司 2009 年和 2008 年存货周转率的计算结果。耐克公司 2008 年和 2009 年的存货周转率大致相同。

如果企业是季节性经营或者使用自然营业年度，那么，平均存货以期初和期末的存货数为基础计算就会产生误导。解决这个问题的方法类似于计算应收账款周转率时使用的方法，使用每月的余额，甚至每周的余额计算存货平均数。内部分析者可以取得月度的存货估计数，但外部分析者则难以得到。外部分析者可以得到季度数字。如果不能得到满意的信息，就应避免将采用自然经营年度的企业与采用日历年度的企业进行比较。采用自然经营年度的企业趋于高估存货周转率，从而高估存货的流动性。

图表 6—9　　　　　　**耐克公司商品存货周转率**

会计年度截止于 2009 年 5 月 31 日和 2008 年 5 月 31 日　　金额单位：百万美元

	2009 年	2008 年
产品销售成本（A）	10 571.7	10 239.6
存货：		
年初存货	2 438.4	2 121.9
年末存货	2 357.0	2 438.4
合计	4 795.4	4 360.3
平均存货（B）	2 397.7	2 280.2
商品存货周转率（A÷B）（次/年）	4.41	4.49

经过一段时间后，使用后进先出法的企业与使用其他会高估存货计价方法的企业，其存货周转率差异会变得很大。使用后进先出法的企业存货较低，从而，周转率较高。同时，不同行业的企业不可比。

如果存货和销货成本的金额不真实，从而计算出来的存货周转率指标不合理，则可以使用实物数量代替金额。跟存货与日销售额之比计算一样，实物数量代替金额也只有在内部分析时可以选用（如果产品系列发生变化，即使是内部分析，这种选择也是不合适的）。

存货周转天数　存货周转率可以用每次所需天数代替每年周转次数。这与应收账款周转率相似。存货周转天数计算公式如下：

存货周转天数 = 平均存货÷（产品销售成本÷365）

这同存货与日销售额之比的计算公式一样，除了使用平均存货之外。图表 6—10 运用耐克公司 2009 年和 2008 年数据计算存货周转天数。2009 年存货周转天数增加了，这是一个不好的趋势。

图表 6—10　　　　　　**耐克公司存货周转天数**

会计年度截止于 2009 年 5 月 31 日和 2008 年 5 月 31 日　　金额单位：百万美元

	2009 年	2008 年
销售成本	10 571.7	10 239
平均存货（A）	2 397.7	2 280.8
存货日销售额（销售成本÷365）（B）	28.96	28.05
存货周转天数（A÷B）（天）	82.29	81.29

可以通过存货周转天数直接计算每年存货周转率，其计算公式如下：

365÷存货周转天数 = 存货周转次数

运用耐克公司数据，存货周转次数计算如下：

365÷存货周转天数 = 365÷82.85 = 4.41（次）

经营周期　经营周期指从取得商品到销售以及最后取得现金的这个时间段。从应收账款的流动性指标和存货的流动性指标可以大致确定经营周期。其计算公式如下：

经营周期=应收账款周转天数+存货周转天数

图表6—11 运用耐克公司2009年和2008年数据计算经营周期。耐克公司经营周期增加了，这是一个不好的趋势。

图表6—11

耐克公司经营周期

会计年度截止于2009年5月31日和2008年5月31日　　　　单位：天

	2009年	2008年
应收账款周转天数（A）	55.15	52.62
存货周转天数（B）	82.79	81.29
经营周期（A+B）	137.94	132.91

如果应收账款周转天数和存货周转天数不真实，那么，估算出来的经营周期也就不真实。记住，如果企业使用自然经营年度，并且用年初和年末数计算平均数，应收账款周转天数和存货周转天数都会被低估，从而，其流动性被高估。同时，还必须记住，如果存货使用后进先出法，那么，存货周转天数会被低估，而其流动性会被高估。同样值得注意的是，如果销售数额包含现销和赊销，那么，应收账款周转天数就会被低估，而其流动性将被高估。

在进行同一个企业不同期间的比较，以及相似企业之间的比较时，经营周期非常有用。只要指标可比，即使经营周期被高估或低估了，比较分析仍然很有用。

与经营周期相关的另一个指标是反映期末存货变现的时间长度。它等于期末应收账款与日销售额之比加上期末存货与日销售额之比。2009年耐克公司提供的数据表明：年末应收账款与日销售额之比是56.30天，年末存货与日销售额之比是81.39天，合计为137.69天。延伸阅读6-2 在这里使用年末数计算的结果比前面计算的经营周期小一些。因此，年末应收账款和存货数额要比年内的应收账款和存货数额大。这表明年末资产的流动性要比年内资产流动性强。

6.1.5　预付账款

预付账款指已经支付但尚未失效的成本。该项流动资产预期在一个经营周期或一年内（视两者孰长）被消耗掉。预付账款通常只占流动资产一个不重要的部分，因此，它对企业短期偿债能力的影响也就很小。

由于预付账款已经支付了，并且在将来不会获得现金，因此，它跟其他流动资产不同。预付账款之所以与短期偿债能力有关，是因为它节约了现金的使用。

基于预付账款的性质，其计价和流动性的处理可以采用简化的方法。预付账款以实际支付的成本计价。由于预付账款是在资产负债表日前不久支付的流动资产，因此，支付的成本基本上代表预付的现金。除了一些非常的情况外，预付账款不会产生现金流入，因此，不需要对其设置流动性指标。可能收取现金的情况是保险政策提前注销。即使在这种情况下，不计算流动性指标也是可能的。

6.1.6 其他流动资产

现金、有价证券、应收账款、存货和预付账款以外的流动资产都可以被列为其他流动资产。其他流动资产可能在任何一年都非常重要，除非它有周期性，其他流动资产可能歪曲企业的流动性。

以管理层的观点来看，其他流动资产将在一个经营周期或一年（视两者孰长）内变现或者减少现金使用。其他流动资产包括待售资产和预付款或存款等，通常在报表附注中说明。

6.1.7 流动负债

流动负债（current liabilities）是指"要以企业现有资源（如流动资产）或者形成其他流动负债来清偿的债务"。[5] 可见，流动负债的定义与流动资产的定义相联系。

流动负债项目通常包括应付账款、应付票据、应计工资、应计税金、预收账款和长期负债的流动部分。耐克公司2009年度报告列示的流动负债如下（单位为百万美元）：

流动负债	
长期负债的流动部分	32.0
应付票据	342.9
应付账款	1 031.9
应计负债	1 783.9
应交所得税	86.3
流动负债总额	3 277.0

对于流动负债来说，流动性不成问题，计价问题也不重要且可以忽略不计。从理论上说，流动负债应该以将来所要支付货币的现值计价。但由于将来应支付的金额和其现值之间的差异很小，因此，流动负债以面值计价。

6.2 流动资产与流动负债之比

流动资产和流动负债之比可以反映企业短期偿债能力，该能力可以通过几个比率加以确定：

（1）营运资本；
（2）流动比率；
（3）酸性测试比率；
（4）现金比率。

6.2.1 营运资本

企业营运资本是反映企业短期偿债能力的一个指标，其计算公式如下：

营运资本＝流动资产－流动负债

图表6—12列示了耐克公司2009年年末和2008年年末的营运资本。耐克公司2009年年末的营运资本为6 457 000 000美元，2008年年末的营运资本为

5 517 800 000美元。由于以账面数据为基础，有些流动资产（如存货）可能被低估，因此，营运资本也可能被低估了。

图表6—12 **耐克公司营运资本**

会计年度截止于2009年5月31日和2008年5月31日 单位：百万美元

	2009年	2008年
流动资产（A）	9 734.0	8 839.3
流动负债（B）	3 277.0	3 321.5
营运资本（A–B）	6 457.0	5 517.8

报告的存货可能大大低于重置成本。如果企业使用后进先出法进行存货计价，报告的存货和重置成本的差异通常会很大。如果企业使用其他存货计价方法，这个差异有可能仍然很大。

本期营运资本数额应该与以前期间的数额进行比较，以确定营运资本是否合理。由于企业的规模可以扩大或者缩小，因此，不同企业之间营运资本的比较，也会由于其规模的不同而失去意义。如果营运资本出现异常，就必须逐项分析流动资产和流动负债。

6.2.2 流动比率

另一个反映短期偿债能力的指标是流动比率，其计算公式如下：

流动比率=流动资产÷流动负债

图表6—13列示了耐克公司2009年年末和2008年年末的流动比率，2009年年末流动比率为2.97，2008年年末为2.66，从流动性的角度考虑，这表明一个好的趋势。

图表6—13 **耐克公司流动比率**

会计年度截止于2009年5月31日和2008年5月31日 金额单位：百万美元

	2009年	2008年
流动资产（A）	9 734.0	8 839.3
流动负债（B）	3 277.0	3 321.5
营运资本（A÷B）	2.97	2.66

多年来，人们一般认为企业合理的流动比率底线为2。一直到20世纪60年代中期，企业通常都将流动比率成功地保持在2或者更高。但此后，许多企业的流动比率都下降到2这个底线之下。现在很多企业都不能成功地将流动比率保持在2以上。这说明许多企业的流动性在下降，同时也说明应收账款和存货得到了更好的控制。

为了确定相似企业通常的流动比率，应该与行业平均数进行比较。在某些行业，流动比率保持在2以下是合理的，而其他行业则要求具有更高的流动比率。一般而言，营业周期短的行业，流动比率较低；营业周期越长，流动比率越高。

企业的流动比率还应该与前期比较，以及与行业平均水平比较，这些比较有助于判断企业流动比率是高了还是低了，但这些比较不能说明为什么高了或低了，必须逐项分析流动资产和流动负债才能从中发现可能的原因。通常，我们可以通过对应收账款和存货的详细分析，找出流动比率出现偏差的主要原因。

人们通常认为流动比率比营运资本更能说明企业的短期偿债能力。营运资本仅仅反映流动资产和流动负债之间的绝对数差异。流动比率显示了流动资产规模和流动负债规模之间的联系，使流动比率指标更具有可比性。例如，对 IBM 公司和Intel公司进行比较，比较两家公司的营运资本是没有意义的，因为 IBM 公司要比 Intel公司的规模大得多。

存货的计价如果使用后进先出法会给流动比率带来较大的问题，因为存货被低估了。结果，流动比率也被低估了。在对使用后进先出法的企业与使用其他存货计价法的企业进行比较时，应该格外谨慎。

计算流动比率之前，分析人员应该先计算应收账款周转率和商品存货周转率。该分析能够使分析人员清楚应收账款或者存货是否存在流动性问题。对应收账款和存货质量的评价会影响分析人员对流动比率的评价。如果应收账款和/或存货存在流动性问题，则要求流动比率更高。

6.2.3 酸性测试比率（速动比率）

流动比率是在考虑了流动资产和流动负债以后，对一个企业总体流动性情况做出的评价。人们时常期望能得到一个比流动比率更能直接反映这种流动性的指标。酸性测试比率（速动比率）能说明流动性最高的资产和流动负债之间的关系。

在计算酸性测试比率时，把存货从流动资产中剔除。剔除存货的理由包括存货的流动速度慢或可能过时了，部分存货还可能已经成为特定债权人的抵押物了。例如，酒厂的存货需要储存很长一段时间才能出售。如果在计算酒厂的酸性测试比率时将存货也包括在内，则会高估其流动性。存货估价也同样存在问题，因为存货以成本数反映，有可能与现行的公允价格相差很大。

酸性测试比率计算公式如下：

酸性测试比率=（流动资产−存货）÷流动负债

图表6—14 列示了耐克公司 2009 年和 2008 年的酸性测试比率。耐克公司 2009年酸性测试比率为 2.25，2008 年为 1.93，这表示一个好的趋势。

图表6—14 　　　　　　　　　耐克公司酸性测试比率

会计年度截止于 2009 年 5 月 31 日和 2008 年 5 月 31 日　　金额单位：百万美元

	2009 年	2008 年
流动资产	9 734.0	8 839.3
减：期末存货	2 357.0	2 438.4
剩余的流动资产（A）	7 377.0	6 400.9
流动负债（B）	3 277.0	3 321.5
酸性测试比率（A÷B）	2.25	1.93

除了存货以外，还可以将一些不能代表当前现金流量的其他项目从流动资产中剔除，如预付账款和其他杂项等。更为保守的酸性测试比率计算公式如下：

酸性测试比率＝（现金等价物＋有价证券＋应收账款净额）÷流动负债

通常用这两种方法计算的酸性测试比率结果相差很小。一般来说，两者的差别在于第一种方法包括了预付账款。

图表6—15列示了耐克公司2009年年末和2008年年末保守的酸性测试比率。以这种方法计算的结果是，2009年年末酸性测试比率为1.93，2008年年末为1.68。

图表6—15　　　　　　　**耐克公司酸性测试比率（保守的方法）**

会计年度截止于2009年5月31日和2008年5月31日　金额单位：百万美元

	2009 年	2008 年
现金（包括短期投资）	3 455.1	2 276.1
应收账款净额	2 883.9	2 795.3
速动资产总额（A）	6 339.0	5 571.4
流动负债（B）	3 277.0	3 321.5
酸性测试比率（A÷B）	1.93	1.68

本书以后所指的酸性测试比率将使用保守方法计算。在企业需要了解只剔除存货的流动性时，才使用另一种计算方法。

多年来，人们一般都认为合理的酸性测试比率底线应为1。企业的酸性测试比率应该与以前年度相比，与主要竞争对手相比，与行业的平均数相比。在某些行业，流动比率保持在1以下是合理的，而其他行业则要求具有更高的流动比率。例如，一个只用现销不用赊销的杂货店，其酸性测试比率可以保持在1以下的水平，但仍然具有充分的流动性。

在计算酸性测试比率之前，要计算应收账款周转率。对应收账款质量的了解有助于分析企业酸性测试比率的状况。

如果从流动比率和酸性测试比率指标来看，美国企业的流动性大大下降了。图表6—16显示了美国企业流动性的急剧下降。企业流动性的下降会导致更多的企业破产以及债权人和投资人的风险加大。

6.2.4　现金比率

有时候分析人员需要以最保守的观点分析企业的流动性。例如，企业将应收账款和存货进行了抵押，或者分析人员怀疑应收账款和存货存在多种流动性问题。评价企业短期偿债能力的最好指标是现金比率。现金比率的计算公式如下：

现金比率＝（现金等价物＋有价证券）÷流动负债

在评价企业流动性时，分析人员很少重视现金比率，因为期望企业有足够的现金等价物和有价证券以偿还流动负债是不现实的。如果企业不得不以现金等价物和有价证券来确定其流动性，其偿债能力就可能被低估了。

图表6—16　　1964—2008 年所有美国制造公司流动比率和酸性测试比率趋势

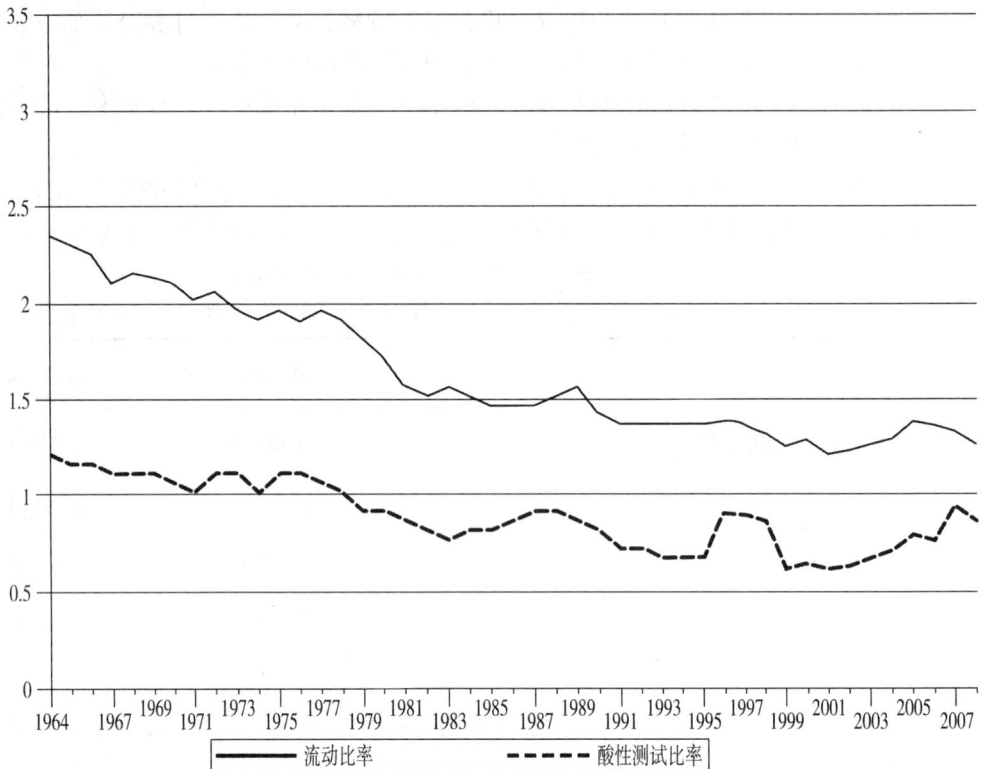

资料来源　制造业、矿业和贸易公司季度财务报告，美国商务部，华盛顿特区。

　　对于一些存货和应收账款的流动速度很慢或具有高度投机性的企业，分析人员就应该考虑其现金比率。例如，佛罗里达的地产开发公司许多都是以分期收款方式出售，账款要在多年以后才能收回，或者说新的企业的成功还不能肯定。

　　现金比率表示企业即时的流动性。很高的现金比率表明企业没有发挥现金的最大效用，现金应该用于企业的经营周转，但在给企业下结论之前，需要对企业有一个更详细的了解。管理层可能对现金使用已经有了计划，例如，房屋扩建计划。现金比率如果太低表明企业即时支付有问题。

　　图表6—17 列示了耐克公司 2009 年年末和 2008 年年末的现金比率。耐克公司2009 年年末现金比率为 1.05，2008 年年末为 0.84。相对于 2008 年，2009 年的现金比率有了较大的提高。

图表6—17　　　　　　　　　　　　　　　耐克公司现金比率

会计年度截止于 2009 年 5 月 31 日和 2008 年 5 月 31 日　金额单位：百万美元

	2009 年	2008 年
现金（包括短期投资）（A）	3 455.1	2 776.1
流动负债（B）	3 277.0	3 321.5
现金比率（A÷B）	1.05	0.84

6.3　其他流动性因素

对分析人员来说，可能有用的另一项比率是销售额与营运资本比率。此外，还有一些没有在报表中反映的流动性因素。本节将讨论销售额与营运资本比率和其他流动性因素。

6.3.1　销售额与营运资本比（营运资本周转率）

销售额与营运资本比表示企业营运资本每年的周转率。分析人员应该将该比率与以前年度相比、与竞争对手相比、与行业平均数相比，以便对企业营运资本周转率是否恰当得出一个结论。与其他比率一样，对于该指标应该保持什么样的水平才合理，也没有一个绝对的标准。由于这个比率的计算是以资产负债表数据（营运资本）与利润表数据（销售额）相比，因此，如果资产负债表数据不能代表全年情况，就会出现问题。为了避免出现这个问题，如果可能，应该使用月营运资本平均数。营运资本周转率计算公式如下：

销售额与营运资本比 ＝销售额÷平均营运资本

如果营运资本周转率较低，则意味着企业营运资本的盈利能力较低，换句话说，相对于可用的营运资本，销售不足，但如果比率过高，则意味着企业资本不足。资本不足的企业，在经营条件发生较大的不利变化时，对流动性问题尤其敏感。

图表6—18 列示了耐克公司2009年年末和2008年年末的营运资本周转率。2009年与2008年相比，销售额与营运资本比出现较大的下降（相对于销售来说，2009年比2008年使用的营运资本更多了）。这意味着相对于2008年来说，2009年的营运资本的盈利能力有所下降。

图表6—18　　　　　　　　　**耐克公司销售额与营运资本比**

会计年度截止于2009年5月31日和2008年5月31日　金额单位：百万美元

	2009 年	2008 年
销售净额（A）	19 176.1	18 627.6
年初营运资本	5 517.8	5 492.2
年末营运资本	6 457.0	5 517.8
平均营运资本（B）	5 987.4	5 505.0
销售额与营运资本比（A÷B）（次/年）	3.20	3.38

6.3.2　未在报表中反映的其他流动性因素

企业的流动性可能比财务报表中反映出来的要好。下面列示几个例子：

（1）未使用的银行信贷额度是企业流动性的一个有利补充。它通常在财务报表附注中披露。

（2）企业可能有一些可以迅速变现的长期资产。这也能够增强企业的流动性，但必须特别谨慎地确定是否确实有可以变现的长期资产。其一，长期资产一般是营运过程中所需要的资产；其二，即使是闲置的长期资产也可能在短期内不易变现。有些投资可能例外，这取决于投资本身的性质。

（3）企业可能有良好的长期债务状况，因此，有能力发行债券或股票。这样，企业可以在适当的时间内，缓解严重的流动性问题。

企业的流动性也可能不如财务报表中反映出来的那么好。下面列示几个例子：

（1）企业可能贴现了票据，其他企业对其拥有追索权。贴现票据应该在附注中披露（企业贴现客户的应收票据，实质上，就是将票据转售给银行，同时银行保留对票据的追索权）。

（2）企业可能有未记录的重要或有负债，如未决税款争议。未记录的重要或有负债必须在附注中披露。

（3）企业可能为其他企业的银行借款提供担保，它也应该在附注中披露。

6.4　本章小结

有关短期资产流动性和短期偿债能力的比率如下：

应收账款与日销售额之比＝应收账款总额÷（销售总额÷365）

应收账款周转率＝销售净额÷平均应收账款总额

应收账款周转天数＝平均应收账款总额÷（销售净额÷365）

存货与日销售额之比＝期末存货÷（销售成本÷365）

存货周转率＝销售成本÷平均存货

存货周转天数＝平均存货÷（销售成本÷365）

经营周期＝应收账款周转天数＋存货周转天数

营运资本＝流动资产－流动负债

流动比率＝流动资产÷流动负债

酸性测试比率＝（现金等价物＋有价证券＋应收账款净额）÷流动负债

现金比率＝（现金等价物＋有价证券）÷流动负债

销售额与营运资本比＝销售额÷平均营运资本

思考题

6.1　在股东大会上有人提议企业应放慢应付账款的支付速度，以便得到更多的经营资金。同时，这个提议可以增加存货，使企业实现更多的销售。对这个提议做出评论。

6.2　就销售和利润额而言，琼斯批发公司是美国近五年来发展最快的批发公司之一。公司的流动比率保持在行业平均水平之上。琼斯先生请你解释一下，为什么公司在支付工资和应付账款时会遇到困难。你想对琼斯先生谈些什么？

6.3　列出反映应收账款流动性的两个指标。

6.4　列出反映存货流动性的两个指标。

6.5　列出企业的实际流动性状况比流动性比率反映出的流动性好的三种情况。

习题

6—1　劳拉·巴德拉公司的存货计价方法采用后进先出法。公司必须在其年度报表披露存货的重置成本和产品销售成本的重置成本。2009 年的部分数据如下：

期末应收账款（已经扣除坏账准备 25 000 美元）	$480 000
期末存货（后进先出法，预计重置成本为 900 000 美元）	570 000
销售净额	3 650 000
产品销售成本（预计重置成本为 3 150 000 美元）	2 850 000

要求

1. 计算应收账款与日销售额之比。

2. 使用成本数据计算存货与日销售额之比。

3. 使用存货的重置成本和产品销售成本的重置成本计算存货与日销售额之比。

4. 在计算存货与日销售额之比时，如果可能，是否应该使用存货和产品销售成本的重置成本？请讨论之。

6—2　国王公司局部的资产负债表和利润表如下：

国王公司局部的资产负债表
2009 年 12 月 31 日

资产	
流动资产：	
现金	$33 493
有价证券	215 147
应收账款（已经扣除坏账准备 6 000 美元）	255 000
存货（采用后进先出法）	523 000
预付费用	26 180
流动资产总额	$1 052 820
负债	
流动负债：	
应付账款	$103 689
应付票据（主要对银行）与商业票据	210 381
应计费用与其他负债	120 602
应付所得税	3 120
长期债务的流动部分	22 050
流动负债总额	$459 842

国王公司局部的利润表

会计年度截止于 2009 年 12 月 31 日

销售净额	$ 3 050 600
其他收益	45 060
	$ 3 095 660
成本与费用:	
销售成本	$ 2 185 100
销售、一般及行政管理费用	350 265
利息费用	45 600
所得税	300 000
	2 880 965
净利润	$ 214 695

注释: 2008 年 12 月 31 日, 扣除坏账准备 8 000 美元之后的应收账款净额为 280 000 美元, 应收账款总额为 288 000 美元。2008 年 12 月 31 日, 存货为 565 000 美元。

要求

计算下列指标:

1. 营运资本

2. 流动比率

3. 酸性测试比率

4. 现金比率

5. 应收账款与日销售额之比

6. 应收账款周转天数

7. 存货与日销售额之比

8. 存货周转天数

9. 经营周期

6—3 交易事项常常会对各种比率产生重要影响。本题要求考虑这种影响的方向。

	流动资产总额	流动负债总额	营运资本净额	流动比率
(1) 增发普通股获取的现金				
(2) 现销商品 (假定有利润)				
(3) 固定资产高于账面价值出售				
(4) 支付前欠购货款				
(5) 宣告并支付现金股利				
(6) 宣告并支付股票股利				
(7) 向银行长期贷款取得现金				
(8) 盈利企业提高其固定资产折旧				
(9) 支付本期经营费用				
(10) 签发 10 年期票据, 偿付应付账款				
(11) 收回应收账款				
(12) 以短期票据购买设备				
(13) 赊购商品				
(14) 估计的应付税金增加				
(15) 有价证券低于成本出售				

要求

指出上述交易对流动资产总额、流动负债总额、营运资本净额和流动比率等指标的影响。用"+"表示增加，用"-"表示减少，"0"表示没有影响。假设初始的流动比率大于1。

6—4 J. A. 器械公司提供其2009年、2008年和2007年的营运资本和销售额数据如下：

	2009 年	2008 年	2007 年
营运资本	$ 270 000	$ 260 000	$ 240 000
销售额	$ 650 000	$ 600 000	$ 500 000
行业平均营运资本周转率	4.10 次	4.05 次	4.00 次

要求

1. 计算各年度营运资本周转率。

2. 联系行业平均水平，评价 J. A. 器械公司的营运资本周转率。这可能说明什么呢？

6—5 德谱勒公司生产工业产品。基于财务报告目的，该公司使用日历年度作为财务报告年度。下列1~5项提供了2009年度的交易事项。每一个交易事项发生前后现金等价物、有价证券、应收账款净额之和都超过流动负债总额。德谱勒公司2009年盈利且2009年的留存收益出现贷方余额。

要求

回答下列多项选择题：

1. 支付应付账款64 500美元，将（　　　）。

（1）提高流动比率，但不影响酸性测试比率

（2）提高酸性测试比率，但不影响流动比率

（3）流动比率和酸性测试比率都提高

（4）流动比率和酸性测试比率都降低

（5）不影响流动比率和酸性测试比率

2. 购买原材料85 000美元，将（　　　）。

（1）提高流动比率

（2）降低流动比率

（3）增加营运资本净额

（4）减少营运资本净额

（5）流动比率和营运资本净额都提高

3. 收回应收账款29 000美元，将（　　　）。

（1）提高流动比率

（2）降低流动比率

（3）提高酸性测试比率

（4）降低酸性测试比率

（5）不影响流动比率或酸性测试比率

4. 2009 年注销过时存货 125 000 美元，将（　　　）。

（1）降低酸性测试比率

（2）提高酸性测试比率

（3）增加营运资本净额

（4）减少营运资本净额

（5）流动比率或酸性测试比率都降低

5. 用现金提前清偿一笔长期票据，将（　　　）。

（1）对流动比率的影响超过对酸性测试比率的影响

（2）对酸性测试比率的影响超过对流动比率的影响

（3）对流动比率和酸性测试比率的影响程度相同

（4）影响流动比率，但不影响酸性测试比率

（5）影响酸性测试比率，但不影响流动比率

资料来源　摘自以前的注册管理会计师考试题目。经注册管理会计师协会授权使用。

（注册管理会计师考试题目）

案例　专业零售商——流动性评价

本案例评价几个专业零售商店的流动性。这些公司及其会计年度截止日如下：

1. 阿贝克隆比 & 费奇公司

（2009 年 1 月 31 日，52 周；2008 年 2 月 2 日，52 周；2007 年 2 月 3 日，53 周）

"阿贝克隆比 & 费奇公司……是一家专业的零售商，主要经营实体零售店和在网站销售休闲运动服装。"10-K 格式报告。

2. 有限品牌公司

（2009 年 1 月 31 日，52 周；2008 年 2 月 2 日，52 周；2007 年 2 月 3 日，53 周）

"我们主要经营具有高度竞争性的专业零售业务。"10-K 格式报告。

3. 盖普公司

（2009 年 1 月 31 日，52 周；2008 年 2 月 2 日，52 周；2007 年 2 月 3 日，53 周）

"我们是一个经营服装、饰品和个人休闲产品的全球专业零售商。"10-K 格式报告。

评价的数据	阿贝克隆比 & 费奇公司		有限品牌公司		盖普公司	
	2009 年	2008 年	2009 年	2008 年	2009 年	2008 年
流动比率	2.41	2.10	2.28	2.12	1.86	1.68
酸性测试比率	1.28	1.29	1.12	1.00	0.79	0.78

要求

1. 请分析各个公司的流动性趋势。

2. 以流动性为标准，你如何对这些公司排序？

互联网案例：Thomson ONE（商学院版）

请登录 www.cengage.com/international，完成包含本章讨论主题的网络案例。你

可以使用 Thomson ONE（商学院版）。这是一个强有力的工具，它包含一系列基本财务信息、盈余估计、市场数据和 500 个上市公司的原始文档。

注释

1. *Accounting Research Bulletins No.* 43， "Restatement and Revision of Accounting Research Bulletins," 1953，Chapter 3，Section A，Paragraph 4.

2. *Statement of Financial Accounting Standards No.* 115，"Accounting for Certain Investments in Debt and Equity Securities." （Norwalk，CT：Financial Accounting Standards Board，1993）.

3. *Opinions of the Accounting Principles Board No.* 21， "Interest on Receivables and Payables." （New York：American Institute of Certified Public Accountants，1971），Par 11.

4. *Statement of Financial Accounting Standards No.* 5，"Accounting for Contingencies" （Stamford，CT：Financial Accounting Standards Board，1975），Par 8.

5. Committee on Accounting Procedure，American Institute of Certified Public Accountants， "Accounting Research and Terminology Bulletins" （New York：American Institute of Certified Public Accountants，1961），p. 21.

第7章 长期偿债能力

本章包括考察企业长期偿债能力的两种方法：一种方法是通过利润表所反映的情况考察企业长期偿债能力；另一种方法是通过资产负债表所反映的情况来考察企业长期偿债能力。

从长期来看，使用权责发生制所得出的报告收益与企业长期偿债能力是相联系的。尽管从短期来看，报告收益与可提供的现金并不一致，但收入与费用最终会表现为现金流量。由于报告收益与企业偿还长期债务的能力密切相关，因而，企业的盈利能力就成为决定其长期偿债能力的一个重要因素。

除了企业的盈利能力外，对企业的债务数额与企业规模之间的关系也应该加以分析。这种分析显示了由外部提供的资金数额和由所有者提供的资金数额之间的关系。如果由外部提供的资金占了很大的比例，那么，这说明企业经营风险实质上已经转移给了外部人员。负债在资本结构中所占的比例很大，这会增加企业不能偿还本息的风险，因为企业有可能赚不到足够的资金偿还这些债务。

7.1 利用利润表评价长期偿债能力

利用利润表考察企业的偿债能力，可以通过分析利息保障倍数和固定费用偿付能力来进行。下面讨论这些比率。

7.1.1 利息保障倍数

利息保障倍数（times interest earned ratio）是以利润表来考察企业长期偿债能力的指标。如果利息保障倍数是充足的，那么，企业不能偿还其利息债务的风险就很小。如果企业能够很好地偿还利息债务，它就应该能够在本金到期时重新得到融资。实际上，企业的利息费用偿还如果保持良好的记录，那么，它可能永远不需要资金偿还本金。每年都有较高的、稳定的利息偿还能力表明偿还利息的记录良好，而利息偿还能力低而且不稳定则表明偿还利息的记录不佳。

保持良好记录的企业能够取得与股东权益相比相对较高比例的债务，同时，可以以比较优惠的利率得到资金。公用事业公司通常属于这类企业。相对于股东权益，这类企业具有较高的债务结构。之所以能做到这点，是因为它们多年来偿还利息的记录较佳，而且较稳定。这种稳定带来了行业稳定的利润和稳定的需求。在20世纪70年代、80年代和90年代，由于利率的增长赶不上通货膨胀的速度，因此，公用事业的利润经历了一段严格的管制。此外，需求量也不像前些年那样可以预测。由于利润的管制和需求的不稳定，相对于对其他企业的投资，投资者对公用事业的投资所要求的利率比过去高得多。

企业为了获得资金而发生债务，资金利率必须低于运用这些资金所获得的收益率，这就是所谓的举债经营（trading on the equity）或杠杠经营（leverage）。如果利率较高，公司以举债资金所得的收益不足以偿还举债所应付的利息费用的风险就增大。

利息保障倍数的计算公式如下：

$$\text{利息保障倍数} = \frac{\text{不包括利息费用、税金费用、权益收益及少数股权收益的经常收益}}{\text{包括资本化利息的利息费用}}$$

在这个分析中可以使用利润表中包含的有些数据。一般来说，根据利润表对企业偿债能力进行的基本分析，应该只包括在以后期间期望能发生的收益，因此，下面非经常发生的项目应该剔除：

（1）停止经营。

（2）非经常项目。

除了这些不再重复发生的项目以外，在计算利息保障倍数时，还应该剔除的项目包括：

（1）利息费用。这部分应加回到净收益，因为如果在计算利息保障倍数所用的收益中减去利息费用，就会低估偿还利息的能力。

（2）所得税费用。所得税是在扣减了利息以后计算的，所以它不影响利息支付的安全性。

（3）非合并子公司的权益收益（损失）。它们之所以被剔除是因为它们不能用来偿还利息，除非同时收到现金股利。

（4）少数股权收益（损失）。这个利润表的最后调整项目也应该被剔除，而使用少数股权调整前的收益。少数股权收益（损失）是企业在被合并企业拥有控制权，但持有的股权少于100%的情况下产生的。合并企业的所有利息费用都已经包含在利润表中，因此，合并企业的所有收益都应该用于计算利息保障倍数。

利息资本化指利息不作为费用而是计入固定资产成本。资本化的利息数额应该包括在利息费用总额中，计入利息保障倍数比率公式的分母，因为它是利息费用的一部分。利润表或者附注中披露的资本化的利息应该加回到利息费用。

为建造工厂而发行的债券，当年发生的利息就是资本化利息的例子。在整个工厂的建造过程期间，该债券利息都应记入"在建工程"这个资产账户，列示于资产负债表中。这部分利息不在利润表中反映，但它与利润表的利息费用一样是承诺的付款数。

当工厂建成后，为建造工厂而发行的债券的每年利息将作为费用处理。作为一项费用，利息将在利润表中反映。

资本化利息通常在附注中披露。有些公司也会在利润表中列示资本化利息。

图表7—1列示了耐克公司2009年和2008年的利息保障倍数。尽管2009年有所下降，但许多人可能会认为这个比率比较高。

为了评价偿债能力的适当性，应该计算3~5年的利息保障倍数，并且还要与竞争对手以及行业平均水平比较。计算3~5年的利息保障倍数才能够看出利息偿还的稳定性。因为企业无论是年景好还是年景坏都要偿还利息，所以，应以最低期间的利息保障倍数作为基本偿还利息能力指标。经营存在周期性的企业，在获利比较高的年份，它的利息保障倍数可能很高，但却可能在获利比较低的年份无力偿还利息。

除了正常的利息保障倍数外，有时候还要单独计算长期负债利息的偿还能力。为了计算这个指标，要使用长期负债的利息，这样才能集中反映长期利息的偿还能力。由于利息保障倍数反映长期债务的支付能力，因此，这样的修正计算有助于把注意力集中在长期状况上。对于外部分析者来说，由于缺乏数据，要计算长期债务利息的偿还倍数不切合实际，但这种计算可用于内部分析。

图表 7—1　　　　　　　　　　　　**耐克公司利息保障倍数**

会计年度截止于 2009 年 5 月 31 日和 2008 年 5 月 31 日　金额单位：百万美元

	2009 年	2008 年
税前利润	1 956.5	2 502.9
加：利息费用	40.3 *	40.7 *
调整后利润（A）	1 996.8	2 543.6
利息费用	40.3 *	40.7 *
资本化利息	**	**
利息费用总额（B）	40.3	40.7
利息保障倍数（A÷B）	49.55 倍/年	62.50 倍/年

* 利息费用包括费用化和资本化的利息费用。

** 参见附注 3——财产、厂房与设备。

"会计年度截止于 2009 年 5 月 31 日、2008 年 5 月 31 日和 2007 年 5 月 31 日，资本化利息在这些年度的金额并不大。" 10-K 格式报告。

从长期来看，企业必须有足够的资金偿还所有的费用；从短期看，即使企业的利息保障倍数低于 1，通常也能够偿还其利息债务。有些费用如折旧费用、摊销费用、折耗费用等在短期内不需耗费资金。航空行业可能存在利息保障倍数小于 1 的困难时期，但仍然能够维持利息的支付。为了更好地反映企业短期利息偿还能力，可以将一些非现金费用如折旧、摊销和折耗等加回到利息保障倍数公式的分子中。这样所得出来的一个不太稳健的比率，是一种以收付实现制为基础的利息保障倍数，对评价公司的短期偿债能力很有用。

延伸阅读 7-1

7.1.2　固定费用偿付能力

固定费用偿付能力比率（fixed charge coverage ratio）是利息保障倍数的扩展形式，它也是通过利润表反映公司长期偿债能力的。固定费用偿付能力反映企业偿付固定费用的能力，其计算公式如下：

$$固定费用偿付能力 = \frac{不包括利息费用、税金费用、权益收益和少数股权收益的经常收益 + 租赁费的利息部分}{包括资本化利息的利息费用 + 租赁费的利息部分}$$

对于固定费用应该包含哪些内容，实践中存在不同的观点。如果资产是租入的，租入的资产被划分为资本性租入资产和经营性租入资产。资本性租入资产被视为自有资产，包括在固定资产中，相关的债务作为企业负债；部分租赁费用被视为利息费用。因此，利润表的利息费用包括了与资本性租入资产相关的利息。

部分应付经营租赁款通常包括在利息费用中。经营租赁不反映在资产负债表上，但反映在利润表的租赁费用项下。长期的经营租赁是典型的长期融资行为，因此，部分的应付租赁款实际上是利息。之所以将一部分应付经营租赁款包括在固定费用中，是为了确认企业实际支付的利息总额。

向证券交易管理委员会提交的报告可能要求比利息保障倍数更为谨慎的比率，以便确定企业的长期偿债能力。证券交易管理委员会要求的比率是收益与固定费用比率

（ratio of earnings to fixed charges）。利息保障倍数指标同收益与固定费用比率的主要区别是后者的计算包括了部分经营租赁费用。

通常，将 1/3 的经营租赁费用包括在固定费用中，因为这是租赁费用中利息所占的大约比例。证券交易管理委员会不接受 1/3 这个约数，而要求以租赁期限为基础确定更为具体的利息估计比例。对企业的收益与固定费用比率有兴趣的人，可以在利润表上找到这个比率，该利润表包括在企业进行债务证券注册时提交给证券交易管理委员会的上市申请登记表（S-7）中。

耐克公司披露，租赁的利息费用部分包括 1/10 的租赁费用。这大约相当于经营租赁的利息费用。如果公司没有披露租赁的利息费用，基于操作的方便和本书的需要，可以将经营租赁的租金费用的 1/3 视为相当于支付租赁的利息部分。

在计算固定费用偿付能力比率时，使用的是与利息保障倍数比率相同的调整后的收益数额，但在计算固定费用偿付能力比率时，应将经营租赁费用的利息部分加回到调整后的收益。经营租赁费用的利息部分之所以要加回到调整后的收益，是因为它在利润表中已经作为租赁费用扣除。

耐克公司在附注 14——承诺和或有事项中披露了以下内容：

图表 7—2 列示了耐克公司 2009 年和 2008 年考虑了租赁费用中利息部分后的固定费用偿付能力。这个数字尽管比利息保障倍数更稳健，但对耐克公司来说仍然显示出很高的保障程度。

有时候，被视为固定费用的一些其他项目（包括折旧、折耗和摊销，支付的本金债务，支付的养老金，大量的优先股股利）也可能包括在内，或者单独计算一个比率以考察其偿付能力。被视为固定费用的项目越多，这个比率就越稳健，其发展趋势通常跟利息保障倍数的趋势一样。

图表 7—2 　　　　　　　　　**耐克公司固定费用偿付能力**

会计年度截止于 2009 年 5 月 31 日和 2008 年 5 月 31 日　金额单位：百万美元

	2009 年	2008 年
税前利润	1 956.5	2 502.9
加：利息费用	40.3 *	40.7 *
租赁的利息部分	39.7	34.4
调整后利润（A）	2 036.5	2 578.0
利息费用	40.3 *	40.7 *
资本化利息	**	**
租赁的利息部分	39.7	34.4
调整后利息费用（B）	80.0	75.1
固定费用偿付比率（A÷B）	25.46 倍/年	34.33 倍/年

* 利息费用包括费用化和资本化的利息费用。

** 参见附注 3——财产、厂房与设备。

"会计年度截止于 2009 年 5 月 31 日、2008 年 5 月 31 日和 2007 年 5 月 31 日，资本化利息在这些年度的金额并不大。" 10-K 格式报告。

7.2 利用资产负债表评价长期偿债能力

利用资产负债表确定企业的偿债能力，可以通过计算负债比率和负债与所有者权益比率进行考察。下面讨论这些比率。

7.2.1 负债比率

负债比率反映企业的长期偿债能力，其计算公式如下：

$$负债比率 = \frac{负债总额}{资产总额}$$

债务总额包括短期债务、准备金、递延税务负债、少数股东权益、可赎回优先股和所有其他的非流动负债。它不包括股东权益。

负债比率反映由债权人提供的资产占资产总额的百分比，它有助于确定在破产情况下对债权人的保障程度。如果债权人没有得到很好的保障，企业就不能再取得长期债务。从考察长期偿债能力的角度看，负债比率越低，企业的状况越好。

图表7—3列示了耐克公司2009年5月31日和2008年5月31日的负债比率。该图表显示，2009年和2008年从债务人处筹集资金取得的资产都大大少于资产总额的一半。这个负债比率计算还是比较稳健的，因为在计算时将所有负债和准负债都包括在内了。同时，由于没有对那些公允市价高于账面价值的资产进行调整，因此低估了资产价值。

图表7—3　　　　　　　　　　**耐克公司负债比率**

会计年度截止于2009年5月31日和2008年5月31日　金额单位：百万美元

	2009 年	2008 年
负债总额汇编		
流动负债	3 277.0	3 321.5
长期负债	437.2	441.1
递延所得税和其他负债	842.0	854.5
可赎回优先股	0.3	0.3
负债总额	4 556.5	4 617.4
资产总额	13 249.6	12 442.7
负债比率（%）	34.39	37.11

负债比率应该与竞争对手和行业平均水平进行比较。稳定经营的行业比周期性经营的行业可以拥有更多的债务。如果一个企业存在其他企业所没有的巨额隐匿资产或者负债（如以历史成本计价的大量土地），那么，这种比较可能产生误导。

实践中，在有关负债比率计算公式的细节上存在很大的分歧。有些分歧围绕着是否应该将短期负债包括在内展开。有些企业不将短期债务包括在内，认为它不是长期的资金来源，如果将短期债务包括在内就不能很好地反映企业的长期债务状况。其他企业则将短期负债包括在内，认为从长期来看，这些负债已经变成外部资金来源总额的一个部分，例如，某一项具体的应付账款相对而言属于短期的，但应付账款作为整体已经变成了全部资金来源的一个相当持久的部分。本书采用稳健的做法，将短期负债包括在负债比率的计算之中。

另一个分歧是某些项目是否应该包括在负债中。按现行的公认会计原则，有些负债很明显代表在将来支付一定资金的一种承诺，而另一些项目则可能永远不需要在将来支付。那些有关未来资金支付的特殊问题的项目包括准备金、递延税款、少数股股东权益和可赎回优先股。下面将分别对这些项目进行讨论。

准备金

归入负债类下的准备金账户是由利润表的费用和资产负债表的准备金同时增加而引起的。这种准备金账户并不代表将来支付一定资金的明确承诺，但它们表示将来支付一定资金的估计数。

美国的资产负债表经常使用准备金账户。人们认为在确定准备金数额时有过多的酌情权，给利润表带来相应的影响。当准备金账户增加时，收益就减少；而准备金账户减少时，收益则增加。在其他一些国家如德国，使用准备金账户也相当普遍。本书使用较稳健的做法，即计算负债比率时负债包括了准备金。

递延税款（所得税跨期摊配）

在美国，企业在财务报表中确认收入费用的期间可能与联邦所得税申报表的确认期间不同，这就有可能导致某个会计期间的财务报表收益与所得税申报收益大不相同。对许多其他的国家来说，则没有这个问题，例如，德国就没有期间上的差别，日本也没有这个问题。对于这些国家来说，递延税款不是一个大问题，或者根本不是一个问题。在美国，以税务申报为基础计算的应付所得税可能与以财务报表收益为基础计算的应付所得税相差很大。现行公认会计原则指出，财务报表的所得税费用应以财务报表的有关纳税项目为基础；应付所得税则以所得税申报表确定的本期实际应付的所得税为基础（国内税收法典确定了应税所得额具体程序）。财务报表的所得税费用通常与应付所得税不一致。所得税费用与应付所得税之间的差额计入递延所得税。递延所得税的结果引出了所得税跨期摊配（interperiod tax allocation）概念。

为了说明递延税款，考虑下列与 100 000 美元的机器购置相关的情况（单位：美元）。

为了纳税目的在 3 年内摊销：

第 1 年	25 000
第 2 年	38 000
第 3 年	37 000
	100 000

为了财务报表目的在 5 年内摊销：

第 1 年	20 000
第 2 年	20 000
第 3 年	20 000
第 4 年	20 000
第 5 年	20 000
	100 000

无论是为了纳税还是财务报表的目的，设备的 100 000 美元都要全部摊销完，纳税申报表中是 3 年摊销完，而财务报表中是 5 年摊销完。在前 3 年的纳税申报表中摊销得越快，应税所得额低于利润表中收益额的金额就越大。在后 2 年，利润表收益低

于纳税申报表收益。

除了时间差异外，应付所得税还可能受到经营亏损前转（operating loss carryback）和/或经营亏损后转（operating loss carryforward）的影响。税收法规允许公司为了纳税目的将当年的经营亏损前转或者后转以抵减报告的应税收益。公司可以先将经营亏损往前移2年，依次从开始的一年进行扣抵。如果前2年的应税所得不足以扣抵该亏损，那么，剩余的亏损可以往后移20年，以便抵减未来的应税所得。

公司可以选择放弃经营亏损前转，而仅仅将经营亏损往后转，但公司一般不会放弃将经营亏损前转，因为将经营亏损前转的结果是马上就能得到一笔所得税的退回。将经营亏损后转，在公司有应税所得的前提下会减少未来年度的应付所得税。如果预计未来年景很好，而且所得税税率会上升，那么，公司就可能从放弃经营亏损前转中得到好处。

对所有时间性差异都应该进行所得税跨期摊配。作为所得税纳税基础的资产和负债与财务报表报告的数额之间的时间性差异，在报告的资产或者负债数额分别收回或者偿付时，将会产生未来年度的纳税数额或者可扣减数额。

公司报告递延所得税有两类形式：流动净额和非流动净额。流动净额报告流动资产或流动负债；非流动净额报告非流动资产或非流动负债。

流动递延所得税和非流动递延所得税的划分通常以引起该时间性差异的资产和负债的类别为基础。例如，某项由于纳税折旧高于财务报告折旧而产生的递延所得税负债就应该报告为非流动负债，这是因为该时间性差异与非流动资产（固定资产）有关。

如果递延所得税资产或负债与资产或负债无关，递延所得税资产或负债的划分应根据该时间性差异预期转回日期分类。例如，由于经营亏损后转产生的递延所得税就应该根据该时间性差异预期转回的日期分类。

如果公司将来的应税所得额存在足够的不确定性，就应该对递延所得税资产进行折价备抵。折价备抵减少递延所得税资产，使其接近于期望的实际净额。折价备抵确认时，所得税费用就增加。

以"接近于不"的标准来衡量不确定性。如果某项递延资产接近于不能变现，那么，就要求计提折价备抵。

耐克公司在长期资产和长期负债项下披露递延所得税。对许多公司来说，长期负债项下的递延所得税常常每年都增加，并且已经增长到一个很大的数额，这是引起时间性差异的暂时性差异增加的缘故。耐克公司2009年流动额和长期资产的数额就出现了较大的增长。

递延所得税必须使用负债法进行会计处理，该法侧重于资产负债表。递延所得税按原有的时间性差异转回时可以偿付的金额入账。递延所得税随着所得税税率的变化而调整。所得税税率的变化可能引起递延所得税账户的巨额调整，并且会对所得税税率变化当年的收益产生重大影响。

有些人不同意递延所得税的概念（所得税跨期摊配），因为无法明确递延所得税是否需要支付。如果需要支付（或收到），也无法明确什么时候支付（或收到）。因此，递延所得税账户常常被称为"软账户"（soft accounts）。

因为不能肯定递延所得税负债（资产）是否需要（以及什么时候）支付（收到），因此，有些人选择在分析时将递延所得税负债和资产剔除。这与公认会计原则不一致，公认会计原则要求确认递延所得税。

有些收入和费用项目被称为永久性差异（permanent differences），它们从不在纳税申报表中出现，但出现在利润表上，人寿保险费用和人寿保险收入就属于这类。联邦税法不允许将这些项目包括在费用和收入中。这些项目从不会影响所得税费用和所得税负债，因此，也从不会对递延所得税账户产生影响。

利润制性股东权益

利润制性股东权益账户是当公司以拥有少于100%的股权合并另一家公司时产生的。被合并公司的那部分不被母公司拥有的股权列示在资产负债表股东权益的上方。

有些企业在计算负债比率时不将利润制性股东权益包括在内，因为这个数额并不代表将来对外部人员支付资金的承诺。另一些企业则在计算负债比率时将利润制性股东权益包括在内，因为这些资金来自于外部，并且是企业使用的资金总额的一部分。本书采用稳健的做法，在基本的负债比率计算时包括了利润制性股东权益。为了回顾利润制性股东权益可以查阅第3章相关内容。

可赎回优先股

可赎回优先股是指有强制性赎回条款，或者具有发行者控制之外的赎回特征的优先股。有些可赎回优先股协议规定公司必须在公开市场上购买一定数额的优先股。证券交易委员会要求可赎回优先股不得在股东权益项下披露。

可赎回优先股的这种性质使计算负债比率时对于如何处理它，有一个可以选择的空间。一种观点认为不应将其包括在负债中，而应该包括在股东权益中，因为它并不代表一种正常的债务关系；而稳健的观点则认为，在计算负债比率时，应该将其包括在负债中。本书采用稳健的做法，即在计算基本的负债比率指标时，将可赎回优先股包括在负债中。要更详细地了解可赎回优先股可参阅第3章相关内容。

7.2.2 债务与权益比率

债务与权益比率（debt/equity ratio）是确定企业长期偿债能力的另一个指标，该指标将负债总额与权益总额进行比较。债务与权益比率也有助于确定债权人在企业破产时的保障程度。从观察长期偿债能力的角度来说，该比率越低说明企业的负债状况越好。

本书的债务与权益比率是比较稳健的，因为将所有负债和准负债都包括在负债总额中，而股东权益被低估，其低估程度是资产的市价超过账面价值部分。该比率也应该与行业平均水平以及竞争对手的比率进行比较。计算债务与权益比率的公式如下：

债务与权益比率＝负债总额/股东权益总额

图表7—4列示了耐克公司2009年5月31日和2008年5月31日的债务与权益比率。按稳健的做法计算债务与权益比率，图表7—4显示债务与权益比率从2008年年末的59.01%下降到2009年年末的52.42%。

图表 7—4 　　　　　　　　　　**耐克公司债务与权益比率**

会计年度截止于 2009 年 5 月 31 日和 2008 年 5 月 31 日　金额单位：百万美元

	2009 年	2008 年
负债总额（见图表 7—3）（A）	4 556.5	4 617.4
股东权益总额（B）	8 693.1	7 825.3
债务与权益比率（A÷B）（%）	52.42	59.01

负债比率和债务与权益比率的目的一样，因此，如果按这里所讨论的方法计算，两个比率可以选择使用。由于有些财务机构可能报告负债比率，而另一些财务机构可能报告债务与权益比率，因此，读者应该熟悉两种比率。

正如前所述，在计算有些比率时缺乏一致性可能会产生问题。在计算负债比率和债务与权益比率时尤为如此。如果将负债比率和债务与权益比率同行业比率相比较，应该尽量明确行业比率如何计算。有时候，财务资料没有指明负债包含的内容，也许这就不可能进行合理的比较。

7.2.3　负债与有形净值比率

负债与有形净值比率也是确定企业长期偿债能力的一个比率，这个比率也表明债权人在企业破产时的保障程度。同负债比率和债务与权益比率一样，从考察企业长期偿债能力的角度看，这个比率越低越好。

负债与有形净值比率比负债比率和债务与权益比率更为稳健。它将无形资产如商誉、商标权、专利权和版权都从资产中扣除了，因为从非常稳健的观点看，这些资产不能为偿还债权人的债务提供任何资金来源。负债与有形净值比率的计算公式如下：

负债与有形净值比率＝负债总额/（股东权益总额–无形资产总额）

本书的负债与有形净值比率指标是稳健的。所有负债和准负债都包括在负债总额内，而股东权益被低估，其低估的程度是资产的市价超过账面价值部分。

图表 7—5 列示了耐克公司 2009 年 5 月 31 日和 2008 年 5 月 31 日的负债与有形净值比率。这个偿债能力是比较稳健的。在 2009 年，该比率有显著降低。

图表 7—5 　　　　　　　　**耐克公司负债与有形净值比率**

会计年度截止于 2009 年 5 月 31 日和 2008 年 5 月 31 日　金额单位：百万美元

	2009 年	2008 年
负债总额（见图表 7—3）（A）	4 556.5	4 617.4
股东权益总额	8 693.1	7 825.3
减：无形资产总额	（660.97）	（1 191.9）
调整后的股东权益（B）	8 032.2	6 633.4
负债与有形净值比率（A÷B）（%）	56.73	69.61

7.2.4　其他长期偿债能力比率

考察企业长期偿债能力还有一些其他的比率。本节讨论这类比率。

流动负债与净值比率（current debt/net worth ratio）表明流动负债和股东权益

提供的资金之间的关系。流动负债提供的资金比例越高，企业的风险越高。

另一个比率是全部资本比率（total capitalization ratio），它将长期负债与资本总额进行比较。资本总额包括长期负债、优先股权益和普通股权益。该比率越低，风险越低。

还有一个比率是固定资产与权益比率（fixed asset/equity ratio），它表明股东提供的资金与固定资产之间关系的程度。有些企业将无形资产从股东权益中扣除得到有形净值。这就产生一个更为稳健的比率。固定资产与权益比率越高，风险就越高。

图表7—6描述了美国企业1964年至2008年流动负债、负债总额和所有者权益总额的变化趋势。它表明企业资本结构已经发生了重大转变，转向了更高的负债比率。这表明管理层更经常面对大幅度增加的偿债风险。它也表明短期负债是企业财务结构永久的一部分。这就支持了在确定长期偿债能力（包括负债比率、负债与权益比率以及负债与有形净值比率）时应该将短期负债包括在负债之中。

图表7—6 1964—2008年流动负债、长期负债和所有者权益总额的变化趋势

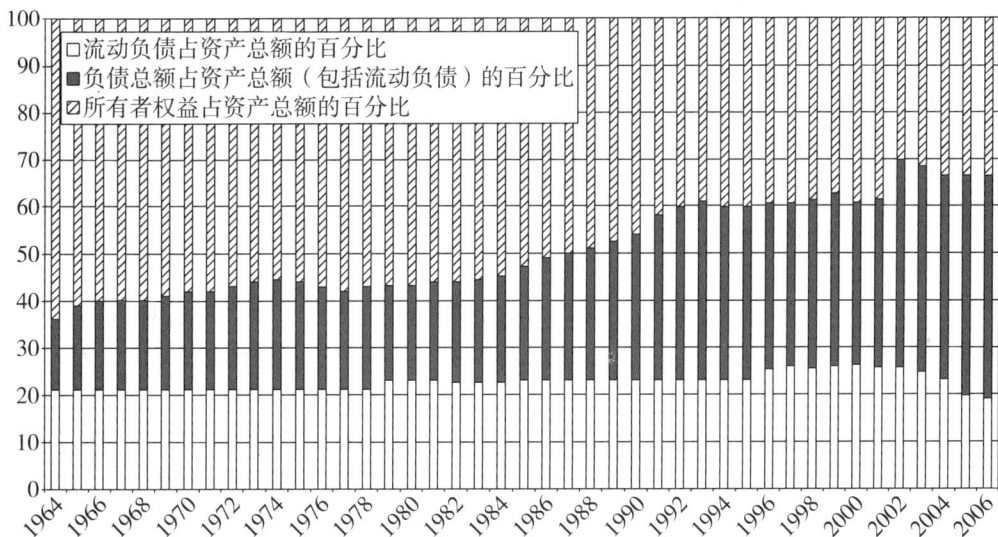

资料来源 《制造业、矿业和贸易公司季度财务报告》，美国商务部，华盛顿特区：美国政府印书馆。

7.3 影响企业长期偿债能力的特殊项目

有些特殊项目会影响企业长期偿债能力。下面就讨论这些项目。

7.3.1 长期资产与长期负债

如果企业没有获利能力，并且要出售资产，那么，企业特定的资产就显得很重要，因此，在考察企业的长期偿债能力时就应该考虑企业的资产状况。在企业变得没有获利能力时，持有特定的资产是很保险的。根据公开发布的财务报表信息分析资产和长期偿债能力的关系，往往会受到限制。报表没有详细地披露资产的市价或者清算价值，它们仅仅披露了许多资产项目的

延伸阅读7-2

未收回成本数额。当然，有些投资项目例外，它们以市价报告。

如果企业清算或者决定缩小经营规模，这对财务报表的考察通常是很有价值的，例如，土地、森林和投资等资产都很有价值。

在鹏恩中央公司破产时，它有大量的债务和经营亏损，然而，由于其资产具有很高的市价，因此债务得到了清偿，而在其他情况下，在企业倒闭时债权人可能什么也拿不到，或者仅仅收回很少的一部分。

具有高于账面价值的潜在价值的大量资产，也可能意味着拥有未来实现的潜在收益。例如，知道铁路占用的土地隐藏百万吨甚至上亿吨的煤，即使目前开采不经济，但也能表明具有很大的利润潜力。在未来年度里，当竞争产品如石油和天然气价格上升时，开采这些煤可能就变得合算了。这是美国在20世纪70年代后期发生的实例。几家拥有百万吨甚至上亿吨未开采煤矿的铁路部门发现，当石油和天然气价格上升时，这些煤变得具有很高的价值。

7.3.2　长期租赁

本章前面已经解释了与利润表有关的长期租赁的影响。现在，我们将考虑从资产负债表方面分析长期租赁的影响。

首先我们回顾一下前述几个要点。承租人把租赁分为融资租赁和经营租赁。融资租赁视同取得资产处理。租入的资产列入固定资产，而相关债务包括在负债之中。经营租赁则不体现在资产负债表上，但要在报表附注中披露，并在利润表上列为租赁费用。

相对长期的经营租赁（即一种长期融资）应该以一种补充说明的方式考虑它们对企业负债结构的影响。融资租赁已经在负债比率的计算中加以考虑，因为融资租赁在资产负债表中是资产总额的一部分，也是负债总额的一部分。

融资租赁资产和融资租赁负债的金额并不一致，因为负债随着支付而减少，资产按折旧的计提数减少。通常，企业计提融资租赁资产折旧的速度要快于付款速度，其结果是融资租赁资产数额小于融资租赁负债数额。在融资租赁开始时，融资租赁资产数额和融资租赁负债数额是相等的。

耐克公司有关长期租赁的附注揭示了2009年5月31日以后年度经营租赁的最低租赁费用。下面列示的这些数据不包括任何可能的偶然发生的租赁费中，因为它们实际上无法估计。

附注15——承诺与或有负债（部分）

2009年5月31日之后，公司根据第1年至25年的租赁期租赁了办公室、仓库和零售商店。公司会计年度截止于2009年5月31日、2008年5月31日和2007年5月31日，这三个会计年度的租金费用分别为397 000 000美元、344 200 000美元和285 200 000美元。根据不可撤销经营租赁合同，从2010年5月31日至2014年5月31日的今后5年每年最低的租金数额将分别为330 200 000美元、281 300 000美元、233 600 000美元、195 600 000美元和168 600 000美元，而之后每年的最低租金将为588 500 000美元。

如果将这些租赁资本化，在最初的记录里，记入固定资产的数额和记入负债的数额一样。正如前面所指出的，以后两者金额将不一致，因为资产以某种选择的折旧率计提的折旧额逐步减少，而负债则按已经支付的数额逐步减少。如果把经营租赁纳入负债比率，直接使用负债数额计算，并假定资产和负债的数额一样，因为不存在一个计算两者之间差异的实际方法。

将租赁承诺中有关经营租赁的所有将来支付的租赁费（1 797 800 000 美元）都包括在内是不现实的，因为承诺付出的一部分可能是利息。本章前面已经指出，有些企业估计经营租赁承诺的 1/3 是利息。如果把 1/3 估计为利息，那么，2/3 就是估计的本金了。耐克公司估计租金的利息部分包括 1/10 的租赁费用。这相当于经营租赁的利息部分，也意味着本金估计为 10%。该数额可以增加固定资产和长期负债，以获得与资产负债表相关的负债比率的一个补充说明。图表 7—7 列示了耐克公司 2009年 5 月 31 日调整后的负债比率和债务与权益比率。这使得债务大幅度增加。

图表 7—7　　　　耐克公司考虑经营租赁调整后的负债比率和债务与权益比率

2009 年 5 月 31 日	金额单位：百万美元

调整后的负债比率：	
调整前的负债总额（见图表 7—3）	4 556.50
加：估计的经营租赁费（1 797.8×90%）	1 618.02
调整后的负债（A）	6 174.52
调整前的资产总额	13 249.60
加：估计的经营租赁费	1 618.02
调整后的资产（B）	14 867.62
调整后的负债比率（A÷B）（%）	41.53
调整前的负债比率（见图表 7—3）（%）	34.39
调整后的债务与权益比率：	
调整后的负债（见上）（A）	6 174.52
股东权益（B）	8 693.10
调整前的债务与权益比率（A÷B）（%）	71.03
调整前的债务与权益比率（见图表 7—4）（%）	52.42

7.3.3　各种退休金计划

《退休员工收入保障法案》（ERISA）于 1974 年成为一项法律，它极大地影响了退休金计划的管理以及对企业负债状况的评价。该法案包括对计划准备最低限额资金的要求、员工在雇佣期满后的最低权利，以及建立专门的联邦机构即退休津贴保证公司（PBGC），以便在终止退休金计划时，帮助员工得到利益。退休津贴保证公司对每一个属于该公司退休金计划的员工收取一定的费用。退休津贴保证公司有权对企业资产净值的30%行使强制留置权。这种留置权与所得税留置权具有同等地位，因此，它是债权人最高的要求权。在实践中，退休津贴保证公司并不愿意行使这种留置权，除非企业已经处于破产过程中。当行使留置权时，退休津贴保证公司只能得到相对较少金额的资产。

退休金计划的一个重要条款就是授权条款。在退休金计划中被授权的员工有权在退休之后领取一定的退休金，无论该员工是否继续为雇主工作。《退休员工收入保障法案》在减少授权时间上作了重要的改进。最初的《退休员工收入保障法案》已经被多次修改，以增强企业对退休金计划的责任。

1980年，国会通过了《多雇主退休金计划修正案》。多雇主退休金计划是指由两个或者两个以上不相关雇主共同维持的计划。这项议案大大加强了雇主对多雇主退休金计划的责任，并且确定退休津贴保证公司可以强制执行多雇主计划。

企业实行的多雇主计划一般只适用于工会员工。这类企业通常还有其他适用于非工会员工的退休金计划。在披露多雇主计划时，企业通常将其他退休金计划的成本也包括在这个计划成本里。要区分这些计划成本是不实际的，因为它们混在一起。这些计划的执行通常以离职即付为基础，所以除非款项没有支付，否则一般不会形成负债。如果企业从多雇主计划中撤出，则会出现大量的潜在债务。不幸的是，这种负债的数额并不能从有关退休金的附注中查找出来。

家乐氏公司2009年1月31日的年度报告包括如下评论：

公司根据劳资集体谈判协议确定的各种责任向各种多雇主退休金计划缴款。根据参与者对雇主的服务情况，这些退休金计划提供了各种退休后的福利。该福利由基于此目的而以信托方式持有的资产负责支付。受托人由雇主和工会以等额数量确定。受托人主要负责确定提供给参与者的福利水平、资产投资事项和退休金计划管理工作。

根据美国公认会计原则，公司在向这些退休金计划缴款时确认相应的费用。2008年、2007年和2006年，公司向这些退休金计划缴款并确认费用的数额分别为219 000 000美元、207 000 000美元和204 000 000美元。

根据最近获得的信息，公司认为大多数或所有这些多雇主退休金计划的应计负债的保险精算现值已经大大超过基于支付福利目的而以信托方式持有的资产现值。如果公司计划退出某些市场甚至终止向这些退休金计划缴款，公司将可能注销一笔巨额的负债。根据美国公认会计原则，公司将在发生可以合理估计的注销负债事项时记录注销负债的相应调整。

规定分担计划

企业的退休金计划要么是规定分担计划，要么是限定受益计划。规定分担计划（defined contribution plan）就是确定企业对退休金计划拨款的计划。一旦支付了规定拨付的金额，企业就不再对退休金计划承担更多的债务。这类计划将未来风险转嫁给了员工，因为企业不再考虑将来退休基金能否增长到保证员工退休以后得到合理的养老金。采用这种在20世纪80年代很流行的退休金计划，估计企业退休金负债和退休金费用不成问题。因此，规定分担计划披露不是财务报告的主要问题。

401（k）是规定分担计划的一种。这些计划可能对企业有一定供款额的要求，也可能没有这种要求，可能按雇主出资额出资。当企业按要求的供款额供款后，任何退休金负债都不存在。

对采用规定分担计划的企业，应通过下列分析抓住其重点：

（1）在3年的时间里，对退休金费用和经营收入进行对比。这将揭示出退休金费用相对于经营收入所占的份额以及趋势。

（2）在3年的时间里，对退休金费用和税前收益进行对比。这将揭示出退休金费用相对于税前收益所占的份额以及趋势。

（3）注意每一项资产负债表项目（退休金计划内容通常不是资产负债表项目，因为企业以离职即付为基础进行支付）。

耐克公司在世界各个国家都设立了退休金计划。不过，各种退休金计划的类型并不为人所知。这些退休金计划对公司的影响并不大。

"2009年5月31日和2008年5月31日，与各种退休金计划尚未缴款事项相关的负债分别为82 800 000美元和90 600 000美元。"10-K格式报告。

公司为美国员工提供了各种401（k）员工储蓄计划。按员工缴款的一定比例，公司使用普通股或现金配套缴款。公司的会计年度截止于2009年5月31日、2008年5月31日和2007年5月31日。这3个会计年度，公司对储蓄计划的缴款数额分别为37 600 000美元、33 900 000美元和24 900 000美元。这些缴款额包括在销售与管理费用中。10-K格式报告，附注13——福利计划。

这样，2009年、2008年和2007年的储蓄计划费用分别为销售收入的0.20%、0.18%和0.15%。由此看来，储蓄计划对公司的影响微不足道。当然，也就没有什么需要披露的资产负债表项目。

限定受益计划

限定受益计划就是规定计划参与者将要收到的福利金。例如，该计划可能规定参与者能够获得其退休前3年平均收入的40%。这类计划使企业可能存在不能为满足限定受益而提供足够的退休金资金的风险。这种计划在20世纪80年代以前是退休金计划的主要形式。大部分企业现在还继续使用限定受益计划，部分原因是将其转变成规定分担计划有困难。一些企业已经通过建立一个债务基金以终止限定受益计划，并开始使用规定分担计划。在有些情况下，当规定分担计划负债偿还以后，可能导致上百万美元的资金从退休金计划转入企业。美国国会在1990年对这部分返回增收了营业税。该营业税的税率可以高达50%，这就极大地减少了这部分资金的返回。

关于限定受益计划，必须对未来事件做一系列假设。其中与将来有关的一些假设包括利率、员工流动率、死亡率、报酬以及法律规定的退休福利。财务报告在退休金方面的主要问题是对这些未来事件做出假设。具有相同计划的两个企业可能做出截然不同的假设，从而导致退休金费用和负债的重大差异。

有许多与限定受益计划相关的专业术语。对这些专业术语的解释已经超出本书论述的范围。

对于使用限定受益计划的企业，通过下列分析可以掌握其重点：

（1）在3年的时间里，将退休金费用和营业收入进行比较。这将显示退休金费用与营业收入之比的重要程度和趋势。

（2）在3年的时间里，将退休金费用和税前收益进行比较。这将显示退休金费用与税前收益之比的重要程度和趋势。

（3）将福利债务与计划资产价值进行比较。这可以显示已经建立的基金的不足程度或者超额程度。基金不足意味着一种潜在的债务；超额则意味着有机会减少未来退休金费用。超额部分也可以用于减少相关的成本，如残疾人福利、退休人员医疗费用、员工裁减。超额部分还可以作为利润表的贷项。

（4）注意资产负债表确认的退休金负债和资产净值。

图表7—8 列示了瓦尔坎材料公司退休金附注的部分项目以及利润表和资产负债表的部分项目。

图表7—8 **瓦尔坎材料公司退休金福利——限定受益计划**

瓦尔坎公司及其子公司合并利润表（部分）

会计年度截止于12月31日

金额单位：千美元（除了每股数据，股票数量单位为千股）

	2008 年	2007 年	2006 年
销售净额	$ 3 453 081	$ 3 090 133	$ 3 041 093
递送服务收入	198 357	237 654	301 382
收入总额	$ 3 651 438	$ 3 327 787	$ 3 342 475
税前持续经营利润	$ 75 058	$ 667 502	$ 703 491

合并资产负债表（部分）

金额单位：千美元

	2008 年	2007 年	2006 年
流动资产总额	$ 893 890	$ 1 157 229	$ 731 194
资产总额	8 914 169	8 936 370	3 427 834
流动负债总额	1 663 066	2 528 187	487 508
负债总额	5 391 433	5 176 770	1 416 935
股东权益总额	3 522 736	3 759 600	2 010 899
负债与股东权益总额	8 914 169	8 936 370	3 427 834

附注10——福利计划（限定受益）（部分）

金额单位：千美元

	2008 年	2007 年	2006 年
年末福利债务	620 845	636 270	579 641
年末资产的公允价值	418 977	679 747	611 184
资金状况	(201 868)	43 477	31 543

续表

附注10——福利计划（限定受益）（部分）

合并资产负债表已确认数额

金额单位：千美元

	2008 年	2007 年	2006 年
非流动资产	0	102 446	68 517
流动负债	（3 453）	（2 978）	（1 584）
非流动负债	（198 415）	（55 991）	（35 390）
已经确认的净额	（201 868）	43 477	31 543

附注10——福利计划（限定受益）（部分）

金额单位：千美元

	2008 年	2007 年	2006 年
期间退休金福利成本净额	8 173	11 448	9 278

我们注意到图表7—8所列示的瓦尔坎材料公司的退休金计划是限定受益计划。观察瓦尔坎材料公司下列相关计划：

1. 退休金费用（成本）与经营收入之比（限定受益计划）：

	2008 年	2007 年	2006 年
退休金成本（A）	$ 8 173 000	$ 11 448 000	$ 9 278 000
经营收入（B）	3 651 438 000	3 327 787 000	3 342 475 000
退休金费用与经营收入之比（A÷B）	0.22%	0.34%	0.28%

注释：2007 年的退休金成本显著增加，而2008 年的退休金成本又大幅度减少。

2. 退休金费用（成本）与税前持续经营利润之比（限定受益计划）：

	2008 年	2007 年	2006 年
退休金成本（A）	$ 8 173 000	$ 11 448 000	$ 9 278 000
税前持续经营利润（B）	75 058 000	667 502 000	703 491 000
退休金费用（成本）与税前持续经营利润之比（A÷B）	10.89%	1.72%	1.32%

注释：2008 年显著增加。

3. 福利债务与年末资产公允价值的比较（限定受益计划）：

	2008 年	2007 年	2006 年
福利债务	$ 620 845 000	$ 636 270 000	$ 579 641 000
资产公允价值	418 977 000	679 747 000	611 184 000
资产公允价值（少于）超过福利债务	（$ 201 868 000）	$ 43 477 000	$ 31 543 000

注释：2008 年资产公允价值与福利债务的差额由正值转为负值。

4. 合并资产负债表已确认金额（限定受益计划）：

	2008 年	2007 年	2006 年
非流动资产	$0	$102 446 000	$68 517 000
流动资产	(3 453 000)	(2 978 000)	(1 584 000)
非流动负债	(198 415 000)	(55 991 000)	(35 390 000)
已确认净额	($201 868 000)	$43 477 000	$31 543 000

注释：该数额由资产净值转为负债净值。

7.3.4 退休金之外的退休后福利

员工退休以后还可以得到退休金以外的一些福利，如医疗保险、人寿保险合同等，这些福利数额可能很大。许多企业的这类债务高达数百万美元。1993 年以前，大部分企业没有为这类债务设立基金，因此，这些企业存在着大量的潜在债务。

从 1993 年开始，企业被要求为员工将来获得的退休金以外的退休后福利计提或者建立储备账户，而不是在实际支付时才计入成本。企业通常可以在 20 年的时间内分次计提计入费用，也可以整笔一次计入费用。因为通常涉及的金额很大，所以，如果对两个或两个以上企业的财务状况进行比较，这种可选择性就会带来很大的问题。有些企业医疗保险费用金额如此之巨大，以至于留存收益出现赤字，甚至整个股东权益都出现亏欠。

许多企业通过改变计划，将退休人员的健康保健福利限制在一个上限内，以降低成本。相对于没有限制的医疗保险福利，这类计划可以极大地降低退休人员的健康保健成本。仔细观察附注内容就可以确定企业如何记录退休人员的健康保健成本。

对于有退休金以外的退休后福利的企业，应该使用与退休金的限定受益计划一样的分析方法，以掌握其重点。没有补偿增加率的情况除外。

图表 7—9 列示了瓦尔坎材料公司退休金附注的部分项目以及利润表和资产负债表的部分项目。

图表 7—9　　　**瓦尔坎材料公司*退休后福利计划——其他退休金**

合并利润表（部分）

金额单位：千美元

会计年度截止于 12 月 31 日	2008 年	2007 年	2006 年
销售净额	3 453 081	3 090 133	3 041 093
递送服务收入	198 357	237 654	301 382
收入总额	3 651 438	3 327 787	3 342 475
税前持续经营利润	75 058	667 502	703 491

续表

合并资产负债表（部分）

金额单位：千美元

	2008 年	2007 年	2006 年
流动资产总额	893 890	1 157 229	731 194
资产总额	8 914 169	8 936 370	3 427 834
流动负债总额	1 663 066	2 528 187	487 508
负债总额	5 391 433	5 176 770	1 416 935
股东权益总额	3 522 736	3 759 600	2 010 899
负债与股东权益总额	8 914 169	8 936 370	3 427 834

附注 10——福利计划（部分）
退休后计划——其他退休金（部分）

金额单位：千美元

	2008 年	2007 年	2006 年
年末福利债务	112 837	106 154	90 805
年末资产的公允价值	—	—	—
资金状况（资金不足）	(112 837)	(106 154)	(90 805)

合并资产负债表已确认数额与期间退休后福利成本净额
退休后福利计划——其他退休金计划　　金额单位：千美元

	2008 年	2007 年	2006 年
流动负债	(7 277)	(6 966)	(5 497)
非流动负债	(105 560)	(99 188)	(85 308)
已经确认的净额	(112 837)	(106 154)	(90 805)
期间退休后福利成本净额	12 315	10 014	8 687

　　*"瓦尔坎材料公司（"公司"、"瓦尔坎"、"我们"、"我们的"）是新泽西州的一家公司，它是全国最大的建筑材料制造商，主要经营碎石、沙和砂料，它也是佛罗里达州的一家沥青混凝土的主要制造商和处于领先地位的水泥制造商。"10-K 格式报告。

　　观察瓦尔坎材料公司下列相关的退休后计划：

　　1. 退休金费用（成本）与经营收入之比：

	2008 年	2007 年	2006 年
期间退休后福利成本净额（A）	$ 12 315 000	$ 10 014 000	$ 8 687 000
收入总额（B）	3 651 438 000	3 327 787 000	3 342 475 000
期间退休后福利成本净额与收入总额之比（A÷B）	0.34%	0.30%	0.26%

　　注释：退休后福利成本显著增加，但对公司的影响微不足道。

2. 退休金费用（成本）与税前利润之比：

	2008 年	2007 年	2006 年
期间退休后福利成本净额（A）	$ 12 315 000	$ 10 014 000	$ 8 687 000
税前持续经营利润（B）	75 058 000	667 502 000	703 491 000
期间退休后福利成本净额与税前持续经营利润之比（A÷B）	16.41%	1.50%	1.23%

注释：期间退休后福利成本净额从不重要变得非常重要。

3. 福利债务与年末退休后福利计划资产公允价值的比较：

	2008 年	2007 年	2006 年
福利债务	$ 112 837 000	$ 106 154 000	$ 90 805 000
资产公允价值	—	—	—
福利债务超过资产公允价值	$ 112 837 000	$ 106 154 000	$ 90 805 000

注释：福利债务尚没有相应的资金。2008 年，福利债务占负债总额的 2.09%。与限定受益退休金计划不利的资金状况相比，这个比例就显得很大。

4. 合并资产负债表已确认金额：

	2008 年	2007 年	2006 年
流动负债	（$ 7 277 000）	（$ 6 966 000）	（$ 5 497 000）
非流动负债	（105 560 000）	（99 188 000）	（85 308 000）
已确认净额	（$ 112 837 000）	（$ 106 154 000）	（$ 90 805 000）

注释：与负债总额相比，没有什么重要的项目需要资产负债表披露。

7.4 合资经营

合资经营（joint venture）是指有两个或者两个以上企业为某特定的目的而建立的联合体。有些合资经营以合伙人形式或者其他非公司形式出现；另一些合资经营则是以两个或者两个以上企业共同拥有公司的形式出现。

由于合资经营的形式多样，因此，其会计原则也比较灵活。通常关注的问题是合资经营应被视为投资还是合并。有些合资经营对母公司来说非常重要，关键的问题是母公司对其是控制还是具有重要影响。如果母公司具有控制权，则通常以持股比例与合资公司合并。其他的合资经营则通常运用权益法进行投资账户的核算。无论哪一种情况，通常都要在附注中披露这些重要信息。

企业进行合资经营，通常要做出某些承诺，如为合资经营企业的银行贷款提供担保，或与合资经营企业签订购买原材料的长期合同。这类活动可能使企业存在大量不出现在资产负债表上的潜在债务或者承诺义务。这种潜在问题存在于所有合资经营中，包括那些被合并企业。为了理解这些重要的潜在债务或承诺，必须阅读与合资经营有关的报表附注，认真考虑那些由于合资经营而产生的附加债务或承诺的有关信息。

图表 7—10 详细列示了一个合资企业地球连线公司的情况。

图表 7—10 　　　　　**地球连线公司**[*]**合资企业（2008 年年度报告）**

地球连线公司合并财务报表附注（部分）

---

6. 投资（部分）

　　所属企业权益投资

　　公司拥有一家与韩国爱思开电信公司（SK Telecom）合资的企业——荷里欧（HELIO）公司。荷里欧公司是一家没有设施的虚拟网络营运商（MVNO），主要为美国顾客提供移动通信和手机服务。荷里欧公司创建于 2005 年 3 月，2006 年 4 月开始提供产品和服务。地球连线公司以现金和非现金资产方式总共对荷里欧公司投资了 220 000 000 美元。地球连线公司的会计年度截止于 2006 年 12 月 31 日和 2007 年 12 月 31 日。地球连线公司在这两个会计年度分别对荷里欧公司投资了 78 500 000 美元和 19 500 000 美元。截止于 2007 年 12 月 31 日的这个会计年度，公司还借给荷里欧公司 30 000 000 美元。截止于 2007 年 12 月 31 日，地球连线公司大约拥有荷里欧公司 31% 的经济所有权利益和 33% 的投票权，而爱思开电信公司大约拥有荷里欧公司 65% 的经济所有权利益和 67% 的投票权。

　　2008 年 8 月，美国维珍移动公司（Virgin Mobile）收购了荷里欧公司。地球连线公司在荷里欧公司的权益和债务投资转换为有限合伙权益，大约相当于维珍移动公司的普通股 1 800 000 股。该交易的结果，使地球连线公司获得了 4 400 000 美元的利得。该利得包括在其合并经营报表的投资利得（损失）中。地球连线公司大约拥有维珍移动公司 2% 的所有权利益。公司对维珍移动公司的经营与财务政策不能施加重要影响，因而，公司对维珍移动公司的投资只能采用成本法核算并归类为可供出售投资。

　　在与维珍移动公司发生交易之前，公司对荷里欧公司的投资采用权益法核算，因为公司对荷里欧公司的经营与财务政策可以施加重要影响。公司曾经在合并经营报表记录其在荷里欧公司投资的净损失并在估计的有效年限内摊销投入荷里欧公司非现金资产的账面价值与公允价值之间的差额。在合并经营报表中，这种摊销增加了公司投资的账面价值，减少了所属企业权益投资的净损失。截止于 2006 年 12 月 31 日和 2007 年 12 月 31 日的这两个会计年度，公司分别记录了与其对荷里欧公司投资相关的所属企业权益投资净损失 84 800 000 美元和 111 300 000 美元。这是差异摊销净额和其他权益法核算的调整。2007 年，地球连线公司停止记录所属企业权益投资净损失，因为公司对荷里欧公司投资的账面价值已经减少为零。

---

　　[*] "地球连线公司是一家互联网服务提供商，主要为个人顾客和企业顾客提供全国互联网接驳服务和相关增值服务。"10-K 格式报告。

7.4.1　或有事项

　　或有事项（contingency）是指在现存的条件、情形或者环境下，企业最终会出现的收益或损失还不能确定，只有在发生或不发生一个或多个未来事项时才能最终证实。[1]

　　或有事项的特征就在于最终结果不能确定的现有状况，而其问题的解决依赖于一个或者多个未来事件。如果满足两个条件，则或有损失应作为应计事项。[2]

　　（1）发布财务报表之前的信息显示，在财务报表日很可能资产已经减损或负债已经发生。

　　（2）损失的金额可以合理预计。

　　如果或有损失只满足应计事项标准的一个条件，而不是两个条件，那就不是应计事项。如果至少可以合理判断资产已经减损或负债已经发生，则应在报表附注中披露。或有负债的例子包括保修负债和应收账款的可回收性。如果企业为其他企业提供担保，则该或有事项通常在附注中披露。

阅读财务报表时，应仔细阅读描述或有负债的报表附注，以便发现在资产负债表中没有披露的可能重大的负债项目。

或有利得的内容如下：

（1）可能带来收益的或有事项通常不在账户上反映，否则，就可能在收益实现前确认收益。

（2）可能导致利得的或有事项应该充分披露，但应该注意避免对其实现的可能性做出误导。[3]

应阅读公司的或有利得附注。

图表7—11详细列示了通用动力公司的或有利得。

图表7—11　　　　**通用动力公司*或有利得（2008年年度报告）**

合并财务报表附注（部分）
所得税（部分）

　*"考虑到所得税的不确定性，以所有已知的事实、环境和现有税法为基础，我们认为2008年12月31日尚未确认的所得税事项对我们的经营成果、财务状况或现金流量状况的影响并不大。我们还认为2008年12月31日尚未确认的所得税事项涉及的数额，即便得到确认，对我们的有效税率也不会产生重要的影响。我们进一步认为在今后12个月内可能显著增加或减少的尚未确认所得税事项不会改变我们的税收状况，从而，无论是单独还是整体，都不会对我们的经营成果、财务状况或现金流量状况产生重要影响。"10-K格式报告。

7.4.2　表外风险的金融工具与信用风险密集度的金融工具

对所有表外风险的金融工具的信用与市场风险要求做出如下披露：

（1）面值或合同金额。

（2）种类和有关条款，包括最低限度的信用和市场风险评估、现金需求量以及会计政策。[4]

对表外信用风险的金融工具还要求做出如下披露：

（1）如果任何一方没有完全履行合同规定的条款，并且即使有担保品或有价证券也证明是没有价值的话，企业可能遭受会计损失的数额。

（2）企业对要求的担保品的政策和对现在持有的担保品的简要描述。[5]

会计损失（accounting loss）是指如果与合同有关的每一件事都发生问题，企业在最坏情形下的损失。它包括没有履行合同规定的条款发生损失的可能性，也包括由于市场价格变化而使金融工具贬值或出现更麻烦问题的可能性。

除了要求披露表外金融工具事项外，还要求披露信用风险密集度。它包括披露与个人或集团在行业或地区内可能遭受风险密集度相关的信息。它要求简要描述经济活动、地区或可识别风险密集度的经济特征。要求披露信用风险密集度的条款对小企业尤其重要。例如，零售商店的应收账款大部分来自于当地居民，地方银行的贷款业务都集中在依赖当地旅游业的债权人。

图表7—12列示了诺信公司2008年年报披露的表外风险金融工具和信用风险密集度金融工具。

图表7—12　　　**诺信公司*表外风险与信用风险密集度（2008年年度报告）**

合并财务报表附注（部分）

附注11——金融工具（部分）（单位为千美元）

为了降低以外币表示的应收账款、应付账款、公司间应收账款、公司间应付账款和贷款产生的外币敞口风险，诺信公司购入作为衍生金融工具的外币远期合约。这些远期合约的到期日通常少于90天。这些远期合约在每个会计期间都按市价调整，由此产生的利得或损失列示于合并利润表的其他收益（费用）项目。2008年度因为这些远期合约的公允价值变动而确认了2 033 000美元的损失，而2007年度和2006年度却因为这些远期合约的公允价值变动而分别确认了862 000美元和2 524 000美元的利得。

2008年10月31日，我们持有将于2009年1月份的不同日期到期的外币远期合约。下表按币种汇总了各种外币远期合约：

	卖出		买入	
	假设金额	公允市场价值	假设金额	公允市场价值
2008年10月31日合约金额：				
欧元	$8 236	$7 701	$124 764	$123 846
英镑	429	402	12 557	12 491
日元	6 338	6 598	13 786	13 765
其他货币	4 173	3 911	18 308	18 615
合计	$19 176	$18 612	$169 415	$168 717
2007年10月31日合约金额：				
欧元	$7 045	$7 243	$84 371	$86 057
英镑	4 075	4 173	12 684	12 987
日元	5 116	5 071	10 763	10 599
其他货币	3 398	3 536	15 025	15 488
合计	$19 634	$20 023	$122 843	$125 131

*　"诺信公司是世界领先的精密材料喷涂、测试、检验、表面涂层与固化设备制造商之一。"10-K格式报告。

7.4.3　金融工具公允价值的披露

金融工具公允价值要求被披露，它包括资产负债表（资产和负债）确认的和未确认的金融工具。如果不能估计公允市价，则应该用描述性的信息披露恰当的公允价值估计值。

金融工具公允价值可以在财务报表中披露，也可以在报表附注中披露。[6]这种披露可能反映公司重大的机遇或附加的风险。例如，长期负债以高于账面价值的公允价值披露就会增加潜在的损失。

图表 7—13 列示了诺信公司在其 2008 年年报披露的金融工具公允价值。

图表 7—13　　　　　诺信公司* 金融工具的公允价值（2008 年年度报告）

合并财务报表附注（部分）

附注 11——金融工具（部分）

除了应收账款和应付账款之外，金融工具的账面价值与公允价值如下：

	2008 年		2007 年	
	账面价值	公允价值	账面价值	公允价值
现金及现金等价物	$ 11 755	$ 11 755	$ 31 136	$ 31 136
有价证券	5	5	9	9
应付票据	(212 061)	(212 061)	(299 809)	(299 809)
长期债务	(72 840)	(70 757)	(47 130)	(49 350)
远期外币合约	(134)	(134)	1 899	1 899

诺信公司运用下列方法与假设估计金融工具的公允价值：

- 现金、现金等价物和应付票据因为到期日相对较短而采用账面价值计价。
- 有价证券按市场报价计价。
- 长期债务按以相似条款的借款协议的现行利率为折现率的未来现金流量折现值计价。
- 远期外币合约运用可比合约的标价汇率估计其价值。

* “诺信公司是世界领先的精密材料喷涂、测试、检验、表面涂层与固化设备制造商之一。”
10-K 格式报告。

7.5　本章小结

本章包括考察企业长期偿债能力的两种方法：一种方法是考察利润表反映的偿债能力；另一种方法考察资产负债表反映的偿债能力。与债务有关的比率公式如下：

$$利息保障倍数 = \frac{不包括利息费用、税金费用、权益收益及少数股权收益的经常收益}{包括资本化利息的利息费用}$$

$$固定费用偿付能力 = \frac{不包括利息费用、税金费用权益收益和少数股权收益的经常收益 + 租赁费的利息部分}{包括资本化利息的利息费用 + 租赁费的利息部分}$$

$$负债比率 = \frac{负债总额}{资产总额}$$

$$债务与权益比率 = \frac{负债总额}{股东权益}$$

$$债务与有形净值比率 = \frac{负债总额}{股东权益 - 无形资产}$$

思考题

7.1　列出考察企业长期偿债能力的两种方法。讨论为什么每一种方法对企业偿还债务能力都给出了重要观点。

7.2 为什么在计算利息保障倍数时要把资本化利息加入利息费用？

7.3 负债总额与资产总额之比是一个用于反映长期偿债能力的比率。设置这个比率的目的是什么？这个比率实现其目的的准确程度如何？

7.4 某家企业如果有大量的租赁资产没有资本化，则可能会夸大其长期偿债能力。试解释。

7.5 在阅读财务报表时，应当仔细阅读描述或有事项的附注，以便了解不在资产负债表中披露的重大或有事项。请加以评述。

习题

7—1 哈金公司已经经营 5 年，目前负债总额为 125 000 美元，股东权益总额为 75 000 美元。其负债总额有一半是流动负债，公司的流动资产为 75 000 美元。公司的息税前利润为 22 000 美元，利息费用总额为 10 000 美元。公司的经营净利润为 185 000 美元，债务偿还总额为 100 000 美元。公司正在向当地银行申请信用额度。

要求

1. 计算该公司：（1）债务与权益比率；（2）流动比率；（3）债务偿付比率；（4）利息保障倍数。

2. 银行看到上述这些比率还会提供信用额度给哈金公司吗？基于这种状况，对银行而言，为什么速动比率比流动比率更为重要呢？

7—2 **考弗曼公司资产负债表如下：**

流动资产	
现金	$13 445
短期投资——按成本计价（接近市价）	5 239
应收账款（已经扣除坏账准备 1 590 美元）	88 337
存货——按成本（平均成本法）与市价孰低法计价：	
产成品	113 879
在产品、原材料与备用品	47 036
	160 915
预付费用	8 221
流动资产总额	276 157
其他资产：	
其他应收款、预付款与其他资产	4 473
无形资产	2 324
其他资产总额	6 797
财产、厂房与设备：	

续表

土地	5 981
建筑物	78 908
机器与设备	162 425
	247 314
减：累计折旧	106 067
财产、厂房与设备净值	141 247
资产总额	$ 424 201
负债与股东权益	
流动负债：	
应付票据	$ 2 817
应付账款	23 720
退休金、利息与其他应计负债	33 219
所得税之外的其他税项	4 736
所得税	3 409
流动负债总额	67 901
长期债务（利率为 12% 的信用债券）	86 235
递延所得税	8 768
子公司少数股东权益	12 075
负债总额	174 979
股东权益：	
连续优先股	9 154
普通股（每股面值 5.25 美元）	33 540
资本公积	3 506
留存收益	203 712
	249 912
减：库存普通股成本	690
股东权益总额	249 222
负债与股东权益总额	$ 424 201

要求

1. 计算其负债比率。

2. 计算其债务与权益比率。

3. 计算其债务与有形净值比率。

4. 请评述考弗曼公司的债务数额。

7—3 交易事项常常对比率有着重要的影响，本题考虑这种影响的方向。

交易事项	利息保障倍数	负债比率	债务与权益比率	负债与有形净值比率
（1）以抵押贷款购买建筑物				
（2）以高于基本利率1%的短期贷款购入存货				
（3）宣告并支付现金股利				
（4）宣告并发放股票股利				
（5）降低销售成本提高利润				
（6）分拨留存收益				
（7）出售普通股				
（8）偿还长期银行借款				
（9）将债券转换为流通在外的普通股				
（10）以高于成本的价格出售存货				

要求

指出每项交易对所列比率的影响。用"+"号表示增加，用"−"号表示减少，用"0"表示没有影响。假设初始的利息保障倍数大于1，负债比率、债务与权益比率以及负债与有形净值比率都小于1。

7—4 帕克先生请你对澳德克斯公司的长期偿债能力提出看法，他给你提供了下列比率：

	2009 年	2008 年	2007 年
利息保障倍数	8.2	6.0	5.5
负债比率	40%	39%	40%
债务与有形净值比率	80%	81%	81%

要求

1. 分别指出每项比率的含义和局限性，并由此得出对澳德克斯公司的长期负债状况的综合影响。

2. 基于上述目的，对于比率分析的局限性，你将给帕克先生提供什么建议？

7—5 A. E. G 公司的会计年度截止于 2009 年 6 月 30 日，该公司提供了如下财务报表：

A. E. G 公司 2009 年 6 月 30 日资产负债表　　　　　单位：千美元

资产		
流动资产：		
现金	50 000	
应收账款	60 000	
存货	106 000	
流动资产总额		216 000
财产、厂房与设备	504 000	
减：累计折旧	140 000	364 000
专利权与其他无形资产		20 000
资产总额		600 000
负债与股东权益		
流动负债：		
应付账款	46 000	
应付税金	15 000	
其他流动负债	32 000	
流动负债总额		93 000
长期负债		100 000
股东权益：		
优先股（每股面值 100 美元，股利率为 5%，可累积，核准并已经发行 500 000 股）		50 000
普通股（每股面值为 1 美元，核准并已经发行 100 000 股）		100 000
资本公积（普通股溢价）		120 000
留存收益		137 000
负债与股东权益总额		600 000

A. E. G 公司利润表会计年度截止于 2009 年 6 月 30 日

单位：千美元（每股收益除外）

销售收入		936 000
销售成本		671 000
销售毛利		265 000
经营费用：		
销售费用	62 000	
一般管理费用	41 000	103 000
经营利润		162 000
其他项目：		
利息费用		20 000
税前利润		142 000
所得税费用		56 800
净利润		85 200
每股收益		0.83

在新会计年度初，公司管理人员制订了一项重大扩充计划。该计划将增加固定资产 190 000 000 美元。此外，为了支持扩大生产需要额外的存货。存货将增加到 10 000 000 美元。

公司的投资银行家提出了三种可供选择的融资计划：

- A 计划：按面值发行股利率为 5% 的优先股。
- B 计划：按每股 10 美元发行普通股。
- C 计划：按面值（1 000 美元）发行票面利率为 16% 的 20 年期的长期债券。

要求

1. 就截止于 2009 年 6 月 30 日这个会计年度，计算：

（1）利息保障倍数

（2）负债比率

（3）债务与权益比率

（4）债务与有形净值比率

2. 假设除了资产与融资增加外，其他财务结果和财务报表余额都一样，计算每一种融资计划的上述各项比率。不要为了下年利润而试图调整留存收益。

3. 收益和股票数量的改变将引起每股收益的变化：A 计划的每股收益为 0.73 美元，B 计划的每股收益为 0.69 美元，而 C 计划的每股收益为 0.73 美元。根据这些信息，讨论每一种计划的利弊。

4. 为什么股利率为 5% 的优先股成本高于票面利率为 16% 的债券？

案例 专业零售商——债务评价

本案例评价几个专业零售商店的债务状况，这些公司及其会计年度截止日如下：

1. 阿贝克隆比 & 费奇公司

（2009 年 1 月 31 日，52 周；2008 年 2 月 2 日，52 周；2007 年 2 月 3 日，53 周）

"阿贝克隆比 & 费奇公司*……是一家专业的零售商，主要经营商店和网站销售休闲运动服装。"10-K 格式报告。

2. 有限品牌公司

（2009 年 1 月 31 日，52 周；2008 年 2 月 2 日，52 周；2007 年 2 月 3 日，53 周）

"我们主要经营具有高度竞争性的专业零售业务。"10-K 格式报告。

3. 盖普公司

（2009 年 1 月 31 日，52 周；2008 年 2 月 2 日，52 周；2007 年 2 月 3 日，53 周）

"我们是一个经营服装、饰品和个人休闲产品的全球专业零售商。"10-K 格式报告。

	阿贝克隆比 & 费奇公司		有限品牌公司		盖普公司	
	2009 年	2008 年	2009 年	2008 年	2009 年	2008 年
利息保障倍数		××	3.42	8.05	176.11	39.78
固定费用偿付比率（次/年）	××	××	2.80	5.00	5.15	4.48
负债比率（%）	35.20	36.97	73.12	70.16	42.00	45.47
债务与权益比率（%）	54.32	58.66	272.04	235.15	72.42	83.39
债务与有形净值比率（%）	54.32*	58.65*	√√√	√√√	75.30	83.38

* 没有无形资产。

×× 披露的信息不够充分，无法计算。

√√√ 扣除无形资产之后，股东权益为负数。

要求

1. 请评述公司之间的利息保障倍数。

2. 请评述各个公司的固定费用偿付比率。

3. 请评述利息保障倍数与固定费用偿付比率。为什么利息保障倍数显著高于固定费用偿付比率？

4. 为什么债务与权益比率显著高于负债比率？

5. 以负债比率为标准，评述这些公司的相对债务状况。

6. 为什么债务与有形净值比率通常高于债务与权益比率？

互联网案例：Thomson ONE（商学院版）

请登录 www.cengage.com/international，完成包含本章讨论主题的网络案例。你可以使用 Thomson ONE（商学院版）。这是一个强有力的工具，它包含一系列基本财务信息、盈余估计、市场数据和 500 个上市公司的原始文档。

注释

1. *Statement of Financial Accounting Standards No. 5*，"Accounting for Contingencies"（Stamford，CT：Financial Accounting Standards Board，1975），par 1.

2. *Statement of Financial Accounting Standards No. 5*，par 8.

3. *Statement of Financial Accounting Standards No. 5*，par 17.

4. *Statement of Financial Accounting Standards No. 105*，"Disclosure of Information About Financial Instruments with Off–Balance–Sheet Risk and Financial Instruments with Concentrations of Credit Risk"（Stamford，CT：Financial Accounting Standards Board，1990），par 17.

5. *Statement of Financial Accounting Standards No. 105*，par 18.

6. *Statement of Financial Accounting Standards No. 107*，"Disclosure About Fair Value of Financial Instruments"（Stamford，CT：Financial Accounting Standards Board，1991），par 10.

第8章 盈利能力分析

盈利能力（profitability）是指企业赚取收益的能力。盈利能力分析对股东来说至关重要，因为他们以股利的形式获取收益。此外，利润的增长使股票市价上升，从而使股东得到资本利得。利润对债权人也十分重要，因为利润是偿还债务的一项资金来源。管理层则用利润作为业绩评价的标准。

在进行盈利能力分析时，以一定数据为基础计算的百分比用来评价盈利能力比绝对数更有意义。作为计算百分比的基础数据可以是生产性资产、所有者和债权人投入资本，也可以是销售额。

8.1 盈利能力评价指标

利润表包括多种可用于盈利能力分析的数据。一般来说，基本的财务分析的利润比率应该只包括企业正常经营活动赚取的收益，它不应该包括下列内容：

（1）非持续经营；

（2）非常项目。

第4章的图表4—3列示了包含这些项目的利润表。在继续本章盈利能力讨论之前，先回顾第4章特殊利润表项目的内容。非合并子公司的权益收益和少数股权收益对分析盈利能力也很重要。第4章讨论了这些项目，图表4—5和图表4—9说明了这些概念。

趋势分析也只考虑企业正常经营所获取的收益。举例有助于说明其理由。XYZ公司第1年的净收益是100 000美元，第2年的净收益是150 000美元，但第2年的收益包括了非正常收益60 000美元，实际上，XYZ公司经营收入带来的利润下降了。

8.1.1 净利润率

普遍使用的利润指标是销售利润率，通常被称为净利润率。如果企业报告其上一年度赚取了6%的利润率，则这个统计数通常意味着其利润是销售额的6%。净利润率（net proit margin）的计算公式如下：

$$净利润率 = \frac{少数股权收益和非经常项目前净收益}{销售净额}$$

这个比率用于评价每1元销售收入能赚取的净收益数额。这个比率越高越好，但由于行业内的竞争能力、经济环境、利用负债融资程度和其他经营特征（如固定成本较高），都将使同行业不同企业间以及不同行业间的净利润率产生很大差异。

图表8—1显示了耐克公司2009年和2008年的净利润率数据。该分析显示耐克公司的净利润率有了显著的提高。

对净利润率这个比率作一些修正可以使它比本书计算出来的比率更为准确。对分子的修正包括去掉利润表中"其他收益"和"其他费用"项目，因为这些项目与销售收入（分母数）无关，所以，将其包括在利润表内会歪曲净利润率。

图表 8—1 　　　　　　　　　　　　**耐克公司净利润率**

会计年度截止于 2009 年 5 月 31 日和 2008 年 5 月 31 日　金额单位：百万美元

	2009 年	2008 年
净收益（A）	1 486.7	1 883.4
销售净额（B）	10 176.1	18 627.0
净利润率（A÷B）（%）	7.75	10.11

本书不通过调整这些项目来修正净利润率，因为这通常需要对财务报表有更深入的理解，而这已经超出了本书的预期水平。本章也讨论经营收益率、经营资产周转率和经营资产报酬率，通过这些比率可以考察企业的经营情况。

在解答本书的问题、计算净利润率时，不要剔除"其他收益"和"其他费用"，除非题目指明要剔除。在其他分析中，如果选择通过从净收益中剔除"其他收益"和"其他费用"修正净利润率，那么，扣除项目应使用按企业税率纳税后的净额，这是对税收效应的合理估计。

如果不通过扣除"其他收益"或"其他费用"来修正净利润率，至少应该注意企业是否存在"其他收益"净额或"其他费用"净额。"其他收益"净额使净利润比实际水平高，而"其他费用"净额使净利润比实际水平低。

耐克公司的报表可以用来说明对其他收益的扣除。图表 8—2 列示了 2009 年和 2008 年扣除其他收益后计算的净利润率。2009 年经过调整后计算出来的净利润率上升了 0.39%，2008 年净利润率上升了 0.28%。这两年利润率的上升幅度不大。

图表 8—2 　　　　　　**耐克公司净利润率（修正后重新计算）**

会计年度截止于 2009 年 5 月 31 日和 2008 年 5 月 31 日　金额单位：百万美元

	2009 年	2008 年
净利润	1 486.7	1 883.4
税率：有效税率（附注9）	24.0%	24.8%
与销售净额无关的项目：		
利息（收益）净额	(9.5)	(77.1)
其他（收益）费用净额	(88.5)	7.9
与销售净额无关的净（收益）费用	(98.0)	(69.1)
与销售净额无关的净（收益）费用×（1-税率）	(74.5)	(52.0)
净利润减去与销售净额无关项目的税款（C）	1 412.2	1 831.4
销售净额（D）	19 176.1	18 627.0
调整后的净利润率（C÷D）	7.36%	9.83%

8.1.2　全部资产周转率

全部资产周转率（total asset turnover）用来评价资产的运用情况和企业通过使用资产获得销售额的能力。全部资产周转率的计算公式如下：

$$全部资产周转率 = \frac{销售净额}{平均资产总额}$$

图表 8—3 列示了耐克公司 2009 年和 2008 年的全部资产周转率。全部资产周转率从 1.61 下降到 1.49，下降幅度不大。

图表 8—3 **耐克公司全部资产周转率**

会计年度截止于 2009 年 5 月 31 日和 2008 年 5 月 31 日 金额单位：百万美元

	2009 年	2008 年
销售净额（A）	19 136.1	18 627.0
平均资产总额		
年初数	12 442.7	10 688.3
年末数	13 249.6	12 442.7
合计	25 692.3	23 131.0
平均（B）	12 846.2	11 565.5
全部资产周转率（A÷B）（次）	1.49	1.61

计算全部资产周转率的修正公式与资产（分母）有关而与销售净额（分子）无关。例如，可以从分母中扣除投资额和在建工程。本书不作这种修正。本章讨论经营利润率、经营资产周转率和经营资产报酬率。

如果不作修正计算，应查看与销售净额无关的投资账户、在建工程账户和其他资产账户，这些资产的存在会歪曲全部资产周转率，使其偏低（即实际的周转率高于计算出来的指标数）。

8.1.3 资产报酬率

资产报酬率用于评价企业利用其资产赚取利润的能力。该指标通过利润与赚取这些利润的资产相比得出。资产报酬率的计算公式如下：

$$资产报酬率 = \frac{少数股权收益和非经常性项目前净收益}{平均资产总额}$$

图表 8—4 列示了 2009 年和 2008 年耐克公司的资产报酬率。耐克公司 2009 年全部资产报酬率有较大幅度的下降。

图表 8—4 **耐克公司资产报酬率**

会计年度截止于 2009 年 5 月 31 日和 2008 年 5 月 31 日 金额单位：百万美元

	2009 年	2008 年
净收益（A）	1 436.7	1 883.4
平均资产总额（B）	12 846.2	11 565.3
资产报酬率（A÷B）（%）	11.57	16.28

从理论上说，最好的平均数是以月末数为基础计算的，但外部使用者无法得到。以期初数和期末数为基础计算的平均数只能提供一个粗略的近似值，因为它没有考虑期间内资产的临时性变化。这种变化可能与季节性因素有关。

然而，即使以期初数和期末数为基础计算简单平均数，也要求有两个数据。计算 2 年的比率要求有 3 年的资产负债表数据。因为年度报告只包含两张资产负债表，所以，要取得计算平均数的数据可能还有问题。如果是这样，那么，可以直接使用期末的资产负债表数代替平均数进行比率分析。该建议也适用于使用资产负债表进行其他比率的分析。

8.1.4 杜邦资产报酬率

净利润率、全部资产周转率和资产报酬率往往被综合起来考察，因为净利润率和全部资产周转率对资产报酬率有一个直接的影响。本书将这些比率综合起来考察。如果把这些比率综合起来，便称其为杜邦资产报酬率(Dupont return on assets)。

资产报酬率可以被分解成两个比率：净利润率和全部资产周转率。这些比率可以用于更深入地分析资产利润率百分比的变化。杜邦公司发明了将收益率分解成两个部分的方法。杜邦资产报酬率的计算公式如下：

$$\frac{少数股东权益和非经常项目前净收益}{平均资产总额}=\frac{少数股东权益和非经常项目前净收益}{销售净额}\times\frac{销售净额}{平均资产总额}$$

图表 8—5 列示了耐克公司 2009 年和 2008 年的杜邦资产报酬率。将比率分解成两个要素可以用来分析资产报酬率增长的原因。该图表显示耐克公司的资产报酬率下降主要是因为净利润率下降。资产报酬率下降多少有点受到全部资产周转率略微下降的影响。

图表 8—5 　　　　　　　　**耐克公司杜邦资产报酬率**

会计年度截止于 2009 年 5 月 31 日和 2008 年 5 月 31 日

	资产报酬率[*] = 净利润率 × 全部资产周转率				
2009 年	11. 57%	=	7. 75%	×	1. 49
2008 年	16. 28%	=	10. 11%	×	1. 61

[*]由于四舍五入的原因，略有尾差。

8.1.5 杜邦分析的作用

下列例子有助于说明杜邦分析的作用。

例 1：

	资产报酬率 = 净利润率 × 全部资产周转率				
第 1 年	10%	=	5%	×	2.0
第 2 年	10%	=	4%	×	2.5

例 1 说明更为有效地运用资产可以抵销如人工或原材料等成本上升的影响。

例 2：

	资产报酬率 = 净利润率 × 全部资产周转率				
A 企业					
第 1 年	10%	=	4.0%	×	2.5
第 2 年	8%	=	4.0%	×	2.0
B 企业					
第 1 年	10%	=	4.0%	×	2.5
第 2 年	8%	=	3.2%	×	2.5

例 2 显示将资产报酬率分解成两个比率,可以更好地说明资产报酬率的变化趋势。两家企业资产报酬率完全相同,进一步分析显示,A 企业的资产报酬率下降是由于资产周转率的下降,即投入资产实现的销售额减少了;B 企业的资产报酬率下降则是由于净利润率的下降,即每 1 美元销售额所产生的利润减少了。

8.1.6 计算杜邦比率只考虑经营项目可能产生的差异

通常认为在计算资产报酬率时只应该考虑经营资产。经营资产是全部资产扣除在建工程、长期投资、无形资产和其他资产以后的资产。同样,应以经营利润取代净利润。经营利润是通过制造、销售或提供劳务活动获取的利润,它等于销售净额减去销售成本和销售费用。

如果杜邦分析只考虑经营账户,就需要计算经营收益和经营资产。图表 8—6 列示了耐克公司经营收益和经营资产的计算过程,该图表包括 2009 年和 2008 年的经营收益,以及 2009 年、2008 年和 2007 年的经营资产。

图表 8—6　　　　　　　　　　**耐克公司经营收益和经营资产**

会计年度截止于 2009 年 5 月 31 日和 2008 年 5 月 31 日　　　　单位:百万美元

	2009 年	2008 年	2007 年
经营收益			
销售净额(A)	19 176.1	18 627.0	
营业费用			
产品销售成本	10 571.7	10 239.6	
销售与一般管理费用	6 149.6	5 953.7	
营业费用总额(B)	16 721.3	16 193.3	
经营收益(A–B)	2 454.8	2 433.7	
经营资产			
资产总额(A)	13 249.6	12 442.7	10 688.3
减:无形资产、递延所得税、			
其他资产和在建工程(B)	1 721.7	1 909.0	1 027.9
经营资产(A–B)	11 527.9	10 533.7	9 660.4

如果企业拥有大量的非经营性资产,那么,经营比率和净利润率的结果可能就相差很大。例如,假设某个企业对一个非合并的子公司有一大笔投资,如果子公司支付了一大笔股利,那么,其他收益就可能占净收益的很大比例。如果经营比率分析扣除这些从其他资源中获得的收益,那么,利润状况可能就没那么好。由于投资收益不是来自于主要经营活动,因此,代表正常收益降低的利润数额通常更有意义。

8.1.7 经营利润率

经营利润率(operating income margin)公式的分子只包括经营收益。经营利润率的计算公式如下:

$$经营利润率 = \frac{经营收益}{销售净额}$$

图表 8—7 列示了耐克公司 2009 年和 2008 年的经营利润率，它表明 2009 年经营利润率的百分比有大幅提高。

图表 8—7　　　　　　　　　　**耐克公司经营利润率**

会计年度截止于 2009 年 5 月 31 日和 2008 年 5 月 31 日　金额单位：百万美元

	2009 年	2008 年
经营收益（A）	2 454.8	2 433.7
销售净额（B）	19 176.1	18 627.0
经营利润率（A÷B）（%）	12.80	13.07

8.1.8　经营资产周转率

经营资产周转率用来评价经营资产获得销售额的能力。经营资产周转率的计算公式如下：

$$经营资产周转率 = \frac{销售净额}{平均经营资产}$$

图表 8—8 列示了耐克公司 2009 年和 2008 年的经营资产周转率，这表明从 2008 年到 2009 年，耐克公司的经营资产周转率略有下降，其下降幅度与全部资产周转率的下降幅度差不多。

图表 8—8　　　　　　　　　**耐克公司经营资产周转率**

会计年度截止于 2009 年 5 月 31 日和 2008 年 5 月 31 日　金额单位：百万美元

	2009 年	2008 年
销售净额（A）	19 176.1	18 627.0
平均经营资产		
年初数	10 533.7	9 660.4
年末数	11 527.9	10 533.7
合计（B）	22 061.6	20 194.1
平均数（C）（B÷2）	11 030.8	10 097.1
经营资产周转率（A÷C）（次/年）	1.74	1.84

8.1.9　经营资产报酬率

调整了非经营资产项目后，经营资产（operating assets）报酬率的公式如下：

$$经营资产报酬率 = \frac{经营收益}{平均经营资产}$$

图表 8—9 列示了耐克公司 2009 年和 2008 年的经营资产报酬率，它表明耐克公司的经营资产报酬率从 2008 年到 2009 年略有下降。

图表 8—9　　　　　　　　　　**耐克公司经营资产报酬率**

会计年度截止于 2009 年 5 月 31 日和 2008 年 5 月 31 日　金额单位：百万美元

	2009 年	2008 年
经营收益（A）	2 454.8	2 433.7
平均经营资产（B）	11 030.8	10 097.1
经营资产报酬率（A÷B）（%）	22.25	24.10

经营资产报酬率可以用下列杜邦分析公式加以考察：

杜邦经营资产报酬率＝经营利润率×经营资产周转率

图表 8—10 列示了耐克公司 2009 年和 2008 年的杜邦经营资产报酬率。该图表的数据支持了经营利润率微幅下降和经营资产周转率下降导致经营资产报酬率下降的结论。

图表 8—10　　　　　　　**耐克公司经营资产项目杜邦分析**

会计年度截止于 2009 年 5 月 31 日和 2008 年 5 月 31 日

经营资产利润率＊ ＝ 经营利润率 × 经营资产周转率

2009 年	22.25%	＝	12.86%	×	1.74
2008 年	24.10%	＝	13.07%	×	1.84

＊由于四舍五入的原因，略有尾差。

8.1.10　销售额与固定资产之比

这个比率用来评价企业有效地使用其财产、厂房和设备获得销售额的能力。由于在建工程对当前的销售额没有贡献，因此，要从固定资产净值中扣除。由于固定资产过于陈旧或者企业属于劳动密集型的行业，因此，可能会使该比率变得没有意义。在这些情况下，固定资产基数低了，销售额与固定资产之比大幅度提高。销售额与固定资产之比（sales to fixed assets）的计算公式如下：

$$销售额与固定资产之比＝\frac{销售净额}{平均固定资产净额（扣除在建工程）}$$

图表 8—11 列示了耐克公司 2009 年和 2008 年的销售额与固定资产之比，公司的销售额与固定资产之比在 2008 年至 2009 年略有下降，这表明公司销售额的增长没有超过固定资产净值的增长。

图表 8—11　　　　**耐克公司销售额与固定资产之比（扣除在建工程）**

会计年度截止于 2009 年 5 月 31 和 2008 年 5 月 31 日　金额单位：百万美元

	2009 年	2008 年
销售净额（A）	19 176.1	18 627.0
固定资产净值（扣除在建工程）		
年初数	1 694.4	1 583.9
年末数	1 793.9	1 694.4
合计（B）	3 488.3	3 278.3
平均数（C）（B÷2）	1 744.2	1 639.2
销售额与固定资产比（A÷C）（次/年）	10.99	11.36

8.1.11 投资报酬率（ROI）

投资报酬率（return on investment，ROI）是用于评价企业投入资本赚取收益的比率。这类评价指标被广泛用于评价企业的业绩。由于投资报酬率是一种资本收益率，因此，这个比率评价的是企业向长期资金提供者提供回报的能力和吸引未来资金提供者的能力。投资报酬率的计算公式如下：

$$投资报酬率=\frac{少数股东权益和非经常性项目前净收益+利息费用×（1-税率）}{长期负债与权益之和的平均数}$$

该比率在不考虑筹资方式的情况下评价企业的获利水平。它评价的是投资收益，并且解释企业如何有效地利用其现有资产。图表8—12列示了耐克公司2009年和2008年的投资报酬率。从2008年到2009年，该比率显著下降。

图表8—12　　　　　　　　　　　**耐克公司投资报酬率**

会计年度截止于2009年5月31日和2008年5月31日　金额单位：百万美元

	2009 年	2008 年
利息费用（A）	40.3	40.7
净收益	1 486.7	1 883.4
税率（见 10-K 中的附注 8）（%）	24.0	24.8
1-税率（B）（%）	76.0	75.2
利息费用×（1-税率）（A×B）	30.63	30.61
净收益+利息费用×（1-税率）（C）	1 517.33	1 914.01
长期负债和股东权益		
年初数		
长期负债	1 295.9	1 078.9
股东权益	7 825.3	7 025.4
年末数		
长期负债	1 279.5	1 295.9
股东权益	8 693.1	7 825.3
合计（D）	19 093.8	17 225.5
平均数（E）（D÷2）	9 546.9	8 612.8
投资报酬率（C÷E）（%）	15.89	22.22

8.1.12 全部权益报酬率

全部权益报酬率（return on total equity）评价普通股股东和优先股股东的报酬率。全部权益报酬率的计算公式如下：

$$全部权益报酬率=\frac{非经常项目前净收益-可赎回优先股股利}{平均所有者权益总额}$$

属于可强制赎回的优先股被称为可赎回优先股（redeemable preferred stock）。证券交易管理委员会要求可赎回优先股必须与其他权益性证券区分开并单独列示，因为这些股票必须采用与债务支付相似的方式赎回。大部分公司没有可赎回优先股。存在可赎回优先股的公司，必须将其视为负债的一部分，从股东权益总额中扣除，同时，其相应的股利也应该从收益中扣除。尽管这些股利与负债和利息很相似，但并没有在利润表中扣除，因为它们仍然是股利，并且只有在宣告发放时才需要支付。

图表8—13列示了耐克公司2009年和2008年的全部权益报酬率，该比率从2008年的25.36%下降到2009年的18.00%。

图表8—13　　　　　　**耐克公司全部权益报酬率**

会计年度截止于2009年5月31日和2008年5月31日　金额单位：百万美元

	2009 年	2008 年
会计原则变更累计影响前净收益	1 486.70	1 883.40
减：可赎回优先股	0.03	0.03
调整后收益（A）	1 486.67	1 883.37
股东权益总额		
年初数	7 825.3	7 025.4
年末数	8 693.1	7 825.3
合计（B）	16 518.4	14 850.7
平均数（C）（B÷2）	8 259.2	7 425.35
全部权益报酬率（A÷C）（%）	18.00	25.36

8.1.13　普通股权益报酬率

该比率评价普通股即剩余所有者的报酬率。普通股权益报酬率（return on common equity）的计算公式如下：

$$普通股权益报酬率=\frac{非经常性项目前净收益-优先股股利}{平均普通股权益}$$

净收益列示于利润表。优先股股利通常列示于股东权益表。普通股权益包括普通股股本与留存收益减库存普通股之差的和。这个数额等于股东权益总额减去优先股股本和所有包含在权益中的少数股权。

图表8—14列示了耐克公司2009年和2008年的普通股权益报酬率。耐克公司普通股权益报酬率与全部权益报酬率一样。

图表8—14　　　　　　**耐克公司普通股权益报酬率**

会计年度截止于2009年5月31日和2008年5月31日　金额单位：百万美元

	2009 年	2008 年
净利润	1 486.70	1 883.40
减：可赎回优先股股利	0.03	0.03
调整后利润（A）	1 486.67	1 883.37
普通股权益总额：		
年初数	7 825.3	7 025.4
年末数	8 693.1	7 825.3
合计（B）	16 518.4	14 850.7
平均普通股权益（C）（B÷2）	8 259.2	7 425.35
普通股权益报酬率（A÷C）（%）	18.00	25.36

8.1.14　各种盈利能力比率的相互关系

从技术上说，以一定的利润数字为分子，并以每一类资金提供者的数字为分母，这种比率就属于投资报酬类指标；另一种经常使用的指标是全部资产报酬率的变形。变形的全部资产报酬率的计算公式如下：

$$变形的全部资产报酬率 = \frac{净收益 + 利息费用}{平均资产总额}$$

该比率包括所有资金提供者的报酬率，它包括债权人和投资人提供的长期和短期资金报酬率。它与前述的资产报酬率不同，因为这个比率将利息加回去了。该比率与投资报酬率也不同，因为它没有使用所得税调整后的利息，还包括短期资金，并使用平均投资额。由于这个比率不适于进行杜邦分析，因此，将不再对它作进一步的讨论和使用。

延伸阅读 8-1

报酬率已经按不同基础计算了。这些比率之间的关系对于理解资金提供者的报酬率很重要。图表 8—15 列示了耐克公司盈利能力指标比较。

图表 8—15　　　　　　　　**耐克公司盈利能力指标比较**

会计年度截止于 2009 年 5 月 31 日和 2008 年 5 月 31 日

	2009 年	2008 年
资产报酬率（%）	11.57	16.28
投资报酬率（%）	15.89	22.22
全部权益报酬率（%）	18.00	25.36
普通股权益报酬率（%）	18.00	25.36

资产报酬率评价所有资金提供者的报酬率，因为资产总额等于负债总额加所有者权益总额。这个比率的分母包含了所有资产，因此，它通常最低。投资报酬率评价长期资金提供者的报酬率，它通常比资产报酬率高，因为支付给短期资金提供者的报酬相对较低，尤其对应付账款更是如此。

全部权益报酬率通常比投资报酬率高，因为全部权益报酬率评价的只是股东的报酬率。有效地使用由债权人提供的长期资金能够给股东带来高于投资报酬率的收益率。换句话说，由债权人提供的长期资金所带来的利润高于使用这些资金所支付的利息。

普通股股东承担最大的风险，因此，通常得到最高的报酬率。为了使普通股权益报酬率最大化，由优先股股东提供的资金赚取的收益必须高于支付给优先股股东的股利。

8.1.15　毛利率

毛利等于销售净额与产品销售成本之差。产品销售成本是期初存货加本期购货减期末存货，即本期已售产品的成本。由于产品销售成本是商业企业和制造企业最大的一项费用，因此，它的变化可能给本期利润带来很大的影响。毛利与销售净额之比被称为毛利率（gross profit margin）。毛利率的计算公式如下：

$$毛利率=\frac{毛利}{销售净额}$$

该比率应该与行业数据进行比较或进行趋势分析。图表8—16列示了趋势分析。在这个例子中，毛利率在这3个会计期间存在大幅度的下降，这可能是由多种因素造成的：

（1）购买存货的成本增长速度比销售价格的上涨速度更快。

（2）由于竞争使得销售价格下降。

（3）产品组合改变了，低毛利率的产品更多了。

（4）发生了偷盗事件。如果没有记录销售收入，那么，相应的产品销售成本就会非常高。如果存货被盗，期末存货将偏低，产品销售成本会偏高。

图表8—16　　　　　　　　　　　　毛利率分析

会计年度截止于2009年5月31日、2008年5月31日和2007年5月31日

金额单位：美元

	2009 年	2008 年	2007 年
销售净额（B）	5 000 000	4 500 000	4 000 000
减：销售成本	3 500 000	2 925 000	2 200 000
毛利（A）	1 500 000	1 575 000	1 800 000
毛利率（A÷B）（%）	30.00	35.00	45.00

毛利率分析对很多使用者都有帮助。管理人员按预计毛利率预测盈利能力。毛利率也用于成本控制。在商业企业，估计一个有效的毛利率可以为中期报表确定存货水平。毛利率还可以用于估计涉及保险损失的存货。此外，审计人员和国内税收总署也用毛利指标来判断会计系统的准确性。

延伸阅读8-2

为了进行毛利率分析，利润表必须按多步式编制，否则，就必须计算毛利。耐克公司就是这样的情况。图表8—17列示了耐克公司的毛利率，公司的毛利率经过2008年适度上升之后，2009年略有下降。

图表8—17　　　　　　　　　　　　耐克公司毛利率

会计年度截止于2009年5月31日、2008年5月31日和2007年5月31日

金额单位：百万美元

	2009 年	2008 年	2007 年
销售净额（B）	19 176.1	18 627.0	16 325.9
减：产品销售成本	10 571.7	10 239.6	9 165.4
毛利（A）	8 604.4	8 387.4	7 160.5
毛利率（A÷B）（%）	44.92	45.03	43.86

8.2　盈利能力趋势分析

图表8—18显示了1965年至2008年制造行业的盈利能力趋势。在此期间，营业利润与销售净额之比大幅下降且波动较大，而净收益与销售净额之比大幅波动。可以看到在1992年和2001年此比率大幅下降，而在2002年、2003年、2004年和2006年又大幅回升，紧接着2007年和2008年又大幅度下降。

图表 8—18　　　　　　　　　　　美国制造业盈利能力趋势

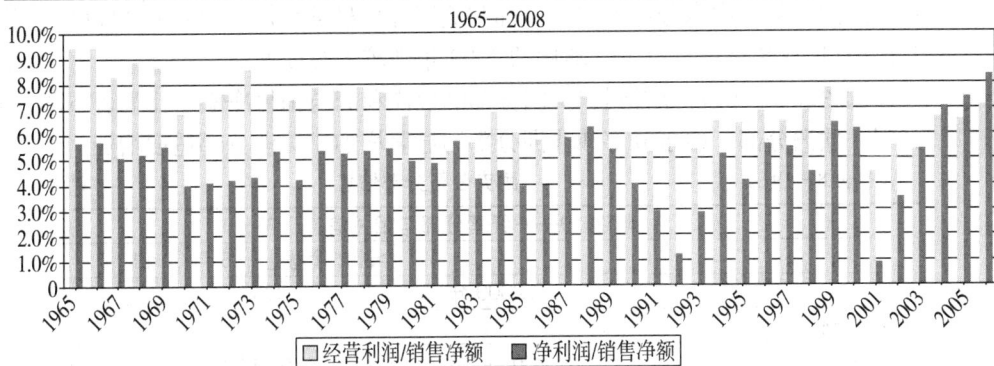

1965—2008

经营利润/销售净额　　　■ 净利润/销售净额

资料来源　《制造业、矿业和贸易公司季度财务报告》，商务部，华盛顿特区美国政府印书馆。

8.3　分部报告

公众经营企业应报告其财务信息和有关可报告的经营分部的描述性信息。经营分部是那些可以提供独立财务信息的分部。这些分部信息是由主要的经营决策者评估的，用来确定如何分配资源和评估业绩。分部信息要求提供有关在企业所在国家赚取的收入、掌握的资产以及主要客户的信息。

有关经营分部确定方法的描述性信息必须披露。经营分部生产的产品和提供的劳务也要求披露。同时，分部报告信息使用的计量方法与企业通用财务信息使用的计量方法之间的不同也应披露。

分部数据可以用于趋势分析和比率分析。趋势分析可以使用横向和纵向同比分析，可以将利润与销售额或者有形资产联系起来进行比率分析。

分部趋势分析对管理人员和投资者都很有吸引力。如果对从事多种互不相关行业活动的企业进行分析，尤其是对各分部规模相似的企业进行分析，这种分析的最大优势就显现出来了。

耐克公司在附注 19 中报告了其经营分部和相关信息。图表 8—19 包括了附注 19 的部分内容。应该查阅这些数据，并考虑进行纵向和横向分析，以及进行一些有意义的比率计算。图表 8—20 和图表 8—21 说明了这类分析。

图表 8—20 列示了耐克公司纵向同比分析的一些信息，包括销售净额、税前收益、长期资产增加额及财产、厂房和设备净值。以销售净额为标准，美国分部占主导地位，紧跟其后的是欧洲分部、中东分部和非洲分部，接下来是亚太分部。亚太分部增长较快，而美国分部增长速度放慢。

亚太地区、欧洲、中东分部和非洲分部的税前利润显著增加。美国分部有较大的波动，2008 年开始下降，而 2009 年又上升。其他地区和公司费用大幅度下降。税前利润变动趋势因其他分部和公司费用的数额较大而受到重大影响。

长期资产增加额发生了重要变化。美国分部 2008 年显著增加，而 2009 年显著减少。欧洲分部、中东分部和非洲分部 2008 年显著减少，而 2009 年则适度增加。亚太分部每年都显著增加。其他分部也每年显著增加。公司分部 2008 年显著增加，而 2009 年显著减少。

　　美国分部、亚太分部和公司分部的财产、厂房和设备净值每年都显著增加。2008年，欧洲分部、中东分部、非洲分部和美洲分部显著增加，而后的2009年显著减少。其他项目2008年略有减少，随后的2009年则较大幅度增加。

　　从图表8—21可以看到，美国分部的税前利润与销售净额之比显著下降，而亚太分部、欧洲分部、中东分部和非洲分部则显著增加。美洲分部适度增加。

图表8—19　　　　　　　　　　**耐克公司分部信息**　　　　　　　　单位：百万美元

附注19——经营分部与相关信息（部分）			
	会计年度截止于5月31日		
	2009年	2008年	2007年
销售净额			
美国	6 542.9	6 414.5	6 131.7
欧洲、中东和非洲	5 512.2	5 629.2	4 764.1
亚太地区	3 322.0	2 887.6	2 295.7
美洲	1 284.7	1 164.7	966.7
其他地区	2 514.3	2 531.0	2 167.7
	19 176.1	18 627.0	16 325.9
税前利润			
美国	1 337.9	1 402.0	1 386.1
欧洲、中东和非洲	1 316.9	1 281.9	1 050.1
亚太地区	853.4	694.2	515.4
美洲	274.1	242.3	199.3
其他地区[①]	(196.7)	364.9	299.7
公司费用[②]	(1 629.1)	(1 482.4)	(1 250.7)
	1 956.5	2 502.9	2 199.9
长期资产增加额			
美国	95.2	138.4	67.3
欧洲、中东和非洲	77.7	69.0	94.9
亚太地区	74.8	42.4	20.7
美洲	8.7	8.6	5.3
其他地区	89.6	61.5	36.0
公司	109.7	129.3	89.3
	455.7	449.2	313.5
财产、厂房和设备净值			
美国	61.4	49.2	45.4
欧洲、中东和非洲	55.4	64.8	47.4
亚太地区	43.6	31.1	25.2
美洲	6.5	6.7	6.1
其他地区	37.5	28.1	28.2
公司	130.6	123.7	117.4
	335.0	303.6	269.7

　　[①]截止于2009年5月31日这个会计年度，其他地区这个类别包括已经记入2009年会计年度第三季度的商誉、无形资产和茵宝公司其他资产的减值税前费用401 300 000美元。更多的信息参见附注4——并购、可辨认无形资产、商誉和茵宝公司减值。

　　[②]截止于2009年5月31日这个会计年度，公司费用包括2009年会计年度第四季度已经完成的公司重组活动的税前费用195 000 000美元。更多的信息参见附注16——重组费用。

图表 8—20	耐克公司分部信息		金额单位：百万美元

纵向同比分析*			
	会计年度截止于 5 月 31 日		
	2009 年	2008 年	2007 年
销售净额			
美国	34.1%	34.4%	37.6%
欧洲、中东和非洲	28.7	30.2	29.2
亚太地区	17.3	15.5	14.1
美洲	7.0	6.3	5.9
其他地区	13.1	13.6	13.3
	100.0%	100.0%	100.0%
税前利润			
美国	68.4%	56.0%	63.0%
欧洲、中东和非洲	67.3	51.2	47.7
亚太地区	43.6	27.7	23.4
美洲	14.0	9.7	9.1
其他地区[1]	(10.1)	14.6	3.6
公司费用[2]	(83.3)	(59.2)	(56.9)
	100.0%	100.0%	100.0%
长期资产增加额			
美国	20.9%	30.8%	21.5%
欧洲、中东和非洲	17.1	15.4	30.3
亚太地区	16.4	9.4	6.6
美洲	1.9	1.9	1.7
其他地区	19.7	13.7	11.5
公司	24.1	28.8	28.5
	100.0%	100.0%	100.0%
财产、厂房和设备净值			
美国	18.3%	16.2%	16.8%
欧洲、中东和非洲	16.5	21.3	17.6
亚太地区	13.0	10.2	9.4
美洲	1.9	2.2	2.3
其他地区	11.2	9.3	2.3
公司	39.0	40.7	43.5
	100.0%	100.0%	100.0%

* 由于四舍五入的原因，略有尾差。

[1] 截止于 2009 年 5 月 31 日这个会计年度，其他地区这个类别包括已经记入 2009 年会计年度第三季度的商誉、无形资产和茵宝公司其他资产的减值税前费用 401 300 000 美元。更多的信息参见附注 4——并购、可辨认无形资产、商誉和茵宝公司减值。

[2] 截止于 2009 年 5 月 31 日这个会计年度，公司费用包括 2009 年会计年度第四季度已经完成的公司重组活动的税前费用 195 000 000 美元。更多的信息参见附注 16——重组费用。

图表 8—21 耐克公司分部信息——比率分析

会计年度截止于 5 月 31 日	2009 年	2008 年	2007 年
税前利润与销售净额之比	20.4%	21.9%	22.6%
美国	23.9	22.8	22.0
欧洲、中东和非洲分部	25.7	24.0	22.5
美洲	21.34	20.8	20.62

8.4 主要产品线收入

图表 8—22 显示了来自耐克公司主要产品线的收入。图表 8—23 显示了来自主要产品线的收入——横向同比分析。这些图表显示，鞋类分部是耐克公司最大的分部，占一半的收入，鞋类分部增长最快。

图表 8—22 耐克公司分部信息
主要产品线的收入（10-K） 单位：百万美元

	2009 年 5 月 31 日	2008 年 5 月 31 日	2007 年 5 月 31 日
鞋类	3 136.7	3 112.6	2 608.0
服饰	1 970.2	2 083.5	1 757.2
设备	405.3	433.1	398.9
总收入	5 512.2	5 629.2	4 764.1

图表 8—23 耐克公司分部信息
主要产品线的收入横向同比分析（10-K）

	2009 年 5 月 31 日	2008 年 5 月 31 日	2007 年 5 月 31 日
鞋类	120.3%	119.3%	100%
服饰	112.1	118.6	100
设备	101.6	108.6	100

8.5 前期调整损益

前期调整是由会计原则的改变、购买子公司结转的经营损失后转扣除而获得的所得税利益的确认、会计主体的变更、前期错误更正所引起的。前期调整将改变留存收益数额。

这些项目是一种损益，但它们从不在利润表中反映，也不在利润表中确认。如果数额很大，那么，应该在分析时加以考虑。由于这些项目涉及的是前期数据，因此，不会对当期的比率产生影响。

对股东权益表列示的留存收益账户进行观察就能发现前期调整内容。

图表 8—24 列示了标准注册公司的前期调整。

图表 8—24   **标准注册公司* 前期调整**

标准注册公司的会计年度截止于 2008 年 12 月 31 日。其年度财务报表包括前期调整的信息。

注释：除了附注之外，合并股东权益报表还披露了以前年度重述的累计影响。

标准注册公司合并财务报表附注（部分）

（除了每股数量之外，金额单位为千美元）

附注 1——重要会计政策概述（部分）

前期调整

2008 年，我们发现 2004 年与报告出售经营单位利得分类相关的一个所得税返还的差错。该分类差错使得我们没有利用现有的资本损失向后结转抵补 2004 年的所得税返还。2004 年，公司的资本损失向后结转已经包括在递延所得税资产中并全额计提准备金。由于这个差错，2004 年我们低估了递延所得税资产和所得税效益 1 420 000 美元。该差错的修正额已经列入 2008 年。

基于财务报告目的，根据《财务会计准则公告》第 154 号"会计变更与差错更正"，曾经将该差错视为一项前期调整。我们认为，如果没有调整上述递延所得税资产，以前各期财务报表不至于存在重大错报。为了合理地反映递延所得税资产，我们重述了 2007 年 12 月 31 日的资产负债表以及 2006 年和 2007 年的股东权益表。重述财务报表对 2006 年之前各期的影响数额为 1 420 000 美元，已经入账并调整了期初留存收益。

---

* "标准注册公司是一家处于领先地位的顾客定制印刷文件和相关服务的提供商。"10-K 格式报告。

8.6   全面收益

第 4 章论述的累计其他收益包括：（1）外币折算调整；（2）可供出售的有价证券的未确认损益；（3）因退休金负债最低限额的调增而引起的股东权益改变；（4）衍生工具产生的未确认损益。第 4 章还说明了对全面收益的报告方式可以具有一定的灵活性。第一种方式是使用一份利润表报告净收益和全面收益。第二种方式是将全面收益单独编制在一份财务活动表上。第三种方式是在股东权益变动表中报告。

回顾全面收益的报告方式，以便确定哪些项目应该报告。耐克公司将全面收益列示在股东权益变动表上。

2009 年耐克公司报告了所实现的全面收益。这些项目如下：

单位：百万美元

1. 外币折算和其他项目（已经扣除 177 500 000 美元的税项）	（335.3）
2. 现金流量套期保值净利得（已经扣除 167 500 000 美元的所得税费用）	453.6
3. 投资套期保值净利得（已经扣除 55 400 000 美元的所得税费用）	106.0
4. 与套期保值衍生工具相关的前期递延净收益重分类（已经扣除 39 600 000 美元的所得税费用）	（108.2）
全面收益	116.1

注意，全面收益包括净收益中没有的项目。传统盈利能力分析包含与净收益有关的项目，这就不包括其他全面收益。在比率计算中，可能需要考虑包括全面收益的比率有：（1）资产报酬率；（2）投资报酬率；（3）全部权益报酬率；（4）普通股权益报酬率。对有些企业来说，包含了全面收益后这些比率可能会发生很大变化。图表8—25列示了耐克公司的这些比率。对于耐克公司来说，这些盈利能力比率出现了适度的增长。

图表8—25　　　　　　　耐克公司考虑全面收益的部分比率

会计年度截止于 2009 年 5 月 31 日

	2009 年	
	原来的计算结果	包括了全面收益之后的计算结果
资产报酬率	11.57%	12.48%
投资报酬率	15.89%	17.11%
全部权益报酬率	18.00%	19.41%
普通股权益报酬率	18.00%	19.41%

8.7　预计财务信息

预计财务信息是一个假设或者计划的数额。与"如果……将如何"的分析一样，预计的数据说明在特定环境下将发生什么。

如果使用恰当的话，预计财务信息能为财务报告做出积极的贡献。例如，如果增加股票的发行，它将给净利润带来什么影响呢？

但如果使用不恰当的话，预计财务信息可能会给财务报告带来负面影响。例如，不作解释就公布预计收益可能会引起误导。

在美国，有些企业在接近按公认会计原则得出的财务成果公布日前公布预计收益。这种做法越来越普遍。通常没有对企业如何得到这个预计收益数作充分的披露。人们有理由认为，它只是一个投资者追求的更为理想的数据，但很多投资者以与公认会计原则确认的收入相对的预计收益为基础做出决策。

如果企业公开披露非公认会计原则的财务指标或者将其呈报给证券交易委员会备案，那么，《萨班斯—奥克斯利法案》要求证券交易委员会采纳如下规定，要求：

（1）企业应该使非公认会计原则的财务指标与公认会计原则的财务状况和经营成果相符合。

（2）所有公开披露的非公认会计原则的财务指标不能包含不真实的重大事实陈述，或为了编制非公认会计原则的财务指标而略去必备的重要事实。应该以实际情况为依据，不能引起误解。[1]

《会计视野》（Accounting Horizons）在 2004 年 6 月份发表的一篇文章将 1990 年至 2003 年 S&P 公司自己报告的收益数据（预计的）与美国公认会计原则净收益相比较。每一年 S&P 公司的预计收益都较高。在一些年份中，公司的预计收益显著高于美国公认会计原则的净收益。[2]

《华尔街日报》（The Wall Street Journal）在 2003 年 9 月份的一篇文章中如此论述：

"如果你采用针对美国公司丑闻进行检查的《萨班斯—奥克斯利法案》，那么还是不要相信'预期'数据，预期数据就是公司美化其收益的一种策略，它会导致你做出错误的判断。"[3]

在这篇文章中的一个例子是"新美亚公司将重组成本从其公认会计原则收益中扣除，以达到其预期收益目标。在过去的两年半中，该公司一直这么做。'重组'成本看上去可能意味着一次性的费用，但是新美亚却在从 2001 年起的 10 个季度中剔除了重组成本。"[4]

8.8 中期报告

中期报告是盈利能力的附加信息来源，其报告涵盖的期间少于一年。证券交易委员会要求以 10-Q 表的形式提供有限的财务数据。证券交易委员会还要求企业在年度报告附注中披露某些季度信息。

年度报告使用的报告原则应该同样适用于中期报告，使中期报告成为年度报告的一个有机组成部分。对于中期报告来说，资料的及时性可以抵销资料不够详细的不足。这些资料包括：

（1）利润表数额。

①销售额或收入总额；

②预提所得税；

③非常项目和纳税影响；

④会计原则变更累计影响；

⑤净收益。

（2）每股收益。

（3）季节性信息。

（4）估计或预提所得税的重要变动。

（5）处置分部和本期非正常项目的重大事项。

（6）或有事项。

（7）会计原则或估计的变动。

（8）财务状况的重大变动。

中期报告比年度报告包含更多估计的财务资料，并且中期报告也未经审计。正是由于这些原因，它比年度报告更缺乏可靠性。

所得税费用就是一个例子。在中期报告中，所得税费用就需要相当多的判断和估计。中期所得税费用要根据年度有效税率的估计数来确定，部分原因是由于国外的所得税贷项和期中损失的所得税影响无法确定。

中期报表也应该披露企业经营活动的季节性特征。建议那些存在季节性经营活动的企业在中期报告中补充包括中期报告日前 12 个月期间当年和前一年的信息。

中期报告有助于分析者在年末报告公布之前确定发展趋势并判断发生问题的地方。所获得的信息（如利润率较低）可能显示问题正在发生。

耐克公司的年度报告还包括一个题为"选择性季度财务数据"的部分。它显示该公司第一季度的销售量最大,也最盈利。耐克公司的第一季度包括 6 月、7 月和 8 月这 3 个月份。耐克公司的销售收入在第一季度和第二季度逐步上升,到了第三季度和第四季度则开始下降。耐克公司第一季度、第三季度和第四季度的净利润都下降,只有第二季度的净利润上升。

8.9 本章小结

盈利能力是企业赚取收益的能力,它可以用许多相关的基础数据(如资产、销售额和投资)进行评价。

本章有关盈利能力的比率如下:

$$净利润率 = \frac{少数股权收益和非经常项目前净收益}{销售净额}$$

$$全部资产周转率 = \frac{销售净额}{平均资产总额}$$

$$资产报酬率 = \frac{少数股权收益和非经常性项目前净收益}{平均资产总额}$$

$$\frac{少数股东权益和非经常项目前净收益}{平均资产总额} = \frac{少数股东权益和非经常项目前净收益}{销售净额} \times \frac{销售净额}{平均资产总额}$$

$$经营利润率 = \frac{经营收益}{销售净额}$$

$$经营资产周转率 = \frac{销售净额}{平均经营资产}$$

$$经营资产报酬率 = \frac{经营收益}{平均经营资产}$$

$$杜邦经营资产报酬率 = 经营利润率 \times 经营资产周转率$$

$$销售额与固定资产之比 = \frac{销售净额}{平均固定资产净额(扣除在建工程)}$$

$$投资报酬率 = \frac{少数股东权益和非经常性项目前净收益 + 利息费用 \times (1-税率)}{长期负债与权益之和的平均数}$$

$$全部权益报酬率 = \frac{非经常性项目前净收益 - 可赎回优先股股利}{平均所有者权益总额}$$

$$普通股权益报酬率 = \frac{非经常性项目前净收益 - 优先股股利}{平均普通股权益}$$

$$毛利率 = \frac{毛利}{销售净额}$$

思考题

8.1 利润可以与销售、资产或股东权益比较。为什么这三种基础都要使用?这三种比率的变动趋势是否总是在相同的方向?

8.2 资产报酬率以净收益为分子,以资产总额为分母。解释比率的每一部分是如何引起资产报酬率的下降的。

8.3 何谓杜邦分析?它如何有助于进行财务分析?

8.4 净利润率上升,资产报酬率如何下降?试解释。

8.5 为什么全面收益的波动可能大大超过净收益的波动?

习题

8—1 2012 年 12 月 31 日,罗斯公司遭受一场火灾,毁坏了部分财务记录。该公司抢救了部分记录并确定下列余额:

	2012 年 12 月 31 日	2011 年 12 月 31 日
存货	$ 200 000	$ 180 000
应收账款(净额)	72 500	126 000
现金	30 000	10 000
普通股(每股面值 100 美元)	400 000	400 000
留存收益	113 500	101 000
应付账款	50 000	90 000
应付票据	30 000	60 000

其他信息:

1. 存货周转率为 3.5 次。

2. 全部权益报酬率为 24%。

3. 应收账款周转率为 8.8 次。

4. 全部资产报酬率为 20%。

5. 2011 年 12 月 31 日,资产总额为 605 000 美元。

要求

计算罗斯公司的下列指标:

1. 2012 年的产品销售成本。

2. 2012 年的销售净额(赊销)。

3. 2012 年的净利润。

4. 2012 年 12 月 31 日的资产总额。

8—2 戴柯公司提供 2009 年和 2008 年度的比较利润表如下:

	会计年度截止于年末	
	2009 年	2008 年
销售净额	$ 1 589 150	$ 1 294 966
其他收益	22 334	20 822
	1 611 484	1 315 788
成本与费用:		
已售产品的材料与制造成本	651 390	466 250

	会计年度截止于年末	
	2009 年	2008 年
研究与开发费用	135 314	113 100
管理与营销费用	526 680	446 110
利息费用	18 768	11 522
其他费用	15 570	7 306
	1 347 722	1 044 288
扣除所得税与非控制性股东权益之前的利润	263 762	271 500
所得税	114 502	121 740
扣除非控制性股东权益之前的利润	149 260	149 760
非控制性股东权益	11 056	12 650
净利润	$ 138 204	$ 137 110

其他相关财务信息如下：

	会计年度截止于年末	
	2009 年	2008 年
普通股平均发行数量	29 580	29 480
长期债务总额	$ 209 128	$ 212 702
股东权益总额（都是普通股）	810 292	720 530
资产总额	1 437 636	1 182 110
经营资产	1 411 686	1 159 666
每股股利	1.96	1.86
股票价格（12 月 31 日）	$53\frac{3}{4}$	$76\frac{1}{8}$

要求

1. 与 2008 年相比，2009 年的销售净额如何？

2. 与 2008 年相比，2009 年的净利润如何？

3. 计算 2009 年和 2008 年的下列指标：

（1）净利润率

（2）资产报酬率（使用年末资产）

（3）全部资产周转率（使用年末资产）

（4）杜邦分析

（5）经营利润率

（6）经营资产报酬率（使用年末资产）

（7）经营资产周转率（使用年末资产）

（8）应用经营比率的杜邦分析

（9）投资报酬率（使用年末负债与权益）

（10）权益报酬率（使用年末普通股权益）

4. 以上述计算结果为基础，综述该公司的盈利能力趋势。

8—3 以下是 A. 嘎勒公司 2009 年、2008 年和 2007 年的财务信息：

	2009 年	2008 年	2007 年
息前利润	$4 400 000	$4 000 000	3 300 000
利息费用	800 000	600 000	550 000
税前利润	3 600 000	3 400 000	2 750 000
所得税	1 500 000	1 450 000	1 050 000
净利润	$2 100 000	$1 950 000	1 700 000
流动资产	2 600 000	2 300 000	2 200 000
长期债务	7 000 000	6 200 000	5 800 000
优先股（股利率为 14%）	100 000	100 000	100 000
普通股	10 000 000	9 000 000	8 300 000

要求

1. 确定 2009 年、2008 年和 2007 年的下列比率：

（1）资产报酬率（使用年末资产总额）

（2）投资报酬率（使用年末长期负债与权益）

（3）全部权益报酬率（使用年末权益总额）

（4）普通股权益报酬率（使用年末普通股权益）

2. 讨论这些利润数据的趋势。

3. 讨论使用长期负债和优先股的好处。

8—4 交易事项影响各项财务报表金额。

	净利润	留存收益	股东权益总额
（1）宣告并发放股票股利			
（2）赊购商品			
（3）按高于成本的价格出售有价证券			
（4）收回应收账款			
（5）宣告并发放现金股利			
（6）按成本购买并记录库存股			
（7）按高于成本的价格出售库存股			
（8）出售普通股			
（9）按低于账面价值的价格出售固定资产			
（10）债券转为普通股			

要求

指出上述交易对净利润、留存收益、股东权益总额的影响。使用"＋"表示增加，"－"表示减少，"0"表示没有影响。

8—5 玛丽·卢·智博公司连续 5 年的资产负债表和利润表列示如下：

玛丽·卢·智博公司资产负债表

从 2005 年 12 月 31 日至 2009 年 12 月 31 日　　　　　单位：千美元

	2009 年	2008 年	2007 年	2006 年	2005 年
资产					
流动资产：					
现金	24 000	25 000	26 000	24 000	26 000
应收账款净额	120 000	122 000	128 000	129 000	130 000
存货	135 000	138 000	141 000	140 000	137 000
流动资产总额	279 000	285 000	295 000	293 000	293 000
财产、厂房与设备净值	500 000	491 000	485000	479000	470000
商誉	80 000	85 000	90 000	95 000	100 000
资产总额	859 000	861 000	870 000	867 000	863 000
负债与股东权益					
流动负债：					
应付账款	180 000	181 000	181 500	183 000	184 000
应付所得税	14 000	14 500	14 000	12 000	12 500
流动负债总额	194 000	195 000	195 500	195 000	196 500
长期负债	65 000	67 500	79 500	82 000	107 500
可赎回优先股	80 000	80 000	80 000	80 000	—
负债总额	339 000	343 000	355 000	357 000	304 000
股东权益：					
优先股	70 000	70 000	70 000	70 000	120 000
普通股	350 000	350 000	350 000	350 000	350 000
资本公积	15 000	15 000	15 000	15 000	15 000
留存收益	85 000	83 000	80 000	75 000	74 000
股东权益总额	520 000	518 000	515 000	510 000	559 000
负债与股东权益总额	859 000	861 000	870 000	867 000	863 000

玛丽·卢·智博公司利润表

会计年度截止于每年 12 月 31 日　　　　　　　　　　单位：千美元

	2009 年	2008 年	2007 年	2006 年	2005 年
销售净额	980 000	960 000	940 000	900 000	880 000
产品销售成本	625 000	616 000	607 000	580 000	566 000
销售毛利	355 000	344 000	333 000	320 000	314 000
销售与管理费用	(240 000)	(239 000)	(238 000)	(239 000)	(235 000)
利息费用	(6 500)	(6 700)	(8 000)	(8 100)	(11 000)
税前持续经营利润	108 500	98 300	87 000	72 900	68 000
所得税费用	35 800	33 400	29 200	21 700	23 100
持续经营利润	72 700	64 900	57 800	51 200	44 900
税后特别项目损失	—	—	—	—	(30 000)
净利润	72 700	64 900	57 800	51 200	14 900
每股收益（亏损）：					
持续经营	2.00	1.80	1.62	1.46	1.28
特别项目损失	—	—	—	—	(0.85)
每股净收益	2.00	1.80	1.62	1.46	0.43

注释：优先股股利如下：

可赎回优先股	2006—2009 年 6 400
优先股	2006—2009 年 6 300
	2005 年 10 800

要求

1. 计算 2005—2009 年年末（12 月 31 日）的下列指标：

（1）净利润率

（2）全部资产周转率

（3）资产报酬率

（4）杜邦资产报酬率

（5）经营利润率

（6）经营资产周转率

（7）经营资产报酬率

（8）杜邦经营资产报酬率

（9）销售额与固定资产之比

（10）投资报酬率

（11）全部权益报酬率

（12）普通股权益报酬率

（13）毛利率

注释：计算那些要求用资产负债表平均数据计算的比率时，使用资产负债表的平均数据和资产负债表的年末数。

2. 简要评价盈利能力并指出盈利能力的趋势。同时，对使用资产负债表的平均数据和资产负债表的年末数计算所得结果的差异加以说明。

案例　专业零售商——盈利能力评价

本案例评价几个专业零售商店的盈利能力，这些公司及其会计年度截止日如下：

1. 阿贝克隆比 & 费奇公司

（2009 年 1 月 31 日，52 周；2008 年 2 月 2 日，52 周；2007 年 2 月 3 日，53 周）

"阿贝克隆比 & 费奇公司……是一家专业的零售商，主要经营销售休闲运动服装的商店和网站。" 10-K 格式报告。

2. 有限品牌公司

（2009 年 1 月 31 日，52 周；2008 年 2 月 2 日，52 周；2007 年 2 月 3 日，53 周）

"我们主要经营具有高度竞争性的专业零售业务。" 10-K 格式报告。

3. 盖普公司

（2009 年 1 月 31 日，52 周；2008 年 2 月 2 日，52 周；2007 年 2 月 3 日，53 周）

"我们是一个经营服装、饰品和个人休闲产品的全球专业零售商。" 10-K 格式报告。

评价用数据	阿贝克隆比 & 费奇公司		有限品牌公司		盖普公司	
	2009 年	2008 年	2009 年	2008 年	2009 年	2008 年
净利润率	7.69	12.69	2.39	6.87	6.66	5.50
资产报酬率	10.05	19.76	3.00	9.58	12.56	10.58
全部权益报酬率	15.72	31.47	10.75	27.75	22.33	18.35

要求

1. 评述这些公司的净利润率。考虑绝对数和变化趋势。

2. 评述这些公司的资产报酬率。考虑绝对数和变化趋势。

3. 评述这些公司的全部权益报酬率。考虑绝对数和变化趋势。

4. 评述这些公司的相对盈利能力。

互联网案例：Thomson ONE（商学院版）

请登录 www.cengage.com/international，完成包含本章讨论主题的网络案例。你可以使用 Thomson ONE（商学院版）。这是一个强有力的工具，它包含一系列基本财务信息、盈余估计、市场数据和 500 个上市公司的原始文档。

注释

1. Release No. 33-8176, January 22, 2003, Conditions for Use of Non-GAAP Financial Measures Release Nos.: 34-47226; FR-65. http://www.sec.gov/,

"Regulatory Actions, Final Rule Releases."

2. Richard Barker: Reporting Financial Performance, *Accounting Horizons* (June 2004), p. 159.

3. Michael Rapoport: Pro Forma Proves a Hard Habit to Break on Earning Reports, *The Wall Street Journal* (September 18, 2003), p. B38.

4. Ibid. , p. B38.

第9章　投资者的分析

有几种类型的分析是投资者特别感兴趣的。本章的目的虽然不是为投资活动提供全面指南，但将讨论几种对投资者有用的财务分析指标。除本章所涉及的财务指标外，投资者对前面章节所涉及的流动性、负债以及盈利能力比率也比较感兴趣。

9.1　杠杆及其对收益的影响

债务运用，也称财务杠杆，对收益有很大影响。固定经营费用的存在，也称经营杠杆，同样影响收益。固定经营费用所占的比例越大，销售收入变动导致的收益变动幅度就越大。

本书不讨论经营杠杆，因为它不能轻易地根据公开的财务报表计算出来。本书将讨论如何根据公开的财务报表计算财务杠杆。

利息是债务融资的费用，它是由本金的大小和利率的高低决定的一种固定费用。由借款协议产生的利息是一种契约责任。与股利相反，不管企业是否处于高盈利阶段，利息都必须偿付。相对股利而言，利息的一个优点就是税收抵减作用，这是因为计算应税所得时要减去利息费用，从而导致所得税费用的减少。

9.1.1　财务杠杆的定义及倍率影响

需要支付固定费用（如利息）的融资行为称为财务杠杆(financial leverage)。如果企业运用借入资金而获得的收益大于因使用它而支付的费用，那么，财务杠杆的运用是成功的；相反，如果获得的收益小于支付的费用，那么，财务杠杆的运用就是失败的。财务杠杆的运用会产生固定的财务费用，它对普通股股东的收益会产生很大的影响。

图表9—1列示了财务杠杆及其倍率影响。在这里，多威尔公司的息税前收益（EBIT）为1 000 000美元。另外，公司有一笔200 000美元的利息费用，所得税税率为40%。该图表说明了财务杠杆对普通股股东收益的影响。如果息税前收益为1 000 000美元，则净收益为480 000美元。如果息税前收益增加10%，达到1 100 000美元，如图表所示，净收益将增加12.5%。这种倍率影响是由利息费用的固有本质所导致的。如果用于偿付利息的收益增加而利息费用保持不变，那么，可供所有者分配的剩余收益就增加了。这里要注意，如果所得税税率保持不变的话，税前收益和税后收益都会以相同的比率发生变化，因此，分析时可以使用任何一个收益数据。

如果运用财务杠杆，息税前收益的上升会导致净收益以更大的幅度上升；同样的，息税前收益的下降会导致净收益以更大的幅度下降。再回头看图表9—1多威尔公司的报表，当息税前收益下降20%时，净收益从480 000美元下降到360 000美元，下降了120 000美元，占原来480 000美元的25%。财务杠杆的运用称为"举债经营"(trading on the equity)。只有当借入资金的报酬率超过固定费用比率时，财务杠杆的运用才算成功。

9.1.2 财务杠杆程度的计算

财务杠杆程度是净收益变动比率与息税前收益变动比率之比。一种计算公式如下：

$$财务杠杆程度 = \frac{净收益变动百分比}{息税前收益变动百分比}$$

图表9—1　　　　　　**多威尔公司财务杠杆解释倍率影响的部分利润表**

	基年数	息税前收益下降20%	息税前收益提高10%
息税前收益（美元）	1 000 000	800 000	1 100 000
利息（美元）	(200 000)	(200 000)	(200 000)
税前收益（美元）	800 000	600 000	900 000
所得税（40%）（美元）	(320 000)	(240 000)	(360 000)
净收益（美元）	480 000	360 000	540 000
净收益变动百分比（A）（%）		25.0	12.5
息税前收益变动百分比（B）（%）		20.0	10.0
财务杠杆程度（A÷B）		1.25	1.25

对于多威尔公司来说：

$$\frac{12.5\%}{10.0\%} = 1.25 \quad 或 \frac{25.0\%}{20.0\%} = 1.25$$

多威尔公司的财务杠杆为1.25。以息税前收益1 000 000美元为基数，净收益变动比率是息税前收益变动比率的1.25倍。如果息税前收益提高4%，则股东的收益将提高5%。如果息税前收益下降8%，则股东的收益将下降10%。财务杠杆程度（DFL）可以采用更为简单的方法计算，其计算公式如下：

$$财务杠杆程度 = \frac{息税前收益}{税前收益}$$

再回到多威尔公司：

息税前收益为1 000 000美元时的财务杠杆程度 = 1 000 000÷800 000 = 1.25

必须注意，财务杠杆程度反映了特定的收入水平。如果收入或固定费用处于另外一个水平，财务杠杆程度就会发生变化。

如果利润表包括下列任何一项，财务杠杆程度的计算公式将不再精确有效：

（1）非控制性股东权益。

（2）权益收益。

（3）非经常性项目。

①中止经营；

②非常项目。

如果出现上述任何一项，必须把它从分子和分母中扣除。包含以上一切因素的总括计算公式如下：

$$财务杠杆程度 = \frac{息税前收益-非控制性股东权益-权益收益-非经常性项目}{税前收益-非控制性股东权益-权益收益-非经常性项目}$$

用这个公式计算出来的比率反映了扣除非控制性股东权益、权益收益和非经常性项目后的息税前收益变动百分比相当于扣除非控制性股权权益、股权收益和非经常性项目后的税前收益变动百分比之间的倍数。换句话说，它从财务杠杆程度中扣除了非控制性股东权益、权益收益和非经常性项目。

图表 9—2 列示了耐克公司 2009 年和 2008 年的财务杠杆程度。2009 年的财务杠杆程度为 1.02，2008 年也为 1.02，财务杠杆程度非常低。因此，2009 年年末的财务杠杆显示随着利息前收益的变动，净收益也将变动，变动金额为前者变动金额的 1.02 倍。如果利息前收益增加了，财务杠杆将比较有利，而如果利息前收益减少了，财务杠杆将比较不利。与利率相对较高或利率上升的期间相比，利率较低或利率下降期间的财务杠杆更有利。注：事实上，耐克公司在 2009 年和 2008 年没有财务杠杆。

图表 9—2

耐克公司财务杠杆程度
基年为 2009 年和 2008 年

	2009 年	2008 年
税前收益（B）（百万美元）	1 956.5	2 502.9
利息费用（百万美元）	40.3	40.7
息税前收益（A）（百万美元）	1 996.8	2 543.6
财务杠杆程度（A÷B）	1.02	1.02

9.1.3 财务杠杆小结

作为财务分析的一部分，有两方面对财务分析很重要：第一，财务杠杆程度有多高。从股东角度来看，这是一种风险评价指标，财务杠杆程度越高，倍率影响就越大。第二，财务杠杆对所有者有利还是不利。

延伸阅读 9-1

9.2 普通股每股收益

每股收益是某一特定会计年度内平均每股普通股获得的收益。只有普通股才计算每股收益，并且只列示在公司利润表上。出于成本效益考虑，非上市公司不公布每股收益。因为每股收益可能引起金融机构、现有投资者和潜在投资者的极大关注，所以有必要详细说明。

很幸运，我们并不需要计算每股收益，因为公司需要在利润表底部列示它。中止经营、非常项目以及会计原则变更累计影响，这三个非经常性项目在每股收益中所占的份额必须在利润表或财务报表附注中披露。每股收益的经常性项目才是分析的最主要部分。

每股收益的计算最初涉及净收益、已宣告的累计优先股股利和流通在外的普通股的加权平均数，其计算公式如下：

$$稀释后的普通股每股收益 = \frac{净收益 - 优先股股利}{流通在外的普通股的加权平均数}$$

因为收益是在一个完整的会计年度内获得的，所以，它必须与整个会计年度内流通在外的普通股联系起来。因此，公式的分母是流通在外的普通股的加权平均数。

例如，假设某公司年初有 10 000 股流通在外的普通股，7 月 1 日，它又发行了 2 000股，10 月 1 日，再发行了 3 000 股。流通在外的普通股的加权平均数计算如下：

流通在外的月份数	流通在外的股数×月份数占全年的比例	=	加权平均数
1—6 月	10 000	6/12	5 000
7—9 月	12 000	3/12	3 000
10—12 月	15 000	3/12	3 750
合计			11 750

如果流通在外的普通股数量因股票股利或股票分拆而增加，那么，必须对所有可比的每股收益进行追溯调整。股票股利和股票分拆不会给企业带来更多的资金，但会改变流通股的数量。每股收益应该与发放股票股利或股票分拆后的流通在外的普通股数量相联系。在普通股加权平均数的例子中，进一步假设 12 月 31 日按2 :1进行股票分拆，每股收益的分母就变为 23 500（11 750×2）。同样的，往年的每股收益的分母也会加倍。假设在该例中，净收益为 100 000 美元，优先股股利总共为 10 000 美元，那么，每股收益就是 3.83（（100 000−10 000）÷23 500）美元。

目前有关每股收益的原则要求列示原始的每股收益和稀释后的每股收益。原始的每股收益是净收益减去优先股股利之差与流通在外的普通股的加权平均数之比；稀释后的每股收益则是净收益减去优先股股利之差与流通在外的普通股的加权平均数加上潜在的稀释证券的稀释影响之和的比。潜在的稀释证券包括可转换证券、担保、期权以及其他可稀释普通股每股收益的转换或权利。

图表9—3 列示了耐克公司 2007 年、2008 年和 2009 年的每股收益。公司的每股收益明显增加。

图表 9—3 　　　　　　　　　**耐克公司每股收益**

会计年度截止于 5 月 31 日 　　　　　　　　　　单位：美元

	2009 年	2008 年	2007 年
普通股基本每股收益	3.07	3.80	2.96
普通股稀释后每股收益	3.03	3.74	2.93

9.3　市盈率

市盈率（price/earnings ratio，P/E）反映了普通股每股市价与当期每股收益之间的关系，其计算公式如下：

$$市盈率 = \frac{每股市价}{扣除非经常性项目前稀释后每股收益}$$

采用稀释后每股收益会产生较高的市盈率，这是一种保守方法。理想地说，市盈率应该采用稀释后的每股收益替代连续的每股收益。这意味着为了取得每1美元的经营收益人们愿意支付多少。

从许多渠道如《华尔街日报》和《标准普尔行业调查》都可以获得市盈率。图表9—4列示了耐克公司2009年和2008年的市盈率。2009年末的市盈率为18.83，2008年年末的市盈率则为18.28。这说明股票按每股收益的19倍的价格出售。通过和竞争者、整个行业以及像在纽约证券交易所交易股票的平均市盈率相比，便可知道该公司的发展前景。这些平均市盈率在几年内将有较大的变化。

图表9—4 　　　　　　　　　　**耐克公司市盈率**

2009年5月31日和2008年5月31日

	2009 年	2008 年
每股普通股市价（A）（5月31日收市价）（美元）	57.05	68.37
扣除非经常性项目前稀释后每股收益（B）（美元）	3.03	3.74
市盈率（A÷B）	18.83	18.28

投资者视市盈率为衡量企业未来盈利能力大小的尺度。发展前景较好的企业通常市盈率较高；发展前景不佳的企业市盈率较低。然而，投资者常常会错误估计企业的发展前景。投资的一个基本原理就是要比市场更聪明，例如，买进一种市盈率相对较低的股票，而当时该公司的发展前景要远比市盈率反映的好。

延伸阅读9-2

如果企业的资产报酬率异常低或发生亏损，则市盈率不再有任何意义，因为这个市盈率会异常高或为负数。

9.4　留存收益率

作为内部增长的当前收益留存部分按下面公式计算：

$$留存收益率 = \frac{扣除非经常性项目前净收益 - 全部股利}{扣除非经常项目前净收益}$$

扣除了非经常性项目后的留存收益率更加适用于趋势分析。该指标反映了留存收益占经常性收益的比例，也决定了现金流量表的股利数额。

如果把收益理解成可用于支付股利的现金，对留存收益的理解就会发生偏差。在权责发生制原则下，收益并不代表现金流量。经营活动现金流量和现金股利相比可以更好地揭示经营活动现金流量和所支付的股利。第10章将讨论这个比率。

许多企业对留存收益率都有一种政策性规定，要求留存收益率保持在一定水平上，例如60%~75%之间。通常，新企业、成长中的企业和外界认为日益进步的企业，都会有一个相对比较高的留存收益率。许多企业，如新企业、成长中的企业和外界认为日益进步的企业，都不会发放股利。

在《工商业财务比率年鉴》里，留存收益率是留存收益与净收益的比率。年鉴的比率所使用的留存收益是一种误称。该比率的留存收益不是累计利润，而是当年留存下来的那部分收益。因此，这个比率有两个不同的名称。

图表9—5列示耐克公司根据2009年、2008年数据计算出来的留存收益率。耐克公司保留了很大一部分收益作为内部使用。公司的留存收益率变化不大（2001年为78.01%，2002年为80.71%，2003年为81.38%，2004年为81.05%，2005年为80.46%，2006年为79.10%，2007年为76.96%，2008年为78.08%，2009年为68.81%）。2009年因经营上的一些变化，留存收益率最低。

图表9—5　　　　　　　　　　　　　**耐克公司留存收益率**

会计年度截止于2009年5月31日和2008年5月31日　金额单位：百万美元

	2009 年	2008 年
扣除经常性项目后的净收益（B）	1 486.7	1 883.4
减：股利	（466.7）	（412.9）
留存收益（A）	1 020.0	1 470.5
留存收益率（A÷B）（%）	68.61	78.08

9.5　股利支付率

股利支付率（dividend payout ratio）用于衡量当期普通股每股收益有多大部分用于支付股利，其计算公式如下：

$$股利支付率 = \frac{普通股每股股利}{扣除非经常项目前稀释后每股收益}$$

基于最稳健的观点，公式的每股收益采用稀释后每股收益。理想地说，稀释后每股收益不应包括非经常性项目，因为董事会通常根据经常性项目收益制定出稳定的股利政策。

股利支付率存在与留存收益率相似的问题。投资者会误认为，作为分母的每股收益代表的就是现金。实际上，在权责发生制下，每股收益并不代表现金流量。

多数公司不愿意减少股利，因为这样一种趋势对公司股票市价不利。没有什么经验数据可以用于说明合理的股利支付率应该是多少。有些股东喜欢高股利，但也有些股东更愿意让公司把更多收益用于再投资，以期望将来可以获得更高的资本利得。在后一种情况中，股利支付率会相对低一些。

图表9—6列示了耐克公司2009年和2008年的股利支付率，其股利支付率从2008年的23.40%上升到2009年的32.34%。这是比较稳健的股利支付率。通常，为了吸引那些偏好低股利支付率的人，公司必须具有较好的普通股权益报酬率。公司的股利支付率变化不大（2001年为22.22%，2002年为19.51%，2003年为19.49%，2004年为21.08%，2005年为21.21%，2006年为22.35%，2007年为24.23%，2008年为23.40%，2009年为32.34%）。

行业平均股利支付率可以通过《标准普尔行业调查》获得。尽管不存在绝对合理的股利支付率，甚至连整个行业都不存在这种绝对标准，但对行业发展的展望往往使某个行业的股利支付率相近。

总之，新企业、成长中的企业和外界认为日益进步的企业，其股利支付率相对较低。因此，可以判断耐克公司属于成长中的企业。

图表9—6　　　　　　　　　　　**耐克公司股利支付率**

会计年度截止于 2009 年 5 月 31 日和 2008 年 5 月 31 日　　　　　金额单位：美元

	2009 年	2008 年
每股股利（A）	0.98	0.875
扣除非经常性项目，稀释后的每股收益（B）	3.03	3.74
股利支付率（A÷B）（%）	32.34	23.40

9.6　股利收益率

股利收益率（dividend yield）反映普通股每股收益与股票市价之间的关系，其计算公式如下：

$$股利收益率=\frac{普通股每股股利}{普通股每股市价}$$

在该比率中，把第四季度已宣告的股利乘以 4，这就得出当期股利收益率。图表 9—7 列示了耐克公司 2009 年和 2008 年的股利收益率。该公司的股利与市价比率相对较低。

图表9—7　　　　　　　　　　　**耐克公司股利收益率**

会计年度截止于 2009 年 5 月 31 日和 2008 年 5 月 31 日　　　　　金额单位：美元

	2009 年	2008 年
每股股利（A）	0.98	0.875
每股市价（B）	57.05	68.37
股利收益率（A÷B）（%）	1.72	1.28

从证券中获得的收益总额包括两个部分：一是股利；二是证券本身市价上涨。没有经验数据可用于衡量股利收益率多高才算合理。股利收益率取决于公司的股利政策和股票市价。如果公司利用资金成功投资而不是作为股利发放，那么，市价就会上升；如果公司为了再投资而少发股利，那么，股利与市价比率可能很低。如果公司的普通股权益报酬率超过平均水平，较低的股利收益率能使许多投资者满意，但偏爱当期收益的投资者更喜欢股利收益率高一些。

9.7　每股账面价值

年报里经常使用的一种数据就是每股账面价值，它反映了每股流通在外的普通股所能代表的股东权益额，其计算公式如下：

$$每股账面价值=\frac{股东权益总额-优先股权益}{流通在外的普通股数量}$$

优先股权益如果不按账面价值计价，则应该使用清算价值，因为一旦公司进行清算，优先股股东会按清算价值受偿，但有时年报里清算价值难以确定。如果不能得到清算价值，可以用与优先股相关的账面价值代替。图表 9—8 列示了耐克公司 2009 年和 2008 年的每股账面价值。该公司每股账面价值从 2008 年的 15.93 美元上升到 2009 年的 17.91 美元。

图表 9—8　　　　　　　　　　**耐克公司每股账面价值**

会计年度截止于 2009 年 5 月 31 日和 2008 年 5 月 31 日　金额单位：百万美元

	2009 年	2008 年
股东权益	8 693.1	7 825.3
减：优先股*	——	——
调整后的股东权益（A）	8 693.1	7 825.3
流通在外的普通股数量（B）（百万股）	485.5	491.1
每股账面价值（A÷B）（美元）	17.91	15.93

* 将可赎回优先股从上述股东权益中分离出来。

资产按其过去未收回的历史成本计价，而在投资者看来，股票市价反映企业潜力，因此，证券的市价通常与账面价值不一致。例如，土地按其成本计价，其账面价值反映其成本价值。如果该资产是前几年购买的，而现在的价格要比原来高得多，则股票市场价格能够识别这种升值的潜力。

账面价值以账面数据为基础，在投资分析中，账面价值是有局限的。如果市价低于账面价值，投资者会认为公司缺乏发展潜力；如果市价高于账面价值，投资者会认为公司有足够发展潜力使股票市价高于账面价值。注意，耐克公司出售的股票价格远远高于账面价值（2009 年的市价是 57.05 美元）。

如果投资者对股票的前景感到很悲观，股票会以低于账面价值的价格出售；相反，如果投资者对股票的前景感到很乐观，股票会以高于账面价值的价格出售。有时多数股票的售价低于账面价值，也有时多数股票的售价是账面价值的 5~6 倍。

9.8　股票期权（股票薪酬）

公司常常为员工或管理人员提供股票期权（或其他股票薪酬）。设立股票期权（股票薪酬）的做法在美国非常普遍。

为了评价公司的披露是否充分，需要对股票期权（或其他股票薪酬）会计有一个基本的认识。

2004 年 12 月，财务会计准则理事会发布了财务会计准则公告第 123 号（修订版），即"股票薪酬会计"。在实行财务会计准则公告第 123 号之前，公司可以选择在利润表的主表或附注中呈报股票薪酬费用。但在财务会计准则公告第 123 号下，股票薪酬费用必须在利润表主表中列示。

除了执行日期外，证券交易委员会对财务会计准则公告第 123 号没有异议。2005 年 4 月，该委员会发布了修改了的执行日期。委员会准则允许小规模公司在其财年起始就应用财务会计准则公告第 123 号，而不必等到下一个报告期间（从 2005 年 6 月 15 日或 12 月 15 日以后开始）。

财务会计准则公告第 123 号（修订版）使得股票交易的会计处理在全球范围内更具可比性。2004 年 2 月，国际会计准则理事会发布了一项报告标准，要求所有实体都使用基于公允价值的方法（在许多方面类似于在财务会计准则公告第 123 号中确立的基于公允价值的方法）确认股票薪酬交易中发生的员工服务费用。

财务会计准则公告第 123 号（修订版）实质上允许实行非薪酬计划。非薪酬计划试图增加资本或在员工和管理人员中扩大公司股票的所有权。由于管理人员和员工仅在市场价的基础上以非常低（通常为 5% 或以下）的折扣购买股票，因此对现有股票所有者的头寸状况或已有的薪酬状况没有较大的稀释。针对这种计划，当期权行权时不确认薪酬费用，而且以略低于市场价的价格发行股票。

要理解财务会计准则公告第 123 号（修订版），有两个术语非常重要：授予日和行权。在授予日，雇主和员工就基于股票的支付奖励的条款和条件达成共识，同时管理者承担向提供了所需服务的员工发行股权工具或转移资产的或有责任。[1] 当员工收到或获取股份、其他工具或现金奖励不再是基于是否满足服务或业绩条件的或有事项时，基于股票的支付奖励得以行权。[2]

财务会计准则公告第 123 号（修订版）的主要条款如下：

1. 要求上市公司衡量用于换取股权工具奖励（基于奖励在授予日的公允价值）所获得的员工服务成本。

2. 期权成本将在员工被要求提供服务以换取奖励的期间（通常为行权期间）确认。

3. 上市公司最初用基于负债工具的当前公允价值衡量用于换取该债务工具奖励所获得的员工服务成本。

4. 上市公司和非上市公司的财务报表附注均需披露能够帮助财务信息使用者了解基于股票的支付交易和这些交易对财务报表所造成影响的信息。

沃伦·E. 巴菲特是全球最富有的人之一，同时也是全球最著名的投资者，他对那些不在利润表中确认期权费用的公司嗤之以鼻。他认为在评估一家公司的业绩时，期权成本必须考虑在内。

当股票价格下降，持有股票期权还有价值吗？股票价格的下降会使现有股票期权贬值。但是当股票价格下降时，很多公司都会以较低的价格重新记录期权。这样，对于期权所有者来说，情况就变成"正面我赢，反面也是我赢"。巴菲特讲述了下面这个与股票期权相关的故事：

"在一次聚会上，一位容貌美丽的女人凑到首席执行官面前，朱唇微启，说道：'我会做任何你想要我做的事。告诉我你想要我做什么。'后者毫无迟疑地说：'我想重新定价我的期权。'"[3]

耐克公司的会计年度截止于 5 月 31 日。2009 年、2008 年和 2007 年，耐克公司披露的股票薪酬总额分别为 170 600 000 美元、141 000 000 美元和 147 700 000 美元，参见图表 9—9。

图表 9—9 **耐克公司股票薪酬费用**

附注 11——普通股与股票薪酬（部分）

已经核准发行没有面值的 A 类普通股和没有面值的 B 类普通股分别为 175 000 000 股和 750 000 000股。每 1 股 A 类普通股可以转换为 1 股 B 类普通股。B 类普通股的投票权仅限于选举董事。

1990 年，董事会采纳并经股东批准耐克公司的 1990 年股票激励计划（简称"1990 年计划"）。根据公司的股票期权和其他激励计划，1990 年计划启动发行了以前尚未发行的 B 类普通股多达132 000 000股。1990 年计划还授权发行非法定股票期权、激励股票期权、股票增值权、股票红利、限制性股票。非法定股票期权、股票增值权、限制性股票的行权价格或授予价格不低于授予日基本股票公允市场价值的 75%。激励股票期权的行权价格不低于授予日基本股票公允市场价值。董事会的一个专门委员会负责管理 1990 年计划。该专门委员会有权决定奖励谁、奖励多少以及奖励的条件或条款。该委员会已经按授予日基本股票公允市场价值的 100% 授予全部股票期权。这些股票期权都在各个会计年度的第一季度授予，在 4 年内按比例授予，从授予日开始，10 年内有效。

下表列示了公司确认的销售与管理费用的股票薪酬费用总额（单位为百万美元）：

会计年度截止于 5 月 31 日	2009 年	2008 年	2007 年
股票期权[1]	128.8	127.0	134.9
员工持股计划	14.4	7.2	7.0
限制性股票	7.9	6.8	5.8
小计	151.1	141.0	147.7
股票期权与限制性股票费用——重组[2]	19.5	—	—
股票薪酬费用总额	170.6	141.0	147.7

[1] 根据《财务会计准则公告》第 123 号（修订版），截止于 2009 年 5 月 31 日、2008 年 5 月 31 日和 2007 年 5 月 31 日的会计年度报告的股票薪酬费用分别包括授予符合资格员工的退休后股票期权而提前记录的股票薪酬费用 56 300 000 美元、40 700 000 美元和 36 300 000 美元。

[2] 根据发生于 2009 年第四个季度的重组活动，公司确认了与修改股票期权协议相关的股票薪酬费用。修改之后的股票期权协议允许延长行权终止期间，并作为员工遣散补偿的组成部分提前授予限制性股票。更详细的情况参见附注 16——重组费用。

截止于 2009 年 5 月 31 日，公司扣除预计丧失行使权利部分之后的股票期权尚未确认的薪酬成本净额为 82 300 000 美元，在加权平均期间 2 年内，确认为销售与管理费用。

期权费用的影响可能非常大，会导致较低的净收益和每股收益。它对高科技公司的影响尤为重大，因为作为奖励，这些公司会为员工提供大量的股票薪酬。

要确定期权的重要性，可使用以下比率：

$$\text{期权的重要性} = \frac{\text{非经常性项目前净收益（不包括期权费用）} - \text{非经常性项目前净收益（包括期权费用）}}{\text{非经常性项目前净收益（不包括期权费用）}}$$

使用图表 9—5 和图表 9—9 中耐克公司的数据，计算得出的 2009 年期权的重要性如下：

$$\text{期权的重要性} = \frac{(1\ 486\ 700\ 000 + 128\ 800\ 000) - 1\ 486\ 700\ 000}{(1\ 486\ 700\ 000 + 128\ 800\ 000)} = 7.97\%$$

对耐克公司而言，期权费用的影响适中。

9.9 限制性股票

2003 年 7 月，微软公司宣布停止向员工发行股票期权，取而代之的是为员工提供限制性股票。这是限制股普及和股票期权计划减少的决定性事件。

持有限制股的员工只有在一段时间后才能出售其股票，而且如果员工在行权日到来之前离开公司，公司会没收员工的股票。限制性股票费用的记账方式与对期权费用化的新要求相似。

相对于股票期权来说，有些员工更倾向于持有限制性股票，因为这使他们能够获得真正的股票。通常，员工会收到股利，而且股利的分发可能发生在行权日之前。

传统上，限制性股票（可能与期权一起）仅用于奖励最高管理层。为了实现期权的费用化标准要求，公司开始面向更大范围的员工发行限制性股票而非期权（有时也同时发行期权）。

就耐克公司而言，正如图表 9—9 所示，股票薪酬费用已经包括了限制性股票。

9.10 股票增值权

有些企业授予骨干员工一种股票增值权（stock appreciation rights），以代替股票期权或附加在股票期权之外。股票增值权给予员工在将来特定时点获得现金或股票（或两者兼有）补偿的权利。补偿额的多少取决于预先设定的股票价格与增值权行权当天的市价之间的差额。

股票增值权的会计处理规定，每个会计期间内所确定的费用应根据期末市价与期权价格之间的差额计算。当期确认的补偿费用还要减去上一期确认的股票增值权补偿费用。例如，假设期权的价格是 10 美元，第 1 个会计期末的股票增值权市价为 15 美元，该计划的每股补偿费用是 5 美元。如果计划股票总数为 100 000 股，那么，记入利润表的费用为 500 000 美元（5×100 000）。如果第 2 个会计期末的股票增值权市价为 12 美元，则要按每股 3 美元冲减补偿费用。这是因为在两个会计期间内的补偿费用是每股 2 美元（12-10），第 1 年以每股 5 美元确认补偿费用，为了得出补偿费用余额为每股 2 美元，必须冲减 3 美元。以 100 000 股为例，第 2 年费用的冲销额为 300 000 美元。可见，随着股票价格的波动，股票增值权会对收益产生重大影响。

如果公司已经授予股票增值权，则必须在财务报表附注中披露。如果股票数量已知，还应通过对未来市价的预测，计算对收益的未来可能影响。例如，如果附注披露公司流通在外的股票增值权有 50 000 股，年末市价为 10 美元，分析者不但可以预测下一年年末的股票价格，而且还可以计算出下一年的补偿费用。假设下一年年末的股票市价为 15 美元，下一年的补偿费用总额则为 25 000 美元（（15-10）×5 000）。这是一项减少收益的潜在费用，评价股票投资时必须把它考虑进去。

依赖未来股票市场价格的股票增值权可能成为企业的一种潜在负担。即使其数目相对较小，股票增值权也可能成为重要负担。现有和潜在的投资者必须考虑这些因素。有些企业限制潜在的增值，以控制增值权费用。

通用电气公司 2001 年年报披露："2001 年年末，流通在外的股票增值权有 131 300 股，平均行权价格为 7.68 美元。"通用电气公司 2001 年的股票价格在最低 28.25 美元和最高 52.90 美元之间。

显然，截止到 2009 年 5 月 31 日，耐克公司还没有流通在外的股票增值权。

9.11　本章小结

本章讨论了投资者特别感兴趣的几种分析指标。本章所涉及的分析指标如下：

$$财务杠杆程度=\frac{息税前收益}{税前收益}$$

$$总括财务杠杆程度=\frac{息税前收益-非控制性股东权益-权益收益-非经常性项目}{税前收益-非控制性股东权益-权益收益-非经常性项目}$$

$$稀释后的普通股每股收益=\frac{净收益-优先股股利}{流通在外的普通股的加权平均数}$$

$$市盈率=\frac{每股市价}{扣除非经常性项目前稀释后每股收益}$$

$$留存收益率=\frac{扣除非经常性项目前净收益-全部股利}{扣除非经常性项目前净收益}$$

$$股利支付率=\frac{普通股每股股利}{扣除非经常性项目前稀释后每股收益}$$

$$股利收益率=\frac{普通股每股股利}{普通股每股市价}$$

$$每股账面价值=\frac{股东权益总额-优先股权益}{流通在外的普通股数量}$$

$$期权的重要性=\frac{\frac{非经常性项目前净收益}{（不包含期权费用）}-\frac{非经常性项目前净收益}{（包含期权费用）}}{非经营性项目前净收益（不包含期权费用）}$$

思考题

9.1　简单解释每股收益。

9.2　计算每股收益公式的分母使用流通在外的普通股的加权平均数，为什么用加权平均数代替年末流通数？

9.3　为什么市盈率被认为是衡量公司未来获利能力的尺度？

9.4　为什么刚成立不久的企业，其股利支付率较低？为什么当企业有相当好的增长记录或可观的增长前景时，其股利支付率通常比较低？

9.5　为什么投资者要阅读有关股票期权的附注？股票期权如何影响公司获利能力？

习题

9—1　你的一个客户有机会投资 30 000 美元于同行业的两家公司之一。他提供给你这两家公司的唯一信息如下所示。根据该客户的理解，"高"意味着处于行业的前三名，"平均"意味着处于中间的三名，"低"意味着处于最后的三名。

	A公司	B公司
全部资产报酬率	高	平均
利润率	高	低
财务杠杆	高	低
流动比率	低	高
市盈率	高	平均
债务与权益比率	高	低

要求

你的客户希望你为他提供投资于哪家公司的建议。写一份简要的备忘录向你的客户说明你的推荐意见。

9—2 下列信息是埃哲公司的相关数据：

	2009 年	2008 年	2007 年
每股收益	$ 2.30	$ 3.40	$ 4.54
每股股利	$ 1.90	$ 1.90	$ 1.90
年末每股市场价格	$ 41.25	$ 35.00	$ 29.00
净利润	$ 9 100 000	$ 13 300 000	$ 16 500 000
现金股利总额	6 080 000	5 900 000	6 050 000
年末未完工程	$ 5 490 800 000	$ 4 150 200 000	$ 3 700 100 000
新签合同净额	$ 2 650 700 000	$ 1 800 450 000	$ 3 700 100 000

注释：2009 年、2008 年和 2007 年的股票分别按其账面价值的 120.5%、108.0% 和 105.0% 出售。

要求

1. 计算 2009 年、2008 年和 2007 年的下列指标：

（1）留存收益率

（2）市盈率

（3）股利支付率

（4）股利收益率

（5）每股账面价值

2. 评论上述计算结果，包括对年末未完工程和新签合同净额的讨论。

9—3 史密斯·琼斯有限公司主要从事食品的生产、加工、分销和营销业务。下列信息摘自该公司 2009 年年度报告：

	2009 年	2008 年
每股收益	$ 1.08	$ 1.14
普通股每股现金股利	$ 0.80	$ 0.76
普通股每股市场价格	$ 12.94	$ 15.19
流通在外普通股数量	25 380 000	23 316 000
资产总额	$ 1 264 086 000	$ 1 173 924 000
负债总额	$ 823 758 000	$ 742 499 000
不可赎回优先股	$ 16 600 000	$ 16 600 000
优先股股利	$ 4 567 000	$ 930 000
净利润	$ 32 094 000	$ 31 049 000

要求

1. 根据以上数据，计算 2009 年和 2008 年的下列指标：

（1）留存收益率

（2）市盈率

（3）股利支付率

（4）股利收益率

（5）每股账面价值

2. 从潜在投资者的角度讨论上述计算结果。

9—4 2009 年 12 月 31 日，法利照相机有限公司发行了 5 000 股票增值权给其总经理，允许她在股票市场价格超过预先设定的 20 美元时，获得这个超额的现金收入。行权日是 2010 年 12 月 31 日，而且要求服务期限是整整 3 年。股票市场价格波动情况如下：

2010 年 12 月 31 日为 23.00 美元；2011 年 12 月 31 日为 21.00 美元；2012 年 12 月 31 日为 26.00 美元。

法利公司应计薪酬费用如下：

2010 年为 15 000 美元；2011 年为（10 000）美元；2012 年为 25 000 美元。

要求

1. 与其接受股票期权相比，该总经理接受股票增值权的主要好处何在？

2. 2010 年记录的费用为 15，000 美元。其抵销科目是什么？

3. 2012 年，行使股票增值权可能对公司产生什么财务影响？这对财务报表分析有何影响？

9—5 唐纳沙波公司连续 5 年的资产负债表和利润表如下所示。

要求

1. 计算或确定 2005 年至 2009 年的下列指标：

（1）财务杠杆程度

（2）普通股每股收益

（3）市盈率

（4）留存收益率

（5）股利支付率

（6）股利收益率

（7）每股账面价值

（8）期权的重要性（应用流通在外股票期权）

2. 站在投资者的角度评述要求 1 中的结果。

唐纳沙波公司资产负债表

2005 年 12 月 31 日至 2009 年 12 月 31 日   单位：千美元

	2009 年	2008 年	2007 年	2006 年	2005 年
资产					
流动资产：					

	2009 年	2008 年	2007 年	2006 年	2005 年
现金	26 000	27 000	29 000	28 000	27 000
应收账款净额	125 000	126 000	128 000	130 000	128 000
存货	140 000	143 000	145 000	146 000	144 000
流动资产总额	291 000	296 000	302 000	304 000	299 000
财产、厂房与设备	420 000	418 000	417 000	418 000	415 000
资产总额	711 000	714 000	719 000	722 000	714 000
负债与股东权益					
流动负债：					
应付账款	120 000	122 000	122 500	124 000	125 000
应付所得税	12 000	13 000	13 500	13 000	12 000
流动负债总额	132 000	135 000	136 000	137 000	137 000
长期负债	90 000	65 000	67 000	68 000	69 000
股东权益：					
优先股	49 000	76 000	80 000	82 000	75 000
普通股	290 000	290 000	290 000	290 000	290 000
普通股资本公积	70 000	70 000	70 000	70 000	70 000
留存收益	80 000	78 000	76 000	75 000	73 000
股东权益总额	489 000	514 000	516 000	517 000	508 000
负债与股东权益总额	711 000	714 000	719 000	722 000	714 000

唐纳沙波公司资产负债表

会计年度截止于 12 月 31 日，2005 年至 2009 年

单位：千美元（每股数据除外）

	2009 年	2008 年	2007 年	2006 年	2005 年
销售净额	890 000	870 000	85 000	935 000	920 000
产品销售成本	（540 000）	（530 700）	（522 750）	（579 000）	（570 000）
销售毛利	350 000	339 300	327 250	356 000	350 000
销售与行政管理费用	（230 000）	（225 000）	（220 000）	（225 000）	（224 000）
利息费用	（9 500）	（6 600）	（6 800）	（6 900）	（7 000）
税前持续经营利润	110 500	107 700	100 450	124 100	119 000
所得税费用	（33 000）	（33 300）	（32 100）	（30 400）	（37 400）
持续经营利润	77 500	74 400	68 350	93 700	81 600
税后特别项目利得	20 000	—	—	—	—
净利润	97 500	74 400	68 350	93 700	81 600
每股收益：					

续表

	2009 年	2008 年	2007 年	2006 年	2005 年
持续经营	2.67	2.57	2.36	3.23	2.81
特别项目利得	0.69	—	—	—	—
每股净收益	3.36	2.57	2.36	3.23	2.81

注释：补充资料：

（1）优先股股利（千美元）

2009 年	3 290
2008 年	6 100
2007 年	6 400
2006 年	6 600
2005 年	6 000

（2）2005 年至 2009 年实际流通在外普通股数量为 29 000 000 股。

（3）2005 年至 2009 年实际流通在外股票期权数量为 1 000 000 股。

（4）实际普通股每股股利：

2009 年	3.16
2008 年	2.29
2007 年	2.10
2006 年	2.93
2005 年	2.80

（5）实际普通股每股市场价格：

2009 年	24.00
2008 年	22.00
2007 年	21.00
2006 年	37.00
2005 年	29.00

案例　专业零售商——投资者观点

1. 阿贝克隆比 & 费奇公司

（2009 年 1 月 31 日，52 周；2008 年 2 月 2 日，52 周；2007 年 2 月 3 日，53 周）

"阿贝克隆比 & 费奇公司……是一家专业的零售商，主要经营商店和网站销售休闲运动服装。" 10-K 格式报告。

2. 有限品牌公司

（2009 年 1 月 31 日，52 周；2008 年 2 月 2 日，52 周；2007 年 2 月 3 日，53 周）

"我们主要经营具有高度竞争性的专业零售业务。"10-K 格式报告。

3. 盖普公司

（2009 年 1 月 31 日，52 周；2008 年 2 月 2 日，52 周；2007 年 2 月 3 日，53 周）

"我们是一个经营服装、饰品和个人休闲产品的全球专业零售商。"10-K 格式报告。

评价用数据	阿贝克隆比＆费奇公司		有限品牌公司		盖普公司	
	2009 年	2008 年	2009 年	2008 年	2009 年	2008 年
包括所有因素的财务杠杆程度	*	*	1.40	1.13	1.00	1.02
扣除非经常性项目之前稀释后每股收益	$3.05	$5.20	$0.65	$1.89	$1.34	$1.09
留存收益率	77.68%	87.11%	8.64%	68.38%	74.87%	70.93%
股利收益率	3.92%	0.85%	7.58%	3.10%	3.01%	1.65%
市盈率	5.85	15.78	12.18	10.23	8.42	17.74
每股市场价格	$17.85	$82.06	$7.92	$19.33	$11.28	$19.34

* 披露的数据不充分，无法计算。

要求

1. 评述各家公司上述所有数据。

2. 基于上述评述，你会选择哪家公司？

互联网案例：Thomson ONE（商学院版）

请登录 www.cengage.com/international，完成包含本章讨论主题的网络案例。你可以使用 Thomson ONE（商学院版）。这是一个强有力的工具，它包含一系列基本财务信息、盈余估计、市场数据和 500 个上市公司的原始文档。

注释

1. FASB No. 123（revised 2004），Glossary，Grant date.

2. Ibid.，Glossary，Vest，Vesting，or Vested.

3. 所有的材料复制须经作者同意。

鉴于现金的重要性，现金流量表已经成为主要的财务报表之一。这不足为奇。现金流量表使管理者、股票分析师、商业借贷者和投资银行家能够得到一个有关企业现金余额变化的详细解释。

现金流量表提供发生于企业某个特定时期的现金余额变化的解释。现金是企业的血液。因此，理解现金流量对把握企业的脉搏显得至关重要。

来自银行家的警告：关注现金流

一个沉闷的午夜，

我的头脑正倦意融融地陷在一大堆奇异怪诞的会计知识之中，

企图能够搜寻到某种暗机关（毫无顾忌地）——发现一点新的避税方法，

突然我听到了敲门声，

除此之外，万籁俱静。

随后，我感到了令人作呕的刺痛，并听到了叮叮当当的钱币声，

一个我以前常常见到的可怕的银行家走了进来。

在他计算账目的时候，

他的脸成了浅绿色，满眼的美钞符号也在跟着闪动。

"现金流量，"他说道。没有其他的语言。

我过去总认为显示一个墨黑色的底线数字就很好了，

然而，银行家发出了响亮的声音：

"不，你的应收账款太高，快爬到天上去了；

消掉模糊的幻景，现金流量才是关键的。"

他重复道："关注现金流量。"

我试图告诉他有关我们可爱的存货，

——尽管大，但却充满了一大堆可喜的东西。

然而，银行家看见存货的增长，却不断狠狠地诅咒，

他挥舞着手臂，怒吼道：

"停止！够了！付利息吧，别再废话！"

然后，我开始找寻那些似乎可以无限地加回的非现金项目，

以置换不断往外流的现金，

为了保持报表底线的黑色，我加回了折旧，

银行家说我这样是做事轻率，

他的声音颤抖着，并且开始有些咬牙切齿。

当我向他申请贷款，他叹息道，

利息按基准利率再加八个点算，

并且为了保证我能信守诺言，按期归还，

他坚持贷款需要抵押——我所有的资产再加上我的头皮。

就这样，还算是标准的利率。

尽管报表底线数字是黑色的，但我却入不敷出，

我的现金不断往外流，顾客们却付款迟缓。

我的应收账款几乎是在难以置信地增长。

这样结果是肯定的——无尽的悲哀！

我又听到了那个银行家在不祥地低声嘀咕，

"关注现金流量。"

——哈伯特·S. 贝利

经许可重印

10.1　现金流量表的基本要素

编制现金流量表所运用的现金概念不仅包括现金本身，而且还包括流动性很强的短期投资项目，这些称为"现金和现金等价物"。现金和现金等价物包括现金、银行存款和流动性很强的短期投资。现金流量表分析通过检查资产负债表所有项目（而不仅仅是现金和现金等价物）的变化来解释现金和现金等价物的变化。

管理层可以运用现金流量表进行股利政策、运营现金和投资、筹资决策。企业外部人如债权人或投资者，可以利用现金流量表预测诸如企业股利增长的能力、利用运营活动产生现金偿还贷款的能力，以及运营产生的现金与通过筹资得到的现金的比率等事项。

现金流量表必须报告所有影响现金流量的交易。企业有时会发生并不直接影响现金流量的投资和/或筹资活动。例如，企业可以用普通股交换获得土地，这是一项投资交易（获得土地）和一项筹资交易（签发普通股股票）。将长期债券转换成普通股股票所涉及的两项筹资活动均未对现金流量产生直接影响，但上述交易会在未来对企业现金流量产生影响，因此，要求在一个单独的表格中披露这些交易，并随同现金流量表一并列示。

现金流量表将现金收入与支出分为经营活动现金流量、投资活动现金流量和筹资活动现金流量。[1] 简而言之，经营活动涉及利润表项目，投资活动通常因长期资产项目的变化而产生，筹资活动则通常与长期负债和股东权益项目有关。这些活动及其典型的现金流量描述如下：

（1）经营活动（operating activities）。经营活动包括非投资或筹资活动的所有交易和其他事项。经营活动现金流量通常指那些确定企业净收益的交易和相关事项的现金结果。

典型的现金流入包括：销售商品或提供劳务收到的现金；贷款收益（利息收入）；权益证券收益（股利收入）。

典型的现金流出包括：购买商品或接受劳务支出的现金；支付给职工的现金；支付给政府的现金（税）；利息费用支出；对供货商的其他费用支出。

（2）投资活动（investing activities）。投资活动包括资金的贷出与回收、投资和生产性长期资产的获得与出售。

典型的现金流入包括：收回贷款；出售其他公司债券或股票；出售财产、厂房和设备。

典型的现金流出包括：贷款给其他主体；购买其他公司债券或股票；购买财产、

厂房和设备。

（3）筹资活动（financing activities）。筹资活动指与负债和所有者权益相关的现金流量。

典型的现金流入包括：出售股票所得现金；销售债券、抵押贷款、票据以及其他短期或长期借款所得现金。

典型的现金流出包括：支付现金股利；回购企业股本；偿还借款。

现金流量表按照如下顺序列示企业现金流量：经营活动、投资活动、筹资活动。投资和筹资活动的现金流入量与现金流出量要求单独列示。经营活动部分现金流量可以使用直接法或间接法列示（间接法有时称调节法）。直接法实质上是以收付实现制取代权责发生制列示利润表。间接法是通过以那些影响净收益而不影响现金的项目调整净收益而获得经营活动现金流量的方法。

财务会计准则公告（SFAS）第 95 号鼓励企业采用直接法列示经营活动产生的现金流量。然而，如果企业采用直接法，该标准还要求企业提供一个单独的调节表，以列示从净收益到经营活动现金流量净额的调节情况。如果企业采用间接法，它还必须单独披露该期间所支付的利息和所得税。图表 10—1 列示了采用直接法和间接法编制现金流量表的范例。

图表 10—1　　　　　琼斯公司现金流量表——直接法和间接法的比较

会计年度截止于 20××年 12 月 31 日　　　　　　　　　　　　单位：美元

直接法	
经营活动产生的现金流量：	
收到顾客的现金	370 000
支付给供货商和员工的现金	(310 000)
收到的利息	10 000
支付的利息（资本化后净额）	(4 000)
支付的所得税	(15 000)
经营活动产生的现金流量净额	51 000
投资活动产生的现金流量：	
资本支出	(30 000)
处置财产、厂房和设备的所得收益	6 000
投资活动产生的现金流量净额	(24 000)
筹资活动产生的现金流量：	
偿付商业票据净收入	(4 000)
发行长期债务收入	6 000
支付股利	(5 000)
筹资活动产生的现金流量净额	(3 000)
现金和现金等价物净增加额	24 000
现金和现金等价物期初余额	8 000
现金和现金等价物期末余额	32 000

续表

直接法	
净收益与经营活动产生的现金流量调整：	
净收益	40 000
折旧准备	6 000
坏账准备	1 000
递延所得税	1 000
处置财产、厂房和设备的损失	2 000
经营资产和负债的变化：	
应收账款增加额	（2 000）
存货增加额	（4 000）
应付账款增加额	5 000
应计所得税增加额	2 000
经营活动产生的现金流量净额	51 000
非现金投资和筹资活动的补充报表：	
发行债券（筹资）获得土地（投资）	10 000
间接法	
经营活动产生的现金流量：	
净收益	40 000
折旧准备	6 000
坏账准备	1 000
递延所得税	1 000
处置财产、厂房和设备的损失	2 000
经营资产和负债的变化：	
应收账款增加额	（2 000）
存货增加额	（4 000）
应付账款增加额	5 000
应计所得税增加额	2 000
经营活动产生的现金流量净额	51 000
投资活动产生的现金流量：	
资本支出	（30 000）
处置财产、厂房和设备的所得收益	6 000
投资活动产生的现金流量净额	（24 000）
筹资活动产生的现金流量：	
偿付商业票据的净收入	（4 000）
发行长期债务的收入	6 000
支付股利	（5 000）
筹资活动产生的现金流量净额	（3 000）
现金和现金等价物净增加额	24 000
现金和现金等价物期初余额	8 000
现金和现金等价物期末余额	32 000
现金流量相关信息的补充披露：	
支付利息	500
支付所得税	10 000
非现金投资和筹资活动的补充报表：	
发行债券（筹资）获得土地（投资）	10 000

1986 年财务会计准则公告征求意见稿《现金流量表》指出：

直接法的主要好处在于它清楚地列示了经营活动现金收支情况。了解过去期间经营活动现金流量的来源和使用情况，这对预测企业未来现金流量是有益的，而使用间接法报告现金流量有利于企业关注收益和经营活动产生的现金流量之间的差异。[2]

至今，现金流量表作为必备财务报表已有大约 20 年的时间。财经界对现金流量表的重要性已经达成共识。但是现金流量表却被证实不像许多人预期的那样有用。一个重要原因是没有要求使用直接法呈报经营活动。公司、金融服务机构、文献和书籍都开创了许多与现金流相关的比率，但是对计算哪些比率以及如何计算这些比率却没有什么共识。同时，直接法下编制的现金流量表可进行间接法下无法进行的分析。

图表 10—2 列示了 2009 年耐克公司合并现金流量表。该图表使用间接法列示公司经营活动产生的现金流量，严格遵循标准格式。

图表 10—2　　耐克公司合并现金流量表三年合计（增加了合计列）　　单位：百万美元

	会计年度截止于 5 月 31 日			
	合计	2009 年	2008 年	2007 年
经营活动提供的现金：				
净利润	4 861.6	1 486.7	1 883.4	1 491.5
不影响现金的收益性费用：				
折旧	908.3	335.0	303.6	269.7
递延所得税	(560.6)	(294.1)	(300.6)	34.1
股票薪酬（附注 11）	459.3	170.6	141.0	147.7
商誉、无形资产和其他资产减值（附注 4）	401.3	401.3	—	—
剥离资产利得（附注 17）	(60.6)	—	(60.6)	—
摊销与其他项目	66.7	48.3	17.9	0.5
营运资本构成、其他资产与负债的变化，不包括并购和剥离的影响：				
应收账款增加额	(395.9)	(238.0)	(118.3)	(39.6)
存货减少（增加）额	(267.1)	32.2	(249.8)	(49.5)
预付费用和其他资产减少（增加）额	(57.9)	14.1	(11.2)	(60.8)
应付账款、应计负债与应付所得税增加（减少）额	19.60	(220.0)	330.9	85.1
经营活动提供的现金	5 551.1	1 736.1	1 936.3	1 878.7
投资活动提供（耗用）的现金：				
购买短期投资	(6 908.1)	(2 908.7)	(1 865.6)	(2 133.8)
短期投资到期	7 152.2	2 390.0	2 246.0	2 516.2
财产、厂房与设备增加额	(1 218.4)	(455.7)	(449.2)	(313.5)
处置财产、厂房与设备	62.2	32.0	1.9	28.3
其他资产增加额（扣除其他负债净额）	(73.1)	(47.0)	(21.8)	(4.3)
投资净额套期保值	115.3	191.3	(76.0)	—
购买子公司（扣除所得现金净额）（附注 4）	(571.1)	—	(571.1)	—
剥离资产收入（附注 17）	246.0	—	246.0	—
投资活动提供（耗用）的现金	(1 195.0)	(789.1)	(489.8)	92.9

续表

	会计年度截止于5月31日			
	合计	2009年	2008年	2007年
筹资活动耗用的现金:				
发行长期债券收入	41.8	—	—	41.8
长期债务减少额（包括流动部分）	(297.7)	(6.8)	(35.2)	(255.7)
应付票据增加额	293.4	177.1	63.7	52.6
行使股票期权与发行其他股票收入	852.8	186.6	343.3	322.9
来自股票支付协议的税收效益	143.9	25.1	63.0	55.8
回购普通股	(2 882.4)	(649.2)	(1 248.0)	(985.2)
普通股和优先股股利	(1 223.3)	(466.7)	(412.9)	(343.7)
筹资活动耗用的现金	(3 071.5)	(733.9)	(1 226.1)	(1 111.5)
汇率变动的影响	52.3	(46.9)	56.8	42.4
现金及现金等价物增加净额	1 336.9	157.2	277.2	902.5
年初现金及现金等价物	954.2	2 133.9	1 856.7	954.2
年末现金及现金等价物	2 291.1	2 291.1	2 133.9	1 856.7
补充披露的现金流量信息:				
当年支付的现金:				
利息（扣除资本化利息）	150.8	46.7	44.1	60.0
所得税	2 083.8	765.2	717.5	601.1
宣告但尚未支付的股利	327.2	121.4	112.9	92.9

除查看年度现金流量外，同时查看连续3年的现金流量也是很有益的。为了使报表完整，我们可以在图表上添加一列以加计图表各项目的3年汇总额。在图表10—2中，我们已对耐克公司作了上述处理。

考虑截止于2009年5月31日的连续3个年度，对耐克公司2009年现金流量表的考察小结如下：

（1）经营活动提供的现金是现金的主要来源。经营活动现金流量远远超过投资活动现金流出量和筹资活动现金流出量。

（2）与净利润和折旧相关的经营活动现金流量几乎就是所有的经营活动现金流量。

（3）为了增加财产、厂房与设备而耗用的现金超过了投资活动耗用的现金总额。

（4）回购普通股耗用的现金超过了筹资活动耗用现金总额的93%。有些股票的回购可能与行使股票期权和发行其他股票收入有关。股票期权费用化的原因之一就是公司通常回购股票，然后因为行使股票期权再度发行股票。

图表10—3列示了附有3年合计数据的技术数据公司2009年度的现金流量表。该公司采用直接法呈报经营活动现金流量。注意图表10—3中与直接法相关的下列问题：

（1）经营活动提供的现金净额是现金的主要来源。

（2）并购企业（扣除所得现金净额）支付的现金是投资活动的主要现金流出量。

（3）回购库存股支付的现金是筹资活动的主要现金流出量。

（4）发行可转换债券收入（扣除费用净额）是筹资活动的主要现金流入量。

图表 10—3　技术数据公司*及其子公司合并现金流量表三年合计（增加了合计列）

	会计年度截止于1月31日			
	三年合计	2009 年	2008 年	2007 年
经营活动现金流量：				
收到顾客的现金	$68 648 764	$23 989 567	$23 473 295	$21 185 902
支付供应商和员工现金	(67 781 200)	(23 636 388)	(23 053 048)	(21 091 764)
支付利息（净额）	(61 565)	(20 382)	(14 273)	(26 910)
支付所得税	(182 755)	(52 987)	(48 552)	(81 216)
经营活动提供（耗用）的现金净额	623 244	279 810	357 422	(13 988)
投资活动现金流量：				
并购企业（扣除所得现金净额）	(99 769)	(78 266)	(21 503)	—
出售经营业务收入	23 661	—	7 161	16 500
出售财产与设备收入	3 563	—	—	3 563
财产与设备支出	(70 413)	(17 272)	(21 474)	(31 667)
软件与软件开发成本	(44 222)	(15 275)	(16 885)	(12 062)
投资活动耗用的现金净额	(187 180)	(110 813)	(52 701)	(23 666)
筹资活动现金流量：				
发行普通股与再发行库存股收入	39 255	1 530	12 542	25 183
回购库存股支付的现金	(280 112)	(100 000)	(100 019)	(80 093)
合资企业合伙人投入资本	10 000	1 000	9 000	—
发行可转换债券收入（扣除费用净额）	342 554	—	—	342 554
借入（偿还）周转信用贷款	(168 477)	52 644	(56 297)	(164 824)
支付长期债务本金	(5 768)	(1 786)	(2 371)	(1 611)
股票薪酬的税收效益	756	—	212	544
筹资活动提供（耗用）的现金净额	(61 792)	(46 612)	(136 933)	121 753
汇率变动对现金及现金等价物的影响	(2 914)	(41 702)	14 546	24 242
现金及现金等价物增加净额	371 358	80 683	182 334	108 341
年初现金及现金等价物	156 665	447 340	265 006	156 665
年末现金及现金等价物	$528 023	$528 023	$447 340	$265 006
净利润（亏损）	$134 914	$123 626	$108 269	($96 981)
将净利润（亏损）调整为经营活动提供（耗用）的现金净额：				
商誉减值	$136 093	$	$	$136 093
处置子公司损失	14 471	—	14 471	—
出售中断经营业务利得（税后）	(3 834)	—	—	(3 834)
出售土地利得	(3 563)	—	—	(3 563)
折旧与摊销	158 395	51 234	53 881	53 280
坏账准备	53 855	15 000	11 200	27 655
股票薪酬费用	30 250	11 990	10 287	7 973
递延所得税	32 754	21 921	6 537	4 296
股票薪酬的税收效益	(756)	—	(212)	(544)
少数股东权益	(5 381)	(1 822)	(3 559)	—
经营资产与负债的变动：				
应收账款	(271 309)	(86 423)	57 419	(242 305)
存货	(178 264)	(261 974)	57 904	25 806
预付费用与其他资产	(53 616)	(18 531)	(40 721)	5 636
应付账款	480 526	374 696	83 845	21 985
应计费用与其他负债	98 709	50 093	(1 899)	50 515
调整额合计	488 330	156 184	249 153	82 993
经营活动提供（耗用）的现金净额	$623 244	$279 810	$357 422	($13 988)

　　*"技术数据公司……是一家处于领先地位的全球信息技术产品、物流管理和其他增值服务的提供者。"10-K 格式报告。

注意图表10—3中与间接法相关的下列问题（间接法以"将净利润（亏损）调整为经营活动提供（耗用）的现金净额"表述之）：

（1）净利润加上商誉减值、折旧与摊销的总额大约占了现金流量的69%。记住：净利润并不意味着现金流量，而商誉减值、折旧与摊销也并非现金流量项目。

（2）注意经营资产与负债的变动占据了经营活动提供的现金净额的大部分。

（3）投资活动没有什么重要的现金流入量或现金流出量。

图表10—4是技术数据公司重新编制的2009年度现金流量表，分别列示了现金流入量和现金流出量。从图表10—4可以看到：

（1）大约100%的现金流入量总额来自经营活动。

延伸阅读10-1

（2）大约99%的现金流出量总额与经营活动相关。

（3）投资活动唯一重要的现金流入量或现金流出量是并购企业（扣除所得现金净额）。

（4）筹资活动唯一重要的现金流入量或现金流出量是购买库存股的现金流出量。

图表10—4　　　　　**技术数据公司*现金流量表**　　　　金额单位：千美元

	现金流入量	现金流出量	百分比	
			现金流入量	现金流出量
经营活动现金流量：				
收到顾客的现金	23 989 567		99.77	
支付供应商和员工现金		23 636 388		98.63
支付利息净额		20 382		0.09
支付所得税	—	52 987	—	0.22
经营活动提供（耗用）的现金净额	23 989 567	23 709 757	99.77	98.94
投资活动现金流量：				
并购企业（扣除所得现金净额）		78 266		0.33
财产与设备支出		17 272		0.07
软件与软件开发成本		15 275		
投资活动耗用的现金净额	0	100 813	0.00	0.46
筹资活动现金流量：				
发行普通股与再发行库存股收入	1 530		0.01	
购买库存股支付的现金		100 000		0.42
合资企业合伙人投入资本	1 000		0.00	
借入（偿还）在评估信用贷款	52 644		0.22	
支付长期债务本金		1 786		
筹资活动提供（耗用）的现金净额	55 174	101 786	0.23	0.43
汇率变动对现金及现金等价物的影响		41 702		0.17
现金变动：				
现金流入（出）量总额	24 044 741	23 964 058	100.00	100.00
现金流出量总额	23 964 058			
现金增加净额	80 683			

*　"技术数据公司……是一家处于领先地位的全球信息技术产品、物流管理和其他增值服务的提供者。"10-K格式报告。

10.2　财务比率与现金流量表

与现金流量表相关的财务比率发展较慢，这是由几方面因素造成的。一方面，大多数财务比率通常把利润表项目与资产负债表项目联系起来，这已经形成财务分析的常规方式；另一方面，直到 1987 年现金流量表才正式成为要求披露的报表。因此，财务分析师熟悉该报表还得花一段时间。

现在已经发展了一些与现金流量表相关的分析比率，其中一些比率如下：

（1）经营现金流量/本期到期的长期债务与本期应付票据之和；

（2）经营现金流量/债务总额；

（3）每股经营现金流量；

（4）经营现金流量/现金股利。

10.2.1　经营现金流量/本期到期的长期债务与本期应付票据之和

经营现金流量/本期到期的长期债务与本期应付票据之和（operating cash flow/ current maturities of long-term debt and current notes payable）这个比率反映了企业偿付其本期到期债务的能力。比率的数值越高，企业偿付其到期债务的能力越强，企业的流动性也越好。该比率与第 6 章讨论的流动性比率有关。

该比率的计算公式如下：

$$\frac{\text{经营现金流量/本期到期的}}{\text{长期债务与本期应付票据之和}}=\frac{\text{经营现金流量}}{\text{本期到期的长期债务}+\text{本期应付票据}}$$

有关耐克公司 2009 年和 2008 年该比率的计算参见图表 10—5。2009 年耐克公司的该比率得到了明显改善。两者都代表了实际支付能力。

图表 10—5　　**耐克公司经营现金流量/本期到期的**
长期债务与本期应付票据之和

会计年度截止 2009 年 5 月 31 日和 2008 年 5 月 31 日　金额单位：百万美元

	2009 年	2008 年
经营现金流量（A）	1 736.1	1 936.3
本期到期的长期债务与本期应付票据之和（B）	374.9	184.0
经营现金流量/本期到期的长期债务与本期应付票据之和（A÷B）（倍）	4.63	10.52

10.2.2　经营现金流量/债务总额

经营现金流量/债务总额（operating cash flow/total debt）反映企业用年度经营现金流量承担债务总额的能力。该比率越高，企业承担债务的能力越强。从负债的角度看，这是很重要的。该比率与第 7 章的负债比率有关。以经营现金流量代替收益数字，它代表另一种负债收益观。

这里的经营现金流量与"经营现金流量/本期到期的长期债务与本期应付票据之和"公式的经营现金流量是同一数额。债务总额与第 7 章的负债比率和债务与权益比率公式的债务总额数额相同。对于经营现金流量/债务总额的基本公式，就像负债比率和债务与权益比率公式那样，债务总额包括资产负债表所有负债项目。这是一种更为稳健的计算方法。在实际工作中，许多企业根据需要选择"债务总额"所包含的项目。有些企业在计算时只包括短期负债和长期项目，如应付债券。该经营现金流量/债务总额的计算公式如下：

$$\frac{经营现金流量}{债务总额}$$

有关耐克公司 2009 年 5 月 31 日和 2008 年 5 月 31 日经营现金流量/债务总额的计算参见图表 10—6。由此可以看到，耐克公司两年的现金流量对债务总额的比值都很高。

图表 10—6 　　　**耐克公司经营现金流量/债务总额**

会计年度截止于 2009 年 5 月 31 日和 2008 年 5 月 31 日　金额单位：百万美元

	2009 年	2008 年
经营现金流量（A）	1 736.1	1 936.3
债务总额（B）	4 556.5	4 617.4
经营现金流量/债务总额（A÷B）（%）	38.10	41.93

10.2.3　每股经营现金流量

每股经营现金流量（operating cash flow per share）是指流通在外的每股普通股的资金流量。由于现金流量没有扣除折旧，因此，该比率的数值通常明显高于每股收益。

就短期而言，每股经营现金流量在反映企业资本支出决策和股利支付能力方面比每股收益指标更好，但该比率并不能代替反映企业获利能力的每股收益。因此，不允许企业在现金流量表或其他财务报表首页报告每股现金流量，然而，它却是与投资者相关的补充比率（参见第 9 章的讨论）。

每股经营现金流量的计算公式如下：

$$每股经营现金流量 = \frac{经营现金流量 - 优先股股利}{稀释后流通在外的普通股的加权平均数}$$

经营现金流量的数额与本章讨论的前两个比率计算公式的经营现金流量相同。公式中流通在外的普通股股数采用计算每股收益时所使用的完全稀释的普通股股数。该数字通常在企业作内部分析时可以得到，也可以在企业的 10-K 年度报告中查到。有些企业在其年报中公布该普通股股数，但除非是非常简单的情况，否则这个股票数量不可能通过年报信息计算出来。

如果不能得到上述股票数据，可以使用流通在外的普通股股数。这样可以得到每股经营现金流量的一个近似值。使用计算每股收益的股份数计算每股经营现金流量的好处在于可以将后者的计算结果与每股收益进行比较，并避免曲解。

耐克公司 2009 年和 2008 年每股经营现金流量的计算参见图表 10—7。2009 年和 2008 年该公司每股经营现金流量的数值都显著大于每股收益，而且 2009 年每股经营现金流量显著增加。

图表 10—7　　　　　　　　　**耐克公司每股经营现金流量**

会计年度截止于 2009 年 5 月 31 日和 2008 年 5 月 31 日　金额单位：百万美元

	2009 年	2008 年
经营现金流量	1 736.1	1 936.3
减：可赎回优先股股利	0.3	0.3
扣除优先股股利后的经营现金流量（A）	1 735.8	1 936.0
稀释后流通在外的普通股的加权平均数（B）	490.7	504.1
每股经营现金流量（A÷B）（美元）	3.54	3.84

10.2.4　经营现金流量/现金股利

经营现金流量/现金股利（operating cash flow/cash dividends）反映企业利用年度的经营现金流量支付现金股利的能力。该比率数值越高，企业支付现金股利的能力越强。该比率与第 9 章讨论的投资者比率相关。

经营现金流量/现金股利的计算公式如下：

$$\frac{经营现金流量}{现金股利}$$

延伸阅读 10—2

公式中的经营现金流量数额与本章讨论的前三个比率所使用的经营现金流量数值相同。2009 年和 2008 年耐克公司经营现金流量/现金股利的计算参见图表 10—8。它反映公司 2009 年和 2008 年现金股利的实际支付能力，此能力在 2009 年显著下降。

图表 10—8　　　　　　　　**耐克公司经营现金流量/现金股利**

会计年度截止于 2009 年 5 月 31 日和 2008 年 5 月 31 日　金额单位：百万美元

	2009 年	2008 年
经营现金流量（A）	1 736.1	1 936.3
现金股利（B）	466.7	412.9
经营现金流量/现金股利（A÷B）（倍/年）	3.72	4.69

10.3　另一种现金流量

目前的财务文献还没有现金流量的标准定义。现金流量通常指净收益加上折旧费用。这个现金流量定义可以用于计算本章前述公式的现金流量数额。然而，这是现金流量的狭义定义，与经营活动产生的现金流量金额相比，其有用性较差。

10.4　现金流量表编制程序

分析现金和现金等价物账户之外的资产负债表账户可以确定现金流入量和现金流出量。以下账户余额的变动显示现金流入量：

（1）资产的减少（如销售土地获得现金）；

（2）负债的增加（如发行长期债券）；

（3）股东权益的增加（如发行普通股股票）。

以下账户余额的变动显示现金流出量：

（1）资产的增加（如以现金购买建筑物）；

（2）负债的减少（如清偿长期债务）；

（3）股东权益的减少（如支付现金股利）。

单个账户内发生的交易可能形成现金的来源与运用。例如，土地账户余额增加了，但分析结果可能指出其中既包含购买土地，也包含处置土地。

图表10—9包含 ABC 公司编制年度结束于 2009 年 12 月 31 日的现金流量表所需的数据。这些数据将用来阐释现金流量表的编制。

图表10—9 　　　　　　　　　　ABC 公司现金流量表的财务信息

资产负债表信息　　　　　　　　　　　　　　　　　　　　　单位：美元

账户名称	余　额		类　别
	2008 年 12 月 31 日	2009 年 12 月 31 日	
资产			
现金	2 400	3 000	现金
应收账款净额	4 000	3 900	经营活动
存货	5 000	6 000	经营活动
流动资产小计	11 400	12 900	
土地	10 000	19 500	投资活动
设备	72 000	73 000	投资活动
累计折旧	（9 500）	（14 000）	经营活动
资产总额	83 900	91 400	
负债			
应付账款	4 000	2 900	经营活动
应交税金	1 600	2 000	经营活动
流动负债小计	5 600	4 900	
应付债券	35 000	40 000	筹资活动
股东权益			
普通股——每股 10 美元	36 000	39 000	筹资活动
留存收益	7 300	7 500	*
负债和股东权益总额	83 900	91 400	

利润表信息

会计年度截止于 2009 年 12 月 31 日

账户名称	余　额	类　别
销售收入	22 000	经营活动
经营费用	17 500	经营活动
经营收入	4 500	
出售土地收入	1 000	投资活动
税前收益	5 500	
所得税费用	2 000	经营活动
净收益	3 500	

补充信息	类　别
（a）宣布并支付股利 3 300 美元	筹资活动
（b）出售土地收入 1 500 美元	投资活动
（c）购买设备支付 1 000 美元	投资活动
（d）清偿应付债券 5 000 美元	筹资活动
（e）出售普通股股票收入 3 000 美元	筹资活动
（f）经营费用（含折旧）4 500 美元	经营活动
（g）土地和应付债券分别增加 10 000 美元（非现金交易）	投资和筹资活动

* 留存收益因支付现金股利减少 3 300 美元（筹资活动），因净收益而增加 3 500 美元。净收益是经营活动、投资活动和筹资活动的综合效应。本表中除土地出售收益（投资活动）外，净收益全部与经营活动相关。

编制现金流量表有三种方法：（1）直观法；（2）T 形账户法；（3）工作底稿法。直观法只能在财务资料不复杂的简单情况下使用。当财务资料复杂时，必须以 T 形账户法或工作底稿法编制现金流量表。本书只讨论直观法的运用，因为本书在此讨论的重点是如何运用财务会计信息，而并不是如何编制财务报表。有关 T 形账户法和工作底稿法的解释可以参阅中级会计教材。

下面是编制现金流量表的步骤。首先计算现金和现金等价物的变动额。ABC 公司的现金账户增加了 600 美元，这是现金净增加额。

其次，计算除现金账户之外资产负债表各账户变动净额。ABC 公司资产负债表账户余额变动如下（单位：美元）：

资产：

应收账款减少额	100	经营活动
存货增加额	1 000	经营活动
土地增加额	9 500	投资活动
设备增加额	1 000	投资活动
累计折旧增加额	4 500	经营活动

（抵销资产——与负债变化相似的变化）

负债：

应付账款减少额	1 100	经营活动
应付税款增加额	400	经营活动
应付债券增加额	5 000	筹资活动

股东权益：

普通股增加额	3 000	筹资活动
留存收益增加额	200	*

* 这是经营活动、筹资活动与投资活动的综合效应。

最后，综合考虑资产负债表账户的变动、当期利润表及相关补充信息，将现金流量分成经营活动产生的现金流量、投资活动产生的现金流量以及筹资活动产生的现金流量。非现金的投资和/或筹资活动单独列示并随同现金流量表一并披露。

为了说明披露经营活动现金流量所使用的直接法和间接法，需要运用 ABC 公司的利润表、相关补充信息以及资产负债表项目。对直接法而言，利润表以收付实现制为基础列示收入和费用账户。图表 10—10 说明了如何将权责发生制的利润表调整成为收付实现制的利润表。图表 10—11 列示了运用直接法披露经营活动现金流量的 ABC 公司现金流量表。

如果经营活动产生的现金使用直接法列示，利润表账户名称常常以收款或支付来描述。例如，以权责发生制为基础的利润表中的"销售收入"项目在以收付实现制为基础的利润表中以"收到顾客款项"列示。

图表 10—12 用间接法列示了 ABC 公司的现金流量表。为了计算经营活动产生的现金流量，从净收益开始，加回或减去必要的调整项，并剔除与投资或筹资活动相关的利得或损失的影响，将基于权责发生制的收入调整为基于收付实现制的收入。注意，ABC 公司利润表从权责发生制向收付实现制转换的过程中（见图表 10—10），调

整项包括利润表的非现金项目、与经营活动有关的资产负债表账户变动、与投资及筹资活动有关的利润表的利得和损失项目。

图表10—10　　　ABC公司利润表从权责发生制向收付实现制的转换　　　　单位：美元

	权责发生制	调整*	加（减）	收付实现制
销售收入	22 000	应收账款减少额	100	22 100
经营费用	17 500	折旧费用	（4 500）	
		存货增加额	1 000	
		应付账款减少额	1 100	15 100
经营收益	4 500			7 000
出售土地利得	1 000	此利得与投资活动有关	（1 000）	—
税前收益	5 500			7 000
所得税费用	2 000	应付税金增加额	（400）	1 600
净收益	3 500			5 400

　　* 对利润表非现金项目的调整，包括与经营活动现金流量相关的资产负债表账户变动，并剔除与投资和筹资活动相联系的影响利润表的利得和损失。

　　消除原利润表的非现金流项目。例如，在权责发生制下，折旧费用是销售商品的成本的一部分，但在收付实现制下，该费用应从销售商品的成本中扣除。

　　根据与经营活动现金流量有关的资产负债表账户余额的变动调整相关的利润表账户如下所示：

收入账户	×××
加：资产的减少额和负债的增加额	+×××
减：资产的增加额和负债的减少额	−×××
现金流入量	×××
费用账户	
加：资产的增加额和负债的减少额	+×××
减：资产的减少额和负债的增加额	−×××
现金流出量	×××

　　如果采用间接法将净收益（或损失）调整为经营活动产生的现金流量，可以遵循如下规则：

净收益（损失）	×××
非现金流项目：	
加：费用	+×××
减：收入	−×××
与经营活动有关的资产负债表账户的变动*：	
加：资产的减少额和负债的增加额	+×××
减：资产的增加额和负债的减少额	−×××
与投资、筹资活动有关的利润表的利得和损失：	
加：损失	+×××
减：利得	−×××
经营活动产生的现金净额	×××

　　* 通常是流动资产和流动负债账户。

图表 10—11　　　　　**ABC 公司以直接法列示经营活动现金流量**

现金流量表

会计年度截止于 2009 年 12 月 31 日　　　　　　　　　　　单位：美元

经营活动产生的现金流量：		
收到顾客的现金	22 100	
支付给供货商的现金	(15 100)	
应交所得税	(1 600)	
经营活动产生的现金净额		5 400
投资活动产生的现金流量：		
出售土地收益	1 500	
购买设备	(1 000)	
投资活动产生的现金净额		500
筹资活动产生的现金流量：		
宣布并支付股利	(3 300)	
清偿应付债券	(5 000)	
普通股股票发行收入	3 000	
筹资活动产生的现金净额		(5 300)
现金净增加额		600
从净收益到经营活动现金流量净额的调整		
净收益		3 500
将净收益转换成经营活动产生现金净额的调整：		
应收账款减少额		100
折旧费用		4 500
存货增加额		(1 000)
应付账款减少额		(1 100)
出售土地利得		(1 000)
应交税金增加额		400
经营活动产生的现金净额		5 400
非现金的投资和筹资活动的补充报表：		
发行债券获得土地		10 000

　　资产负债表账户的其他变动（区别于那些用于计算经营活动现金流量的资产负债表的账户变动）以及其他的剩余补充信息可以用于计算投资活动产生的现金流量

和筹资活动产生的现金流量。这些账户也可以用于判断非现金的投资或筹资活动。

ABC 公司现金流量表的一些观察结果如下（单位：美元）：

经营活动产生的现金净额	5 400
投资活动产生的现金净额	500
用于筹资活动的现金净额	5 300
现金增加净额	600

图表 10—12　　　ABC 公司以间接法列示经营活动现金流量

现金流量表

会计年度截止于 2009 年 12 月 31 日　　　　　　　　　　　　　　　单位：美元

经营活动产生的现金流量：		
净收益	3 500	
加（减）不影响经营活动的项目		
折旧费用	4 500	
应收账款的减少额	100	
存货的增加额	(1 000)	
应付账款的减少额	(1 100)	
应交税金增加额	400	
出售土地利得	(1 000)	
经营活动产生的现金净额		5 400
投资活动产生的现金流量：		
出售土地收益	1 500	
购买设备	(1 000)	
投资活动产生的现金净额		500
筹资活动产生的现金流量：		
宣布并支付股利	(3 300)	
清偿应付债券	(5 000)	
普通股股票发行收入	3 000	
筹资活动产生的现金净额		(5 300)
现金净增加额		600
现金流量表的补充披露：		
年度内支付现金：		
除资本化利息外的利息净额		0
所得税		1 600
非现金的投资和筹资活动的补充报表：		
发行债券购买土地		10 000

如前所述，如果采用直接法列示经营活动产生的现金流量，编制现金流量表将现金流入量和现金流出量分开列示，我们可以获得额外的观察结果。图表 10—13 列示了这些观察结果。图表 10—13 的现金流量的观察结果总结如下：

现金流入量：

（1）收到顾客的现金大约为现金流入量总额的 83%；

（2）普通股股票发行收入大约为现金流入量总额的 11%；

（3）出售土地收益大约为现金流入量总额的 6%。

现金流出量：

（1）支付给供货商的现金大约为现金流出量总额的 58%；

（2）清偿应付债券大约为现金流出量总额的 19%；

（3）股利支付大约为现金流出量总额的 13%。

图表 10—13 　　　　　　　　**ABC 公司现金流量表**

会计年度截止于 2009 年 12 月 31 日

（按活动类别以直接法为基础区分现金流入量与现金流出量）　　金额单位：美元

	现金流入量	现金流出量	现金流入量百分比（%）	现金流出量百分比（%）
经营活动				
收到顾客的现金	22 100		83.1	
支付给供货商的现金		15 100		58.1
支付所得税	____	1 600	____	6.2
经营活动产生的现金流量	22 100	16 700	83.1	64.3
投资活动				
出售土地收益	1 500		5.6	
购买设备	____	1 000	____	3.8
投资活动产生的现金流量	1 500	1 000	5.6	3.8
筹资活动				
宣布并支付股利		3 300		12.7
清偿应付债券		5 000		19.2
普通股股票发行收入	3 000	____	11.3	____
筹资活动产生的现金流量	3 000	8 300	11.3	31.9
现金流入量总额/现金流出量总额	26 600	26 000	100.0	100.0
现金流出量总额	26 000			
现金净增加额	600			

10.5　本章小结

现金流量表提供的现金流量信息对使用者做出基于信息的决策至关重要。为了确定现金的主要来源和现金的主要用途，通常需要分析连续数期的现金流量表。

与现金流量表有关的比率如下：

$$经营现金流量/本期到期的长期债务与本期应付票据之和 = \frac{经营现金流量}{本期到期的长期债务+本期应付票据}$$

$$经营现金流量/债务总额 = \frac{经营现金流量}{债务总额}$$

$$每股经营现金流量 = \frac{经营现金流量-优先股股利}{稀释后流通在外的普通股的加权平均数}$$

$$经营现金流量/现金股利 = \frac{经营现金流量}{现金股利}$$

思考题

10.1 公司在提供利润表和资产负债表的同时，为什么还要提供现金流量表？

10.2 现金流量表的现金流量可以被分为哪三类？

10.3 列示经营活动产生的现金流量有两种主要的方法——直接法和间接法。请对这两种方法进行描述。

10.4 一位董事会成员对公司在盈利很大的年度却没有足够的现金按时支付账单感到疑惑。请向这位董事解释公司能够盈利却没有足够的现金支付到期款项和股利的原因。

10.5 每股现金流量是比每股收益更好的盈利能力指标，你同意吗？为什么？

习题

10—1 桑普森公司 2009 年 12 月 31 日、2008 年 12 月 31 日资产负债表和会计年度截止于 2009 年 12 月 31 日的利润表如下：

桑普森公司资产负债表

2009 年 12 月 31 日和 2008 年 12 月 31 日

	2009 年	2008 年
资产		
现金	$38 000	$60 000
应收账款净额	72 000	65 000
存货	98 000	85 000
厂房资产	195 000	180 000
累计折旧	(45 000)	(35 000)
资产总额	$358 000	$355 000
负债与股东权益		
应付账款	$85 000	$80 000
应计负债（与销售成本相关）	44 000	61 000
应付抵押贷款	11 000	—
普通股	180 000	174 000
留存收益	38 000	40 000
负债与股东权益总额	$358 000	$355 000

桑普森公司利润表

会计年度截止于 2009 年 12 月 31 日

销售净额	$ 145 000
销售成本	108 000
销售毛利	37 000
其他费用	6 000
税前利润	31 000
所得税费用	12 000
净利润	$ 19 000

其他数据:

1. 2009 年度以现金支付股利 21 000 美元。

2. 销售成本包含折旧费用。

3. 累计折旧账户的变动额就是当年的折旧费用。

要求

1. 采用间接法列示经营活动现金流量净额,编制截止于 2009 年 12 月 31 日的会计年度现金流量表。

2. 采用直接法列示经营活动现金流量净额,编制截止于 2009 年 12 月 31 日的会计年度现金流量表。

3. 请评述现金流量表披露的重要项目。

10—2 阿罗贝尔公司是一家成长型公司。两年前,该公司为了提升生产能力决定扩展。该公司目前预测扩展计划还需两年才能完成。阿罗贝尔公司相关财务信息如下:

阿罗贝尔公司销售额与净利润

年份	销售额	净利润
2005 年	$ 2 568 660	$ 145 800
2006 年	2 660 455	101 600
2007 年	2 550 180	52 650
2008 年	2 625 280	86 800
2009 年	3 680 650	151 490

阿罗贝尔公司资产负债表

2009 年 12 月 31 日和 2008 年 12 月 31 日

资产	2009 年	2008 年
流动资产：		
现金	$ 250 480	$ 260 155
应收账款净额	760 950	690 550
存货（按成本与市价孰低法计价）	725 318	628 238
预付费用	18 555	20 250
流动资产总额	1 755 303	1 599 193
厂房与设备：		
土地、建筑物、机器与设备	3 150 165	2 646 070
减：累计折旧	650 180	525 650
厂房与设备净值	2 499 985	2 120 420
其他资产：		
人寿保险退保现金价值	20 650	18 180
其他	40 660	38 918
其他资产总额	61 310	57 098
资产总额	$ 4 316 598	$ 3 776 711
负债与股东权益		
流动负债：		
应付票据与抵押贷款（流动部分）	$ 915 180	$ 550 155
应付账款与应计负债	1 160 111	851 080
流动负债总额	2 075 291	1 401 235
长期票据与应付抵押贷款（扣除上述流动部分）	550 000	775 659
负债总额	2 625 291	2 176 894
股东权益：		
股本（每股面值 1.00 美元；核准发行 800 000 股；2009 年和 2008 年已经发行并流通在外 600 000 股）	600 000	600 000
资本公积	890 000	890 000
留存收益	201 307	109 817
股东权益总额	1 691 307	1 599 817
负债与股东权益总额	$ 4 316 598	$ 3 776 771

阿罗贝尔公司现金流量表

会计年度截止于 2009 年 12 月 31 日和 2008 年 12 月 31 日

	2009 年	2008 年
经营活动现金流量:		
净利润	$ 151 490	$ 86 800
包含在利润中的非现金费用、收入、损失和利得:		
折旧	134 755	102 180
应收账款增加额	(70 400)	(10 180)
存货增加额	(97 080)	(15 349)
2009 年预付费用增加额和 2008 年预付费用减少额	1 695	(1 058)
应付账款与应计负债增加额	309 031	15 265
经营活动提供的现金净额	429 491	177 658
投资活动现金流量:		
处置财产、厂房与设备的收入	10 115	3 865
购置财产、厂房与设备	(524 435)	(218 650)
人寿保险退保现金价值增加额	(2 470)	(1 848)
其他	(1 742)	(1 630)
投资活动耗用的现金净额	(518 532)	(218 263)
筹资活动现金流量:		
偿还长期债务	(225 659)	(50 000)
应付票据和抵押贷款增加额	365 025	159 155
现金股利	(60 000)	(60 000)
筹资活动提供的现金净额	79 366	49 155
现金增加（减少）净额	($ 9 675)	$ 8 550

要求

1. 请评价该公司的短期偿债能力，并计算该公司的流动比率、酸性测试比率、现金比率、经营现金流量/本期到期的长期债务与本期应付票据之和。

2. 如果你是该公司的供应商，你关注该公司的哪些方面？

3. 评价该公司的长期偿债能力，并计算该公司的负债比率、债务与权益比率、债务与有形净值比率、经营现金流量/负债总额，分析经营现金流量表。

4. 如果你是一名银行家，如果该公司向你申请一笔长期借款以继续其扩展计划，你关注该公司的哪些方面？

5. 对于公司的扩展计划，管理层目前应该考虑做什么？

10—3 以下是贝莱特公司的财务资料，包括 2009 年 12 月 31 日的资产负债表以及截止于 2009 年 12 月 31 日的会计年度的利润表和现金流量表。

贝莱特公司的总裁不理解为什么公司支付当期债务存在困难，特别是他已注意到公司业务发展很好，销售成倍增长，并且 2009 年已经获得利润 69 000 美元。

贝莱特公司资产负债表

2009 年 12 月 31 日和 2008 年 12 月 31 日

资产	2009 年	2008 年
现金	$5 000	$28 000
应收账款净额	92 000	70 000
存货	130 000	85 000
预付费用	4 000	6 000
土地	30 000	10 000
建筑物	170 000	30 000
累计折旧	(20 000)	(10 000)
资产总额	$411 000	$219 000
负债与股东权益		
应付账款	$49 000	$44 000
应付所得税	5 000	4 000
应计负债	6 000	5 000
应付债券（2009 年 12 月 31 日流动部分为 10 000 美元）	175 000	20 000
普通股	106 000	96 000
留存收益	70 000	50 000
负债与股东权益总额	$411 000	$219 000

贝莱特公司利润表

会计年度截止于 2009 年 12 月 31 日

销售收入	$500 000
减：费用	
产品销售成本（包括折旧费用 4 000 美元）	310 000
销售与管理费用（包括折旧费用 6 000 美元）	80 000
利息费用	11 000
费用总额	401 000
税前利润	99 000
所得税费用	30 000
净利润	$69 000

贝莱特公司现金流量表

会计年度截止于 2009 年 12 月 31 日

经营活动现金流量净额:		
净利润	$ 69 000	
包含在利润中的非现金费用、收入、损失和利得:		
折旧	10 000	
应收账款增加额	(22 000)	
存货增加额	(45 000)	
预付费用减少额	2 000	
应付账款增加额	5 000	
应付所得税增加额	1 000	
应计负债增加额	1 000	
经营活动现金流量净额		$ 21 000
投资活动现金流量净额:		
土地增加额	($ 20 000)	
建筑物增加额	(140 000)	
投资活动耗用现金净额		(160 000)
筹资活动现金流量净额:		
应付债券增加额	$ 155 000	
普通股增加额	10 000	
已经支付的现金股利	(49 000)	
筹资活动提供的现金净额		116 000
现金增加净额		($ 23 000)

要求

1. 请评价该公司的现金流量表。

2. 计算该公司 2009 年下列流动性比率:

(1) 流动比率

(2) 酸性测试比率

(3) 经营现金流量/本期到期的长期债务与本期应付票据之和

(4) 现金比率

3. 计算该公司 2009 年下列偿债能力比率:

(1) 利息保障倍数

（2）负债比率

（3）经营现金流量/债务总额

4. 计算该公司 2009 年下列盈利能力比率：

（1）资产报酬率（使用平均资产）

（2）普通股权益报酬率（使用平均普通股权益）

5. 计算该公司 2009 年的投资者比率：经营现金流量/现金股利。

6. 阐述你对贝莱特公司流动性的看法。

7. 阐述你对贝莱特公司偿债能力的看法。

8. 阐述你对贝莱特公司盈利能力的看法。

9. 阐述你对投资者比率的看法。

10. 为了确保贝莱特公司能够到期偿债，你对贝莱特公司有何见解？

10—4　唐纳沙波公司 2009 年财务报表提供如下数据：

唐纳沙波公司现金流量表

会计年度截止于 12 月 31 日

	2009 年	2008 年	2007 年
现金增加（减少）额：			
经营活动现金流量：			
收到顾客的现金	$ 173 233	$ 176 446	$ 158 702
支付给供应商和员工的现金	（150 668）	（157 073）	（144 060）
收到利息	132	105	89
支付利息	（191）	（389）	（777）
支付所得税	（6 626）	（4 754）	（845）
经营活动提供的现金净额	15 880	14 335	13 019
投资活动现金流量：			
资本支出	（8 988）	（5 387）	（6 781）
处置财产、厂房与设备的收入	1 215	114	123
投资活动耗用的现金净额	（7 773）	（5 273）	（6 658）
筹资活动现金流量：			
短期债务增加（减少）净额	—	5 100	7 200
长期债务增加额	4 100	3 700	5 200
支付股利	（6 050）	（8 200）	（8 000）
购买普通股	（8 233）	（3 109）	（70）
筹资活动耗用的现金净额	（10 183）	（2 509）	4 330
现金及现金等价物增加（减少）净额	（2 076）	6 553	10 781
年初现金及现金等价物	24 885	18 332	7 551
年末现金及现金等价物	$ 22 809	$ 24 885	$ 18 332

续表

将净利润调整为经营活动提供的现金净额

	2009 年	2008 年	2007 年
净利润	$7 610	$3 242	$506
折旧与摊销	12 000	9 700	9 000
应收账款坏账损失	170	163	140
处置财产、厂房与设备利得	(2 000)	(1 120)	(1 500)
经营资产和负债的变动：			
应收账款	(2 000)	(1 750)	(1 600)
存货	(3 100)	(2 700)	(2 300)
其他资产	—	—	(57)
应付账款	—	5 100	7 200
应计所得税	1 200	—	—
递延所得税	2 000	1 700	1 720
经营活动提供的现金净额	$15 880	$14 335	$13 109

要求

1. 编制一份包含 2007 年至 2009 年合计栏的现金流量表。

2. 请评述要求 1 中编制的现金流量表的重要趋势。

3. 编制一份会计年度截止于 2009 年 12 月 31 日、包含现金流入量和现金流出量的现金流量表。

4. 请评述要求 3 中编制的现金流量表的重要趋势。

10—5 考虑三个不同公司的下列数据（单位为千美元）：

	欧文斯公司	阿罗公司	阿尔法公司
提供（耗用）的现金净额：			
经营活动	($2 000)	$2 700	($3 000)
投资活动	(6 000)	(600)	(400)
筹资活动	9 000	(400)	(2 600)
现金增加（减少）净额	$1 000	$1 700	($6 000)

这三家公司的现金流量模式不同。一家公司为成长型公司，扩张迅速；一家公司濒临破产的边缘；另一家公司是老公司，扩展缓慢。

要求

在这三家公司中选出成长型公司、濒临破产的公司、扩展缓慢的老公司，并解释做出选择的理由。

案例 专业零售商

本案例评价几个专业零售商店的盈利能力，这些公司及其会计年度截止日如下：

1. 阿贝克隆比 & 费奇公司

（2009 年 1 月 31 日，52 周；2008 年 2 月 2 日，52 周；2007 年 2 月 3 日，53 周）

"阿贝克隆比 & 费奇公司……是一家专业的零售商，主要经营商店和网站销售休闲运动服装。" 10-K 格式报告。

2. 有限品牌公司

（2009 年 1 月 31 日，52 周；2008 年 2 月 2 日，52 周；2007 年 2 月 3 日，53 周）

"我们主要经营具有高度竞争性的专业零售业务。" 10-K 格式报告。

3. 盖普公司

（2009 年 1 月 31 日，52 周；2008 年 2 月 2 日，52 周；2007 年 2 月 3 日，53 周）

"我们是一个经营服装、饰品和个人休闲产品的全球专业零售商。" 10-K 格式报告。

评价用数据	阿贝克隆比 & 费奇公司		有限品牌公司		盖普公司	
	2009 年	2008 年	2009 年	2008 年	2009 年	2008 年
经营活动提供的现金净额	$490 836 000	$817 524 000	$954 000 000	$765 000 000	$1 412 000 000	$2 081 000 000
净利润	$272 255 000	$475 697 000	$220 000 000	$718 000 000	$967 000 000	$833 000 000
经营现金流量/本期到期的长期债务与本期应付票据之和	*	*	*	*	28.24 倍	15.08 倍
经营现金流量/债务总额	48.96%	86.12%	18.71%	14.66%	44.44%	58.39%
每股经营现金流量	$5.50	$8.93	$2.83	$2.01	$1.96	$2.62
经营现金流量/现金股利	8.08 倍	13.33 倍	4.75 倍	3.37 倍	5.81 倍	8.26 倍

* 不存在本期到期的长期债务。

要求

1. 请评述经营活动提供现金净额与净利润的差异。请思考哪个数字可能是更好的长期盈利能力指标。

2. 请评述各个企业用于评价的数据。

3. 哪个企业可能出现现金流量问题？请评述之。

互联网案例：Thomson ONE（商学院版）

请登录 www. cengage. com/international，完成包含本章讨论主题的网络案例。你可以使用 Thomson ONE（商学院版）。这是一个强有力的工具，它包含一系列基本财务信息、盈余估计、市场数据和 500 个上市公司的原始文档。

注释

1. 现金的汇率变更影响单独列示在报表底部。

2. *Exposure Draft*, "Statement of Cash Flows," (Stamford, CT, Financial Accounting Standards Board, 1986), p. 21.

耐克公司综合案例分析

（包括 10-K 格式报告的 2009 年度财务报表）

财务报表使用者必须能够应用并理解财务报表分析，他们必须研究比率和趋势分析的意义。这种分析是诠释财务报表较为困难的方面。本书第 6 章至第 10 章已经阐明了为了分析耐克公司而计算各种比率的技巧。

耐克公司综合案例分析将第 6 章至第 10 章对耐克公司的相关分析融会贯通。同时，还增加了选定竞争对手和行业信息以及一些同比分析。

一、耐克公司背景资料

1964 年，俄勒冈大学（Oregon University）田径主教练比尔·鲍尔曼（Bill Bowerman）和前在校学生菲尔·奈特（Philip Knight）合作创建了蓝丝带体育公司（Blue Ribbon Sports）。1972 年，蓝丝带体育公司改名为耐克公司。之所以选择"耐克"作为公司名是因为耐克是希腊胜利女神的名字。

1979 年以前，耐克专门生产运动鞋。1979 年，耐克的服饰生产线投入运行，并于 1996 年成立了耐克运动设备部门。

到 1999 年，耐克已经成为全球最大的运动鞋供应商，也是全球最大的运动服饰供应商之一。耐克的产品行销全球多个国家，耐克和阿迪达斯可能是仅有的两个在全球具有广泛销售基础设施的运动设备、运动鞋和服饰公司。

比尔·鲍尔曼于 1999 年 6 月退出公司董事会，并于同年 12 月逝世。菲尔·奈特担任董事会主席，并于 2004 年年底卸任首席执行官职务，由马克·G. 帕克（Mark G. Parker）继任首席执行官兼总裁职位。2006 年 1 月之后，马克·G. 帕克一直担任耐克公司的总裁、首席执行官和董事。1979 年以后，马克·G. 帕克一直在耐克公司工作并主要负责产品的研究、设计与开发、营销以及品牌管理。（2009 年 7 月 27 日提交的委托书）

1）管理层讨论与财务状况、经营结果分析（参见 10-K 格式报告，第 7 项，部分）

（1）重要内容提要

我们认为，我们在 2009 年会计年度采取了稳健而必要的识别措施和管理潜在的风险，并确定可持续盈利的长远发展目标。2009 年度的第四个季度，我们实施了一项公司重组计划，优化管理结构，聚焦消费者，驱动更快应对市场的创新，形成一种更为合理的成本结构。实施这些措施之后，我们全球的员工减少了大约 5%，税前重组费用为 1.95 亿美元（主要是与遣散成本相关的现金费用）。作为重组计划的一个部分，我们还启动了以新的经营模式整合耐克品牌业务。该新的经营模式包括 6 个地理区域。实施这些整合之后，从 2010 年度的第一个季度开始，我们新的组织结构将包括以下 6 个地理区域：北美、西欧、中欧/东欧、大中华、日本和新兴市场。

（2）未来订单

与 2009 年度的可比同期相比，计划于 2009 年 6 月至 11 月出货的鞋类和服饰产品的全球期货和预订单减少了12%。根据该期间收入折算的实际汇率预测结果（大致相当于现行即时汇率）确定未来增长率。汇率变动的净影响大约为未来订单减少幅度占上一个年度同期订单数的7%。剔除汇率变动的影响，服饰产品订单较少导致全部期货和预订单的大幅度减少。

注释：耐克公司10-K格式报告的第7项长达29页。建议你阅读耐克公司综合案例分析之前先阅读10-K格式报告的第7项。阅读耐克公司综合案例分析之后，再回过头来阅读10-K格式报告的第7项。这将有助于你更好地理解耐克公司。

2）利润表纵向同比分析（图表1）

内容提要

- 2007年至2009年间，税前利润较大幅度减少。
- 2007年至2009年间，所得税较大幅度减少。
- 2007年至2009年间，净利润较大幅度减少。
- 只有2009年出现重组费用、商誉减值、无形资产与其他资产减值等项目。基于盈利能力分析的需要，必须记住这些费用。

图表1　　　　　　　　耐克公司纵向同比利润表——合并利润表

	会计年度截止于5月31日		
	2009年	2008年	2007年
收入	100.0%	100.0%	100.0%
销售成本	55.1	55.0	56.1
销售毛利	44.9	45.0	43.9
销售与管理费用	32.1	32.0	30.8
重组费用	1.0	—	—
商誉减值	1.0	—	—
无形资产与其他资产减值	1.1	—	—
利息（收益）费用净额	0.0	(0.4)	(0.4)
其他（收益）费用净额	(0.5)	0.0	0.0
税前利润	10.2	13.4	13.5
所得税	2.4	3.3	4.3
净利润	7.8	10.1	9.1

注释：存在小数点取舍的误差。

3）利润表横向同比分析（图表2）

内容提要

- 所有项目都发生较大变化。
- 增加幅度较大的项目是收入、销售成本、销售毛利以及销售与管理费用。
- 减少幅度较大的项目是税前利润和所得税。

图表2 　　　　　　　　　耐克公司横向同比利润表——合并利润表

	会计年度截止于 5 月 31 日		
	2009 年	2008 年	2007 年
收入	117.5	114.1	100.0
销售成本	115.3	111.7	100.0
销售毛利	120.2	117.1	100.0
销售与管理费用	122.3	118.4	100.0
重组费用*	—	—	100.0
商誉减值*	—	—	100.0
无形资产与其他资产减值*	—	—	100.0
利息（收益）费用净额**	—	—	100.0
其他（收益）费用净额	—	—	100.0
税前利润*	88.9	113.8	100.0
所得税	66.3	87.5	100.0
净利润	99.7	126.3	100.0

* 只有 2009 年才有这些项目。

** 2007 年为（0.4）；2008 年为（0.4）；2009 年为（0.0）。

4）三年比率比较（图表3）

比率的使用对分析来说非常有用，但是要从绝对数中得出结论必须非常谨慎。在本书前面的章节中已经讨论了许多潜在的问题，使用比率时需要谨记这些潜在的问题。耐克公司的会计年度截止于每年 5 月 31 日，而且其业务存在季节性因素。这可能对公司的某些比率造成影响，特别是流动性比率。

就 2009 年度而言，重组费用、商誉减值、无形资产与其他资产减值等项目对其盈利能力比率造成负面影响。

（1）流动性

• 应收账款项目没有什么重大变化。

• 应收账款与日销售额之比有一定的改善，而存货周转次数和存货周转天数略有改善。

• 与 2007 年度相比，2009 年度的经营周期略有改善（2008 年度的经营周期有一定的改善）。

• 营运资本较大幅度增加。

• 尽管 2008 年度的流动比率较大幅度下降，而 2009 年度的流动比率较大幅度提高，但是流动比率还是相当好。

• 尽管 2008 年度的酸性测试比率较大幅度下降，而 2009 年度的酸性测试比率较大幅度提高，但是酸性测试比率还是相当好。

• 尽管 2008 年度的现金比率较大幅度下降，而 2009 年度的现金比率较大幅度提高，但是现金比率还是相当好。

图表3 耐克公司三年比率比较

	单位	2009 年	2008 年	2007 年
流动性：				
应收账款与日销售额之比	天	56.30	55.59	56.63
应收账款周转次数	次/年	6.62	6.94	6.59
应收账款周转天数	天	55.15	52.62	55.38
存货与日销售额之比	天	81.39	86.93	84.50
存货周转次数	次/年	4.41	4.49	4.37
存货周转天数	天	82.79	81.29	83.60
经营周期	天	137.94	133.91	138.98
营运资本（百万）	美元	6 457.0	5 517.8	5 492.5
流动比率	不适用	2.97	2.66	3.13
酸性测试比率	不适用	1.93	1.68	2.07
现金比率	不适用	1.05	0.84	1.10
销售额与营运资本之比	次/年	3.20	3.38	3.19
经营现金流量/本期到期的长期债务与本期应付票据之和	次/年	4.63	10.52	14.31
长期偿债能力：				
利息保障倍数	倍	49.55	62.50	45.26
固定费用偿付能力	倍	25.46	34.33	16.20
负债比率	%	34.39	37.11	34.27
债务与权益比率	%	52.42	59.01	52.14
债务与有形净值比率	%	56.73	69.61	56.49
经营现金流量/债务总额	%	38.10	41.93	51.29
盈利能力：				
净利润率	%	7.75	10.11	9.14
全部资产周转率	次/年	1.49	1.61	1.59
资产报酬率	%	11.57	16.28	14.51
经营利润率	%	12.80	13.07	13.06
经营资产周转率	次/年	1.74	1.84	1.76
经营资产报酬率	%	22.25	24.10	22.94
销售额与固定资产之比	次/年	10.99	11.36	10.33
投资报酬率	%	15.89	22.22	19.86
全部权益报酬率	%	18.00	25.36	22.41
普通股权益报酬率	%	18.00	25.36	22.41
毛利率	%	44.92	45.03	43.86
投资者分析：				
财务杠杆程度	不适用	1.02	1.02	1.02
稀释后每股收益	美元	3.03	3.74	2.93
市盈率	不适用	18.83	18.28	19.37
留存收益率	%	68.61	78.08	76.96
股利支付率	%	32.34	23.40	24.23
股利收益率	%	1.72	1.28	1.25
每股账面价值	美元	17.91	15.93	14.00
期权薪酬费用的重要性	%	7.97	6.32	8.29
每股经营现金流量	美元	3.54	3.84	3.68
经营现金流量/现金股利	倍/年	3.72	4.69	5.47
年末市场价格	美元	57.05	68.37	56.75

- 2009 年度的销售额与营运资本之比与 2007 年度大致相同。2008 年度的销售额与营运资本之比较大幅度提高，随后 2009 年度的销售额与营运资本之比较大幅度降低。

- 与 2007 年度相比，2009 年度的经营现金流量/本期到期的长期债务与本期应付票据之和这个比率较大幅度下降。2008 年度的经营现金流量/本期到期的长期债务与本期应付票据之和这个比率显著下降。

流动性总结

总体而言，除了经营现金流量/本期到期的长期债务与本期应付票据之和这个比率之外，2009 年度、2008 年度和 2007 年度的流动性比率差不多，经营现金流量/本期到期的长期债务与本期应付票据之和这个比率显著下降，同时营运资本显著增加。耐克公司的流动性非常好。

（2）长期偿债能力

- 三年间的利息保障倍数都很好。

- 三年间的固定费用偿付能力都很好。

- 负债比率不错，2008 年度的负债比率有一定程度的提高，而 2009 年度的负债比率有一定程度的下降。

- 债务与权益比率不错，与 2007 年度相比，2009 年度的债务与权益比率略有提高，而 2008 年度的债务与权益比率较大幅度提高。

- 债务与有形净值比率不错，与 2007 年度相比，2009 年度的债务与有形净值比率略有提高，而 2008 年度的债务与有形净值比率较大幅度提高。

- 与 2007 年度相比，2009 年度和 2008 年度的经营现金流量/债务总额较大幅度下降。

长期偿债能力总结

总体而言，2009 年度的长期偿债能力很好。但是，与 2008 年度的利润表相比，长期偿债能力显著下降，而与 2008 年度的资产负债表相比，长期偿债能力则显著改善了。

（3）盈利能力

- 净利润率较大幅度下降。

- 全部资产周转率有一定程度的下降。

- 2009 年度的资产报酬率较大幅度下降。

- 经营利润率略有下降。

- 与 2007 年度相比，2009 年度的经营资产周转率略有下降，但与 2008 年度相比，2009 年度的经营资产周转率有一定程度下降。

- 与 2007 年度相比，2009 年度的经营资产报酬率略有下降，但与 2008 年度相比，2009 年度的经营资产报酬率有一定程度下降。

- 与 2007 年度相比，2009 年度的销售额与固定资产之比有一定程度提高，但与 2008 年度相比，2009 年度的销售额与固定资产之比有一定程度下降。

- 与 2008 年度和 2007 年度相比，2009 年度的投资报酬率较大幅度下降。

- 与 2008 年度和 2007 年度相比，2009 年度的全部权益报酬率较大幅度下降。

- 与 2008 年度和 2007 年度相比，2009 年度的普通股权益报酬率较大幅度下降。

- 与 2007 年度相比，2009 年度的毛利率略有提高，但与 2008 年度相比，2009 年度的毛利率略有下降。

盈利能力总结

总体而言，与 2008 年度和 2007 年度相比，2009 年度的利润从有一定程度的下降到较大幅度下降。不过，与 2007 年度相比，2008 年度的许多比率显著提高。

（4）投资者分析

- 财务杠杆程度不显著。

- 与 2007 年相比，2008 年度的稀释后每股收益较大幅度提高之后，2009 年度的稀释后每股收益略有提高。

- 与 2007 年相比，2009 年度的市盈率略有下降，但与 2008 年度相比，2009 年度的市盈率略有提高。

- 留存收益率大约为 70%。尽管 2008 年度的留存收益率略有提高，但 2009 年度的留存收益率较大幅度下降。

- 与 2007 年度和 2008 年度相比，2009 年度的股利支付率较大幅度提高。

- 2009 年度的股利收益率较大幅度提高。

- 与 2007 年度和 2008 年度相比，2009 年度的每股账面价值较大幅度提高。

- 2008 年度的期权薪酬费用的重要性较大幅度降低。与 2008 年度相比，2009 年度的期权薪酬费用的重要性有较大幅度提高。

- 2008 年度的每股经营现金流量较大幅度提高。与 2007 年度相比，2009 年度的每股经营现金流量较大幅度下降。

- 2008 年度和 2009 年度的经营现金流量/现金股利都较大幅度下降。

- 2009 年年末的市场价格与 2007 年大体相同。2008 年年末的市场价格有较大幅度提高，随后，2009 年年末的市场价格较大幅度下降。

投资者分析总结

总体而言，尽管这是一种综合的结果，但是投资者分析的结果还不错。

5）与选定竞争对手的比率比较（图表4）

根据耐克公司 2009 年度 10-K 格式报告所做的下列评述，耐克公司面临激烈的竞争：

运动鞋、服饰和设备行业在美国竞争非常激烈，而且处于一种全球竞争状态。在国际上，我们与许多运动休闲鞋公司、运动休闲服饰公司、体育设备公司以及具有运动休闲鞋、服饰与设备生产线的大型公司（如阿迪达斯公司、彪马公司和其他公司）竞争。运动休闲鞋、服饰与设备市场的激烈竞争以及技术和消费者偏好的快速变化，构成我们经营过程的重要风险因素。

6）选定的竞争对手

尽管从经营业务上看，阿迪达斯公司最接近于耐克公司，但是，阿迪达斯公司是一家德国公司，阿迪达斯公司没有运用美国公认会计原则编制的财务报表。

图表4　　　　　　　　　　**耐克公司与选定竞争对手的比率比较**

耐克公司会计年度截止于 2009 年 5 月 31 日，美国凯萨奇公司会计年度截止于 2008 年 12 月 31 日

	单位	耐克公司 2009 年比率	美国凯萨奇公司 2008 年比率
流动性：			
应收账款与日销售额之比	天	56.30	48.12
应收账款周转次数	次/年	6.62	7.84
应收账款周转天数	天	55.15	46.57
存货与日销售额之比	天	81.39	112.85
存货周转次数	次/年	4.41	3.63
存货周转天数	天	82.79	100.54
经营周期	天	137.94	147.11
营运资本（百万）	美元	6 457.0	413.8
流动比率	不适用	2.97	3.20
酸性测试比率	不适用	1.93	1.54
现金比率	不适用	1.05	0.61
销售额与营运资本之比	次/年	3.20	3.48
经营现金流量/本期到期的长期债务与本期应付票据之和	次/年	4.63	负数
长期偿债能力：			
利息保障倍数	倍	49.55	11.66
固定费用偿付能力	倍	25.46	3.41
负债比率	%	34.39	23.69
债务与权益比率	%	52.42	31.05
债务与有形净值比率	%	56.73	31.30
经营现金流量/债务总额	%	38.10	负数
盈利能力：			
净利润率	%	7.75	3.71
全部资产周转率	次/年	1.49	1.69
资产报酬率	%	11.57	6.28
经营利润率	%	12.80	4.02
经营资产周转率	次/年	1.74	1.80
经营资产报酬率	%	22.25	7.24
销售额与固定资产之比	次/年	10.99	11.25
投资报酬率	%	15.89	8.64
全部权益报酬率	%	18.00	8.55
普通股权益报酬率	%	18.00	8.55
毛利率	%	44.92	41.36
投资者分析：			
财务杠杆程度	不适用	1.02	1.04
稀释后每股收益	美元	3.03	1.19
市盈率	不适用	18.83	10.77
留存收益率	%	68.61	100.00
股利支付率	%	32.34	没有股利
股利收益率	%	1.72	没有股利
每股账面价值	美元	17.91	14.48
期权薪酬费用的重要性	%	7.97	4.11
每股经营现金流量	美元	3.54	负数
经营现金流量/现金股利	倍	3.72	负数
年末市场价格	美元	57.05	12.82

通过 Thomson One 互联网案例库，选定美国凯萨奇公司作为最接近的竞争对手，并与其提交的 10-K 格式报告比较。根据标准产业分类，耐克公司属于编号为 3021 的橡胶与塑料鞋类公司，而凯萨奇公司属于编号为 3144 的鞋类公司。

凯萨奇公司在其 2008 年 12 月 31 日的 10-K 格式报告描述其经营业务如下：

（1）概述（部分）

我们在几条独特的生产线设计和营销适合当代男士、女士和儿童的凯萨奇品牌鞋类产品。我们的鞋类产品融合了吸引众多消费者的款式、质量和价值。除了凯萨奇品牌生产线，我们也提供适合男士、女士和儿童的几个独特的品牌设计师以及时尚和流行的鞋类产品生产线。针对具体的消费者，这些生产线的品牌与营销独立于凯萨奇公司。我们通过百货商店、专业店、运动品零售商、流行品专卖店、商品目录和互联网零售商销售品牌产品。借助于批发分销渠道，在我们的电子商务网站和我们自己的零售商店可以找到我们的鞋类产品。我们在美国经营着 84 家概念商店、83 家工厂批发商店和 37 家仓库批发商店，我们在全球其他地方经营着 16 家概念商店和 3 家工厂批发商店。我们的目标是通过我们强大的产品线、创造性的广告模式和多元化的分销渠道，以盈利的模式拓展全球经营业务，大力提升凯萨奇品牌的认知度。

根据下列收入与资产规模，可知美国凯萨奇公司远远小于耐克公司：

收入：	
耐克公司	＄19 176 100 000（会计年度截止于 2009 年 5 月 31 日）
美国凯萨奇公司	＄1 440 743 000（会计年度截止于 2008 年 12 月 31 日）
资产总额：	
耐克公司	＄13 249 600 000（会计年度截止于 2009 年 5 月 31 日）
美国凯萨奇公司	＄876 316 000（会计年度截止于 2008 年 12 月 31 日）

再次重申，在从绝对数、比率和总体分析中得出结论时必须倍加小心。在下结论时必须谨记潜在的问题。在此比较中，一些潜在的问题是两个公司不同的截止日期、经营业务的某些季节性特征和两个公司的规模不同。在本案例中，我们要特别关注两个公司的截止日期和规模不同。

（2）流动性

就应收账款项目而言，无论是应收账款与日销售额之比（天数）还是应收账款周转次数和应收账款周转天数，凯萨奇公司都明显领先于耐克公司。

就存货项目而言，无论是存货与日销售额之比（天数）还是存货周转次数和存货周转天数，耐克公司都明显领先于凯萨奇公司。

耐克公司与凯萨奇公司的存货计价方法略有不同，这可以解释这两家公司存在的部分差异。

凯萨奇公司

"存货主要是产成品，按成本（以先进先出法为基础）与市价孰低法计价。"

耐克公司

"与我们的批发经营业务相关的存货按成本（以先进先出法或移动平均成本法为基础）与市价孰低法计价，而与我们的零售经营业务相关的存货，运用零售价盘存法，按成本与市价孰低法计价。"

- 凯萨奇公司的经营周期略长于耐克公司。
- 营运资本项目不可比。耐克公司显著高于凯萨奇公司。
- 凯萨奇公司的流动比率略高于耐克公司。这未必是一件好事，因为耐克公司的流动比率已经非常好，凯萨奇公司的存货可能太多。
- 耐克公司的酸性测试比率明显好于凯萨奇公司。
- 耐克公司的现金比率明显好于凯萨奇公司。
- 即使存货较多，凯萨奇公司的销售额与营运资本之比这个比率也明显好于耐克公司。
- 凯萨奇公司的经营现金流量/本期到期的长期债务与本期应付票据之和这个比率为负数，而耐克公司的这个比率不错。

流动性小结

两家公司的流动性都处于良好状态。不过，耐克公司应该密切关注其应收账款项目，而凯萨奇公司应该密切关注其存货项目。

（3）长期偿债能力

耐克公司的利息保障倍数和固定费用偿付能力都好于凯萨奇公司。不过，凯萨奇公司的固定费用偿付能力还不错。

凯萨奇公司的负债比率、债务与权益比率以及债务与有形净值比率都很好，不过，耐克公司的这些比率也不错。耐克公司的经营现金流量/债务总额这个比率很好，而凯萨奇公司的这个比率为负数。

长期偿债能力小结

两个公司的债务状态不错或很好，只是凯萨奇公司的经营现金流量/债务总额这个比率为负数。

（4）盈利能力

耐克公司的许多盈利能力指标明显好于凯萨奇公司。这些指标包括净利润率、资产报酬率、经营利润率、经营资产报酬率、投资报酬率、全部权益报酬率和普通股权益报酬率。当然，凯萨奇公司也有许多盈利能力指标好于耐克公司。这些指标包括全部资产周转率和经营资产周转率。耐克公司的毛利率略好于凯萨奇公司。

盈利能力小结

总体而言，耐克公司的盈利能力明显好于凯萨奇公司。

（5）投资者分析

- 尽管耐克公司的财务杠杆程度较低，但是两家公司的财务杠杆程度都较高。
- 耐克公司的市盈率明显较高，这可能反映了盈利能力的比较结果。
- 根据其留存收益率、股利支付率、股利收益率和经营现金流量/现金股利等指标，凯萨奇公司没有发放股利。
- 耐克公司的每股账面价值明显较高。
- 耐克公司的期权薪酬费用的重要性这个指标明显较高。如果耐克公司的该指标与经营成果相联系并取得相应的经营成果，那么，这可以视为积极的效果。

投资者分析小结

耐克公司的投资者分析结构较好，这可能与盈利能力的比较和耐克公司支付的股利有关。

7）与行业比率比较（图表5）

与行业进行对比经常会面临对比的质量问题，因为行业中的公司通常会采用不同的会计方法。例如，对存货的计价，有的公司采用后进先出法，有的公司采用先进先出法，而另一些公司则采用平均法。行业比率通常不会涉及诸如利润表的非正常或非经常性项目、权益收益、中断经营、特别项目或非控制性股东权益等项目的问题。

图表5　　　　　　　　　　　　　　**耐克公司与行业的比率比较**

比率	单位	2009 年度	行业	
		耐克公司	比率	资料来源
流动性：				
应收账款与日销售额之比	天	56.30	42.99	DC
应收账款周转次数	次/年	6.62	8.20	DC
应收账款周转天数	天	55.15	44.51	DC
存货与日销售额之比	天	81.39	不存在	—
存货周转次数	次/年	4.41	5.9	ABI
存货周转天数	天	82.79	不存在	—
经营周期	天	137.94	不存在	—
营运资本（百万）	美元	6 457.0	不适用	—
流动比率	不适用	2.97	2.31	DC
酸性测试比率	不适用	1.93	1.08	DC
现金比率	不适用	1.05	0.34	DC
销售额与营运资本之比	次/年	3.20	4.89	DC
经营现金流量/本期到期的长期债务与本期应付票据之和	次/年	4.63	不存在	—
长期偿债能力：				
利息保障倍数	倍	49.55	5.93	DC
固定费用偿付能力	倍	25.46	不存在	—
负债比率	%	34.39	48.44	DC
债务与权益比率	%	52.42	93.46	DC
债务与有形净值比率	%	56.73	不存在	—
经营现金流量/债务总额	%	38.10	不存在	—
盈利能力：				

比率	单位	2009 年度	行业	
		耐克公司	比率	资料来源
净利润率	%	7.75	4.20	DC
全部资产周转率	次/年	1.49	1.33	DC
资产报酬率	%	11.57	5.57	DC
经营利润率	%	12.80	7.90	DC
经营资产周转率	次/年	1.74	2.18	DC
经营资产报酬率	%	22.25	17.20	DC
销售额与固定资产之比	次/年	10.99	4.46	DC
投资报酬率	%	15.89	8.59	DC
全部权益报酬率	%	18.00	10.71	DC
普通股权益报酬率	%	18.00	不存在	—
毛利率	%	44.92	不存在	—
投资者分析:				
财务杠杆程度	不适用	1.02	1.20	DC
稀释后每股收益	美元	3.03	不适用	—
市盈率	不适用	18.83	18.60	S&P
留存收益率	%	68.61	53.29	DC
股利支付率	%	32.34	不存在	—
股利收益率	%	1.72	2.13	S&P
每股账面价值	美元	17.91	不适用	—
期权薪酬费用的重要性	%	7.97	不存在	—
每股经营现金流量	美元	3.54	不适用	—
经营现金流量/现金股利	倍	3.72	不存在	—
年末市场价格	美元	57.05	不适用	—

指数：行业统计数据直接来源于下列资料来源或根据下列资料来源计算得出：

DC 代表美国商务部——制造业、矿业和贸易公司季度财务报告。

S&P 代表标准普尔 500，展望，500 综合指数。

ABI 代表工商业财务比率年鉴，北美产业分类体系 316115。

使用图书馆的行业数据会产生一个问题，即商业出版物在发行后的数月才会将材料送往图书馆。这就需要我们在使用时考虑时间问题。美国商务部季度财务报告可以在网上获取，代表了相对较近的数据。这些数据是否受限或有用，取决于所要分析公司的情况。

这里提供的行业比率通常比理想状态的覆盖面更广。根据标准产业分类，耐克公司属于橡胶与塑料鞋类（编号为 3021）。罗伯特·莫里斯协会年度报表研究公布了一些基于标准产业分类（编号为3052）的生产橡胶与塑料以及软管与皮带行业的资料。邓白氏行业标准和主要商业比率公布了标准产业分类（编号为30）的橡胶与塑料行业的资料。美国商务部公布了制造业、矿业和贸易公司季度财务报告。它们都依据北美产业分类体系使用标准产业分类，把编号为315和编号为316的两个类别结合起来，称为服饰与皮革类。耐克公司属于北美产业分类体系编号为316221的橡胶与塑料鞋制造业。

在耐克公司2009年度呈报的绩效图中，耐克公司将其2004年5月至2009年5月间的股票绩效与标准普尔500指数、全部报酬率、道·琼斯美国鞋业指数以及标准普尔500服饰、配饰与奢侈品指数进行比较。就股票绩效而言，耐克公司与道·琼斯美国鞋业指数最相似。耐克公司的股票大约上涨了170%，而道·琼斯美国鞋业指数则上涨了150%。有些人认为采用与行业比率相比较就像进入香肠工厂。

尽管使用行业比较可能会产生一些问题，但是这种比较还是有所裨益的。不过，下结论时必须非常谨慎。你可以回顾一下第5章讨论过的"谨慎使用各种行业平均指标"。

可以考虑挑选出你正在分析的目标公司的4个或5个竞争对手，计算其行业平均指标。这很可能产生一种比应用已经公布的行业数据更有意义和更及时的比较。

（1）流动性

● 耐克公司应收账款项目的流动性远不如行业指标。部分原因可归结于耐克公司的会计年度截止于5月31日。耐克公司的比率与行业比率的差距如此显著，很可能是因为多数同行业企业采用较短的信用期限。耐克公司应收账款项目的比率与以前年度差不多。

● 耐克公司存货项目的流动性也远不如行业指标。部分原因可归结于耐克公司的会计年度截止于5月31日。很可能是因为许多同行业企业运用与耐克公司不同的存货成本计价方法。耐克公司存货项目的比率与以前年度差不多。

● 耐克公司的流动比率、酸性测试比率和现金比率明显好于行业指标，这可能是因为其应收账款项目和存货项目流动性较差的影响结果。当然，这也可能是耐克公司明显较好的现金比率的影响结果。

● 行业的销售额与营运资本之比这个指标明显好于耐克公司。

流动性小结

在流动性方面，我们没有为耐克公司提供好的行业比较。耐克公司可能采用与行业明显不同的应收账款和存货会计政策。

（2）长期偿债能力

耐克公司的利息保障倍数、负债比率以及债务与权益比率明显好于行业指标。

长期偿债能力小结

耐克公司的长期偿债能力明显好于行业水平。

（3）盈利能力

除了经营资产周转率之外，耐克公司其他所有盈利能力比率都明显好于行业指标。行业的经营资产周转率明显更好。

盈利能力小结

与行业相比，耐克公司的年利润非常可观。

（4）投资者分析

- 耐克公司的财务杠杆程度明显低于行业指标。
- 耐克公司的市盈率略高于标准普尔 500 综合指数。综合考虑耐克公司的盈利能力比率，市盈率较高也是合乎情理的。
- 耐克公司的留存收益率明显高于行业水平。
- 耐克公司的股利收益率明显低于行业水平。

投资者分析小结

在投资者分析领域，只有少数几个比率可以比较。尽管如此，除了股利收益率之外，比较的结果更有利于耐克公司。

二、其他

"与上年度同期的 88 亿美元相比，计划于 2009 年 6 月至 11 月出货的耐克品牌运动鞋类和服饰产品的全球期货和预订单总额为 78 亿美元。"

小结

总体而言，在流动性方面，2007 年度至 2009 年度，耐克公司的表现非常好。无论是从利润表还是资产负债表的角度看，耐克公司的债务状态都非常好。耐克公司的盈利能力也非常好。

在盈利能力领域，2009 年度耐克公司的许多比率下降了，有些比率的下降幅度还比较大。盈利能力下降与重组费用、商誉减值、无形资产及其他资产减值等因素密切相关。除了股利收益率之外，投资者分析的结果更有利于耐克公司。

三、耐克公司 2009 年度财务报表

耐克公司 2009 年度的财务报表及其附注如下所示。下表列示了利润与固定费用总额比率的计算过程，也披露了利息费用。

耐克公司利润与固定费用总额比率的计算过程

（除了利润与固定费用总额比率之外，单位为百万美元）

	会计年度截止于 5 月 31 日				
	2009 年	2008 年	2007 年	2006 年	2005 年
净利润	1 486.7	1 883.4	1 491.5	1 392.0	1 211.6
所得税	469.8	619.5	708.4	749.6	648.2
所得税前利润	1 956.5	2 502.9	2 199.9	2 141.6	1 859.8
加上固定费用					
利息费用[①]	40.3	40.7	49.7	50.5	39.7
租赁费用的利息部分[②]	39.7	34.4	28.5	25.2	23.3
固定费用总额	80.0	75.1	78.2	75.7	63.0
扣除所得税和固定费用之前利润[③]	2 036.5	2 578.0	2 278.1	2 217.3	1 922.8
利润与固定费用总额比率	25.5	34.3	29.1	29.3	30.5

①利息费用包括费用化和资本化利息。

②租赁费用的利息部分包括租赁费用的 1/3，这大致相当于经营租赁的利息部分。

③扣除所得税和固定费用之前利润不包括资本化利息部分。

耐克公司 2009 年度财务报表
耐克公司合并利润表
（除了每股数据之外，单位为百万美元）

	会计年度截止于 5 月 31 日		
	2009 年	2008 年	2007 年
收入	19 176.1	18 627.0	16 325.9
销售成本	10 571.7	10 239.6	9 165.4
销售毛利	8 604.4	8 387.4	7 160.5
销售与管理费用	6 149.6	5 953.7	5 028.7
重组费用（附注 16）	195.0	—	—
商誉减值（附注 4）	199.3	—	—
无形资产与其他资产减值（附注 4）	202.0	—	—
利息收益净额（附注 1、附注 7 和附注 8）	(9.5)	(77.1)	(67.2)
其他（收益）费用净额（附注 17 和附注 18）	(88.5)	7.9	(0.9)
税前利润	1 956.5	2 502.9	2 199.9
所得税（附注 9）	469.8	619.5	708.4
净利润	1 486.7	1 883.4	1 491.5
基本普通股每股收益（附注 12）	3.07	3.80	2.96
稀释后普通股每股收益（附注 12）	3.03	3.74	2.93
普通股每股宣告股利	0.98	0.875	0.71

合并财务报表的附注是财务报表不可分割的部分

耐克公司合并资产负债表

（单位：百万美元）

	会计年度截止于 5 月 31 日	
	2009 年	2008 年
资　产		
流动资产：		
现金及现金等价物	2 291.1	2 133.9
短期投资	1 164.0	642.2
应收账款净额（附注1）	2 883.9	2 795.3
存货（附注1和附注2）	2 357.0	2 438.4
递延所得税（附注9）	272.4	227.2
预付费用与其他流动资产	765.6	602.3
流动资产总额	9 734.0	8 839.3
财产、厂房与设备净值（附注3）	1 957.7	1 891.1
可辨认无形资产净值（附注4）	467.4	743.1
商誉（附注4）	193.5	448.8
递延所得税资产与其他资产（附注9和附注18）	897.0	520.4
资产总额	13 249.6	12 442.7
负债与股东权益		
流动负债：		
长期债务的流动部分（附注8）	$32.0	$6.3
应付票据（附注7）	342.9	177.7
应付账款（附注7）	1 031.9	1 287.6
应计负债（附注5和附注18）	1 783.9	1 761.9
应付所得税（附注9）	86.3	88.0
流动负债总额	3 277.0	3 321.5
长期债务（附注8）	437.2	441.1
递延所得税与其他负债（附注9）	842.0	854.5
承诺与或有负债（附注15和附注18）	—	—
可赎回优先股（附注10）	0.3	0.3
股东权益：		
普通股股数（按设定面值计价）（附注11）：		
A 类可转换股票（流通在外股票数量分别为 95 300 000 股和 96 800 000 股）	0.1	0.1
B 类股票（流通在外股票数量分别为 390 200 000 股和 394 300 000股）	2.7	2.7
资本公积	2 871.4	2 497.8
累计其他全面收益（附注14）	367.5	251.4
留存收益	5 451.4	5 073.3
股东权益总额	8 693.1	7 825.3
负债与股东权益总额	13 249.6	12 442.7

合并财务报表的附注是财务报表不可分割的部分

耐克公司合并现金流量表

（单位：百万美元）

	会计年度截止于 5 月 31 日		
	2009 年	2008 年	2007 年
经营活动提供的现金：			
净利润	1 486.72	1 883.4	1 491.5
不影响现金的收益性费用：			
折旧	335.0	303.6	269.7
递延所得税	(294.1)	(300.6)	34.1
股票薪酬费用（附注 11）	170.6	141.0	147.7
商誉、无形资产和其他资产减值（附注 4）	401.3	—	—
剥离利得（附注 17）	—	(60.6)	—
摊销与其他项目	48.3	17.9	0.5
营运资本构成、其他资产与负债的变化，不包括并购和剥离的影响：			
应收账款增加额	(238.0)	(118.3)	(39.6)
存货减少（增加）额	32.2	(249.8)	(49.5)
预付费用与其他流动资产减少（增加）额	14.1	(11.2)	(60.8)
应付账款、应计负债与所得税（减少）增加额	(220.0)	330.9	85.1
经营活动提供的现金	1 736.1	1 936.3	1 878.7
投资活动提供（耗用）现金：			
购买短期投资	(2 908.7)	(1 865.6)	(2 133.8)
短期投资到期	2 390.0	2 246.0	2 516.2
财产、厂房与设备增加额	(455.7)	(449.2)	(313.5)
处置财产、厂房与设备	32.0	1.9	28.3
其他资产增加额（扣除其他负债之后的净额）	(47.0)	(21.8)	(4.3)
投资净额套期保值	191.3	(76.0)	—
购买子公司（扣除所得现金净额）（附注 4）	—	(571.1)	—
剥离资产收入（附注 17）	—	246.0	—
投资活动提供（耗用）的现金	(798.1)	(489.8)	92.9
筹资活动耗用的现金：			
发行长期债券收入	—	—	41.8
长期债务减少额（包括流动部分）	(6.8)	(35.2)	(255.7)
应付票据增加额	177.1	63.7	52.6
行使股票期权与发行其他股票收入	186.6	343.3	322.9
来自股票支付协议的税收效益	25.1	63.0	55.8
回购普通股	(649.2)	(1 248.0)	(985.2)
普通股和优先股股利	(466.7)	(412.9)	(343.7)
筹资活动耗用的现金	(733.9)	(1 226.1)	(1 111.5)
汇率变动的影响	(46.9)	56.8	42.4
现金及现金等价物增加净额	157.2	277.2	902.5
年初现金及现金等价物	2 133.9	1 856.7	954.2
年末现金及现金等价物	2 291.1	2 133.9	1 856.7
补充披露的现金流量信息：			
当年支付的现金：			
利息（扣除资本化利息）	46.7	44.1	60.0
所得税	765.2	717.5	601.1
宣告但尚未支付的股利	121.4	112.9	92.9

合并财务报表的附注是财务报表不可分割的部分

耐克公司合并股东权益表

单位：百万美元（每股数据除外）

	普通股				资本公积	累计其他全面收益	留存收益	合计
	A类		B类					
	股数	金额	股数	金额				
2006 年 5 月 31 日余额	127.8	0.1	384.2	2.7	1 447.3	121.7	4 713.4	6 285.2
行使股票期权			10.7		349.7			349.7
转换 B 类普通股	(10.2)		10.2					—
回购 B 类普通股			(22.1)		(13.2)		(962.0)	(975.2)
普通股股利（每股 0.71 美元）							(357.2)	(357.2)
发行股票给员工			1.2		30.1			30.1
股票薪酬费用（附注 11）					147.7			147.7
员工丧失的股票			(0.1)		(1.6)		(0.5)	(2.1)
全面收益（附注 14）：								
净利润							1 491.5	1 491.5
其他全面收益：								
外币折算与其他项目（扣除所得税 5 400 000 美元后的净额）						84.6		84.6
现金流量套期保值净损失（扣除税收效益 9 500 000 美元后的净额）						(38.1)		(38.1)
与衍生工具套期保值相关的以前年度递延损失的净利润重分类（扣除税收效益 3 600 000 美元后的净额）						21.4		21.4
全面收益						67.9	1 491.5	1 559.4
采用《财务会计准则》第 158 号（扣除税收效益 5 400 000 美元后的净额）（附注 13）						(12.2)		(12.2)
2007 年 5 月 31 日余额	117.6	0.1	384.1	2.7	1 960.0	177.4	4 885.2	7 025.4
行使股票期权			9.1		372.2			372.2
转换 B 类普通股	(20.8)		20.8					
回购 B 类普通股			(20.6)		(12.3)		(1 235.7)	(1 248.0)
普通股股利（每股 0.875 美元）							(432.8)	(432.8)
发行股票给员工			1.0		39.2			39.2
股票薪酬费用（附注 11）					141.0			141.0
员工丧失的股票			(0.1)		(2.3)		(1.1)	(3.4)
全面收益（附注 14）：								
净利润							1 883.4	1 883.4
其他全面收益：								
外币折算与其他项目（扣除所得税 101 600 000 美元后的净额）						211.9		211.9
剥离资产已实现外币折算利得（附注 17）						(46.3)		(46.3)

续表

	普通股				资本公积	累计其他全面收益	留存收益	合计
	A类		B类					
	股数	金额	股数	金额				
现金流量套期保值净损失（扣除税收效益 67 700 000 美元后的净额）						(175.8)		(175.8)
投资净额套期保值净损失（扣除税收效益 25 100 000 美元后的净额）						(43.5)		(43.5)
与衍生工具套期保值相关的以前年度递延损失的净利润重分类（扣除税收效益 49 600 000 美元后的净额）						127.7		127.7
全面收益						74.0	1 883.4	1 957.4
采用第 48 号解释公告（附注 9）							(15.6)	(15.6)
采用紧急问题工作组 06—2 号休假法规（扣除税收效益 6 200 000 美元后的净额）							(10.1)	(10.1)
2008 年 5 月 31 日余额	96.8	0.1	394.3	2.7	2 497.8	251.4	5 073.3	7 825.3
行使股票期权			4.0		167.2			167.2
转换 B 类普通股	(1.5)		1.5					—
回购 B 类普通股			(10.6)		(6.3)		(632.7)	(639.0)
普通股股利（每股 0.98 美元）							(475.2)	(475.2)
发行股票给员工			1.1		45.4			45.4
股票薪酬费用（附注 11）：					170.6			170.6
员工丧失的股票			(0.1)		(3.3)		(0.7)	(4.0)
全面收益（附注 14）：								
净利润							1 486.7	1 486.7
其他全面收益：								
外币折算与其他项目（扣除所得税 177 500 000 美元后的净额）						(335.3)		(335.3)
现金流量套期保值净利得（扣除所得税 167 500 000 美元后的净额）						453.6		453.6
投资净额套期保值净损失（扣除所得税 55 400 000 美元后的净额）						106.0		106.0
与衍生工具套期保值相关的以前年度递延利得净额的净利润重分类（扣除所得税 39 600 000 美元后的净额）						(108.2)		(108.2)
全面收益						116.1	1 486.7	1 602.8
2009 年 5 月 31 日余额	95.3	0.1	390.2	2.7	2 871.4	367.5	5 451.4	8 693.1

合并财务报表的附注是财务报表不可分割的部分

耐克公司合并财务报表附注

附注1——重要会计政策概述

经营业务描述

耐克公司是一家从事富有体育与运动精神的鞋类、服饰、设备与附属产品的设计、营销和分销的全球领先企业。耐克公司的全资子公司包括：（1）科尔哈恩公司（Cole Haan）。该公司从事服装与休闲鞋、手袋、附属产品与外套的设计、营销和分销业务。（2）匡威公司（Converse Inc.）。该公司从事体育与休闲鞋类、服饰和附属产品的设计、营销和分销业务。（3）郝尔利国际公司（Hurley International LLC.）。该公司从事体育运动与年轻时尚鞋类产品、服饰与附属产品的设计、营销和分销业务。（4）茵宝公司（Umbro Ltd.）。该公司从事体育与休闲鞋类产品、服饰与设备（主要是足球运动的服饰与设备）的设计、营销和特许经营业务。

合并财务报表的基础

合并财务报表包括耐克公司及其子公司的财务报表。所有重要的公司内部交易与余额都已经相互抵销。

收入的确认原则

批发业务的收入以销售条款为基础在风险与所有权利益已经转移给顾客时予以确认。基于产品销售国以及与顾客的协议，具体确认时点取决于装运或顾客收货时间。零售商店的收入在销售时予以确认。销售折让与退回以及顾客的各项索赔准备金在销售时予以计提。

装运与装卸成本

装运与装卸成本在其发生时计入费用并包含于销售成本。

广告与促销成本

产品广告成本在首次发布广告时计入费用。媒体（电视和印刷品）广告成本在广告播放的月份计入费用。

公司的一项重要促销费用来自于代言合约支出。该代言合约支出的会计处理方法取决于特定的合约条款。通常，在确认代言人的定期绩效符合合约条款规定之后，代言合约支出在合同期内平均计入费用。基于合约再度发生的代言合约支出根据其相应的期间计入预付费用或其他资产。

通过合作广告计划，公司对零售商为公司产品做广告而发生的费用给予一定补偿。但公司的顾客需要确认这些成本，即当顾客确认相关收入时，公司便将这些成本计入销售与行政管理费用。该项负债可能在相关广告播放之前就已经产生。

截止于2009年5月31日、2008年5月31日和2007年5月31日的广告与促销费用总额分别为2 351 300 000美元、2 308 300 000美元和1 912 400 000美元。2009年5月31日和2008年5月31日，计入预付费用和其他资产的预付广告与促销费用总额分别为280 000 000美元和266 700 000美元。

现金及现金等价物

现金及现金等价物是指现金以及在购买时离到期日在三个月以内的具有高度流动性的短期投资。合并资产负债表所列示的现金及现金等价物账面价值大致相当于其公允价值。

短期投资

短期投资包括具有高度流动性的投资项目，主要是购买时离到期日还有三个月以上的商业票据、美国国库券、美国政府债券和公司债务性证券。公司有能力也希望持有至到期的债务性证券按其摊销后成本计价，因此，大体上相当于公允价值。2009年5月31日，公司没有持有任何归类为持有至到期日的短期投资。2008年5月31日，124 900 000美元的短期投资归类为持有至到期日证券，主要包括美国国库券和美国政府债券。

除非未实现损失属于暂时性的，可供出售债务性证券按包含所报告的未实现利得和损失（税后）在内的公允价值记入其他综合收益。公司认为所有可供出售证券（包括到期日超过12个月的证券）都是为了确保当期经营流动性的需要。因此，这些证券都作为短期投资列为合并资产负债表的流动资产。2009年5月31日，公司持有一年内到期的可供出售证券1 005 000 000美元和一至五年内到期的可供出售证券159 000 000美元。

以公允价值计价，归类为可供出售证券的短期投资，其价值如下（单位为百万美元）：

	2009年5月31日	2008年5月31日
可供出售投资：		
美国国库券和政府债券	772.8	194.1
公司商业票据和债券	391.2	323.2
可供出售投资总额	1 164.0	517.3

2009年5月31日、2008年5月31日和2007年5月31日，就财务报表所包括的利息收益，与短期投资、现金及现金等价物相关的利息收益分别为49 700 000美元、115 800 000美元和116 900 000美元。

应收账款的坏账准备

应收账款主要是应收顾客款项的数额。我们不断评估应收账款的可收回程度，并根据顾客支付能力估计可能发生的损失以确定坏账准备数额。我们根据过去赊销信用损失水平并根据信用评估结果判断重要顾客的可信赖程度，以此为基础确定坏账准备数额。从资产负债表日算起，预期回收时间超过12个月的应收账款及其相关的坏账准备就要视为非经常性项目并计入其他资产项目。2009年5月31日和2008年5月31日，坏账准备分别为110 800 000美元和78 400 000美元。其中，分别有36 900 000美元和36 700 000美元计入其他资产。

存货计价

与批发经营业务相关的存货按成本与市价孰低法呈报，以先进先出法或移动平均成本法计价。与零售经营业务相关的存货，运用零售价盘存法，按平均成本与市价孰低法呈报。基于零售价盘存法，采用成本零售价比率计算以零售价格计价的存货成本。为了确保已经确立的成本零售价比率，一旦发生永久性和临时性降价，马上相应地减少现有存货的零售价和成本。

财产、厂房与设备

财产、厂房与设备按成本计价。基于财务报表目的，采用直线法对建筑物和租赁资产在 2~40 年内计提折旧，机器与设备在 2~15 年内计提折旧。计算机软件（有时还包括内部劳动力成本）采用直线法在 3~10 年内计提折旧。

长期资产减值

只要经营环境出现某种事件或变化显示资产账面价值难以收回，公司就应评估经营性长期资产或资产组的实际价值。资产减值评估的必要因素包括资产运用的方式或范围发生重大的不利变化、可能影响资产价值的法律因素或经营环境发生重大的不利变化以及可观察到的资产市场价值显著下降。如果上述因素显示出某种资产减值的迹象，公司将确定该资产组的账面价值是否超过该资产组的主要资产在其剩余经济寿命期内运用和最后处置预期可能产生的未折现现金流量总额，从而评估该资产组的可收回程度。如果资产可收回程度测试的结果显示该资产组的账面价值难以收回，公司将运用适当的方法（主要是估计折现现金流量）估计该资产组的公允价值。如果该资产组的账面价值与其估计的公允价值存在差异，那就要确认相应的资产减值。

可辨认无形资产与商誉

根据财务会计准则公告第 142 号"商誉与其他无形资产"，在每个会计年度的第四季度或发生很可能导致报告单位或没有明确寿命期的无形资产的公允价值低于其账面价值的某些事件或环境变化，公司都要实施商誉与无形资产的减值测试。可能引发临时减值评估的事件或环境变化因素包括经营环境、经营成果、报告单位预期投资发生重大变化或预期账面价值难以收回。减值测试要求公司估计其报告单位的公允价值。如果报告单位的账面价值超过其公允价值，该报告单位的商誉可能发生减值，公司就要实施减值分析的第二个步骤。在减值分析的第二个步骤，公司确认和记录一项减值损失。该减值损失的数额等于报告单位商誉的账面价值超过其公允价值的差额。

公司通常综合运用未来折现现金流量的现值分析和市场估价法计量其报告单位的公允价值。根据折现现金流量模型，报告单位的公允价值以公司预期报告单位未来创造的现金流量现值为基础。公司在运用折现现金流量模型时，涉及的重要估计包括加权平均资本成本、报告单位经营业务的长期增长率和盈利能力以及营运资本的影响。

根据市场估价法，通过报告单位与同行业可比的上市公司的比较确定经营业务的公允价值。公司在运用市场估价法模型时，涉及的重要估计包括识别同行业公司的可比因素（如规模、成长性、盈利能力、投资的风险与收益）、评估可比收入以及估计报告单位公允价值的经营收益乘数。

公司认为综合运用折现现金流量模型和市场估价法是确定报告单位公允价值的最佳方法，因为这些方法都是行业普遍运用的估价方法，而且这些方法的综合运用可以弥补单独运用某种方法的内在风险。

没有明确寿命期的无形资产主要是外购商标。对于这些无形资产，公司采用免特许权使用费法（relief-from-royalty method）计量其公允价值。这种方法假设商标具有一定的价值，因为其所有者可以不必支付特许权使用费就可以获得来自商标的收益。公司在运用这种方法时，需要估计相关品牌的未来收入、适当的特许权使用费比率和加权平均资本成本。

外币折算与外币交易

将国外功能货币财务报表折算为美元财务报表所需要的调整已经包括在外币折算调整项目。这是股东权益的累计其他综合收益的一个组成部分。

公司的全球子公司拥有各种不同的资产负债，尤其是以各种非功能货币计价的应收与应付账款。根据财务会计准则公告第 52 号"外币折算"，这些资产负债表项目需要重新计量，其影响额计入合并财务报表的其他（收益）费用净额项目。

衍生金融工具与套期保值业务的会计处理

公司使用衍生金融工具降低因外汇汇率和利率的变化而引起的风险。公司根据经修订和解释的财务会计准则公告第 133 号"衍生金融工具与套期保值业务的会计处理"核算衍生金融工具。财务会计准则公告第 133 号为衍生金融工具设立了会计核算与报告准则，并要求所有衍生金融工具都必须以公允价值列示于资产负债表。衍生金融工具的公允价值变动可以确认为其他全面收益（股东权益的一个组成部分），也可以确认为债务或净利润，具体视套期保值的基础风险类型和该衍生金融工具的影响程度而定。

有关公司的风险管理计划与衍生金融工具的更多信息参见附注 18——风险管理与衍生金融工具。

股票薪酬

2006 年 6 月 1 日，公司采用了财务会计准则公告第 123 号修订稿"以股份为基础的支付"。根据该公告，公司必须运用公允价值法将支付给员工的股票薪酬计入费用。根据财务会计准则公告第 123 号修订稿，公司运用布莱克—斯科尔斯期权定价模型估计基于耐克公司 1990 年股票激励计划已授予期权和基于员工股票购买计划已授予员工股票购买权的公允价值。公司扣除预计放弃权利的数量之后，将其公允价值作为销售与管理费用平均列示于授予期间的合并利润表。

公司采用财务会计准则公告第 123 号修订稿所规定的修正的前瞻性过渡法，不必重述以前期间的财务成果。根据这种修正的前瞻性过渡法，公司截止于 5 月 31 日的 2009 年度、2008 年度和 2007 年度的合并利润表包括：（1）以基于财务会计准则公告第 123 号"股票薪酬会计"原始条款估计的公允价值为基础，2006 年 6 月 1 日之前已经授予但尚未赚取的股票薪酬的摊销额。（2）以基于财务会计准则公告第 123 号修订稿条款估计的公允价值为基础，2006 年 6 月 1 日之后授予的所有股票奖励的摊销额。

为了计算可用于抵销未来行权日税款差额的税收效益，公司采用了财务会计准则委员会员工公告第 123 号 R-3"有关以股份为基础的奖励支付会计处理的过渡性选择方法"所讨论的过渡性方法。

有关公司的股票计划的更多信息参见附注 11——普通股与股票薪酬。

所得税

公司采用资产负债法核算所得税。这种方法要求确认因资产和负债账面价值与其税基之间的暂时性差异的未来预期税收后果而产生的递延所得税资产与负债。目前，美国对预期将收回的非美国子公司的财务报表利润征收所得税。公司每年确定尚未分配的非美国子公司利润数额，以便长久地投资于其非美国子公司的经营活动。公司在所得税费用中确认与所得税相关的利息和罚款。更进一步的讨论参见附注 9——所得税。

每股收益

通过将净利润除以年度内加权平均流通在外的普通股数量计算出普通股基本每股收益。假设所有潜在的稀释性股票期权和奖励都转换为普通股，通过调整加权平均流通在外的普通股数量计算出普通股稀释后每股收益。更进一步的讨论参见附注 12——每股收益。

管理层的估计

管理层根据公认会计原则编制财务报表需要做出各种估计，包括与影响资产和负债报告数额、财务报表编制日或有资产和或有负债披露数额以及报告期收入和费用报告数额等各种假设相关的估计。实际结果可能与这些估计值不同。

重分类

为了与 2009 年度的财务报表呈报保持一致，需要对以前年度的数额重分类。这包括对合并现金流量表投资活动的投资净额套期保值的重分类。这些重分类对以前年度报告的经营成果或股东权益没有影响，也不影响以前年度报告的经营活动现金流量和筹资活动现金流量或现金及其等价物的变动净额。

最近采用的会计准则

2008 年 12 月 1 日，公司采用了财务会计准则公告第 161 号 "衍生金融工具与套期保值业务的披露：财务会计准则委员会第 133 号公告的修正"。财务会计准则公告第 161 号提供了强化会计主体如何与为何运用衍生金融工具、衍生金融工具及相关的套期保值项目如何根据财务会计准则公告第 133 号进行核算以及衍生金融工具及相关的套期保值项目如何影响会计主体的财务状况、财务绩效与现金流量等方面信息披露的修正性指南。采用财务会计准则公告第 161 号并不影响公司的合并财务状况或经营成果。更多信息参见附注 18——风险管理与衍生金融工具。

2008 年 6 月 1 日，公司的金融资产和金融负债采用财务会计准则公告第 157 号 "公允价值计量"。财务会计准则公告第 157 号阐明了公允价值的含义，确立了计量公允价值的框架，拓展了公允价值计量的披露。根据财务会计准则公告第 157 号，公允价值定义为在计量日在主要或最有利的资产或负债市场以一种有序的交易方式在市场参与者之间出售某项资产或转让某项负债的交易价格。这些金融资产和金融负债随后的公允价值变动在其发生时计入利润或其他全面收益。财务会计准则委员会员工公告第 157-2 号推迟了财务会计准则公告第 157 号针对非金融资产和非金融负债的条款生效日期（经常发生的按公允价值确认的项目除外），其生效日期为开始于 2009 年 6 月 1 日的会计年度。金融资产和金融负债采用财务会计准则公告第 157 号并不影响公司的合并财务状况或经营成果。非金融资产和非金融负债采用财务会计准则公告第 157 号预期也不会影响公司的合并财务状况或经营成果。有关金融资产和金融负债公允价值的更多信息参见附注 6——公允价值计量。

2008 年 6 月 1 日，公司还采用了财务会计准则公告第 159 号 "金融资产和金融负债的公允价值期权"。财务会计准则公告第 159 号允许会计主体就其以合约对合约为基础的某些金融资产和金融负债的不可撤销期权选择其原始和随后的公允价值。截止于 2009 年 5 月 31 日，除了美国公认的会计原则业已规定的项目之外，公司还没有为任何其他金融资产和金融负债选择过其公允价值期权。

2008 年 10 月，财务会计准则委员会颁布了员工公告第 157-3 号"确定非活跃市场金融资产的公允价值"。财务会计准则委员会员工公告第 157-3 号阐明了财务会计准则公告第 157 号如何运用于非活跃市场，同时进一步界定了确定处于非活跃市场的金融资产公允价值的另外一些重要标准。财务会计准则委员会员工公告第 157-3 号适用于根据财务会计准则公告第 157 号需要或允许公允价值计量的会计公告范围内的金融资产。财务会计准则委员会员工公告第 157-3 号一经颁布即生效，采用财务会计准则委员会员工公告第 157-3 号对公司的合并财务报表没有显著的影响。

最近颁布的会计准则

2009 年 5 月 1 日，财务会计准则委员会颁布了财务会计准则公告第 165 号"资产负债表日后事项"。财务会计准则公告第 165 号确立了发生在资产负债日之后但在资产负债表公布之前事项的会计处理与信息披露的总体准则。财务会计准则公告第 165 号的条款生效于 2009 年 8 月 31 日之前的那个季度。公司预期采用财务会计准则公告第 165 号对公司的合并财务状况或经营成果没有显著影响。

2009 年 4 月，财务会计准则委员会颁布了员工公告第 107-1 号和会计原则委员会公告第 28-1 号"金融工具公允价值的中期披露"，分别修订了财务会计准则公告第 107 号"金融工具公允价值的披露"和会计原则委员会意见书第 28 号"中期财务报告"，要求在中期报告和年度报告披露金融工具的公允价值。

财务会计准则委员会员工公告第 107-1 号和会计原则委员会公告第 28-1 号的条款生效于 2009 年 8 月 31 日之前的那个季度。公司预期采用财务会计准则委员会员工公告第 107-1 号和会计原则委员会公告第 28-1 号不影响公司的合并财务状况或经营成果。

2007 年 12 月，财务会计准则委员会颁布了财务会计准则公告第 141 号（2007 年修订版）"企业合并"和财务会计准则公告第 160 号"合并财务报表的非控制性股东权益"。这些准则的目的在于改善、简化企业合并以及合并财务报表的非控制性股东权益的会计准则，并与国际会计准则协调。财务会计准则公告第 141 号（2007 年修订版）生效于企业合并的收购日在 2009 年 6 月 1 日或之后。总体而言，财务会计准则公告第 141 号（2007 年修订版）的影响取决于未来的并购行为。财务会计准则公告第 160 号从 2009 年 6 月 1 日开始生效。公司预期采用财务会计准则公告第 160 号对公司的合并财务状况或经营成果没有显著的影响。

2008 年 4 月，财务会计准则委员会颁布了员工公告第 142-3 号"确定无形资产的使用寿命"。财务会计准则委员会员工公告第 142-3 号修正了根据财务会计准则公告第 142 号制定用于确定已确认无形资产使用寿命的更新或延期假设所应该考虑的各种因素。该公告的目的在于协调根据财务会计准则公告第 142 号确定的已确认无形资产的使用寿命与根据财务会计准则公告第 141 号（2007 年修订版）以及其他美国公认会计原则确定的用于计量资产公允价值的预期现金流量期限之间存在的差异。财务会计准则委员会员工公告第 142-3 号的条款生效于开始于 2009 年 6 月 1 日的会计年度。公司预期采用财务会计准则员工公告第 142-3 号对公司的合并财务状况或经营成果没有显著的影响。

附注2——存货

2009年5月31日和2008年5月31日的存货分别为2 357 000 000美元和2 438 400 000美元，这些存货基本上都是产成品。

附注3——财产、厂房与设备

财产、厂房与设备包括如下项目（单位为百万美元）：

	2009年5月31日	2008年5月31日
土地	221.6	209.4
建筑物	974.0	934.6
机器与设备	2 094.3	2 005.0
租赁资产改良	802.0	757.3
在建工程	163.8	196.7
财产、厂房与设备总额	4 255.7	4 103.0
减：累计折旧	2 298.0	2 211.9
财产、厂房与设备净值	1 957.7	1 891.1

截止于5月31日的2009年度、2008年度和2007年度的资本化利息数额都不大。

附注4——茵宝公司并购、减值和可辨认无形资产与商誉

并购

茵宝公司是一家英国公司，在全球足球品牌方面处于领先地位。2008年3月3日，公司以290 500 000英镑的现金（大约相当于576 400 000美元）收购了茵宝公司流通在外的全部（100%）股份。这个收购价格包括直接的交易成本。公司收购茵宝公司的目的在于强化公司在英国的市场地位，拓展耐克公司在足球品牌的全球领先地位（这是公司成长的一个关键领域）。本次收购行动也为公司提供了在新兴足球市场（如中国、俄罗斯和巴西）的发展契机。自收购日之后，茵宝公司的经营业务就作为公司"其他"经营分部的组成部分包括在公司的合并财务报表。

根据财务会计准则公告第141号"企业合并"，收购茵宝公司的行为属于收购企业合并。收购价格分配到所购买的各项有形资产与可辨认无形资产以及根据收购日预计公允价值确定的负债，剩余的部分计入商誉。

根据2008年5月31日我们所做的原先收购价格分配，与本次收购相关的可辨认无形资产和商誉分别大约为419 500 000美元和319 200 000美元。基于税收目的，本次交易所确认的商誉可以抵税。可辨认无形资产主要包括没有明确期限的商标权为378 400 000美元以及由茵宝公司的外部网络、已经建立的顾客关系和美国足球联盟特许权组成的其他无形资产为41 100 000美元。这些无形资产将在预计有效期限为12年至20年内平均摊销。

截止于2009年2月28日的这个季度，公司最后敲定茵宝公司收购价格的会计处理，收购日之后收到第三方完成的评估报告和信息，修正了原先的估计，如有形资产与无形资产以及某些或有负债的评估值。因为修正了原先的估计，可辨认无形资产

（主要是茵宝公司的外部网络）的价值减少了 12 400 000 美元，非流动负债（主要是与或有负债相关的负债、与所收购资产公允价值相关的递延所得税调整）的价值增加了 11 200 000 美元。这些资产与负债的价值变动影响了已经记录的商誉价值。

下表总结了收购价格（包括收购的交易成本）如何分配到所收购资产和在收购日根据预计公允价值确定的负债以及最终收购价格的会计调整情况（单位为百万美元）：

	2008 年 5 月 31 日原先的分配	调整	2009 年 5 月 31 日最终的分配
流动资产	87.2	—	87.2
非流动资产	90.2	—	90.2
可辨认无形资产	419.5	(12.4)	407.1
商誉	319.2	23.6	342.8
流动负债	(60.3)	—	(60.3)
非流动负债	(297.4)	(11.2)	(290.6)
所收购资产净额	576.4	—	576.4

本次收购行为预期对 2008 年度经营活动综合成果没有显著的影响。

茵宝公司减值

根据财务会计准则公告第 142 号"商誉与其他无形资产"，在每个会计年度的第四季度或发生很可能导致报告单位或没有明确寿命期的无形资产的公允价值低于其账面价值的某些事件或环境变化，公司都要实施商誉与无形资产的减值测试。由于全球消费需求锐减、宏观经济环境持续恶化以及公司管理层决定调整对茵宝公司品牌的投资计划，2009 年 2 月 1 日，公司认为已经出现明显减值的迹象，要求临时评估茵宝公司商誉和其他没有明确期限的无形资产的价值。由此，公司启动茵宝公司商誉减值评估的第一个步骤，将茵宝公司预计的公允价值与其账面价值相比。由于其账面价值超过预计的公允价值，因此，商誉存在潜在的减值。因此，公司启动评估的第二个步骤，将茵宝公司商誉隐含的公允价值与账面价值相比。以当时企业合并时确定商誉价值的相同方法，将茵宝公司预计的公允价值分配到各资产和负债项目（包括已确认和尚未确认的无形资产），从而确定商誉隐含的公允价值。

公司运用与折现现金流量分析相同的公允价值权重，并与类似的上市公司相比，计量茵宝公司的公允价值。公司认为综合各种方法可以弥补单独运用某种方法的内在风险，而且综合运用各种方法也是市场参与者实施类似评估时可能考虑的做法。采用免特许权使用费法估计茵宝公司没有明确寿命期的商标的公允价值。这种方法假设商标具有一定的价值，因为茵宝公司可以不必支付特许权使用费就可以获得来自商标的收益。基于这些评估，截止于 2009 年 2 月 28 日的会计年度的第三季度，公司确认了与茵宝公司商誉和商标相关的减值费用分别为 199 300 000 美元和 181 300 000 美元。由于商标的减值费用问题，公司确认了递延所得税效益为 54 500 000 美元。除了上述减值分析，公司还确定茵宝公司持有的一项权益投资也发生了减值，并确认与该投资减值相关的费用为 20 700 000 美元。基于分部报告的目的，这些费用包括在公司的

"其他"项目。

折现现金流量分析以管理层的经营计划与项目为基础预计未来 12 年的现金流量以及随后年份的 3% 成长率，从而计算茵宝公司的公允价值。在分析中，公司采用的加权平均折现率为 14%。该折现率主要来源于公开出版的数据以及我们基于现有市场环境对不断增加的市场风险的调整。折现现金流量分析涉及的其他重要估计包括茵宝公司经营业务的预期增长率和盈利能力以及营运资本的影响。根据市场估价法，通过比较茵宝公司与同行业类似的上市公司来确定茵宝公司的公允价值。市场估价法涉及的重要估计包括识别同行业类似公司的可比因素，如规模、成长性、盈利能力、特许权收入组合、直接分销渠道以及投资收益的风险。

如果测试日所有其他假设保持不变，那么，折现率增加 100 个基点，茵宝公司的净资产调整之后的账面价值将减少 12%。

可辨认无形资产与商誉

基于分部报告的目的，所有商誉的余额都包括在公司的"其他"类别。下表总结了截止于 2009 年 5 月 31 日和 2008 年 5 月 31 日公司商誉余额（单位为百万美元）：

商誉（2007 年 5 月 31 日）	130.8
收购茵宝公司	319.2
其他[1]	(1.2)
商誉（2008 年 5 月 31 日）	448.8
收购价格调整	23.6
减值费用	(199.3)
其他[1]	(79.6)
商誉（2009 年 5 月 31 日）	193.5

[1]这里的"其他"包括茵宝公司商誉的外币折算调整额。

下表总结了截止于 2009 年 5 月 31 日和 2008 年 5 月 31 日公司可辨认无形资产余额（单位为百万美元）：

	2009 年 5 月 31 日			2008 年 5 月 31 日		
	账面价值	累计摊销	账面净值	账面价值	累计摊销	账面净值
已摊销无形资产：						
专利权	56.6	(17.2)	39.4	47.5	(14.4)	33.1
商标	37.5	(10.9)	26.6	13.2	(7.8)	5.4
其他	40.0	(19.6)	20.4	65.2	(19.7)	45.5
合计	134.1	(47.7)	86.4	125.9	(41.9)	84.0
未摊销无形资产：						
商标			381.0			659.1
可辨认无形资产净值			467.4			743.1

由于美元相对英镑走强，截止于 2009 年 5 月 31 日的会计年度，外汇波动使得未摊销无形资产大约减少 98 200 000 美元。

截止于 5 月 31 日的 2009 年度、2008 年度和 2007 年度，包括在销售与管理费用中的摊销费用分别为 11 900 000 美元、9 200 000 美元和 9 900 000 美元。截止于 5 月 31 日的 2010 年度至 2014 年度每年无形资产预计摊销费用分别为：2010 年度是 12 600 000 美元、2011 年度是 12 200 000 美元、2012 年度是 11 500 000 美元、2013 年度是 9 600 000 美元和 2014 年度是 7 600 000 美元。

由于公司在截止于 2008 年 5 月 31 日的会计年度内剥离了斯达特（Starter）品牌业务和耐克公司下属的鲍尔冰球公司（Bauer Hockey），截止于 2008 年 5 月 31 日的会计年度，未摊销商标和已摊销商标的账面价值分别减少了 59 600 000 美元和 37 500 000 美元。有关公司剥离的更详细信息参见附注 17——资产剥离。

附注 5——应计负债

应计负债包括如下项目（单位为百万美元）：

	2009 年 5 月 31 日	2008 年 5 月 31 日
薪酬与津贴（税前）	491.9	538.0
代言人薪酬	237.1	203.5
所得税之外的税款	161.9	147.6
重组费用[1]	149.6	—
应付股利	121.4	112.9
广告与营销费用	97.6	121.4
衍生金融工具的公允价值	68.9	173.3
进口与物流成本	59.4	78.8
其他[2]	396.1	386.4
合计	1 783.9	1 761.9

[1]应计重组费用主要包括发生于 2009 年度第四季度与公司重组活动相关的遣散成本。更详细信息参见附注 16——重组费用。

[2]这里的"其他"包括各种应计费用以及占 2009 年 5 月 31 日或 2008 年 5 月 31 日余额超过 5% 的没有具体项目的费用。

附注 6——公允价值计量

2008 年 6 月 1 日，公司的金融资产和金融负债采用《财务会计准则公告》第 157 号"公允价值计量"。根据各种评估方法（市场法、收益法和成本法）涉及的变量类型，《财务会计准则公告》第 157 号构建了一种公允价值计量的优先次序。《财务会计准则公告》第 157 号适用于现有的需要或允许公允价值计量的会计公告范围内，因此，不会产生任何新的公允价值计量。

公允价值的层级标准描述如下：

- 第一种标准：可观察变量（如相同资产或负债）在活跃市场的报价。
- 第二种标准：可直接或间接观察的资产或负债报价之外的变量，如相似资产或负债在活跃市场的报价和相同或相似资产或负债在非活跃市场的报价。
- 第三种标准：缺乏或没有现有市场数据而难以观测的变量。这需要报告主体自行建立自己的假设。

公司对公允价值计量的整个过程所涉及具体变量的重要性评估需要借助职业判断并考虑资产或负债的具体情况。从整体上说，金融资产和金融负债根据最严格的变量标准（即对公允价值计量的重要性）分类。

下表提供了截止于 2009 年 5 月 31 日公司以公允价值计量的金融资产和金融负债的信息以及公司用于确定公允价值的估价方法的公允价值层次。

单位：百万美元

	运用的公允价值计量标准			资产/负债的公允价值	资产负债表分类
	第一种标准	第二种标准	第三种标准		
资产					
衍生金融工具	—	378.7	—	378.7	其他流动资产和其他长期资产
可供出售证券	240.0	1 314.8	—	1 554.8	现金等价物
可供出售证券	467.9	696.1	—	1 164.0	短期投资
资产总额	707.9	2 389.6	—	3 097.5	
负债					
衍生金融工具	—	68.9	—	68.9	应计负债和其他长期负债
负债总额	—	68.9	—	68.9	

衍生金融工具包括外汇远期、期权合约和利率互换。公司运用可观察的市场变量（如远期定价曲线、货币波动率、货币相关系数和利率），并考虑公司与配对公司的非绩效风险，综合确定这些衍生金融工具合约的公允价值。截止于 2009 年 5 月 31 日的会计年度，与上述风险相关的调整并不显著。

可供出售证券主要包括对美国国库券、政府债券、公司商业票据和债券的投资。根据活跃市场（第一种标准）和欠活跃市场（第二种标准）的市场价格确定这些证券的价值。根据相同资产在活跃交易市场的即时交易报价确定第一种标准的金融工具价值，而根据可比金融工具现存可用的定价数据来源确定第二种标准的金融工具价值。

截止于 2009 年 5 月 31 日，公司不存在第三种标准的公允价值计量问题。

根据财务会计准则公告第 107 号"金融工具公允价值的披露"，公司每年披露其债务的公允价值，并按调整后的成本列示于合并资产负债表。更详细的信息参见附注 8——长期债务。

附注 7——短期贷款与信用额度

截止于 2009 年 5 月 31 日和 2008 年 5 月 31 日，应付银行票据和应付双日美国公司带息账款汇总如下（单位为百万美元）：

	2009 年 5 月 31 日		2008 年 5 月 31 日	
	借款额	利率	借款额	利率
应付票据：				
商业票据	100.0	0.40%	—	—
美国经营单位	31.2	1.81%[①]	18.6	0.00%[①]
美国境外经营单位	211.7	4.15%[①]	159.1	6.80%[①]
	342.9		177.7	
双日美国公司	78.5	1.57%	65.9	3.51%

[①]加权平均利率包含不带息的透支额。

合并资产负债表所列示的应付票据账面价值接近于公允价值。

公司通过双日美国公司向美国之外的供应商购买一些运动鞋、服饰和设备。采购的这些物品供应位于美国、欧洲、中东、非洲地区和日本之外的经营单位使用。应付双日美国公司账款通常在货物从国外码头装船后的 60 天到期，其利率为发票日当月月初的 60 天伦敦银行同业拆放利率加上 0.75%。

截止于 2009 年 5 月 31 日，公司尚有未偿还的应付票据 100 000 000 美元，其加权平均利率为 0.40%。2008 年 5 月 31 日，公司没有任何尚未偿还的借款。

2006 年 12 月，公司与多家银行签订了 10 亿美元的周转信用额度。这些周转信用额度将于 2012 年 12 月到期。基于标准普尔公司和穆迪投资服务公司分别给予的公司目前长期高级无担保借款等级 A+和 A1，公司所有借款利率都是现行伦敦银行同业拆放利率加上 0.15%。贷款安排费用为承诺金额的 0.05%。基于该协议，除其他事项之外，公司必须在 2009 年 5 月 31 日维持最低限度的财务比率水平。截止于 2009 年 5 月 31 日和 2008 年 5 月 31 日，基于该周转信用额度，公司没有任何尚未偿还的借款。

附注 8——长期债务

扣除尚未摊销溢折价和互换公允价值调整额之后，长期债务包括如下项目（单位为百万美元）：

	5 月 31 日	
	2009 年	2008 年
公司债券，利率为 5.375%，2009 年 7 月 8 日到期	25.1	25.5
公司债券，利率为 5.66%，2012 年 7 月 23 日到期	27.4	26.1
公司债券，利率为 5.4%，2012 年 8 月 7 日到期	16.2	15.4
公司债券，利率为 4.7%，2013 年 10 月 1 日到期	50.0	50.0
公司债券，利率为 5.15%，2015 年 10 月 15 日到期	111.1	104.5
日元债券，利率为 4.3%，2011 年 6 月 26 日到期	108.5	99.6
日元债券，利率为 1.5%，2012 年 2 月 14 日到期	51.7	47.4
日元债券，利率为 2.6%，2001 年 8 月 20 日至 2020 年 11 月 20 日到期	54.7	54.5
日元债券，利率为 2.0%，2001 年 8 月 20 日至 2020 年 11 月 20 日到期	24.5	24.4
合计	469.2	447.4
减：当期到期金额	32.0	6.3
	437.2	441.1

会计年度截止于 5 月 31 日的 2010 年度至 2014 年度，按其面值每年预计到期的长期债务分别为 32 000 000 美元、6 900 000 美元、167 100 000 美元、46 900 000 美元和 56 900 000 美元。

根据相似金融工具的报价估计长期债务的公允价值。公司长期债务的公允价值包括其流动部分在内，2009 年 5 月 31 日和 2008 年 5 月 31 日分别为 456 400 000 美元和 450 800 000 美元。

2003 年度和 2004 年度，公司发行了总额为 240 000 000 美元的中期票据。其中，2009 年 5 月 31 日和 2008 年 5 月 31 日，按其面值还有 215 000 000 美元尚未偿还。尚未偿还的应付票据的票面利率为 4.70% ~ 5.66%，2009 年 6 月至 2015 年 10 月到期。除了将于 2013 年 10 月到期的 50 000 000 美元应付票据之外，公司对其他所有应付票据都签订了利率互换协议。基于该利率互换协议，公司收到与应付票据相同的利率计算的固定利息，但基于 3 个月或 6 个月的伦敦银行同业拆放利率加上一个利差支付数额不定的利息。每一个互换协议，其名义本金额和到期日都与相应的应付票据相同。2009 年 5 月 31 日，这些利率互换协议应该支付的利率大约为 1.5% ~ 3.2% 之间。

1996 年 6 月，公司的一家日本子公司即耐克物流公司以私募的方式借入 105 亿日元（2009 年 5 月 31 日，该借款大约相当于 108 500 000 美元），到期日为 2011 年 6 月 26 日，利息每半年支付一次。根据借款协议，可以提前还款。

1999 年 6 月，作为收购某家日本分销中心协议的一个组成部分，耐克物流公司以日本分销中心作为贷款的抵押品，借入 130 亿日元。这些借款在 2001 年 8 月 20 至 2020 年 11 月 20 日内每个季度分期等额偿还。其利息也是按季度支付。截止于 2009 年 5 月 31 日，还有 77 亿日元（大约相当于 79 200 000 美元）的借款尚未偿还。

2007 年 2 月，耐克物流公司借入定期借款 50 亿日元（2009 年 5 月 31 日，该借款大约相当于 51 700 000 美元）替代公司之间的借款。该借款的到期日为 2012 年 2 月 14 日。该借款的利率大约为 1.5%，利息每半年支付一次。

附注 9——所得税

扣除所得税之前的利润如下（单位为百万美元）：

	会计年度截止于 5 月 31 日		
	2009 年	2008 年	2007 年
扣除所得税之前的利润：			
美国	845.7	713.0	805.1
美国境外	1 110.8	1 789.9	1 394.8
	1 956.5	2 502.9	2 199.9

所得税准备如下（单位为百万美元）：

	会计年度截止于5月31日		
	2009 年	2008 年	2007 年
本期所得税：			
美国			
联邦所得税	410.1	469.9	352.6
州所得税	46.1	58.4	59.6
美国境外	307.7	391.8	261.9
	763.9	920.1	674.1
递延所得税：			
美国			
联邦所得税	(251.4)	(273.0)	38.7
州所得税	(7.9)	(5.0)	(4.8)
美国境外	(34.8)	(22.6)	0.4
	(294.1)	(300.6)	34.3
	469.8	619.5	708.4

递延所得税资产和负债由下列项目组成（单位为百万美元）：

	2009 年5月31日	2008 年5月31日
递延所得税资产：		
坏账准备	17.9	13.1
存货	52.8	49.2
销售退回准备	52.8	49.2
递延薪酬	160.9	158.4
股票薪酬	93.7	55.2
准备与应计负债	66.7	57.0
财产、厂房与设备	—	7.9
国外损失结转	31.9	40.1
国外税收抵免结转	32.7	91.9
套期保值	1.1	42.9
未分配国外子公司利润	272.9	—
其他	46.2	40.5
递延所得税资产总额	829.6	605.4
计价准备	(26.0)	(40.7)
扣除计价准备之后的递延所得税资产总额	803.6	564.7
递延所得税负债：		
未分配国外子公司利润	—	(113.2)
财产、厂房与设备	(92.2)	(67.4)
无形资产	(100.7)	(214.2)
套期保值	(86.6)	(1.3)
其他	(4.2)	(0.7)
递延所得税负债总额	(283.7)	(396.8)
递延所得税资产净额	519.9	167.9

2009 年度末，公司报告了与其对美国境外子公司投资相关的递延所得税资产净

额为 272 900 000 美元。2009 年度之前，公司报告了因美国境外子公司投资所得税差异而形成的递延所得税负债净额。2009 年度末递延所得税资产变动的主要原因是茵宝公司商誉、无形资产与其他资产的减值。具体情况参见附注 4——并购、可辨认无形资产、商誉和茵宝公司减值。

将美国法定联邦所得税收率调整为有效所得税税率如下：

	会计年度截止于 5 月 31 日		
	2009 年	2008 年	2007 年
联邦所得税收率	35.0%	35.0%	35.0%
州所得税税率（扣除联邦福利净额）	1.2%	1.4%	1.6%
境外利润	−14.9%	−12.9%	−4.1%
其他（净额）	2.7%	1.3%	−0.3%
有效所得税税率	24.0%	24.8%	32.2%

截止于 2009 年 5 月 31 日的会计年度的有效税率从 2008 年度的 24.8% 下降到 24.0%。与茵宝公司商誉、无形资产与其他资产减值相关的效益（参见附注 4——并购、可辨认无形资产、商誉和茵宝公司减值）、免除审计项目、追索调整研究与开发的税收抵免等因素对 2009 年度的有效税率产生了积极影响。2009 年度第二季度签署的法规《税收宽松与最低限度税收优惠 2008 年法案》将美国联邦研究与开发的税收抵免追索调整到 2008 年 1 月 1 日。截止于 2008 年 5 月 31 日的会计年度的有效税率从 2007 年度的 32.2% 下降到 24.8%。2008 年度之前的数年间，许多国际机构出现了损失，但公司并没有因此确认其可以抵税的效益。因为这些效益的实现存在不确定性。2008 年度第一季度公司采取了实现这些效益的必要步骤，由此一次性降低了该会计年度的有效税率。从会计年度截止于 5 月 31 日的 2009 年度和 2008 年度的有效税率还可以看出，由于我们在美国境外从事经营业务，其税率通常低于美国法定税率，因此，有效税率逐年下降。

公司采用了 2007 年 6 月 1 日生效的财务会计准则委员会解释公告第 48 号"所得税的不确定性会计处理"。采用该公告之后，公司就因未确认的税收效益而确认了一项长期负债，其数额为 89 400 000 美元。其中的 15 600 000 美元减少了公司的期初留存收益，而剩下的 73 800 000 美元则减少了公司的非流动性递延所得税负债。此外，与采用财务会计准则委员会解释公告第 48 号相联系，公司将未确认的税收效益 12 200 000 美元从原来的应付所得税重分类到其他长期负债。

2007 年 6 月 1 日，公司采用上述公告时，公司的未确认税收效益总额为 122 500 000 美元（不包括与利息和罚款相关的项目）。其中的 30 700 000 美元如果在将来的会计年度予以确认，可能影响公司的有效税率。2007 年 6 月 1 日，如果包括与利息和罚款相关的项目、利息的联邦税收效益净额以及未确认的州税收效益，那么，公司的未确认税收效益总额为 135 000 000 美元。其中的 52 000 000 美元如果在将来的会计年度予以确认，可能影响公司的有效税率。2009 年 6 月 1 日，公司的未确认税收效益总额为 273 900 000 美元（不包括与利息和罚款相关的项目）。其中的

110 600 000 美元如果在将来的会计年度予以确认，可能影响公司的有效税率。2008 年 6 月 1 日，公司的未确认税收效益总额为 251 100 000 美元（不包括与利息和罚款相关的项目）。其中的 60 600 000 美元如果在将来的会计年度予以确认，可能影响公司的有效税率。公司预期未确认税收效益总额在今后的 12 个月内不会发生重大变化。

下表列示了未确认税收效益总额变化的调整情况（单位为百万美元）：

	2009 年 5 月 31 日	2008 年 5 月 31 日
期初未确认税收效益	251.1	122.5
与前期纳税情况相关的增加额	53.2	71.6
与前期纳税情况相关的减少额	(61.7)	(23.1)
与当期纳税情况相关的增加额	71.5	87.7
税款清算	(29.3)	(13.4)
解除法规限制	(4.1)	(0.7)
货币折算引起的变动额	(6.8)	6.5
期末未确认税收效益	273.9	251.1

公司在所得税费用确认与所得税相关的利息和罚款。2007 年 6 月 1 日采用财务会计准则委员会解释公告第 48 号之后，公司与税收不确定性状况相关的应计利息和罚款（不包括联邦税收效益）为 32 000 000 美元。截止于 5 月 31 日的 2009 年度和 2008 年度，公司的利息和罚款的负债分别增加了 2 200 000 美元和 41 200 000 美元。到 2009 年 5 月 31 日和 2008 年 5 月 31 日，公司与税收不确定性状况相关的应计利息和罚款（不包括联邦税收效益）分别为 75 400 000 美元和 73 200 000 美元。

公司主要在美国、中国、荷兰以及其他外国管辖权地区纳税。公司已经了结了 2006 年度的所有美国联邦所得税事项。公司目前正在接受国内收入服务总署对 2007 年、2008 年和 2009 年纳税年度的检查。中国和荷兰等公司的主要外国管辖权国家也已经分别了结了公司从 1998 年至 2002 年日历年度的所有所得税事项。

公司的累计未分配境外子公司利润无限期再投资额大约为 26 亿美元。这些利润如果返回美国，可能要在美国纳税。不过，要确定与这些永久性再投资累计未分配利润相关的未确认递延所得税负债的数额并不现实。

2009 年 5 月 31 日和 2008 年 5 月 31 日，递延所得税资产因计价准备因素而减少。这些计价准备与某些境外子公司经营亏损而产生的税收效益有关，由此很可能导致出现递延所得税资产。2009 年度和 2008 年度的计价准备变动净额分别减少了 14 700 000 美元和 1 600 000 美元。

公司预期没有任何境外税收抵免结转可能到期。2009 年 5 月 31 日，公司确认了境外亏损结转的税收效益额为 13 100 000 美元。这些亏损结转的到期日如下（单位为百万美元）：

	截止于 2014 年 5 月 31 日的会计年度	无限期
经营亏损净额	2.2	10.9

截止于 5 月 31 日的 2009 年度、2008 年度和 2007 年度，归因于员工股票薪酬交

易的所得税效益分别为 25 400 000 美元、68 900 000 美元和 56 600 000 美元，并已经分配到股东权益项目。

附注 10——可赎回优先股

双日美国公司是公司可赎回优先股的唯一所有者。该可赎回优先股的面值为 1 美元。双日美国公司或公司有权按面值赎回，总额为 300 000 美元。每股累计股利 0.10 美元于每年 5 月 31 日支付，除非可赎回优先股的股利已经宣告发放或全部支付，否则不能宣告或支付普通股股利。会计年度截止于 2009 年 5 月 31 日、2008 年 5 月 31 日和 2007 年 5 月 31 日这三年的可赎回优先股没有任何变动。作为可赎回优先股的持有者，双日美国公司没有常规性投票权，但是，作为一个独立的阶层，对公司及其子公司出售全部或绝大部分资产、并购、清算或解散公司、出售或指定代理已经在美国销售的运动鞋的耐克商标等行为具有投票权。

附注 11——普通股与股票薪酬

已经核准发行没有面值的 A 类普通股和没有面值的 B 类普通股分别为 175 000 000 股和 750 000 000 股。每 1 股 A 类普通股可以转换为 1 股 B 类普通股。B 类普通股的投票权仅限于选举董事。

1990 年，董事会采纳并经股东批准的耐克公司 1990 年股票激励计划（简称"1990 年计划"）。根据公司的股票期权和其他激励计划，1990 年计划启动发行了以前尚未发行的 B 类普通股多达 132 000 000 股。1990 年计划还授权发行非法定股票期权、激励股票期权、股票增值权、股票红利、限制性股票。非法定股票期权、股票增值权、限制性股票的行权价格或授予价格不低于授予日基本股票公允市场价值的 75%。激励股票期权的行权价格不低于授予日基本股票公允市场价值。董事会的一个专门委员会负责管理 1990 年计划。该专门委员会有权决定奖励谁、奖励多少以及奖励的条件或条款。该委员会已经按授予日基本股票公允市场价值的 100% 授予全部股票期权。这些股票期权都在各个会计年度的第一季度授予，在 4 年内按比例授予，从授予日开始，十年内有效。

下表列示了公司确认在销售与管理费用中的股票薪酬费用总额（单位为百万美元）：

	会计年度截止于 5 月 31 日		
	2009 年度	2008 年度	2007 年度
股票期权[1]	$128.8	$127.0	$134.9
员工持股计划	14.4	7.2	7.0
限制性股票	7.9	6.8	5.8
小计	$151.1	$141.0	$147.7
股票期权与限制性股票费用——重组[2]	19.5	—	—
股票薪酬费用总额	$170.6	$141.0	$147.7

[1]根据财务会计准则公告第 123 号（修订版），截止于 2009 年 5 月 31 日、2008 年 5 月 31 日和 2007 年 5 月 31 日的会计年度报告的股票薪酬费用分别包括授予符合资格员工的退休后股票期权而提前记录的股票薪酬费用 56 300 000 美元、40 700 000 美元和 36 300 000 美元。

[2]根据发生于 2009 年第四季度的重组活动，公司确认了与修改股票期权协议相关的股票薪酬费用。修改之后的股票期权协议允许延长行权终止期间，并作为员工遣散补偿的组成部分提前授予限制性股票。更详细的情况参见附注 16——重组费用。

截止于 2009 年 5 月 31 日，公司扣除预计丧失行使权利部分之后的股票期权尚未确认的薪酬成本净额为 82 300 000 美元，在加权平均期间两年内，确认为销售与管理费用。

运用布莱克—斯科尔期权定价模型计算，截止于 5 月 31 日的 2009 年度、2008 年度和 2007 年度已经授予的期权，其每股加权平均公允价值分别为 17.13 美元、13.87 美元和 8.80 美元。估计这些公允价值所运用的加权平均变量如下：

	会计年度截止于 5 月 31 日		
	2009 年	2008 年	2007 年
股利收益率	1.5%	1.4%	1.6%
预期波动率	32.5%	20.0%	19.0%
加权平均预期年限	5.0	5.0	5.0
无风险利率	3.4%	4.8%	5.0%

公司综合考虑公司的普通股期权一年以上期间的市场交易波动性和其他因素估计预期的波动性。公司根据历史和预期未来的行权模式确定期权的加权平均预期年限，同时以相应期权预计期限相同的美国国库券在期权授予日的无风险利率为基础确定利率。

下表汇总了基于上述计划的股票期权交易情况（单位为百万美元）：

	股份数量	加权平均期权价格
2006 年 5 月 31 日流通在外期权	40.4	32.31
已经行权	(10.7)	27.55
已经放弃	(1.6)	37.17
已经授予	11.6	39.54
2007 年 5 月 31 日流通在外期权	39.7	35.50
已经行权	(9.1)	33.45
已经放弃	(0.9)	44.44
已经授予	6.9	58.50
2008 年 5 月 31 日流通在外期权	36.6	40.14
已经行权	(4.0)	35.70
已经放弃	(1.3)	51.19
已经授予	7.5	58.17
2009 年 5 月 31 日流通在外期权	38.8	43.69
5 月 31 日可以行权的期权：		
2007 年	15.3	29.52
2008 年	16.2	32.35
2009 年	21.4	36.91

2009 年 5 月 31 日，公司流通在外期权和可以行权期权的加权平均合约剩余期限分别为 6.3 年和 5.0 年。2009 年 5 月 31 日，公司流通在外期权和可以行权期权的内在价值总额分别为 535 600 000 美元和 433 500 000 美元。内在价值总额就是基本股票的市场价值超过期权的行权价格。截止于 5 月 31 日的 2009 年度、2008 年度和 2007 年度已经行权的期权的内在价值总额分别为 108 400 000 美元、259 400 000 美元和 204 900 000 美元。

除了 1990 年计划，公司还设立了员工购买股票计划，为员工提供了根据市场价格折价购买股票的权利。员工只要通过降低自己的薪酬的 10%，就有资格参与该计划。授予期间的第 6 个月末，参与者就可以按授予期间的期初或期末公允市场价值的 85% 中的较低价格购买股票。截止于 5 月 31 日的 2009 年度、2008 年度和 2007 年度，员工分别购买了 1 000 000 股、800 000 股和 800 000 股。

根据 1990 年计划，公司还经常授予关键员工限制性股票和非限制性股票。截止于 5 月 31 日的 2009 年度、2008 年度和 2007 年度，已经授予员工的股票数量分别为 75 000 股、110 000 股和 345 000 股，其每股加权平均价值分别为 56.97 美元、59.50 美元和 39.38 美元。在限制期间，限制性股票的持有者有权获得现金股利并就各自股票投票。根据授予日的市场价格确定所有已经授予股票的价值。截止于 5 月 31 日的 2009 年度、2008 年度和 2007 年度，按授予日的价值计算，已经授予的限制性股票的公允价值分别为 9 900 000 美元、9 000 000 美元和 5 500 000 美元。

截止于 2007 年 5 月 31 日的会计年度，公司还根据 1997 年 9 月董事会采纳并经股东批准的长期激励计划授予员工股票。截止于 2007 年 5 月 31 日的会计年度，长期激励计划的参与者同意修改其授予协议，减少以股票为基础的支付权利，不再实施股票奖励。在修改长期激励计划之前，根据长期激励计划，公司基于所确定的三年绩效目标已经给某些高管发放了现金或数量达到 2 000 000 股的 B 类普通股。只要达到绩效目标，公司就发放现金或股票。股票一旦授予就可以行权。股票价格根据发行日的市场价格确定。基于长期激励计划，截止于 2007 年 5 月 31 日的会计年度，公司以 38.84 美元的价格发行了 3 000 股。因为该计划截止于 2006 年 5 月 31 日，所以截止于 2007 年 5 月 31 日的会计年度，公司所确认的与股票发行相关的薪酬费用数额不大。截止于 5 月 31 日的 2009 年度、2008 年度和 2007 年度，公司确认与现金奖励相关的销售与管理费用分别为 17 600 000 美元、35 900 000 美元和 30 000 000 美元。

附注 12——每股收益

下表列示了如何将普通股基本每股收益调整为普通股稀释后每股收益的过程。截止于 5 月 31 日的 2009 年度、2008 年度和 2007 年度，有权购买已经流通在外的普通股的期权分别为 13 200 000 股、6 600 000 股和 9 500 000 股，但在计算稀释后每股收益时并没有包括这些股票，因为这些期权具有反稀释的功效。

（除了每股数据，单位为百万美元）	会计年度截止于 5 月 31 日		
	2009 年	2008 年	2007 年
确定股票数量：			
加权平均流通在外普通股数量	484.9	495.6	503.8
具有稀释功效的股票期权和奖励可能转换为普通股数量	5.8	8.5	6.1
稀释后加权平均流通在外普通股数量	490.7	504.1	509.9
普通股基本每股收益	3.07	3.80	2.96
普通股稀释后每股收益	3.03	3.74	2.93

附注13——福利计划

公司为多数美国员工提供了利润分享计划，该计划条款要求公司每年根据董事会的决定缴款给该计划。公司的子公司也为美国员工提供利润分享计划，该计划条款也要求每年必须根据子公司高管的决定缴款给该计划。截止于2009年5月31日和2008年5月31日的会计年度，公司分别向该计划缴款27 600 000美元和37 300 000美元，并已经包括在相应年度的销售与管理费用。公司为美国员工提供各种401（K）员工储蓄计划。与员工捐款部分相配套，公司以普通股或现金的方式向这些储蓄计划缴款。截止于2009年5月31日、2008年5月31日和2007年5月31日的会计年度，公司分别向这些储蓄计划缴款37 600 000美元、33 900 000美元和24 900 000美元，并已经包括在相应年度的销售与管理费用。

公司在世界各国都设立了退休金计划。退休金计划仅针对本地员工，而且通常是政府强制要求设立的。2009年5月31日和2008年5月31日，与这些未设立基金的退休金计划相关的负债分别为82 800 000美元和90 600 000美元。2007年5月31日采用《财务会计准则公告》第158号"限定受益退休金计划与其他退休后计划的雇主会计处理"之后，公司就确认了与这些未设立基金的退休金计划相关的负债17 600 000美元。

附注14——累计其他全面收益

累计其他全面收益（税后）的构成项目如下（单位为百万美元）：

	5月31日	
	2009年	2008年
累计折算调整与其他项目	64.6	399.9
投资套期保值衍生金融工具净额的递延利得（损失）净额	62.5	（43.5）
现金流量套期保值衍生金融工具净额的递延利得（损失）净额	240.4	（105.0）
	367.5	251.4

附注15——承诺与或有负债

2009年5月31日之后，公司根据1年至25年的租赁期租赁了办公室、仓库和零售商店。公司会计年度截止于2009年5月31日、2008年5月31日和2007年5月31日。这三个会计年度的租金费用分别为397 000 000美元、344 200 000美元和285 200 000美元。根据不可撤销经营租赁合同，从2010年5月31日至2014年5月31日的今后5年每年最低的租金数额将分别为330 200 000美元、281 300 000美元、233 600 000美元、195 600 000美元和168 600 000美元，而之后每年的最低租金将为588 500 000美元。

截止于2009年5月31日和2008年5月31日，公司流通在外的应付商业汇票总额分别为154 800 000美元和193 400 000美元。这些应付商业汇票通常是在购买存货时签发的。

与各种合约和协议相联系，公司为与知识产权强制性、法律补偿以及财务会计准则委员会解释公告第45号"担保人会计处理与（包括对其他人债务间接担保在内的）担保披露要求"规定范围的其他项目等相关事项提供了常规的补偿款。公司目前存在这样的协议。

不过，基于公司的历史经验和预期未来损失的可能性，公司认为这些补偿款的公允价值对公司的财务状况或经营成果的影响并不显著。

在正常的经营过程中，公司可能涉及合约与雇佣关系、产品负债追索、商标权以及其他各种各样的事项等的法律诉讼程序。公司认为没有什么未决的法律诉讼事项将显著影响公司的财务状况或经营成果。

附注 16——重组费用

2009 年这个会计年度的第四季度，公司采取必要的措施优化管理结构，聚焦消费者，驱动更快应对市场的创新，形成一种更为合理的成本结构。实施这些措施之后，我们全球的员工减少了大约 5%，税前重组费用为 1.95 亿美元（主要是与遣散成本相关的现金费用）。2009 年这个会计年度的第四季度，所有重组活动几乎结束时，公司预期不会在未来期间再确认与这些重组活动相关的其他额外成本。这些重组费用反映在附注 19 所列示的分部报表税前利润的公司费用项目。更详细的信息参见附注 19——经营分部与相关信息。

截止于 2009 年 5 月 31 日的会计年度，这些重组活动应计的费用如下（单位为百万美元）：

应计重组费用（2008 年 6 月 1 日）	—
遣散成本与其他成本	195.0
现金支付额	(29.4)
非现金的股票期权与限制性股票费用	(19.5)
外币折算与其他成本	3.5
应计重组费用（2009 年 5 月 31 日）	149.6

随着公司支付完所有的遣散成本，2009 年 5 月 31 日的应计重组费用将在 2010 会计年度和 2011 会计年度初逐步释放完毕。应计重组费用包括在合并资产负债表的应计负债。

作为重组活动的一个部分，公司重新整合其耐克品牌经营的地理区域结构。2009年、2008 年和 2007 年这三个会计年度，耐克品牌的经营分为以下 4 个地理区域：美国、欧洲、中东与非洲、亚太地区与美洲。2009 会计年度的第四季度，公司启动了以新的经营模式整合耐克品牌业务的重组活动。实施这些重组整合之后，从 2010 会计年度的第一个季度开始，耐克品牌的经营包括以下 6 个地理区域：北美、西欧、中欧/东欧、大中华、日本和新兴市场。

附注 17——资产剥离

2007 年 10 月 17 日，公司将斯达特品牌业务出售给艾康尼斯品牌集团公司，获得现金 60 000 000 美元。截止于 2008 年 5 月 31 日的会计年度，因这笔交易而产生利得 28 600 000 美元。

2008 年 4 月 17 日，公司将耐克鲍尔冰球公司出售给私人投资者，获得现金 189 200 000美元。该交易使得截止于 5 月 31 日的会计年度第四季度产生利得净额 32 000 000美元。包括确认以前年度累计外币折算调整 46 300 000 美元在内的该利得包括在累计其他全面收益。作为该笔出售协议条款的一个部分，公司向该私人投资者收取一笔特殊权使用费，授权该私人投资者在大约两年的过渡期内可以使用某些耐克商标。与该特许权使用协议相联系，公司将出售鲍尔冰球公司的收入 41 000 000 美元递延到特许权使用期间内确认。

这些来自资产剥离的利得反映在附注 19 所列示的分部报表税前利润的其他（收益）费用净额和公司费用项目。更详细的信息参见附注 19——经营分部与相关信息。

附注 18——风险管理与衍生金融工具

公司面临全球市场风险，包括外币汇率和利率变动影响。公司运用衍生金融工具管理正常经营过程所发生的金融风险。公司并没有基于交易目的而持有或发行衍生金融工具。

公司通过正式文件规范套期保值工具与套期项目、风险管理目标与实施套期保值交易战略之间的关系。该流程包括将所有衍生金融工具与特定企业的承诺、预期交易或投资净额联系起来的所有环节。公司还签订了外汇远期合约，以防资产负债表的具体资产和负债的公允价值变动。根据财务会计准则第 133 号，这种外汇远期合约不属于套期保值工具。这样，资产负债表头寸套期保值的公允价值变动相应地与来自套期的资产负债表头寸交易利得或损失一起马上确认为利润表的其他（收益）费用净额。

截止于 2009 年 5 月 31 日，所有流通在外的衍生金融工具要么归类于现金流量套期保值，要么归类于公允价值或投资净额套期保值。所有衍生金融工具按其公允价值确认于资产负债表，并根据其到期日予以分类。截止于 2009 年 5 月 31 日，流通在外的衍生金融工具的账面价值总额为 71 亿美元，主要包括以欧元、日本和英镑标价的现金流量套期保值。

下表列示了包括在 2009 年 5 月 31 日合并资产负债表的衍生金融工具的公允价值（单位为百万美元）：

	资产类衍生金融工具		负债类衍生金融工具	
	资产负债表项目	公允价值	资产负债表项目	公允价值
基于财务会计准则第 133 号归类为套期保值的衍生金融工具：				
外汇远期与期权	预付费用与其他流动资产	270.4	应计负债	—
利率互换合约	预付费用与其他流动资产	0.1	应计负债	—
外汇远期与期权	递延所得税与其他资产	81.3	递延所得税与其他负债	34.6
利率互换合约	递延所得税与其他资产	13.7	递延所得税与其他负债	—
基于财务会计准则第 133 号归类为套期保值的衍生金融工具总额		365.5		34.6
基于财务会计准则第 133 号不归类为套期保值的衍生金融工具：				
外汇远期与期权	预付费用与其他流动资产	12.8	应计负债	34.3
外汇远期与期权	递延所得税与其他资产	0.4	递延所得税与其他负债	—
基于财务会计准则第 133 号不归类为套期保值的衍生金融工具总额		13.2		34.3
衍生金融工具总额		378.7		68.9

下表列示了影响截止于 2009 年 5 月 31 日的会计年度合并利润表的数额（单位为百万美元）：

基于财务会计准则第133号的衍生金融工具分类	确认于衍生金融工具的其他全面收益的利得（损失）数额[①] 会计年度截止于2009年5月31日	将累计其他全面收益的利得（损失）数额重归类为利润表项目[①] 将累计其他全面收益的利得（损失）重归类为利润表项目[①]	会计年度截止于2009年5月31日
归类为现金流量套期保值的衍生金融工具：			
外汇远期与期权	106.3	收入	92.7
外汇远期与期权	350.1	销售成本	(13.5)
外汇远期与期权	(0.4)	销售与管理费用	0.8
外汇远期与期权	165.1	其他收益（费用）	67.8
现金流量套期保值的衍生金融工具总额	621.1		147.8
归类为投资净额套期保值的衍生金融工具：			
外汇远期与期权	161.4	其他收益（费用）	—

[①]就截止于2009年5月31日的会计年度而言，公司在其他（收益）费用项目记录了一个来自无效现金流量套期保值的微不足道的数额。

	确认于衍生金融工具收益的利得（损失）数额（百万美元） 会计年度截止于2009年5月31日	确认于衍生金融工具收益的利得（损失）项目的归类
归类为公允价值套期保值的衍生金融工具：		
利率互换[①]	1.5	利息收益（费用）
基于财务会计准则第133号不归类为套期保值的衍生金融工具：		
外汇远期与期权	(83.0)	其他收益（费用）

[①]几乎所有的利率互换协议都符合基于财务会计准则第133号的便捷方法的要求。因此，基础长期债务的公允价值变动额正好抵销了利率互换协议的公允价值变动额。更详细的情况参见"公允价值套期保值"部分。

衍生金融工具计入应计负债的情况参见附注5——应计负债。上述金融工具如何根据财务会计准则第157号计价的具体描述参见附注6——公允价值计量。截止于2009年5月31日的其他全面收益变动的更详细信息参见附注14——累计其他全面收益与合并股东权益表。

现金流量套期保值

公司外币套期保值的目的在于使公司外币交易产生的最终现金流量（包括收入、产品成本、销售与管理费用、以美元标价的可供出售债务性证券投资以及公司之间内部交易的各项支付）免于受到汇率变动的不利影响的风险。如果公司无法有效地运用内部净额结算战略，那么，公司的政策就是运用衍生金融工具降低外汇风险。套期交易的标价货币主要是欧元、日元和英镑。公司通常提前12个月至18个月对全部预期风险进行套期保值，但有时也会提前 32 个月进行套期保值。

除了无效部分，在套期保值交易的现金流量变动性影响净利润之前，所有流通在外的现金流量套期保值衍生金融工具的公允价值变动都计入其他综合收益。在大多数情况下，计入其他综合收益的数额将在相关衍生金融工具到期之后的一段时间转为净利润。合并利润表对有效的套期保值结果的分类与基础风险的分类相同。如果基础套期保值交易影响了净利润，那么，收入和产品成本的套期保值结果分别计入收入和销售成本。在相关成本入账时，销售与管理费用的套期保值结果也随着成本一起入账。预期购买和出售以美元标价的可供出售债务性证券的套期保值结果在相关证券出售时计入其他（收益）费用净额。公司之间内部交易的套期保值结果在交易发生时计入其他（收益）费用净额。

为期权支付的溢价最初计入递延费用。公司基于现金流量总额法评估期权的有效性，并根据其有效性程度将期权的公允价值变动总额计入其他综合收益。

2009 年 5 月 31 日，累计已经计入其他综合收益的流通在外和已到期衍生金融工具的递延利得税后净额 132 000 000 美元将随着其基础套期保值交易结果计入净利润，并在今后的 12 个月内重分类为净利润。最终重分类为净利润的实际数额取决于目前流通在外衍生金融工具合约到期时的实际汇率。截止于 2009 年 5 月 31 日，公司针对其预期和已记录交易可能产生的现金流量变动性风险的套期保值最长期限为 23 个月。

公司在套期保值开始时和套期保值期间正式评估运用于套期保值交易的衍生金融工具是否充分、有效地抵销套期保值项目的现金流量变动额以及这些衍生金融工具在未来期间是否还保持充分、有效。公司以远期汇率为基础评估现金流量套期保值的有效性。一旦确定某种衍生金融工具已经无效或不再是充分、有效的套期保值工具，公司就可能终止其套期保值会计处理。

基于下列情况，公司可能终止套期保值会计处理：（1）公司确定衍生金融工具不再充分、有效地抵销套期保值项目（包括诸如承诺或预期交易等套期保值项目）的现金流量变动额；（2）衍生金融工具已经到期、已出售、已中止或已行权；（3）预期交易可能不再发生；（4）管理层认为原先作为套期保值工具的衍生金融工具已经不再适合。

如果公司因为原先预计期间内可能发生的预期交易不可能再发生而终止套期保值会计处理，那么，衍生金融工具的利得或损失依然计入累计其他综合收益，并在预期交易影响了净利润时，重分类为净利润。不过，如果原先预计期间结束或在其随后两个月内，预期交易仍然没有发生，已经计入累计其他综合收益的衍生金融工具的利得或损失将马上确认为净利润。无论公司出于何种原因终止套期保值会计处理，而衍生金融工具又流通在外，公司都按其公允价值将该衍生金融工具列示于资产负债表，并在其他（收益）费用净额确认其公允价值未来变动额。截止于 2009 年 5 月 31 日、2008 年 5 月 31 日和 2007 年 5 月 31 日的三个会计年度，公司在其他（收益）费用项目确认的无效现金流量套期保值的数额微不足道。

公允价值套期保值

公司也面临因利率变动而引起的某些固定利率债务公允价值变动的风险。公司目前运用衍生金融工具对其签订的收入固定而支付变动的利率互换协议进行套期保值。截止于 2009 年 5 月 31 日，所有利率互换协议都针对相关的长期债务公允价值进行套期保值，而且符合财务会计准则第 133 号的便捷方法的要求。因此，基础长期债务的公允价值变动额正好抵销了利率互换协议的公允价值变动额。截止于 2009 年 5 月 31 日、2008 年 5 月 31 日和 2007 年 5 月 31 日的三个会计年度，公司的净利润没有计入任何与作为公允价值套期保值工具相关的无效利率互换协议。

2003 年这个会计年度，公司与一家日本子公司签订了一份收入浮动而支付固定的利率互换协议。该利率互换协议与一项以日元标价的公司内部之间的贷款有关。根据财务会计准则第 133 号，该利率互换协议并非用于公允价值的套期保值。因此，该利率互换协议的公允价值变动额在其到期之前作为利息（收益）费用净额项目直接计入各期净利润。2009 年这个会计年度内，公司内部之间的贷款及其相关的利率互换协议都到期。

投资净额套期保值

公司还对其全资国际子公司以外币标价的投资净额的变动性风险进行套期保值。除了无效部分，所有作为投资净额套期保值的衍生金融工具的公允价值变动额都与这些投资相关的外币折算调整一起，计入其他综合收益的累计折算调整项目。公司以远期汇率变动为基础评估套期保值的有效性。截止于 2009 年 5 月 31 日和 2008 年 5 月 31 日的两个会计年度，公司没有记录任何无效的投资净额套期保值工具。

信用风险

如果交易对方在采用套期保值工具方面的绩效不佳，公司就可能面临与信用相关的损失的风险。如果任何一个交易对方未能履行合约，信用风险局限于未实现利得。所有衍生金融工具交易的对方都是具有投资信用等级的重要金融机构。然而，这并不能消除公司与这些金融机构之间的信用风险。为了管理这些风险，公司制定了受到持续监控的、严格的交易对方风险指南，并根据该指南向公司高级管理层报告相关信息。公司与总部或其经营业务与公司的经营业务在同一个国家的众多金融机构合作。基于上述因素考虑，公司认为交易对方违约的风险并不大。

公司的某些衍生金融工具包含意外的信用风险。截止于 2009 年 5 月 31 日，公司应对了所有意外的信用风险。2009 年 5 月 31 日，与处于净负债状况的意外信用风险相关的衍生金融工具公允价值总额为 15 200 000 美元。公司不需要为这些意外的信用风险提供任何抵押品。

附注 19——经营分部与相关信息

经营分部。公司的经营分部是公司内部组织结构的表现。除了耐克高尔夫公司和耐克鲍尔冰球公司外，其余的主要经营分部都是根据参与耐克品牌销售活动的地理区域界定的。每个耐克品牌地理分部都主要在一个行业从事经营业务：设计、生产、营销和销售运动鞋、运动服饰和运动设备。下表列示的"其他"类别代表了科尔哈恩公司、匡威公司、埃克塞特品牌集团公司（其主要经营业务是经营斯达特品牌，公司于 2007 年 10 月 17 日出售了斯达特品牌）、郝尔利国际公司、耐克鲍尔冰球公司（2008 年 4 月 16 日之前）、耐克高尔夫公司和茵宝公司（从 2008 年 3 月开始）的经营活动。根据财务会计准则公告第 131 号"经营分部与相关信息的披露"的全面标准，单独披露这些经营活动的意义不大。

下表列示的"销售净额"代表各个分部对外部顾客的销售。公司内部之间的收入已经剔除，而且单独披露该项目的意义不大。公司以税前利润为基础评估各个经营分部的绩效。在合并财务报表上，该数额就是合并利润表所列示的税前利润。税前调整项目代表尚未分配到经营分部管理报告的公司费用项目。公司费用主要是尚未分配的一般与行政管理费用。而一般与行政管理费用又包括与中心管理部分相关的费用、与公司总部相关的折旧与摊销费用、尚未分配的保险与福利项目、外币利得与损失（包括套期利得与损失）、公司内部相互抵销与其他项目。

下表列示的"长期资产增加额"代表资本支出。

公司管理层会定期审核各个经营分部的应收账款、存货以及财产、厂房与设备，因此，这些项目也在下表予以披露。

为了与2009年这个会计年度的财务报表保持一致，公司对以前会计年度的某些数额做了重分类。

单位：百万美元

	会计年度截止于5月31日		
	2009年	2008年	2007年
销售净额			
美国	6 542.9	6 414.5	6 131.7
欧洲、中东和非洲	5 512.2	5 629.2	4 764.1
亚太地区	3 322.0	2 887.6	2 295.7
美洲	1 284.7	1 164.7	966.7
其他	2 514.3	2 531.0	2 167.7
	19 176.1	18 627.0	16 325.9
税前利润			
美国	1 337.9	1 402.0	1 386.1
欧洲、中东和非洲	1 316.9	1 281.9	1 050.1
亚太地区	853.4	694.2	515.4
美洲	274.1	242.3	199.3
其他①	(196.7)	364.9	299.7
公司费用②	(1 629.1)	(1 482.4)	(1 250.7)
	1 956.5	2 502.9	2 199.9
长期资产增加额			
美国	95.2	138.4	67.3
欧洲、中东和非洲	77.7	69.0	94.9
亚太地区	74.8	42.4	20.7
美洲	8.7	8.6	5.3
其他	89.6	61.5	36.0
公司	109.7	129.3	89.3
	455.7	449.2	313.5
折旧			
美国	61.4	49.2	45.4
欧洲、中东和非洲	55.4	64.8	47.4
亚太地区	43.6	31.1	25.2
美洲	6.5	6.7	6.1
其他	37.5	28.1	28.2
公司	130.6	123.7	117.4
	335.0	303.6	269.7

①截止于2009年5月31日的会计年度，"其他"这个类别包括已经计入2009年会计年度第三季度的商誉、无形资产和茵宝公司其他资产的减值税前费用401 300 000美元。更多的信息参见附注4——并购、可辨认无形资产、商誉和茵宝公司减值。

②截止于2009年5月31日的会计年度，公司费用包括2009年会计年度第四季度已经完成的公司重组活动的税前费用195 000 000美元。更多的信息参见附注16——重组费用。

单位：百万美元

	会计年度截止于 5 月 31 日	
	2009 年	2008 年
应收账款净额		
美国	837.2	823.9
欧洲、中东和非洲	877.1	843.0
亚太地区	394.6	406.1
美洲	263.6	246.0
其他	439.8	424.0
公司	71.6	52.3
	2 883.9	2 795.3
存货		
美国	831.8	834.0
欧洲、中东和非洲	619.7	705.7
亚太地区	295.8	280.9
美洲	205.5	181.1
其他	371.8	396.6
公司	32.4	40.1
	2 357.0	2 438.4
财产、厂房与设备净值		
美国	345.2	318.4
欧洲、中东和非洲	341.5	370.5
亚太地区	434.0	375.6
美洲	18.8	20.4
其他	163.7	126.9
公司	654.5	679.3
	1 957.7	1 891.1

主要产品线收入。耐克品牌产品来自外部顾客的收入主要来源于运动鞋、运动服饰和运动设备的销售收入。来自外部顾客的其他收入主要包括科尔哈恩公司、匡威公司、埃克塞特品牌集团公司（其主要经营业务是经营斯达特品牌，公司于2007 年 10 月 17 日出售了斯达特品牌）、郝尔利国际公司、耐克鲍尔冰球公司（2008 年 4 月 16 日之前）、耐克高尔夫公司和茵宝公司（从 2008 年 3 月开始）的外部销售收入。

单位：百万美元

	会计年度截止于 5 月 31 日		
	2009 年	2008 年	2007 年
运动鞋	10 306.7	9 731.6	8 514.0
运动服饰	5 244.7	5 234.0	4 576.5
运动设备	1 110.4	1 130.4	1 067.7
其他	2 514.3	2 531.0	2 167.7
	19 176.1	18 627.0	16 325.9

按地理区域划分的收入与长期资产。除了其他活动之外，地理区域信息与之前在经营分部所显示的信息类似，都是基于销售所在地而归入相应的地理区域。

截止于 5 月 31 日的 2009 年、2008 年和 2007 年这三个会计年度，来自美国的销售收入分别为 8 019 800 000 美元、7 938 500 000 美元和 7 593 700 000 美元。公司的长期资产主要集中在美国的公司总部及其分销机构、日本和比利时的分销机构。2009 年 5 月 31 日、2008 年 5 月 31 日和 2007 年 5 月 31 日，归属于美国经营分部的长期资产中，财产、厂房与设备的净值分别为 1 142 600 000 美元、1 109 900 000 美元和 991 300 000 美元。2009 年 5 月 31 日、2008 年 5 月 31 日和 2007 年 5 月 31 日，归属于日本经营分部的长期资产分别为 322 300 000 美元、303 800 000 美元和 260 600 000 美元。2009 年 5 月 31 日、2008 年 5 月 31 日和 2007 年 5 月 31 日，归属于比利时经营分部的长期资产分别为 191 000 000 美元、219 100 000 美元和 198 300 000 美元。

主要顾客。截止于 5 月 31 日的 2009 年和 2008 年这两个会计年度，来自福洛克公司的收入占公司合并收入的9%；截止于 5 月 31 日的 2007 年这个会计年度，来自福洛克公司的收入占公司合并收入的10%。公司所有经营分部都向该顾客（福洛克公司）销售了产品。

第11章 扩展分析

本章讨论有关财务比率与财务分析应用的特殊领域。这些特殊领域包括：(1) 商业贷款部门运用的财务比率；(2) 企业主计长运用的财务比率；(3) 注册会计师运用的财务比率；(4) 注册财务分析师运用的财务比率；(5) 年报运用的财务比率；(6) 稳健程度与收益质量；(7) 预测财务失败；(8) 分析性复核程序；(9) 管理层分析的运用；(10) 后进先出准备的运用；(11) 财务信息图示化；(12) 盈余管理；(13) 楼市泡沫；(14) 评估。

11.1 商业贷款部门运用的财务比率

商业贷款部门运用财务比率，有助于贷款主管决定是否发放某项商业货款，以及一旦款项贷出后如何对其进行控制。[1] 为了洞察商业贷款部门如何看待财务比率，向全美100家最大银行的商业贷款部门派发了调查问卷，其中有44%做出了有效回应。

该项调查列举了59项财务比率，这些指标来自于财经文献、财经教科书和已公开披露的行业数据。该项调查有三个目的：(1) 了解在商业贷款主管的眼中，每项比率的重要性；(2) 掌握在信贷协议中，每项比率出现的频率；(3) 了解在商业贷款主管的观念中，每项特定财务比率主要用于衡量财务状况的哪方面，可供选择的主要指标包括流动性、长期偿债能力、盈利能力或其他。图表11—1列示了该项研究所包括的财务比率。

11.1.1 重要财务比率及其主要评价内容

图表11—2列示了商业贷款主管评出的10个最重要的财务比率以及这些指标的主要评价内容。每个指标的最高评分值为9，最低评分值为0。

被评为最重要财务比率的指标，多数主要是衡量流动性或债务的。这10个最重要财务比率，只有2个用于评价盈利能力，而有5个用来衡量债务，3个用于衡量流动性。这2个盈利能力指标是净利润率的两种不同计算方法而已：(1) 税后净利润率；(2) 税前净利润率。位于前3位的指标有2个是用来衡量债务的，另一个指标是评价流动性的。债务与权益比率排在第一位，流动比率排在第二位。可以认为由商业贷款主管评出的这些最重要财务比率对贷款决策具有最重要的影响。

11.1.2 贷款协议中最常出现的比率

商业银行会选择某个比率作为贷款协议的一部分，这是运用比率控制已贷出款项的一种方法。图表11—3列举了贷款协议中最常出现的10个财务比率以及每个比率所代表的主要评价内容。其中有2个比率没有指出其主要评价内容，这是因为该比率主要评价内容尚未有公认意见。贷款协议中出现频率位于前六位的比率主要用于评价债务，2个比率评价流动性，没有一项是评价盈利能力的。

排在前两位的比率——负债与权益比率和流动比率，被认为是最重要的比率。股利支付率在贷款协议中的出现频率排在第三位，但它没有被评为最重要的比率。从逻辑上说，该比率是作为控制支付股利而导致现金流出的一种手段出现在贷款协议中的。

图表 11—1　　　　　　　　　　**商业贷款主管评定的财务比率**

比　　率	比　　率
现金比率	销售收入/净值
应收账款周转天数	现金/销售收入
应收账款年周转次数	速动资产/销售收入
应收账款与日销售额之比	流动资产/销售收入
速动比率	资产报酬率
存货周转天数	息税前
存货年周转次数	税前
存货与日销售额之比	税后
流动负债/存货	经营资产报酬率
存货/流动资产	全部投入资本报酬率
存货/营运资本	税前
流动比率	税后
固定资产净值/有形资产净值	权益报酬率
现金/资产总额	税前
速动资产/资产总额	税后
流动资产/资产总额	净利润比率
留存收益/资产总额	税前
债务与权益比率	税后
负债总额占营运资本净额百分比	留存收益/净收益
负债比率	现金流量/一年内到期的长期负债
短期负债占投入资本总额百分比	现金流量/负债总额
长期负债占投入资本总额百分比	利息保障倍数
固定债务/营运资本	固定费用偿付能力
所有者权益总额/资产总额	经营杠杆程度
固定资产/所有者权益	财务杠杆程度
普通股权益占投入资本总额百分比	每股收益
流动负债/净值	每股账面价值
市价净值/负债总额	股利支付率
全部资产周转率	股利与市价比率
销售收入/经营资产	市盈率
销售收入/固定资产	股票价格占账面价值百分比
销售收入/营运资本	

图表 11—2　　　　　　　　　**商业信贷部门**

最重要比率及其主要评价内容

比　率	重要性程度	主要评价内容
债务与权益比率	8.71	债务
流动比率	8.25	流动性
现金流量/一年内到期的长期负债额	8.08	债务
固定费用偿付能力	7.58	债务
税后净利润比率	7.56	盈利能力
利息保障倍数	7.50	债务
税前净利润比率	7.43	盈利能力
财务杠杆程度	7.33	债务
存货周转天数	7.25	流动性
应收账款周转天数	7.08	流动性

图表 11—3　　　　　　　　　**商业信贷部门**

贷款协议中最常出现的比率

比　率	在 26%（或以上）的货款协议中包括该比率的银行百分比	主要评价内容
债务与权益比率	92.5	债务
流动比率	90.0	流动性
股利支付比率	70.0	*
现金流量/一年内到期的长期负债额	60.3	债务
固定费用偿付能力	55.2	债务
利息保障倍数	52.6	债务
财务杠杆程度	44.7	债务
权益/资产总额	41.0	*
现金流量/负债总额	36.1	债务
速动比率（酸性测试比率）	33.3	流动性

* 在此项调查中，对于主要评价内容尚未有公认意见。

11.2　企业主计长运用的财务比率

为了解企业主计长如何看待与财务比率有关的重大事件，向《财富》杂志选出的 500 家行业最大企业的主计长发出了调查问卷。[2] 这项研究将那些 100% 由其他企业所拥有或控制的企业排除在外。该调查问卷有效回收率为 19.42%。问卷采用了与商业贷款部门问卷调查一样的财务比率。这项调查有三个目的：（1）了解主计长对某特定比率重要性的认识；（2）了解企业目标包括哪些财务比率；（3）了解每个比率的主要评价内容。

11.2.1　最重要比率及其主要评价内容

图表 11—4 列示了企业主计长评出的 10 个最重要比率以及这些比率的主要评价内容。每个比率的最高评分值为 9，最低评分值为 0。

图表 11—4　　　　　　　　　　　　　**企业主计长**

最重要比率及其主要评价内容

比　率	重要性分值	主要评价内容
每股收益	8.19	盈利能力
税后权益报酬率	7.83	盈利能力
税后净利润比率	7.47	盈利能力
债务与权益比率	7.46	债务
税前净利润比率	7.41	盈利能力
税后全部投入资本报酬率	7.20	盈利能力
税后资产报酬率	6.97	盈利能力
股利支付率	6.83	其他*
市盈率	6.81	其他*
流动比率	6.71	流动性

　* 它指与流动性、债务或盈利能力不同的评价内容。由该比率评价的内容与股票分析相关。

　　主计长把盈利能力比率列为最重要的比率。评分最高的债务比率是负债与权益比率，而评分最高的流动性比率是流动比率。比较商业贷款主管与主计长的问卷调查回函，主计长认为盈利能力最为重要，而商业贷款主管则认为债务和流动性比率最为重要。

11.2.2　作为企业目标的关键财务比率

　　许多企业都选择一些关键的财务比率作为其目标的一部分。下面调查的设计是为了确定哪些财务指标被纳入了企业目标。图表 11—5 列示了主计长认为最有可能纳入企业目标的 10 个比率。图表 11—5 有 9 个指标与图表 11—4 相同。其中一个指标即应收账款周转天数，出现在与企业目标相关的 10 个最重要的指标中，但没有出现在最重要的 10 个比率中。还有一个指标即市盈率，出现在 10 个重要比率中，但没有出现在与企业目标相关的 10 个重要指标中。

图表 11—5　　　　　　**作为公司目标的财务比率及其所主要衡量的财务能力**

比　率	重要性分值	主要衡量的财务能力
每股收益	80.6	盈利能力
债务与权益比率	68.8	债务
税后权益报酬率	68.5	盈利能力
流动比率	62.0	流动性
税后净利润比率	60.9	盈利能力
股利支付率	54.3	其他
税后全部投入资本报酬率	53.3	盈利能力
税前净利润比率	52.2	盈利能力
应收账款周转天数	47.3	流动性
税后资产报酬率	47.3	盈利能力

　　从逻辑上说，最重要的比率应当与纳入企业目标的比率具有很高的相关性。债务

与权益比率和流动比率在纳入企业目标中的比率排位比在最重要比率中的排位更靠前，这一点很有意义，因为企业必须在流动性、债务和盈利能力之间平衡其目标。

11.3 注册会计师运用的财务比率

有一项关于注册会计师如何看待财务比率的研究。[3] 该研究向俄亥俄州注册会计师协会的 1/3 会员派发了调查问卷，他们都是会计师事务所的合伙人。调查问卷共发出 495 份，有效回函率为 18.8%。

这份调查问卷使用了与商业贷款部门、主计长调查问卷相同的比率。该研究的具体目的在于确定注册会计师对下列问题的观点：

（1）注册会计师认为哪些财务比率能评价流动性、债务和盈利能力；

（2）作为评价流动性、债务和盈利能力的财务指标的相对重要性。

图表 11—6 列示了注册会计师评出的 10 个最重要的财务比率及其主要评价内容。每个比率的最高评分值为 9，最低评分值为 0。

图表 11—6　　　　　　　　　　**注册会计师**
最重要的财务比率及其主要评价内容

比　率	重要性分值	主要评价内容
流动比率	7.10	流动性
应收账款周转天数	6.94	流动性
税后权益报酬率	6.79	盈利能力
债务权益比率	6.78	债务
速动比率	6.77	流动性
税后净利润比率	6.67	盈利能力
税前净利润比率	6.63	盈利能力
税后资产报酬率	6.39	盈利能力
税后全部投入资本报酬率	6.30	盈利能力
存货周转天数	6.09	流动性

注册会计师认为流动比率与应收账款周转天数这两个评价流动性的比率最重要。盈利能力分值最高的比率是税后权益报酬率，偿债能力分值最高的比率则是债务权益比率。

11.4 注册财务分析师运用的财务比率[4]

图表 11—7 列示了注册财务分析师评出的 10 个最重要的财务比率及其主要评价内容。每个指标的最高评分值仍为 9，最低评分值仍为 0。

接受调查的注册财务分析师认为盈利能力最重要，但市盈率却是一个例外。税后权益报酬率分值最高，而且与其他财务比率的分值距离较大。其后的 5 个重要比率中，有 4 个依然属于盈利能力比率。这 4 个比率是每股收益、税后净利润比率、税前权益报酬率和税前净利润比率。

图表 11—7   **注册财务分析师**

最重要的财务比率及其主要评价内容

比　率	重要性分值	主要评价内容
税后权益报酬率	8.21	盈利能力
市盈率	7.65	*
每股收益	7.58	盈利能力
税后净利润比率	7.52	盈利能力
税前权益报酬率	7.41	盈利能力
税前净利润比率	7.32	盈利能力
固定费用偿付能力	7.22	债务
速动比率	7.10	流动性
税后资产报酬率	7.06	盈利能力
利息保障倍数	7.06	债务

*它指与流动性、债务或盈利能力不同的评价内容。由该比率评价的内容与股票分析相关。

经分析归入"另类"的市盈率，其重要性分值列于第二位。显然，注册财务分析师在考虑流动性和债务之前就要考察盈利能力以及为了获得利润付出了什么。

评分最高的两个债务比率是固定费用偿付能力和利息保障倍数，两者分别排在第七位和第十位。这两个比率都体现了企业的举债能力。与资产负债表有关的债务比率中评分最高的是债务与权益比率，依其重要性排在第十一位。出乎意料的是，与举债能力有关的比率比与履行偿债义务有关的比率更重要。

评分最高的流动性比率是速动比率，排在第八位。评分第二高的流动性比率是流动比率，排在第十二位。[5]

11.5 年报运用的财务比率

财务比率用于说明和解释财务报表。[6]如果运用得当，它们会成为评估企业流动性、债务状况和盈利能力的有效工具。在评价企业现有财务状况与规划未来财务前景方面，运用其他工具可能不像正确运用财务比率这样有效。

企业可以通过运用财务比率有效地利用其年报与财务数据。为了说明企业如何有效地利用财务比率传递财务数据，调查了《财富》杂志 500 家企业中的 100 家企业的年报。这 100 家企业代表《财富》杂志 500 家企业名单中每 100 家企业的前 20 家。该研究的目的是为了说明：（1）哪些财务比率经常在年报中出现；（2）这些财务比率出现在年报中的什么位置；（3）在计算这些比率时采用什么方法。

图表 11—8 列示了所查阅年报中最经常披露的比率以及这些比率在年报中的列示位置。列示位置包括董事长公开信、管理层评论、管理重点、财务评论以及财务摘要。多数情况下，同一个财务比率列示于年报的不同位置，因此，图表 11—8 的财务比率在各部分出现次数的总和并不等于包括该比率的年报总数。

有 7 个财务比率的出现频率超过 50%。这些比率及其所出现的次数分别是：每股收益（100 次）、每股股利（98 次）、每股账面价值（84 次）、营运资本（81 次）、权益报酬率（62 次）、利润率（58 次）、实际税率（50 次）。按披露次序，流动比率出现了 47 次，负债与资本比率出现了 23 次。根据该图表，我们可以得出盈利能力比率和与投资相关的比率最为普遍。那些披露次数少于 5 次的比率不在图表 11—8 中列示。

图表 11—8　　　　　　　　　　　年报披露最频繁的比率*

比　率	出现次数	董事长公开信	管理层评论	管理重点	财务评论	财务摘要
每股收益	100	66	5	98	45	93
每股股利	98	53	10	85	49	88
每股账面价值	84	10	3	53	18	63
营运资本	81	1	1	50	23	67
权益报酬率	62	28	3	21	23	37
利润比率	58	10	3	21	23	35
实际税率	50	2	1	2	46	6
流动比率	47	3	1	16	12	34
负债/资本	23	9	0	4	14	23
资本报酬率	21	6	2	8	8	5
债务与权益比率	19	5	0	3	8	8
资产报酬率	13	4	1	2	5	10
股利支付率	13	3	0	0	6	6
毛利	12	0	1	0	11	3
税前利润率	10	2	0	3	6	6
全部资产周转率	7	1	0	0	4	4
市盈率	7	0	0	0	1	6
经营利润率	7	1	0	2	6	1
每小时劳动量	5	0	2	2	2	2

*由于是对 100 家企业的财务报表进行调查，因此，数字既代表绝对数，也代表百分数。

从逻辑上说，年报包含盈利能力比率和与投资相关的比率最为普遍。年报包含与投资相关的比率意义重大，因为年报的主要目的之一就是向股东传递信息。

有关财务比率计算方法的分析表明，对于有些财务比率如何计算存在很大分歧，特别是债务比率的计算。调查显示披露最多的两个债务比率是负债/资本比率和债务与权益比率。本书不涉及负债/资本比率。该比率与债务权益比率类似，只是除所有者权益之外，其分母还包括资本的其他来源。

年报披露负债/资本比率 23 次，但运用 11 种不同的计算公式。其中一家企业采用了资产负债表年初与年末余额的平均数，而其他 22 家企业采用资产负债表的年末余额。披露债务权益比率 19 次，使用了 6 种不同的计算公式。所有公司在计算该比率时都采用资产负债表年末余额。

总体上说，这些企业并没有着力通过年报披露财务比率来解释财务成果。被认为重要的某些财务比率没有被披露或很少被披露。这对于那些外部人士由于缺乏数据（如应收账款周转率）而难以合理计算的财务比率显得特别重要。

延伸阅读 11-1

目前，除了每股收益之外，还没有监管机构（如证券交易委员会或财务会计准则委员会）承担起确定财务比率的内涵或年报呈报方式的责任。许多实践和理论问题都与财务比率的计算有关。只要每一家企业对实践和理论问题持有自己的观点，那么，对某个具体财务比率如何计算就一定存在很大的分歧。

11.6 稳健程度与收益质量

对财务报表和附注的审阅可以了解会计政策的稳健程度。导致收益最迟报告的会计政策最为稳健。如果企业会计政策较为稳健，那么，一般认为该企业的收益质量也较高。本节将讨论反映企业报告收益稳健程度的几个领域。

11.6.1 存货

在通货膨胀条件下，将某会计期间的现行成本与现行收入配比可以得到最低收益。存货的后进先出法就遵循这种做法。先进先出法是最不稳健的会计方法，它将最早的成本与现行收入配比。其他存货计价方法的稳健程度介于后进先出法与先进先出法之间。

对于拥有长期施工合同的建筑企业而言，存货的两种主要会计方法是完成合同法与完工百分比法。比较稳健的方法是完成合同法，它在合同内容全部完成时才确认所有收入，而完工百分比法按合同完成进度确认收入。

11.6.2 固定资产

与固定资产相关的两个会计决策对收益产生重大影响：折旧方法与资产折旧期间。

较稳健的方法是使用年限总和法与余额递减法，它们在资产使用寿命前期确认大部分折旧。最不稳健的方法是直线法，它在资产全部使用寿命期内每年确认相等的折旧。

不同企业之间，资产的折旧年限有时存在重大差异。比较类似企业所用折旧年限可以了解企业在计算资产折旧方面的稳健程度。折旧年限越短，会计收益越低。

11.6.3 无形资产

无形资产包括商誉、专利权与版权。研究与开发成本也是一种无形资产，但它在发生时就费用化了。确认无形资产成本的时间越短，会计方法就越稳健（商誉不予以摊销）。

有些企业花费了大量的研究与开发费用，而有些企业则花费很少甚至根本没有花费。由于要求研究与开发成本在发生当期直接计入费用，因此，花费大量研究与开发成本的企业，在研究与开发成本发生当期的收益大大减少，由此产生的收益更为稳健。

11.6.4 养老金

如果企业设置了受限收益福利计划，应关注与养老金有关的两个问题。其一是计算累计福利负债现值与预计福利负债的设定折现率。所用的折现率越高，负债现值和当期养老金成本就越低。其二是用于计算预计福利负债的补偿增加率。如果该比率太低，那么，预计福利负债也会太低；反之，如果该比率过高，预计福利负债也会过高。

11.7 预测财务失败

有关运用财务比率预测财务失败的学术研究已经很多了。总体上，这些研究都试图通过单个比率或比率的组合来预测财务状况，这也是导致财务预测失败的趋势。

管理层也可以利用一个可用于预测财务失败的可靠模型来预防财务失败。该模型还可以帮助投资者选购或抛售股票。银行可以利用它辅助做出贷款决策并对贷款进行监控。企业可以借助它做出信用决策并对应收账款进行控制。总之，众多的资源所有者都可以利用这种模型改善和控制资源的配置。预测财务失败的模型对审计师也很有价值。它有助于确定审计程序，判断企业是否持续经营。

对财务失败的描述可以是多方面的。它可能意味着清算、对短期债权人延期偿付、延期支付债券利息、延期支付债券本金或无力支付优先股股利。综观有关预测财务失败的文献都有一个问题，那就是不同作者用不同标准预测财务失败。在浏览这些文献时，要始终明确所用的财务失败定义。

本书讨论有关预测财务失败的两篇文献。许多文献都以这两篇文献为基础，在预测财务失败这个主题上，它们具有特别重要的价值。

11.7.1 单变量模型

威廉·比弗（William Beaver）在 1968 年 10 月的《会计评论》（*The Accounting Review*）杂志上发表了其研究成果并提出单变量模型。[7] 单变量模型只用一个变量。该模型采用单个财务比率预测财务失败。如果企业在 1954 至 1964 年期间发生下列任何事项，比弗的研究都把它列为财务失败。这些事项包括破产、债券违约、银行账户透支或无力支付优先股股利。

比弗将 79 家财务失败企业与从《穆迪行业手册》中挑选出来的 79 家成功企业进行配对。样本中每一家失败企业都挑选了同行业的一家成功企业作为参照。比弗的研究表明，以下财务比率是预测财务失败最有效的比率（以其预测能力排序）：

（1）现金流量/负债总额；

（2）净收益/资产总额（资产报酬率）；

（3）负债总额/资产总额（负债比率）。

比弗对导致这些结果的原因作了如下推断：

"我对这个研究结果的解释是：现金流量、净收益与债务状况无法改变，它们代表了企业的可持续性。由于财务失败对于所有相关者而言，成本都太高昂，因此，可持续性而非短期因素在很大程度上决定了企业是否宣告破产或无力清偿债券款项。"[8]

如果比弗认定的这些财务比率对于预测财务失败确实有效，那么，跟踪企业时，明智之举就是特别关注这些比率的变动趋势。比弗对观察这些比率可以有效地预测财务失败的解释看来也很有道理。

前面已经计算了耐克公司 2009 年度的这 3 个比率。现金流量/负债总额比率为 38.10%，看来相当不错。净收益/资产总额（资产报酬率）为 11.57%，也很好。负债总额/资产总额（负债比率）为 34.39%，也很好。因此，耐克公司财务失败的风险相当小。

比弗在研究中还计算了企业财务失败之前各年财务报表 13 个项目的平均值。流动资产项目之间存在几个重要关系：[9]

（1）财务失败的企业现金较少，但却拥有较多应收账款。

（2）如果将应收账款与现金加在一起，将其视同速动资产与流动资产，那么，财务失败企业与财务成功企业之间的区别就模糊了，因为现金与应收账款不同，其作用方向相反。

（3）财务失败企业一般存货较少。

这些结果表明，在预测财务失败时，应当特别关注 3 个流动资产项目：现金、应收账款和存货。对于现金和存货较少而应收账款较多的企业，财务分析师应该特别警觉。

11.7.2 多变量模型

爱德华·I. 奥特曼（Edward I. Altman）发展了预测破产的多变量模型。[10]其模型运用加权平均的 5 个财务比率强化模型的预测能力。该模型计算了一个综合判别值，称为 Z 值（Z Score）。奥特曼模型表述如下：

$$Z = 0.012X_1 + 0.014X_2 + 0.033X_3 + 0.006X_4 + 0.010X_5$$

$X_1 = $ 营运资本/资产总额

该变量评价企业流动资产净额相对于资产总额的比率关系。

$X_2 = $ 留存收益（资产负债表）/资产总额

该变量评价企业一段时期内累计盈利能力。

$X_3 = $ 息税前收益/资产总额

该变量评价企业剔除税赋或财务杠杆因素之后资产的生产能力。

$X_4 = $ 权益市值/负债总额的账面价值

该变量评价企业在资不抵债和无清偿能力之前，资产可以减值的幅度。权益由包括普通股与优先股的所有股份的综合市值确定，而负债包括流动负债与长期负债。

$X_5 = $ 销售总额/资产总额

该变量评价企业资产获得销售额的能力。

在计算 Z 值时，比率以绝对百分数表示。因此，如果 X_1（营运资本/资产总额）为 25%，则表示为 25。

奥特曼模型以资产规模介于 100 万 ~ 2 500 万美元之间的制造企业作为依据。奥特曼的原始样本与检验样本都使用 1946 至 1965 年之间的数据。1974 年，奥特曼的一篇文献总结了该模型在最近期间（1970 至 1973 年）预测企业破产的准确性。[11]尽管该模型最初提出时只是使用制造企业的数据，但测试样本并非全是制造企业。

依据奥特曼模型，企业的 Z 值越小，企业破产的可能性越大。通过连续几年计算企业的 Z 值就可以判断该企业的财务状况是更趋近还是更远离破产边缘。最近一项基于 1970 至 1973 年数据的研究认为 Z 值为 2.675 是一个现实的临界点。Z 值在 2.675 之下的企业与那些过去财务失败的企业具有相似的财务特征。[12]与该研究时的公认会计原则相比，现行公认会计原则确认更多的负债。因此，与 1970—1973 年间的 Z 值相比，可以预见现在企业的 Z 值偏低。如果缺乏企业股票（优先股和普通股）市值数据，奥特曼模型的意义将大打折扣，因为模型的变量 X_4 需要股票市值这个数据。

11.7.3　耐克公司 Z 值

耐克公司 2009 年的 Z 值计算如下：

Z=0.012×（营运资本÷资产总额）+
　　0.014×［留存收益（资产负债表金额）÷资产总额］+
　　0.033×（息税前收益÷资产总额）+
　　0.006×（权益市值÷负债总额的账面价值）+
　　0.010×（销售总额÷资产总额）

Z=0.012×（6 457 000 000÷13 249 600 000）+
　　0.014×（5 451 400 000÷13 249 600 000）+
　　0.033×［（1 996 800 000÷13 249 600 000］+
　　0.006×［（485 500 000×57.05）÷4 556 500 000］+
　　0.010×（19 176 100 000÷13 249 600 000）

Z=0.012×48.73+0.014×41.14+0.033×15.07+0.006×607.87+0.010×144.73

Z=6.76

耐克公司 2009 年的 Z 值为 6.76。因为 Z 值越大越好，而且 Z 值在 2.675 以下的企业与过去财务失败的企业具有相似的财务特征，所以，耐克公司是一个非常健康的企业。

还有许多有关运用财务比率预测财务失败的学术研究。这些研究证实，相对于那些财务比率强势的企业而言，那些财务比率较弱的企业更易于破产。既然尚未研究出一个定论性模型，最好的方法可能就是一个综合性的模型。作为补充指标，计算一些有助于预测财务失败的财务比率还是大有裨益的。

11.8　分析性复核程序

审计准则第 23 号公告《分析性复核程序》，为在审计过程运用该程序提供了指南。分析性复核程序的目的在于从经营统计数据中找出重大变动的非常项目。

分析性复核程序可以在审计的不同时段实施，包括计划阶段、审计实施阶段和审计接近完成阶段。有些分析性复核程序可能导致随之而来的特别审计程序。

（1）利润表的横向同比分析可能说明某项目（如销售费用）在该期间非常高。

这就可能导致对销售费用项目的详细审查。

（2）对利润表的纵向同比分析可能发现，与前期相比，本期产品销售成本与销售收入不匹配。

（3）将企业的应收账款周转率与行业数据对比，可能发现该企业应收账款周转率比行业平均水平低。这可能意味着需要详细审查应收账款项目。

（4）与债务额相比，现金流量可能显著下降。这说明企业内部现金流量偿付债务的能力严重削弱。

（5）如果酸性测试比率显著下降，则表明企业以其扣除存货后的流动资产偿付流动负债的能力严重减弱。

一旦审计师发现报表或比率出现某个重要趋势，就必须随之执行相应的程序，弄清楚其原因。这种审查方式可能会有重大发现。

11.9　管理层分析的运用

管理层利用财务比率和同比分析可以在许多方面得到帮助。分析可以说明企业的相对流动性、偿债能力与盈利能力，分析还可以说明企业的投资者如何看待企业，帮助管理层发现突发问题或优势。如前所述，财务比率还可以作为企业目标的一部分。如果结合财务预算运用财务比率，则效果更好。预算程序的目标之一就是确定企业整体计划。预算包括全面预算与许多独立的预算，如生产预算。

与财务报表有关的综合预算说明企业计划如何从一种财务状态（资产负债表）达到另一种财务状态。利润表详细解释企业从一种资产负债表状态到另一种以收入和费用表述的状态的内在变化。现金流量表则说明企业的现金如何从资产负债表状态转向另一种状态。

综合预算草案应该与作为企业目标的一部分的财务比率相比较。例如，假设企业的目标包括2∶1的流动比率、40%的债务与权益比率和15%的权益报酬率，那么，在将综合预算草案作为企业整体计划之前，就应该将综合预算草案与企业目标进行比较。如果综合预算草案的结果不能使企业实现这些目标，那么，管理层就应考虑变更计划以实现这些目标。如果管理层不能改变综合预算草案以实现企业目标，那么，在接受该综合预算之前必须明确这种情况。

11.10　后进先出准备的运用

运用后进先出法的企业通常在资产负债表附注或正文中披露后进先出准备账户。如果没有披露后进先出准备账户，则通常暗示着存货接近现行成本。耐克公司应用先进先出法或移动平均法，因此，没有后进先出准备项目，只能选择宣威—威廉斯公司为例说明后进先出准备分析。

宣威—威廉斯公司在其2008年年报的附注中披露："据估计，存货的当前购置成本比2008年12月31日和2007年12月31日的存货价值分别高出321 280 000美元和241 579 000美元。"

此信息可以作为存货分析以及流动性、负债和盈利性（总体）分析的补充信息。当后进先出准备的金额较大且/或存货准备的变动较大时，使用这些额外的存货信息进行辅助分析作用显著。

对于宣威—威廉斯公司，通过对比存货的变动（除去任何税收影响后的净额），可以计算出如果存货以当前购置成本约量入账，利润的增加或减少约量。2008 年，如果存货以当前购置成本约量入账，则利润的增加或减少约量如下：

单位：千美元

2008 年净利润		476 876
存货准备增加净额		
2008 年	321 280	
2007 年	241 579	
（a）	79 701	
（b）有效税率	×33.3%	
（c）税额变动（a×b）	26 540	
（d）利润增加净额（a−c）		53 161
如果存货按接近现行购买成本计价，预计利润		530 037

考虑到经调整的存货数据可以计算出特定的流动性和负债比率。为了进行这些计算，可以将存货准备总额与流动资产中披露的存货相加，同时将附加税款与流动负债相加。

后进先出存货准备总额与有效税率的乘积即为附加税款。如果报告了更高的存货金额，此税款与当前年度和以前所有年度会计报告的额外收入相关。为了保守起见，附加税款被视为递延税款，将归属于流动负债。额外存货金额和附加税款之间的差额将与留存收益相加，因为此差额代表了之前对净收益的总影响金额。宣威—威廉斯公司 2008 年年末的调整后数据如下所示：

单位：美元

存货：		
资产负债表中的金额	864 200 000	
存货增加额	321 280 000	
	1 185 480 000	
递延流动税款负债：		
有效税率（33.3%）×存货增加额（321 280 000）	106 986 240	
留存收益：		
资产负债表中的金额	4 245 141 000	
留存收益增加额（321 280 000−106 986 240）	214 293 760	
	4 459 434 760	

使用存货准备的变动额还可以估算出经调整的产品销售成本。存货准备的净增加额会减少产品销售成本，而存货准备的净减少额会增加产品销售成本。

与未经调整的计算结果相比，经调整的流动性、负债和盈利性比率可能更加接近实际情况，因为调整后的比率使用的是存货的当前购置成本。

对许多比率来说，我们无法归纳出使用后进先出存货准备后这些比率会提高还是下降。例如，如果公司的流动比率高于 2.00，则使用后进先出准备后此比率也不会提高（尤其是当公司的税率较高时）。当流动比率和/或税率较低时，流动比率可能会提高。

2008 年 12 月 31 日，宣威—威廉斯公司年度报表披露的存货如下（单位为千美元）：

合并资产负债表（部分）	2008 年 12 月 31 日
存货：	
完工产品	$ 749 405
在产品与原材料	114 795
	$ 864 200

附注 4——存货

存货按成本与市价孰低法计价，而成本主要根据后进先出法确定。假设没有其他调整，下表列示了基于法定税率调整所得税需要，公司已经采用的先进先出法对存货、净利润和普通股每股收益的影响。管理层认为运用先进先出法可能使得成本与收入更好地配比。披露该信息有助于读者与运用先进先出法的其他公司进行比较。

	2008 年	2007 年	2006 年
按先进先出法计价存货所占百分比	86%	83%	88%
先进先出法超过后进先出法的数额	$ 321 280	$ 241 579	$ 226 818
因为采用后进先出法而减少的净利润	(49 184)	(7 844)	(24 033)
因为采用后进先出法而减少的普通股每股收益	(0.41)	(0.06)	(0.17)

值得注意的是，根据附注 4 的披露，因为采用后进先出法，净利润减少了 49 184 000 美元，而我们之前估计净利润因此而减少了 53 161 000 美元。

11.11 财务信息图示化

在年报中运用图示技术披露财务信息已经非常普遍。图示使人更容易抓住关键的财务信息。相对于文字报告或图表方式，图示是更好的信息传递工具，因为它以图形传递信息，因此，可以在人的脑海中留下更直接的印象。

图示表达也有很多种方式。会计师比较常用的方式有线图、柱状图、条状图和饼图。这里简要讨论这些图示，对它们的详细描述以及其他图示方式可以参阅参考书与参考文献。[13]

线图（line graph）是将一系列的点用直线连接，以表示变量随时间的变化，重要的是坐标系的纵轴要从 0 点开始且不能间断。如果纵轴不是从 0 点开始或纵轴是间断的，这都可能导致让人产生误解的表达。线图如图表 11—9 所示。

图表 11—9　　　　　　　　**埃克森美孚*公司线图**

2008 年度报告显示的投入资本平均报酬率上升趋势

投入资本平均报酬率上升趋势

■ 埃克森美孚公司　　　■ 整个石油行业竞争者平均水平①

（%）

①以公共信息为基础，按埃克森美孚公司相同口径估计英荷壳牌公司、英国石油公司和雪佛龙公司的各种数值。

*　"该公司主要业务是能源，涉及原油和天然气的开发与生产、石油产品的制造与运输以及原油、天然气和石油产品的销售。" 10-K 格式报告。

柱状图（column graph）用垂直的柱形表达信息。与线图一样，其坐标系的纵轴也要从 0 点开始且不能间断。柱状图通常是披露会计数据最好的图示方式。柱状图如图表 11—10 所示。

图表 11—10　　　　　　　**宣威—威廉斯公司*柱状图**

2008 年度报告显示的已支付股利数额

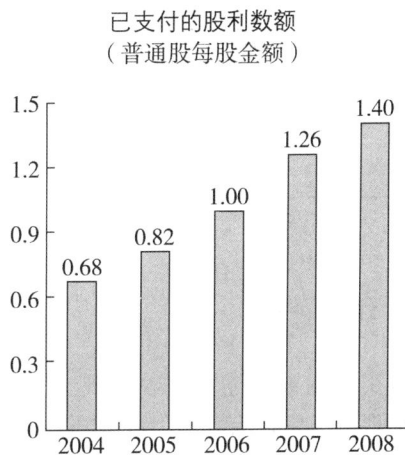

已支付的股利数额
（普通股每股金额）

*　"宣威—威廉斯公司创建于 1866 年，1884 年在俄亥俄州组建公司。该公司主要从事油漆、涂料及其相关产品的开发、制造和销售业务。其业务主要面向北美和南美的专业机构、工业、商业和零售顾客，兼顾加勒比海、欧洲和亚洲的经营业务。" 10-K 格式报告。

条状图（bar graph）是一个水平的图形。除此之外，条状图与柱状图相似。条状图如图表 11—11 所示。

图表 11—11　　　　　　　　　　　**莫仕公司*条状图**

2008 年年度报告显示的收入

5 年的收入

（单位：百万美元）

2004	$2 249
2005	$2 554
2006	$2 861
2007	$3 226
2008	$3 328

*"我们的核心业务是制造和销售各种电子组件。"10-K 格式报告。

资料来源　莫仕公司授权使用。

饼图（pie graph）分成几个部分。这种图形对各部分进行比较，各部分加总应该等于总数或 100%。如果饼图引起了视觉偏差，就会产生误导。另外，有些会计数据不适宜用饼图表达。饼图如图表 11—12 所示。

图表 11—12　　　　　　　　　　　**马库斯公司*饼图**

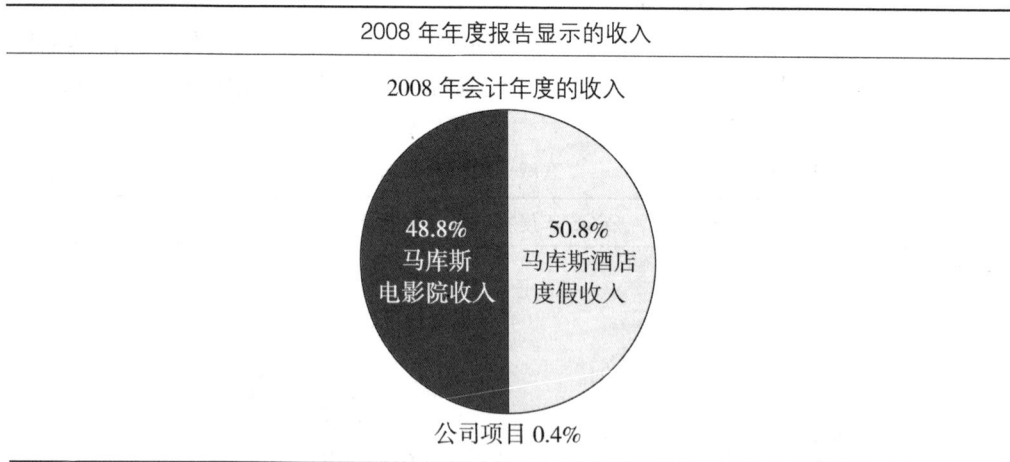

2008 年年度报告显示的收入

2008 年会计年度的收入

48.8%
马库斯
电影院收入

50.8%
马库斯酒店
度假收入

公司项目 0.4%

*"我们主要经营两个分部：电影院和酒店度假。"10-K 格式报告。

资料来源　马库斯公司授权使用。

11.12　盈余管理

在第 1 章，收付实现制被描述为在收到现金时确认收入，在支付现金时确认费用。这意味着收付实现制通常没有为会计主体的短期盈利能力提供合理的信息。由于收付实现制的这个缺陷，因此，多数企业采用权责发生制报告收益。

在权责发生制下，收入在实现时确认（实现原则），而费用在发生时确认（配比原则）。正如第 1 章所述，运用权责发生制会使会计程序复杂化，但其最终结果使会计主体的财务状况比收付实现制更具有代表性。如果不采用权责发生制，会计师通常就不能做出会计分期假设。只有在这个假设下，才能以合理的准确程度对会计主体的某个具体会计期间进行核算。

耐克公司2009年年报的财务状况和经营成果分析以及管理层评论包括如下评述：

关键会计政策

我们之前所做的讨论以及财务状况和经营成果的分析都以合并财务报表为基础。这些合并财务报表根据美国公认会计原则编制。编制者编制财务报表需要做出各种估计与判断。这些估计与判断可能影响资产、负债、收入和费用的报告数额，还可能影响或有资产与或有负债的相关披露。

我们认为，下面所描述的涉及会计政策的各种估计、假设和判断对财务报表的潜在影响非常大。因此，我们认为这些都是我们重要的会计政策。由于这些事件本身存在不确定性，实际结果可能与我们对重要会计政策所做的估计有所不同。这些重要的会计政策影响营运资本账户余额，包括收入确认政策、应收账款坏账准备政策、存货准备政策和背书合同的或有支出政策。这些会计政策要求我们在特定日期编制会计报表时做出估计。不过，由于我们的经营周期相对较短，通常在财务报表编制日之后的6个月内就可以清楚与这些估计相关的实际结果。这样，这些重要的会计政策通常只影响两到三个季度报告数额的时间分布。

就这些重要的会计政策而言，我们目前仍然没有了解到任何使报告数额发生重大差异的可能性事件或环境。

会计政策具体描述如下：

- 收入确认
- 应收账款坏账准备
- 存货准备
- 背书合同的或有支出
- 财产、厂房与设备
- 商誉与其他无形资产
- 衍生金融工具的套期保值会计
- 股票薪酬
- 税款
- 其他或有事项

这样，耐克公司描述了在为大众所遵循的公认会计原则下，如何正确运用估计与判断编制财务报表。

有些企业利用估计与判断不恰当地操纵其财务报表，还有些企业甚至刻意制造会计差错以操纵财务报表。这样，财务报表就不能恰当地表述财务状况和经营成果。20世纪90年代，这已成为一个严重的问题。1998年9月28日，证券交易委员会主席亚瑟·列维特（Arthur Levitt）在纽约大学法律与商务中心作了题为"数字游戏"的演讲，在演讲中谈及了这个现状：

"我对于人们有动机地迎合华尔街对收益的期待这种现象日益关注，这样的动机可能颠覆常识性的商业惯例。太多的企业管理人员、审计师和分析师卷入这场点头和看眼色行事的游戏。在满足公众的收益估计和规划出平滑的收益轨迹这些热情的驱动下，充满期待的想法会在比赛中胜过真实的陈述。

我担心，这样的结果会使我们目睹收益质量日益受到侵蚀，随后就是财务报告质量受到影响。管理将让位于操纵，诚信的品质会输给错觉与假象。

与证券交易委员会一样，许多美国企业对这种趋势感到沮丧和担忧。它们知道，当它们的竞争对手在合法行为与清楚无疑的欺诈之间的灰色地带运作时，自己要坚持良好的职业操守是多么困难。

在这个灰色地带中，会计被人为滥用；管理人员试图抄捷径；收益报告反映了管理层的渴望而不是企业基本的财务业绩。"[14]

由此可见，证券交易委员会主席和财务职业界对20世纪90年代这种不恰当的盈余管理都表示了关注。我们可以推测一下为什么从那时起这种不恰当的盈余管理现象会有攀升的迹象。一些可能的理由包括：（1）人们认为，相对于收益时常波动的股票而言，资本市场更愿意为收益表现平稳的股票出高价；（2）企业日益倾向于以股票期权而不是现金作为薪酬方式；（3）如果企业不能实现其财务数字，市场会做出极大的负面反应；（4）几乎无时不在的日益膨胀的贪婪欲的驱动。

普通大众并未对日益增长的不恰当盈余管理行为表示过度的关注，直到2001年爆发了安然公司事件。产生关注的原因可能是上市公司股价在20世纪90年代巨幅增长，而2000年起股价开始严重下跌。股票市价的跌势很可能令一般投资者开始担忧不恰当盈余管理行为。

不恰当的盈余管理有很多种手段。我们并不确切知道所有可能的手段，但仅就我们已知的手段而言，就可以单独写出一本书加以描绘。我们知道，操纵财务报告的行为经常涉及收入确认问题。国家会计总署与国会专门调查小组在2002年10月向参议院银行委员会提交的一份报告中提到，在过去的5年，由于收益的重新编报而导致投资者花费了1 000亿美元的成本。从1997年到2002年6月，收益重新编报现象上升了大约145%。在所有被研究的案例中，涉及收入确认的事件上升了38%。[15]

收入确认问题经常还会涉及存货、应收账款和现金流量。例如，提前确认收入导致存货从资产负债表转移到利润表的产品销售成本，应收账款虽然入账但缺乏现金流量。对于财务报告的理解与分析有助于追踪可能存在的问题。

安然事件和世通事件从根本上影响了美国的财务报告。这些事件使美国参众两院理清思路，从而出台了2002年度《萨班斯—奥克斯利法案》。《萨班斯—奥克斯利法案》有望建设性地改善财务报告。

安然公司是世界上最大的企业之一。2001年10月安然公司宣布它将减少报告税后净收益近5亿美元，同时减少所有者权益近12亿美元。同年11月，它又宣布要重新编制1997年至2000年的财务报告。2001年12月，安然公司申请破产。

安然公司存在许多财务报告问题。对这些问题披露得很少甚至根本没有披露。这些问题涉及向子公司及特定目的主体的投资、向特定目的主体出售投资、管理费收入和投资公允价值等会计问题。[16]安然公司的财务报表及其附注错综复杂、难以理解。这里的教训是，如果投资者对财务报告与分析具有相当强的理解能力，却仍不足以理解财务报告，那么，在对它进行投资之前，就得好好思考了。

世通公司在2002年6月宣布，它在过去的5个季度内夸大的利润高达38亿美元。这是历史上最大的一宗公司会计欺诈案。公告过后不久，世通公司就宣告破产。[17]2002 年 11 月，一名破产特别法庭检察官报告说，不当的会计核算可能超过 72 亿美元。[18]

世通公司欺诈案是由 3 名在公司内部审计部门工作的会计人员揭发的。他们将自己的发现汇报给了董事会审计委员会，之后全体董事会成员被告知这个消息。由内部人员发现和报告欺诈这个事实是世通欺诈案件的一个积极方面。[19]

很明显，世通公司的问题始于 2000 年，那年该公司的业务开始滑坡。最初公司从准备账户中挪用基金以维持其利润水平。当这招不再奏效时就转而将经营成本计入资本化账户。将经营成本（利润表的费用项目）转移计入资本化账户（资产负债表的资产项目）使公司在短期内看起来更有利可图。作为资本性支出，这些成本应当在后续期间折旧。显然，世通公司已经计划进行一个减值冲销，将这些资产账户从资产负债表中抹去。它们希望华尔街在展望未来时会忽略这些减值的处理。[20]

尽管世通欺诈案是由内部审计人员发现的，但证券交易委员会却曾在 2002 年 3 月向世通公司派发了一份"信息要求通知"。考虑到世通公司的包括美国电报电话集团公司（AT&T）在内的几个强大竞争对手在整个 2001 年度都亏损，证券交易委员会显然认为世通公司的利润数字可疑。世通欺诈案的一个教训是，如果财务数字看起来让人非常满意，问题可能就在于它们太过于让人满意了。[21]

自从安然事件和世通事件之后，发生了许多针对公司和个人的不适当盈余管理案件。2005 年，继安然事件和世通事件后，遭到不适当盈余管理起诉的公司为美国国际集团（AIG）。美国国际集团是全球最大的提供商业财产和意外保险的上市公司，同时也是美国保费收入最高的人寿保险商。[22]

证券交易委员会、司法部门和纽约美国联邦检察长办公室都开始调查美国国际集团的会计问题。纽约首席检察官和保险委员会委员起诉美国国际集团及其两名前任最高管理人员操控美国国际集团的财务成果。[23]2005 年夏季，纽约检察官办公室向大陪审团提供证据，以针对个人的刑事指控量刑。[24]

2005 年 5 月 31 日，美国国际集团重新呈报了其 5 年的财务成果。"文件中记录的会计调整将美国国际集团之前报告的 2004 年净收益削减了 12%，或 13.2 亿美元，降低到 97.3 亿美元，同时将美国国际集团的账面价值降至 806.1 亿美元，下降了 22.6 亿美元。总体上看，2000 年至 2004 年重新呈报的净收益比之前下降了 39 亿美元，或 10%。"[25]

美国政府会计总署 2006 年 7 月的一项研究显示，"2002 年 1 月 1 日至 2005 年 9 月 30 日，财务报表重述公司的总数（1 084 家）占 2002 年至 2005 年上市公司平均数的 16%，而 1997 年至 2002 年，财务报表重述公司的数量却只占 8%"[26]。

该研究得出结论："众多因素导致了财务报表重述不断增加。这些因素包括对公司高管问责要求的不断强化、审计师与法规监察不断增加……以及部分上市公司无论该事件是否重大都不愿意错过财务报表重述的机会。"[27]

在 2006 年 8 月的一篇通信稿中，美国政府会计总署就其 2006 年 6 月的研究结论做了如下评论："尽管财务报表重述的原因很多，但是，多数财务报表重述更多涉及日常的呈报问题……并非财务报告舞弊和/或会计差错的象征。"[28]

正如第4章所述，根据财务会计准则委员会于2005年6月颁布的一项会计准则，除非难以操作，以前期间财务报表的会计原则自愿性变动必须运用追溯调整法。该会计准则将导致以前期间财务报表的更多追溯调整。

2006年9月美国证券交易委员会颁布的正式会计公告第108号要求财务报告披露以前期间财务报表追溯调整的数量。这涉及曾经放弃多时的微不足道的会计调整问题。这些原先微不足道的会计问题现在累积起来成为重要的会计问题。该正式会计公告同样将导致以前期间财务报表的更多追溯调整。

财务报表重述已经成为财务报表分析的一个重要问题。这样，核实分析期间被分析公司的财务报表重述情况就显得尤为重要。当然，还需要相应地核实标杆公司的财务报表重述情况。不过，难以保证行业数据的可靠性。

延伸阅读11-2

11.13　楼市泡沫

楼市泡沫可能导致一场全球性的经济萧条或危机，这取决于楼市泡沫最终如何解决。有些评论有助于解释楼市泡沫的起源与后果。

美国联邦全国抵押协会（房利美）和美国住房抵押贷款公司（房地美）控制着美国的绝大部分抵押市场。为了提升住房所有权的水平，1938年成立了房利美。实际上，房利美是美国的一个政府组织。

1968年，房利美实现私有化，独立于政府预算。由此，房利美开始作为一个政府发起并得到联邦政府暗中保护的企业运作。作为一个政府发起的企业，房利美无需纳税或向美国证券交易委员会报告。美国国会负责监管房利美。不过，事实证明，这种监管无效。1970年，联邦政府又成立了第二个政府发起的企业，那就是房地美。

由于有了联邦政府的暗中保护，评级机构（如标准普尔、穆迪和惠誉）将其抵押证券评为AAA级。有了这个评级，其证券就可以卖给世界各地的银行、共同基金、政府机构和个人。

1977年，美国国会通过了《社区再投资法案》，要求各银行满足当地社区的信贷需求。该法案的目的在于减少对低收入居民的歧视性信贷案例。银行又将许多抵押证券卖给房利美或房地美。

通过持有或出售抵押证券，房利美和房地美控制了巨额的抵押证券。就因为其规模、其证券被评为AAA级以及政府对其经营方式监管不力（这已经是公开的政治），许多人警告房利美和房地美将危害世界经济。

房利美和房地美以各种方式（包括资助国会议员旅游）为政客提供巨额资金。房利美和房地美已经因为违反《联邦选举法》而支付巨额罚金。房利美和房地美的高管每年的薪酬高达数百万美元。

2003年和2004年，政府审计人员发现，为了显示出更高的盈利，确保其高管获得巨额奖金，房利美和房地美操纵了会计规则。

2007年和2008年，抵押证券市场异常火爆时，房利美和房地美以高风险的抵押市场横扫整个世界。随着美国的房地产价格下降（有些城市下降幅度超过50%），原先高质量的抵押证券变成了问题证券，因为流通在外的许多房地产抵押证券的价值远远高于房地产本身的价值。

金融机构如雷曼兄弟、美林、美国国际集团、高盛、摩根大通和贝尔斯登都承受了巨大的金融风险。就某些个案而言，金融机构承担的债务是其权益的 30 倍或 40 倍。数百家银行倒闭。

房地产市场的崩溃和许多金融机构的纷纷倒闭导致全球股票市场的崩塌。对某家公司数周之前的分析结果现在已经没有多少用处。

这就说明不断跟踪投资状况、随时准备更新财务报表分析的结果非常重要。有些公司如具有非常周密分析的耐克公司，虽然同样经历了市场价值的下降，但是这些公司都生存下来了！

11.14 评估

评估（valuation）是估算一个公司或公司的数个组成部分价值的程序。评估的方法多种多样，这些方法可归纳为基础分析法和多期间折现评估法。在实践中，可以使用各种不同的评估方法。

使用基本分析法时，可将基本会计计量用于评估公司未来的经营现金流量或收益。基本分析法需要使用财务报表，这种方法需要考虑报告的收益、现金流量和账面价值等因素。

多期间折现评估法预测收益或现金流量，并将这些数据折算成现值（内在价值）。

11.14.1 乘数

基础分析法通常会使用一个或多个乘数。经常使用的乘数为市盈率、市净率、价格与经营现金流量比率和市销率。预期的风险会降低乘数值，而预期的增长会增加乘数值。当使用乘数方法时，在相似公司之间比照结果非常重要。

乘数取自传统的财务报表。例如，市盈率（PE）使用收益数据，市净率使用账面价值，价格与经营现金流量比率使用经营现金流量值，而市销率则使用销售额。通常一个分析会采用多个乘数。

许多传统的财经文献或著作不赞成使用乘数和传统的财务报告。但是，许多证据证明，安全分析家和基金经理都倾向于使用乘数进行分析。

11.14.2 多期间折现评估法

财经文献和著作都对使用收益或现金流量的多期间折现评估法大加支持，其中折现现金流量是首选。

1. 多期间收益折现模型

多期间收益折现模型有许多种。这些模型基于权责发生制，与现金流量模型相比，它们能够得出更接近于公司短期基本经济业绩的结果。

两种最常用的收益折现模型为：超额盈余折现评估模型（DAE）；剩余收益估价模型（RI）。

（1）超额盈余折现评估模型（DAE）

采用这种方法时，公司股权的价值为其账面价值和预期超额盈余折现值之和。

（2）剩余收益估价模型（RI）

这种方法需折现未来预期收益，其重点是周期性衡量股东所创造财富额的收益。

2. 多期间现金流量折现模型

多期间现金流量折现模型有许多种。最常用的现金流量折现模型为：自由现金流量模型（FCF）；股利折现模型（DDM）；现金流量折现模型（DCF）。

（1）自由现金流量模型（FCF）

在自由现金流量模型中，内在价值（折现自由现金流量）等于预期现金流的折现值之和。

对自由现金流量有多种不同的定义，但是对普通股来说都是类似的。自由现金流量等于经营现金流量减去利息、为提高经营能力而支出的现金（建筑物、设备等）、偿还款项和优先股股利。

（2）股利折现模型（DDM）

股利折现模型将预期的股利折算为现值。它仅考虑普通股股东的股利。

（3）现金流量折现模型（DCF）

现金流量折现模型涉及多个年份的现金流量预期值。预期的现金流量以公司预计的资本成本进行折算，得出预计的现值。

11.14.3　他们都用什么

"最近，Barker（1999）、Demirakos 等人（2003）和 Asquith 等人（2004）开展了分析家都使用什么模型的研究。所有这些研究均认为，在分析家的正常评估活动中，多期间折现评估模型并没有起到很大的作用。简单的市盈率乘数看起来并不是占主导地位的技术。因此，任何股本成本折现评估模型都无法代表评估实践中所使用的评估方法。"[29]

让我们看看 Barker、Demirakos 等人和 Asquith 等人的研究成果。

1. Barker

Barker 的研究显示，股票价值由股利折现模型决定，但是股票价值的真正决定因素很少基于对未来股利的直接估算。[30]

Barker 参考了市场参与者之前使用的价值模型研究，这些研究显示，在行为文献中最有力也最一致的研究成果是市盈率至关重要。[31] 更进一步的发现是，在制定投资决策方面，现金流量折现模型没有什么实际重要性。[32]

Barker 本身的研究关注的是英国的分析家和基金经理。研究所选取的评估模型包括市盈率模型、股息率模型、市现率（PCF）模型、资产净值（NAV）模型、销售额与市值比率模型、现金流量折现模型和股利折现模型。[33] Barker 要求分析家和基金经理对这些评估模型进行重要性评定。这两组人都将市盈率模型评为最偏好的评估模型。市盈率模型、股息率模型和市现率模型的重要性远远大于其他所有评估模型（现金流量折现模型和股利折现模型在实践中均不具重要性）。[34]

分析家还被要求对一些选定的财务比率进行重要性评定，结果显示，损益账户（比率）比资产负债表账户（比率）更具实用性。[35]

对于分析家和基金经理来说，"从这些调查中得出的一致结果是在分析中同时使用多个评价模型，而非仅使用一个模型这一点很重要"。[36]这一点对财务比率也同样适用。

调查发现，分析家将收集会计信息的过程与收集来自其他与可靠的可预见未来相关的资源相结合。[37]这表明了财务报告的重要性。

分析家和基金经理认为几乎所有直接来自公司的信息都是非常重要的。[38]他们都"认为自己对公司管理层的评估是制定投资决策的核心"[39]。如果管理层制定了正确的决策，那么公司就将在未来创造现金流。

2. Demirakos 等人

Demirakos 的研究审视全球投资银行的财务分析家的实践。研究中选取了来自饮料、电器和医药行业的 26 家英国大型上市公司。

描述性分析"显示基本所有的样本报告都包含了一些参照市盈率的评估形式。[40]对市盈率模型的关注以一种可以理解的方式在各个行业中显示出系统性变化。[41]"

"来自财务分析家报告中分析的主要信息是，分析家似乎会根据行业的不同环境使用不同的评估方法。市盈率模型仍然是评估实践中的主要模型，但是根据环境的需要也会使用其他形式的分析。在某些情况下，会使用现金流量折现（DCF）模型，而在其他情况下会使用市销率、增长期权或盈利能力的详细分析。另一个发现就是对剩余收益估价（RIV）模型的使用非常有限，但是分析家经常在单一期间比较或在混合模型中使用会计数据。"[42]

3. Asquith 等人

Asquith 等人的研究根据《机构投资者》（*Institutional Investor*）全美分析家报告的完整目录分类，同时审视了市场对其发布的研究成果的报告。此研究发现，分析家均使用市价与账面价值比率作为其资产乘数。[43]此研究中没有显示对现金流量折现模型的使用。

11.14.4　全球视角

Barker 的研究专注于英国的分析家和基金经理。Demirakos 的研究审视了全球投资银行财务分析家的评估实践。有 26 家大型的英国公司接受了调查。Asquith 的研究关注了《机构投资者》全美分析家报告。这些不同的全球视角是否影响了研究结果呢？

在《对基于市盈率评估中的内在股本成本的探讨：全球论证》（*Discussion of Implied Cost of Equity Capital in Earnings-Based Valuation：International Evidence*）一文中，Marco Trombetta 作如下论述：

"世界各地的分析家，特别是那些处于具有重要股票市场的国家中的分析家，他们所接受的培训基本相同。而且资本市场和投资战略的全球化对局限于国家范围的财务分析假设提出了质疑。"[44]

11.14.5　管理顾问眼中的评估

此部分将对一本名为《评估、衡量和管理公司价值》（*Valuation, Measuring and Managing the Value of Companies*）（第四版）的书进行评述。因为本书的三位作者

（Tom Copeland、Tim Keller 和 Jack Murrin）都是麦肯锡公司的现任或前任合伙人及公司财务活动的联合领导人，此书的信息反映了顾问对实践方法的看法。对公司的价值感兴趣的读者能从此书中受益。

11.14.6 从第五页开始

麦肯锡公司成立于 1926 年，是全球领先的管理咨询公司，为世界各行业的领先公司提供咨询服务。

此书以为公司创建价值为出发点。公司的管理方式应该能使其创造价值。作者的"前提是公司的价值来自其创造现金流量和基于现金流量的投资回报的能力"[45]。

作者的立场与评估理论息息相关。与市盈率相比，现金流量折现所反映的公司价值更加可靠。[46]现金流量折现是公司价值的驱动因素。

公司应该关注长期现金流量而非短期现金流量。短期现金流量很容易操控，如延期调查。[47]

Copeland 等人研究了并购（M&A）活动并发现通常收购者的交易并不能影响市场。通过回顾涉及上市公司并购交易的学术研究成果，他们发现"总体上，收购公司的股东基本上没有获得任何收益"[48]。另外，被收购公司的股东通常是大赢家，"在善意合并情况下，他们平均能获得 20% 的溢价，而在恶意接管情况下，他们平均能获得 35% 的溢价"[49]。许多收购都因为收购公司支付过多资金而最终失败。[50]

作者发现收购者通常因为以下原因而支付过多的资金：[51]
（1）对市场潜力的评价过于乐观。
（2）对协同效应过于乐观。
（3）尽职调查不充分。
（4）出价过高。

11.14.7 电子商务公司

作者仍然认为评估电子商务公司的正确方法是使用经典的现金流量折现方法，强调基本经济和财务一贯的重要性。[52]

电子商务公司在获取客户方面进行投资，这部分投资在利润表中被费用化。这样，随着客户的增加，价值就会降低。[53]

亚马逊公司建立了客户基，并拓展了所提供的服务。亚马逊公司起步于一家私人财务公司，于 1996 年开始出售可转换优先股，并于 1997 年转变成普通股。

图表 11—13 中给出了亚马逊公司财务报表的部分数据。2000 年末公司市值数十亿美元，但是却从未盈利。

根据 Copeland 等人对现金流量折现方法的理解，"对于像亚马逊这样的快速增长公司，不要局限于其当前的业绩。不要考虑公司当前的状况（现金流折现评估模型通常从当前状况出发），而是要考虑从高增长、不稳定的情况转化为增长率适中时，公司会出现什么状况，然后以此推断公司当前的业绩"[54]。

Copeland 等人还建议在评估高增长公司时要进行客户价值分析。像亚马逊这样的零售公司的客户价值分析涉及以下五个因素：[55]

（1）平均每位客户每年的购买金额、网站刊登广告的收入以及零售商在网站上租赁空间销售其产品的收入。

（2）客户数量。

（3）每位客户的边际收益（在发生获得客户的成本之前）。

（4）获得客户的平均成本。

（5）客户波动率（即每年丢失客户的比率）。

图表 11—13　　　选自亚马逊财务报表的数据（1997 年至 2000 年）　　　单位：百万美元

	1997 年	1998 年	1999 年	2000 年
利润表：				
销售额	148	610	1 640	2 762
经营损失	(33)	(109)	(606)	(864)
净损失	(31)	(125)	(720)	(1 411)
资产负债表：				
流动负债	44	162	739	975
长期负债	77	348	1 466	2 127
股东权益：				
普通股	66	300	1 148	1 326
累计赤字	(38)	(162)	(882)	(2 293)
合计	28	138	266	(967)
负债和股东权益合计	149	648	2 471	2 135
现金流量表：				
经营活动产生（使用）的现金净额	1	31	(91)	(130)
长期负债收益	75	326	1 264	681
股本和行使股票期权收益	53	14	64	45

任何分析均认为公司有能力持续经营足够长的时间以完成预测目标。亚马逊公司在 2000 年电子商务冲击之前筹集充足的资本。很明显，亚马逊公司在 1999 年和 2000 年所筹集的资本超过了其实际需求量，这使它能够按计划经营，而不需因资本短缺而做出重大调整。注意公司来自长期债务的收益：1997 年为 75 000 000 美元，1998 年为 326 000 000 美元，1999 年为 1 264 000 000 美元，2000 年为 681 000 000 美元。

11.15　本章小结

本章讨论了有关财务报表的特殊领域。值得注意的是，商业贷款部门非常重视流动性和偿债能力的财务比率。信贷主管对债务与权益比率的重要性评分最高，其次是对流动性的评分。商业银行可能会选择特定的财务比率作为贷款协议的一部分，其中两个最有可能的比率是债务与权益比率和流动性比率。

主计长评分最高的是盈利能力比率，其中每股收益和投资报酬率分值最高。许多企业还选择了一些关键财务比率（如盈利能力比率）作为企业目标的一部分。

注册会计师对重要性评分最高的是两个流动性比率：流动比率和应收账款周转天数。评分最高的盈利能力比率是税后净利润率，分值最高的偿债能力比率是债务与权益比率。

企业通过运用财务比率，可以利用年度报告将财务数据有效联系起来。通常，企业不会特意通过在年报中披露财务比率对财务成果做出解释。年报披露了财务比率，对它们所用计算方法的分析表明，对于应当计算多少财务比率，各个企业之间存在很大差别。

对财务报表及其附注的研究说明了不同会计政策对报表稳健程度的影响。如果企业会计政策比较稳健，其收益质量较高。

有许多运用财务比率预测财务失败的学术研究，但都尚未提出一个预测财务失败的定论性模型。

审计师运用财务分析作为分析性复核程序的一部分。通过财务分析，可以觉察经营统计数据的重大变动和非常项目。这可以提高审计效率和效果。

管理层可以通过多种方式运用财务分析，从而更有效地管理企业。最有效地运用财务分析方式便是把作为企业目标的财务比率与综合预算有机地结合起来。

在年报中运用图示技术披露财务信息现在很受人们青睐。图示使人更容易抓住关键的财务信息。相对于文字报告或图表方式而言，图示是更好的信息传递工具。

许多公司正在重述其财务报表。在分析财务报表时，财务报表重述成为一个重要的问题。

不恰当的盈余管理行为已成为一个非常热门的话题，而且令人鼓舞的是，这种不恰当的盈余操纵行为已经得到抑制。

房地产市场的崩溃和许多金融机构的纷纷倒闭导致全球股票市场的崩塌。对某家公司数周之前的分析结果现在已经没有多少用处。

评估的目标是确定公司股本的价值。理论上，公司的价值来自其创造的现金流量以及基于现金流量获得投资收益的能力。调查显示，多期间折现评估模型在分析家和基金经理的常规评估活动中并未起到重要的作用，而市盈率似乎是主导参数。多期间折现评估模型在所调查的管理咨询公司中起到积极的作用。

思考题

11.1　商业贷款主管对盈利能力指标的重要性评分非常高。试对此进行评论。

11.2　主计长对盈利能力指标的重要性评分非常高。试对此进行评论。

11.3　根据本书所讨论的内容，列出包含在企业目标中的前五个财务比率，并说明它们主要评价的内容。

11.4　注册会计师认为哪两个财务比率最重要？评分最高的盈利能力比率是什么？评分最高的偿债能力比率是什么？

11.5　列举三种会计人员常用的图示形式。

习题

11—1 青年公司 2012 年、2011 年和 2010 年财务报表的部分财务数据如下所示。

	2012 年	2011 年	2010 年
资产总额	$ 1 205 000	$ 952 000	$ 945 000
产品销售成本	360 000	420 000	440 000
存货	56 000	64 000	53 000
净利润	65 000	25 000	16 000

要求

1. 计算青年公司 2012 年和 2011 年的存货周转率。

2. 假设一年为 360 天。2012 年 12 月 31 日，出售所有存货需要多少天？2011 年 12 月 31 日，出售所有存货又需要多少天？

3. 你认为该公司的存货管理存在什么问题？

11—2 霍金斯公司、拉尔森公司和多布森公司 2012 年和 2011 年的三个比率如下所示。

	时　点	霍金斯公司	拉尔森公司	多布森公司
流动比率	2012 年 12 月 31 日	2.8：1	2.3：1	1.8：1
	2011 年 12 月 31 日	2.0：1	1.5：1	2.2：1
存货周转率	2012 年 12 月 31 日	6.9 次	5.8 次	8.0 次
	2011 年 12 月 31 日	7.6 次	5.8 次	9.6 次
酸性测试比率	2012 年 12 月 31 日	2.5：1	2.1：1	0.5：1
	2011 年 12 月 31 日	1.0：1	1.4：1	1.2：1

要求

1. 哪家公司的存货和预付项目所占的百分比更大？你如何说明之？

2. 就短期而言，哪家公司支付账单的能力想得更差？请解释之。

3. 哪家公司的流动性最强？请解释之。

11—3 索普公司是一家专业设备及辅助材料批发商。该公司 2007 年至 2009 年三年间的年平均销售额大约为 900 000 美元。该公司 2009 年年末的资产总额为 850 000 美元。

索普公司的总裁要求公司的主计长准备一份报告，总结过去三年公司经营的财务方面。该报告将在下一次会议提交给董事会。

除了比较财务报表以外，主计长还拟提交一份相关财务比率的数据，帮助说明和解释公司发展趋势。根据主计长的要求，会计人员计算了该公司 2007 年至 2009 年三年间的如下财务比率：

比　率	2007 年	2008 年	2009 年
流动比率	2.00	2.13	2.18
酸性测试（速动）比率	1.20	1.10	0.97
应收账款周转率	9.72	8.57	7.13
存货周转率	5.25	4.80	3.80
负债比率	44.00%	41.00%	38.00%
长期负债比率	25.00%	22.00%	19.00%
销售额与固定资产比率（固定资产周转率）	1.75	1.88	1.99
以 2007 年度销售额为基础的销售额百分数	100.00%	103.00%	106.00%
毛利率	40.0%	33.6%	38.5%
净利润与销售额比率	7.8%	7.8%	8.0%
全部资产报酬率	8.5%	8.6%	8.7%
股东权益报酬率	15.1%	14.6%	14.1%

在准备这份报告时，主计长决定在不考虑其他数据的基础上分析这些比率，以确定三年间的这些比率本身是否反映重要的趋势。

要求

1. 流动比率不断提高，而酸性测试（速动）比率不断降低。运用所提供的比率说明和解释导致这种明显相反趋势的可能因素。

2. 根据所提供的比率，就该公司在 2007 年到 2009 年三年间所运用的财务杠杆而言，可以得出什么结论？

3. 根据所提供的比率，就该公司的厂房与设备投资净额而言，可以得出什么结论？

资料来源　1988 年 6 月 4 日和 1987 年 6 月 6 日的注册财务分析师考试（1）的资料。1988 年 6 月 6 日经投资管理与研究协会和注册财务分析师协会授权使用。

（注册管理会计师考试题目）

11—4　阿尔果销售公司最近会计年度的财务报表数据之间保持如下关系：

销售毛利率	40%
销售净利润率	10%
销售费用占销售净额的百分比	20%
应收账款周转率	8 次/年
存货周转率	6 次/年
酸性测试比率	2：1
流动比率	3：1
速动资产构成：现金占 8%，有价证券占 32%，应收账款占 60%	
资产周转率	2 次/年
资产总额与无形资产之比	20：1
累计折旧与固定资产成本之比	1：3
应收账款与应付账款之比	1.5：1
营运资本与股东权益之比	1：1.6
负债总额与股东权益之比	1：2

该公司 2009 年的净利润为 120 000 美元，普通股每股收益为 5. 20 美元。其他补充信息如下：

核准、发行（均在 2000 年）与流通在外的股份：

普通股，每股面值为 10 美元，溢价 10% 发行

非参与优先股，股利率为 6%，每股面值为 100 美元，溢价 10% 发行

2009 年 12 月 31 日，普通股每股市场价值 78 美元

2009 年已经支付优先股股利 3 000 美元

2009 年利息保障倍数 33

下列项目 2009 年 12 月 31 日的余额与 2009 年 1 月 1 日的金额相等：

存货、应收账款、利率为 5% 的应付债券（2017 年到期）和股东权益总额。

所有购货与销售均为赊购与赊销。

要求

1. 采用恰当格式编制 2009 年的简化资产负债表与利润表，报告你期望出现在阿尔果销售公司财务报表的金额（不考虑所得税因素）。阿尔果销售公司资产负债表的主要项目包括流动资产、固定资产、无形资产、流动负债、长期负债和股东权益。除了题中给出的账户之外，你还应在财务报表上列出预付费用、应计费用和管理费用项目，并应该列示必要的计算过程。

2. 计算 2009 年度的下列指标（列出计算过程）：

（1）股东权益报酬率

（2）普通股的市盈率

（3）普通股每股已经支付股利

（4）优先股每股已经支付股利

（5）普通股收益率

资料来源　1988 年 6 月 4 日和 1987 年 6 月 6 日的注册财务分析师考试（1）的资料。1988 年 6 月 6 日经投资管理与研究协会和注册财务分析师协会授权使用。

（注册管理会计师考试题目）

11—5　沃尔福特公司通过公募发行普通股于 5 年前创立。现任总裁卢辛德·斯崔特拥有公司 15% 的普通股，是沃尔福特基金创建者之一。公司一直很成功，但最近面临资金短缺。2009 年 6 月 10 日，斯崔特联系了贝尔国民银行，申请对将于 6 月 30 日到期的两张共计 30 000 美元的票据给予 24 个月展期，另有一张金额为 7 000 美元的票据将于 12 月 31 日到期，但斯崔特估计到那时支付票据应该没有问题。斯崔特解释说，沃尔福特公司的现金流量困境主要是由于公司在未来两个会计年度内希望通过内部融资 30 000 美元，以便扩大厂房。

贝尔国民银行的商业信贷主管要求沃尔福特公司提供过去两年的财务报告，这些财务报告内容如下：

沃尔福特公司财务状况表

2008 年 3 月 31 日和 2009 年 3 月 31 日

	2008 年	2009 年
资产：		
现金	$ 12 500	$ 16 400
应收票据	104 000	112 000
应收账款（净额）	68 500	81 600
存货（按成本计价）	50 000	80 000
厂房与设备（净值）	646 000	680 000
资产总额	$ 881 000	$ 970 000
负债与所有者权益：		
应付账款	$ 72 000	$ 69 000
应付票据	54 500	67 000
应计负债	6 000	9 000
普通股（60 000 股，每股面值为 10 美元）	600 000	600 000
留存收益*	148 500	225 000
负债与所有者权益总额	$ 881 000	$ 970 000

* 支付现金股利，2008 年度为每股 1.00 美元，2009 年度为每股 1.25 美元。

沃尔福特公司利润表

会计年度截止于 2008 年 3 月 31 日和 2009 年 3 月 31 日

	2008 年	2009 年
销售收入	$ 2 700 000	$ 3 000 000
产品销售成本*	1 720 000	1 902 500
销售毛利	980 000	1 097 500
经营费用	780 000	845 000
税前净利润	200 000	252 500
所得税（税率为 40%）	80 000	101 000
税后利润	$ 120 000	$ 151 500

* 厂房与设备折旧费用计入了产品销售成本。2008 年和 2009 年厂房与设备折旧费用分别为 100 000 美元和 102 500 美元。

要求

1. 计算沃尔福特公司的下列项目：

（1）2008 年度和 2009 年度的流动比率

（2）2008 年度和 2009 年度的酸性测试比率

（3）2009 年度的存货周转率

（4）2008 年度和 2009 年度的资产报酬率

（5）2009 年度与 2008 年度相比，销售额、产品销售成本、销售毛利和税后利润的变动百分比。

2. 确定并解释有否其他财务报表和/或财务分析对贝尔国民银行的商业信贷主管评估斯崔特所要求的公司票据展期有所裨益。

3. 假设 2009 年度与 2008 年度相比，销售收入、产品销售成本、销售毛利和税后净利润变化情况在其后两个会计年度将重复出现。沃尔福特公司通过内部融资扩大厂房计划是否现实？请解释。

4. 考虑沃尔福特公司通过内部融资扩大厂房的计划，贝尔国民银行是否应该同意其票据展期？请解释。

资料来源　1988 年 6 月 4 日和 1987 年 6 月 6 日的注册财务分析师考试（1）的资料。1988 年 6 月 6 日经投资管理与研究协会和注册财务分析师协会授权使用。

（注册管理会计师考试题目）

案例　会计把戏

本案例摘自 1998 年 9 月 28 日美国证券交易委员会主席亚瑟·列维特在纽约大学法律与商务中心所做的题为"数字游戏"的演讲。

会计把戏

会计原则不是想变成一种束缚。会计人员有自知之明，他们知道他们没有办法亲身参与每一件经济事务，也不可能参与每项经过创新或改进后的交易，因此，他们建立了会计原则，容许一定程度的柔性以适应环境变化。这也正是为什么客观性、诚信与判断这类最高标准不允许例外。它们必须成为准则。

会计原则柔性的目的是使得会计跟上企业创新的步伐。但当人们发现这种柔性可以利用来作为欺诈的特性后，就开始滥用诸如盈余管理这类手段。各种技巧被利用以使财务事实上易变的特性变得模糊不清。之后，这就使管理人员的决策后果戴上了一副面具。这类实务上的处理不仅仅限于那些努力谋求吸引投资者兴趣的小公司。类似的事情也发生在那些生产我们所熟悉和赞赏的产品的公司身上。

那么，这些假象有哪些呢？今天，我想讨论其中 5 个比较流行的手法，它们是重组费用"大洗澡"、创造性的并购会计、"甜饼盒准备"、"非重要性"会计原则误用和提前确认收入。

重组费用"大洗澡"

我们先讨论重组费用"大洗澡"。

公司通过评估经营效率和盈利能力以保持竞争能力。然而，当我们看到大量与公司重组有关的费用时，问题就产生了。这些费用帮助公司"清洗"其资产负债表，给它来个"大洗澡"。

为什么公司试图高估这些费用？因为当企业收益最受人瞩目时，华尔街通行的定理就会忽略一时的损失，而仅仅关注其未来收益。

如果对这些费用做出略微超出稳健的估计，当会计估计变更或者未来收益下降时，这种所谓的稳健估计就会奇迹般地再生为收益。

当公司决定重组，管理人员与一般员工、投资者与贷款人、顾客与供应商都希望明白该事项产生的预期效果。当然，我们需要保证该信息在财务报告中披露。但这不应当导致所有相关成本都从财务报表上冲洗掉，尽管也许是多了一点。

创造性的并购会计

让我们转向第二个小伎俩。

近年来，所有行业都以合并、并购或是剥离的方式进行重组。一些实施并购的公司，尤其是那些通过股份而不是现金实施收购的公司，利用这种环境作为一种机会从事另一类的"创造性会计"，我称之为"合并魔术"。

今晚，我不是来探讨权益集合法还是购买法问题的。一些公司别无选择，只能采用购买法。这会导致较低的未来收益。但这是一些公司所不愿容忍的结果。

那它们会怎么做呢？它们将购并价格中那些持续增长的部分归类为"正在发生的"研究与开发费用，因此，你能猜到，那些金额会作为"一次性"费用注销掉。这样，就抹去了未来收益可能拖后腿的因素。同样的做法是为未来的经营费用创造巨额负债，以捍卫未来收益。所有这些都以并购为幌子。

"甜饼盒准备"

公司上演的第三种虚幻伎俩是运用不切实际的假设，为销售退回、贷款损失或产品保证成本这类项目估计负债。这样一来，它们把应计项目年景好的时候储藏在甜饼盒，等到年景差的时候再伸手掏出来。

这让我想起了一家美国公司，它为偿还其设备特许经营商的损失而计提了一大笔一次性损失冲销盈余。但那些设备，实际上还包括厨房下水槽，都还没买回来呢。与此同时，它宣告未来收益将以令人心动的15%的年增长率增长。

"重要性"

再看看第四种伎俩——滥用重要性原则——这是一个引起律师和会计师关注的措辞。重要性是我们在财务报告设置柔性的另一种方式。按收益递减的逻辑，有些项目非常不重要，以至于它们不值得精确计量和报告。

但一些公司却滥用了重要性概念，它们在规定的限度内蓄意做出错误的记录。然后，它们试图辩称，这对净收益影响甚微，无关紧要。如果真如此，那它们为什么还会这么卖力地去创造这些错误？也许就是因为这些影响事关重大，尤其是如果它弥补了共识性盈余预测所差的最后一分钱时更显得重要。当公司管理人员或者外部审计师对这些明显违背公认会计原则的做法提出质疑时，他们总是羞怯地回答："……，这没什么，它们不重要。"

在一个哪怕只比盈余预测差一分钱就会导致股票市值损失数百万美元的市场中，我难以接受这种所谓这些非重要事项无关紧要的说法。

收入确认

最后，企业试图通过操纵收入的确认来抬升盈余。不妨设想一瓶美酒，在它完全酿造好之前你是不会打开它的软木塞的。但有些公司对其收入就是这么做的。在销售完成之前就确认收入，在产品交付给客户之前就确认收入，或在客户还有权终止销售、取消或递延时就确认收入。

要求

1. 请评述"大洗澡"如何使世通公司能够掩饰其欺诈行为。

2. 为什么注销"正在发生的"研究与开发费用与"大洗澡"相类似?

3. 公司如何利用"坏账准备"作为"甜饼盒准备"?

4. 如何利用"重要性"原则或无视或至少部分无视某项会计准则?

互联网案例:Thomson ONE(商学院版)

请登录 www. cengage. com/international,完成包含本章讨论主题的网络案例。你可以使用 Thomson ONE(商学院版)。这是一个强有力的工具,它包含一系列基本财务信息、盈余估计、市场数据和 500 个上市公司的原始文档。

注释

1. C. H. Gibson,"Financial Ratios as Perceived by Commercial Loan Officers,"*Akron Business and Economic Review*(Summer 1983),pp. 23–27.

2. 本部分的评述基于查尔斯·吉布森博士 1981 年所做的研究。该研究得到德勤公司汉斯金与塞尔斯基金的赞助。

3. C. H. Gibson,"Ohio CPA's Perceptions of Financial Ratios," *The Ohio CPA Journal*,Autumn 1985,pp. 25–30,经俄亥俄州注册会计师月刊授权重印。

4. C. H. Gibson,"How Chartered Financial Analysts View Financial Ratios,"*Financial Analysts Journal*(May–June 1987),pp. 74–76.

5. Ibid.

6. C. H. Gibson,"Financial Ratios in Annual Report,"*The CPA Journal*(September 1982),pp. 18–29.

7. W. H. Beaver,"Alternative Accounting Measures as Predictors of Failure,"*The Accounting Review*(January 1968),pp. 113–122.

8. Ibid. ,p. 117.

9. Ibid. ,p. 119.

10. E. I. Altman,"Financial Ratios, Discriminant Analysis and the Prediction of Corporate Bankruptcy,"*Journal of Finance*(September 1968),pp. 589–609.

11. Edward I. Altman and Thomas P. McGrouph,"Evaluation of a Company as a Going Concern,"*The Journal of Accountancy*(December 1974),pp. 50–57.

12. Ibid. ,p. 52.

13. Suggested reference sources:

Anker V. Andersen,"Graphing Financial Information:How Accountants Can Use Graphs to Communicate,"*National Association of Accountants*(1983),p. 50.

Edward Bloches, Robert P. Moffie, and Robert W. Smud,"How Best to Communicate Numerical Data,"*The Internal Auditor*(February 1985),pp. 38–42.

Deanna Qxender Burgess,"Graphical Sleight of Hand:How Can Auditors Spot Altered Exhibits that Appear in Annual Reports?"*Journal of Accountancy*(February 2002),pp. 45–50.

Charles H. Gibson and Nicholas Schroeder, "Improving Your Practice—Graphically," *The CPA Journal* (August 1990), pp. 28–37.

Johnny R. Johnson, Richard R. Rice, and Roger A. Roemmich, "Pictures That Lie: The Abuse of Graphs in Annual Reports," Management Accounting (October 1980), pp. 50–56.

Robert Lefferts, *How to Prepare Charts and Graphs for Effective Reports* (New York: Barnes & Noble Books, 1982), p. 166.

David Lynch and Steven Galen, "Got the Picture? CPAs Can Use Some Simple Principles to Create Effective Charts and Graphs for Financial Reports and Presentations," *Journal of Accountancy* (May 2002), pp. 183–187.

Calvin F. Schmid and Stanton E. Schmid, *Handbook of Graphic Presentation*, 2nd ed. (New York: Ronald Press, 1979), p. 308.

14. http://www. sec. gov.

15. "Restatements of Profit Prove Costly to Investors," *The Wall Street Journal* (October 24, 2002), p. D2.

16. George J. Benoton and Al L. Hartgraves, "Enron: What Happened and What We Can Learn from It," *Journal of Accounting and Public Policy* (August 2002), pp. 105–127.

17. Susan Pulliam and Deborah Solomon, "How Three Unlikely Sleuths Discovered Fraud at WorldCom," *The Wall Street Journal* (October 30, 2002), p. A6.

18. Jared Sandberg and Susan Pulliam, "Report by WorldCom Examiner Finds New Fraudulent Activities," *The Wall Street Journal* (November 5, 2002), p. 1.

19. Pullman and Solomon, "How Three Unlikely Sleuths Discovered Fraud at WorldCom. "

20. Ibid.

21. Ibid.

22. Theo Francis, "AIG Issues Report, and Caution," *The Wall Street Journal* (June 1, 2005), p. C1.

23. Ibid. , p. C3.

24. Ibid.

25. Ibid.

26. Financial Restatements, July 2006, Gao-06-678, p. 4.

27. Ibid. , p. 48.

28. United States Government Accountability Office, Washington, DC, Letter addressed to the Honorable Paul S. Sarbanes, Ranking Minority Member, Committee on Banking, Housing, and Urban Affairs, United State Senate, August 31, 2006. Enclosure I , pg. 5, GAO-06-1053a Financial Restatement Database.

29. Marco Trombetta, "Discussion of Implied Cost of Equity in Earning s-Based Valuation: International Evidence," *Accounting and Business Research*, (2004, 34: 4), p. 345.

30. Richard G. Barker, "The Role of Dividends in Valuation Models Used by Analysts and Fund Managers," *The European Accounting Review* (1999, 8:2), p. 195.

31. Ibid. , p. 197.

32. Ibid.

33. Ibid. , pp. 200-201.

34. Ibid. , p. 200.

35. Ibid. , p. 202.

36. Ibid.

37. Ibid. , p. 204.

38. Ibid. , p. 205.

39. Ibid. , p. 214.

40. Efthimios G. Demirakos, Norman C. Strong, and Martin Walker, "What Valuation Models Do Analysts Use?" *Accounting Horizons* (December 2004, 18:4), p. 229.

41. Ibid.

42. Ibid. , p. 237.

43. Paul Asquith, Michael B. Mikhail, and Andrea S. Au, "Information Content of Equity Analyst Reports," *Journal of Financial Economics* (2005, 75), p. 278.

44. Trombetta, "Discussion of Implied Cost of Equity Capital", p. 345.

45. Tom Copeland, Tim Koller, and Jack Murrin *Valuation, Measuring, and Managing the Value of Companies*, 3rd Edition (New York: John Wiley & Sons, Inc. , 2000), p. preface 1x.

46. Ibid. , p. 62.

47. Ibid. , p. 67.

48. Ibid. , p. 113.

49. Ibid.

50. Ibid. , p. 115.

51. Ibid. , p. 116.

52. Ibid. , p. 315.

53. Ibid.

54. Ibid. , p. 317.

55. Ibid. , p. 321.

56. Roger Parloff, "Can We Talk," *Fortune* (September 2, 2002), pp. 102-103.

57. Ibid. , p. 103.

58. *Kasky v. Nike, Inc.* Cite as 45 p. 3d 243 (Cal 2002).

59. Eugene Valokh, "Nike and the Free-Speech Knot," *The Wall Street Journal* (June 30, 2003), p. A16.

60. Ibid.

61. Stephanie Kang, "Nike Settles Case with an Activist for $ 1. 5 Million," *The Wall Street Journal* (September 15, 2003), p. 10.

第 12 章　特殊行业财务报表分析

前面各章主要涉及制造业、零售业、批发业和服务业的财务报表分析。本章将讨论银行业、公用事业、石油与天然气行业、运输业、保险业和房地产业等6个特殊行业的财务报表分析。本章将重点讨论这些行业财务报表的差异以及在财务报表分析时需要变动或增加的内容。

12.1　银行业

只有取得联邦或州政府特许证之后，银行才能经营其业务。全国性银行必须向货币控制局提交统一的会计报表。州银行由各州金融部门负责监管。此外，联邦储备系统的所有成员都必须向联邦存款保险公司和联邦储备系统管理委员会报送财务与经营报表。各成员银行还必须在所属地区的联邦储备银行存入一定数额的准备金。各州的金融法还规定银行开展业务的地理区域，包括从一个县到各州之间。

金融系统通常包括单个银行与银行持股公司两种结构类型。银行持股公司（bank holding companies）包括一个持有一个或多个银行的母公司。此外，持股公司可能拥有与银行业相关的财务服务公司和非财务子公司。在分析其财务报告时，我们必须确定银行业服务的业务范围。只有其主要服务都具有银行业的性质，具体行业指标才具有意义。

图表12—1列示了第一银行公司2008年年度报告的部分内容。

图表12—1　　　**第一银行公司*2008年年度报告部分数据**

第一银行公司合并资产负债表

（除了每股数据，单位为千美元）	2008 年 12 月 31 日	2007 年 12 月 31 日
资　产		
现金与到期应收其他银行存款	126 227	194 103
带息银行存款	326 874	2 387
出售的联邦基金	1 000	399 000
证券（市场价值分别为 456 075 000 美元和 467 921 000 美元）	455 568	467 719
贷款：		
贷款总额（扣除未实现利息净额）	2 757 854	2 487 099
贷款损失准备	(34 290)	(29 127)
贷款净额	2 723 564	2 457 972
房屋与设备净值	91 411	88 110
其他拥有的不动产净值	3 782	1 300
无形资产净值	7 508	8 099
商誉	34 327	34 327

	2008 年 12 月 31 日	2007 年 12 月 31 日
资　产		
应计应收利息	24 398	26 093
其他资产	72 545	63 896
资产总额	3 867 204	3 743 006
负债与股东权益		
存款：		
不带息存款	1 025 749	966 214
带息存款	2 351 859	2 322 290
存款总额	3 377 608	3 288 504
短期借款	12 884	30 400
应计应付利息	5 827	7 831
其他负债	30 290	16 899
长期借款		606
次级附属信用债券	26 804	26 804
负债总额	3 453 413	3 371 044
承诺与或有负债（附注 19）		
股东权益：		
高级优先股（面值 1.00 美元，核准发行 10 000 000 股，尚未发行）	—	—
累积优先股（面值 5.00 美元，核准发行 900 000 股，尚未发行）	—	—
普通股（面值 1.00 美元，核准发行 20 000 000 股，已经分别发行并流通在外 15 281 141 股和 15 217 230 股）	15 281	15 217
资本公积	67 975	63 917
留存收益	315 858	285 879
累积其他全面收益（分别扣除所得税 7 903 000 美元和 3 742 000 美元之后的净额）	14 677	6 949
股东权益总额	413 791	371 962
负债与股东权益总额	3 867 204	3 743 006

* "第一银行公司……是一家在俄克拉荷马州经营业务的公司，也是一家根据联邦法律成立的金融持股公司。" 10-K 格式报告。

图表 12—1　　　　第一银行公司 2008 年年度报告部分数据（续）

第一银行公司合并利润与全面收益表

（除了每股数据，单位为千美元）	会计年度截止于 12 月 31 日		
	2008 年	2007 年	2006 年
利息收益			
贷款（包括手续费）	172 234	189 786	179 942
证券：			
应税	16 387	18 397	17 345
免税	1 439	1 398	1 533
出售联邦基金	7 315	21 047	13 952
带息银行存款	549	121	453
利息收益总额	197 924	230 749	213 225
利息费用			
存款	56 384	78 606	63 167
短期借款	458	1 667	1 798
长期借款	9	50	160
次级附属信用债券	1 966	2 140	4 412
利息费用总额	58 817	82 463	69 537
利息收益净额	139 107	148 286	143 688
贷款损失准备	10 676	3 329	1 790
扣除贷款损失准备后的利息收益净额	128 431	144 957	141 898
非利息收益			
信托收入	5 972	6 077	5 765
存款服务手续费	33 060	29 395	28 200
证券交易	6 938	8 337	526
出售贷款收益	2 127	2 397	2 259
保险佣金与保险费	6 913	6 434	6 457
保险赔偿	—	3 139	—
现金管理	10 796	9 296	7 790

续表

	会计年度截止于 12 月 31 日		
	2008 年	2007 年	2006 年
出售其他资产利得	2 971	31	605
其他	5 608	6 032	6 822
非利息收益总额	74 385	71 138	58 424
非利息费用			
工资与员工福利	79 886	76 814	70 336
场地与固定资产费用净额	8 956	8 357	8 245
折旧	7 647	7 568	6 850
无形资产摊销	902	968	981
数据处理服务	3 297	2 783	2 736
其他不动产费用净额	179	128	52
营销与业务拓展	6 271	7 606	6 544
早期债务损失	—	1 894	—
其他	27 868	28 328	28 813
非利息费用总额	135 006	134 446	124 557
税前利润	67 810	81 649	75 765
所得税费用	23 452	28 556	26 413
净利润	44 358	53 093	49 352
其他全面收益（已经分别扣除了所得税 4 161 000 美元、3 688 000 美元和 1 652 000 美元）			
未实现证券利得或损失	4 952	7 536	5 248
净利润的损失（利得）重分类调整	2 776	(687)	(2 180)
全面收益	52 086	59 942	52 420
普通股每股净利润			
普通股基本每股净利润	2.91	3.41	3.14
普通股稀释后每股净利润	2.85	3.33	3.07

图表 12—1　　　　　**第一银行公司 2008 年年度报告部分数据（续）**

第一银行公司合并股东权益表

（除了每股数据，单位为千美元）	会计年度截止于 12 月 31 日					
	2008 年		2007 年		2006 年	
	股票数量	金额	股票数量	金额	股票数量	金额
普通股						
期初数量	15 217 230	15 217	15 764 310	15 764	15 637 170	15 637
发行数量	103 911	104	45 373	45	127 140	127
回购与注销数量	（40 000）	（40）	（592 453）	（592）	—	—
期末数量	15 281 141	15 281	15 217 230	15 217	15 763 310	15 764
资本公积						
期初余额		63 917		61 418		57 264
发行普通股		4 058		2 499		4 154
期末余额		67 975		63 917		61 418
留存收益						
期初余额		285 879		271 073		232 416
净利润		44 358		53 093		49 352
普通股股利（每股分别为 0.76 美元、0.68 美元和 0.60 美元）		（12 785）		（11 747）		（10 695）
回购与注销普通股		（1 594）		（26 540）		—
期末余额		315 858		285 879		271 073
累计其他全面收益（损失）						
未实现证券利得（损失）：						
期初余额		6 949		100		（2 968）
变动净额		7 728		6 849		3 068
期末余额		14 677		6 949		100
股东权益总额		413 791		371 962		348 355

12.1.1　资产负债表

　　商业银行的资产负债表有时称为财务状况报告。传统资产负债表与银行资产负债表之间存在两个重要差异：首先，银行的账户设置可能与其他行业的账户设置方向相反。活期或定期存款是银行的负债，因为这是银行欠顾客的钱。同样，对顾客的贷款属于银行的资产，即应收账款。其次，银行的资产负债表账户不再区分流动性与非流动性账户。

　　有些银行非常详细地披露其资产与负债的情况。而有些银行则只作概括性披露。阅读概括性披露的财务报表的质量就不如阅读详细披露的财务报表。

　　银行代表性资产包括库存现金或到期应收其他银行款、证券投资、贷款、银行的房屋与设备。详细地阅读银行披露的各项资产，就可能发现其风险或机会。例如，审阅银行的资产可能发现，如果利率上升，银行就可能存在重大风险。一般的规律是如果利率变动1%，20年期定期债务的本金就会产生利得或损失8%。因此，如果利率上升4%，1亿美元的20年期债券投资，其本金将损失0.32亿美元。持有长期固定利率抵押债券的银行就是一个类似的例证。如果利率上升，这些抵押债券的价值可能显著下降。许多银行的年度报告不披露固定利率抵押债券的金额。

分析资产负债表股东权益部分可以确定是否存在可观的累计全面收益（损失）。第一银行公司2007年12月31日和2008年12月31日的累计全面收益分别为6 949 000美元和14 677 000美元。该项目主要变动额是因为未实现证券利得会计处理变更累计影响而产生的利得7 728 000美元。

次级不动产贷款成为金融机构的一个重要问题。尽管次级不动产贷款没有一个标准的定义，但是，人们感觉其风险可能延伸到其他不动产贷款。

显然，第一银行公司并没有具体评述不动产贷款，但是对其贷款做了如下评述：

公司的贷款主要面向俄克拉荷马州的顾客，而且超过一半的贷款是不动产抵押贷款。我们通过限制个别借款者的贷款数额、发放贷款的标准和贷款监管程序来控制贷款的信用风险。根据公司发放贷款的标准和管理层的信用风险评估确定抵押贷款的抵押品数额和类型。抵押品的类型可能五花八门，但可能包括不动产、设备、应收账款、存货、牲畜和证券。公司通过签订抵押合约并取得置留权甚至占用该抵押品来保护其抵押品利益。

第一银行公司的贷款损失拨备分别为10 676 000美元（2008年度）、3 329 000美元（2007年度）和1 790 000美元（2006年度）。这些贷款损失拨备覆盖第一银行公司的所有贷款。

近年来，欠发达国家（LDC）贷款已成为一个全球性问题。总体而言，这种贷款比国内贷款具有更大的风险。显然，第一银行公司2008年年末或2007年年末都没有国际贷款。

作为资产评价的一个组成部分，必须分析其关联方贷款的披露情况，观察这些贷款的重要性与发展趋势。

第一银行公司的关联方贷款披露情况如下：

第一银行公司以正常的经营业务贷款给公司执行官和董事以及这些执行官和董事的某些附属机构。管理层认为所有这些贷款的条款实际上与目前其他个人的可比交易相同，并没有显示出特别高的可收回风险或其他不利的特征。这些关联方贷款汇总如下所示（单位为千美元）：

会计年度截止于12月31日	期初余额	本期增加额	本期收回/到期额	期末余额
2006年	7 715	9 485	(8 764)	8 436
2007年[①]	8 436	23 127	(15 755)	15 808
2008年	15 808	50 282	(44 172)	21 918

①其"增加额"包括与2007年11月新选的董事相关的贷款大约6 905 000美元。

查阅贷款损失准备的披露情况，也许可以发现其中的显著变动和/或重大损失。

第一银行公司贷款损失准备的披露情况如下所示（单位为千美元）：

	会计年度截止于 12 月 31 日		
	2008 年	2007 年	2006 年
期初余额	29 127	27 700	27 517
销账额	(6 275)	(2 683)	(3 481)
收回额	762	781	1 364
销账净额	(5 513)	(1 902)	(2 117)
因经营活动而增加的贷款损失准备	10 676	3 329	1 790
因收购而增加的贷款损失准备	—	—	510
增加总额	10 676	3 329	2 300
期末余额	34 290	29 127	27 700

阅读非经营性资产的披露情况。通常，非经营性资产（Nonperforming assets）是银行不能获得利润或只能消耗利润的那些资产。非经营性资产包括非应计贷款、重协商贷款以及其他不动产。非应计贷款是指无法偿还以致银行停止对该贷款计算利息收益的贷款。重协商贷款是指由于顾客无法达到原贷款条款，银行必须与其重新协商的贷款。受其他因素的影响，银行在调整贷款损失准备时也应该考虑重协商贷款。

其他不动产通常还包括银行在取消一项贷款的赎回权时获得的不动产。例如，银行为某公司的一家酒店提供贷款，并以该酒店作为抵押品。如果银行取消该贷款的赎回权，就可以获得酒店的所有权。银行希望出售该酒店，但在找到买主之前相当长的一段时间内，银行必须拥有并经营该酒店。

必须详细地观察非经营性资产，以便防患于未然。例如，年底非经营性资产大幅度增加，这可能对以前年度的利润影响不大，但这意味着将对以后年度的利润产生负面影响。

第一银行公司的已经减值贷款和相关贷款余额情况如下：

下表总结了包括在已经减值贷款的贷款损失准备金额和相关贷款余额情况。2008年、2007 年和 2006 年，第一银行公司所有已经减值贷款的平均投资额分别为173 000美元、74 000 美元和 40 000 美元。2008 年、2007 年和 2006 年，第一银行公司没有从已经减值贷款得到较大数额的利息收益。

单位：千美元

	会计年度截止于 12 月 31 日		
	2008 年	2007 年	2006 年
已经减值贷款的贷款损失准备	1 599	1 740	1 226
已经减值贷款的余额	11 400	6 348	5 512

根据管理层的观点，如果应该支付的本金或利息已经超过 90 天的到期日，就可以判定借款人无法满足支付债务的条件。这时，这些贷款就列为非应计贷款。2008

年 12 月 31 日和 2007 年 12 月 31 日，第一银行公司的非应计贷款总额分别为 21 400 000 美元和 11 600 000 美元。与其原始合约条款相对照，因为有了这些非应计贷款，公司在 2008 年、2007 年和 2006 年必须确认额外的利息收益大约分别为 1 400 000 美元、564 000 美元和 443 000 美元。公司 2008 年 12 月 31 日和 2007 年 12 月 31 日已经超过 90 天的到期日的应计贷款总额分别为 1 300 000 美元和 823 000 美元。公司 2008 年 12 月 31 日和 2007 年 12 月 31 日的重组贷款总额分别为 1 000 000 美元和 1 100 000 美元。

通常，银行的负债包括储蓄、定期存款与活期存款、贷款契约及长期债务。仔细观察债务披露的有利或不利趋势。例如，储蓄存款数额减少意味着银行正在失去其最廉价的资金来源之一。2008 年的存款总额适度增加，这是有利的影响。2008 年的负债总额也适度增加，其主要原因是存款增加。

作为负债分析的一个组成部分，要注意阅读描述承诺与或有负债的附注。附注可能揭示重要的承诺与或有负债。第一银行公司包括如下附注：

附注 19——承诺与或有负债

"为了满足顾客的融资需求，公司在其正常的经营过程涉足了具有表外风险的金融工具。这些金融工具包括贷款承诺和担保信用证。这种担保信用证具有信用的元素和不同程度的利率风险。这些金融工具其他参与者的非经营性事件引起的公司信用损失风险体现在这些金融工具的合约数额上。为了控制这种信用风险，公司对这些金融工具采用与记录于资产负债表的贷款相同的贷款发放标准。具有表外风险的金融工具数额如下所示（单位为千美元）：

	2008 年 12 月 31 日	2007 年 12 月 31 日
贷款承诺	678 546	637 006
担保信用证	58 325	50 582

贷款承诺是公司与顾客签订的贷款合约。只要合约确立的条件没有任何变化，公司就应该贷款给顾客。担保信用证是公司签发的条件性承诺，公司担保顾客对第三方履行合约。这些金融工具通常都具有固定的到期日或其他终止条款，而且需要收取手续费。由于这些金融工具多数都会到期，未必需要实际履行，因此，其数额未必就是将来需要提供资金的承诺。"

除了股东权益总额相对资产总额通常很低之外，银行的股东权益与其他行业类似。多年来，通用的指导原则是银行的股东权益应该大约为其资产总额的 10%，但近年来极少银行拥有如此多的股东权益。目前，拥有 6%~7% 的股东权益就合适了。第一银行公司 2008 年年末大约拥有 10.7% 的股东权益。通常，股东权益占资产总额的比重越低，失败的风险就越大。尽管股东权益占资产总额的比重较高可能改善其安全性，但这可能会降低银行的盈利能力，因为这需要更多的资本。

作为股东权益分析的一个组成部分，要注意阅读股东权益表及其任何显著变动的相关附注。第一银行公司的股东权益总额和留存收益都发生了显著的变动。

银行监管者目前采用的方法不仅检查股东权益占资产总额的比重是否足够，而且还评价股东权益占风险调整后资产总额的比重是否合适。第一银行公司披露了其

"附注 15——股东权益"的部分内容：

"根据相关法规确定的确保资本充足性的各种定量指标要求第一银行公司保持最低限度的资本数额以及第一层次资本（基于相关法规的界定）与加权平均风险资产总额、第一层次资本与加权平均资产总额的比率水平。截止于 2008 年 12 月 31 日，第一银行公司管理层认为公司满足其应该遵循的所有资本充足性要求。

第一银行公司遵循联邦储备系统管理委员会和联邦存款保险公司颁布的《风险资本指南》。这些指南用于评估资本的充足性，涉及对第一银行公司的资产、负债和基于法规实践确定的表外项目的定性和定量评估。如果第一银行公司不能满足最低限度的资本要求，相关法规制定机构可能采取某些强制或非强制措施。这可能直接对第一银行公司的财务报表产生重大影响。

截止于 2008 年 12 月 31 日，最近来自堪萨斯市联邦储备银行和联邦保险存款公司的通告都根据现时整改计划的法规框架将第一银行公司列为资本充裕的银行。根据联邦银行法规制定机构的定义，资本充裕银行的第一层次资本比率至少达到 6%，第一层次与第二层次综合比率至少达到 10%，而杠杆比率至少达到 5%。管理层认为第一银行公司最近资本分类通告没有出现任何足以改变第一银行公司资本类别的条件或事件。"

12.1.2　利润表

银行主要的收入来源通常是贷款和证券投资的利息收入。利息收入与利息费用之间的差额称为利息收益净额或利差净额。

利差净额对银行的盈利能力很重要。利率下降通常对银行的利差具有积极影响，因为银行可以在贷款和投资的平均收益率下降之前降低对存款支付的利率。利率上升通常对银行的利差具有消极影响，因为银行必须在贷款和投资的平均收益率调整之前提高存款的利率。

银行的利润表包括一个单独的其他收益（非利息收益）部分。其他收益通常包括信托部门费用、存款账户服务费用、交易账户利润（损失）以及证券交易。

其他收益对银行的重要性显著提升。例如，近年来服务收费的重要性提升了，因为许多银行将收费定在可盈利的水平上。这通常是改善成本分析的结果。此外，银行还增加了非传统的收入来源，如抵押融资、出售共同基金、出售年金以及为其他银行和金融机构提供计算机服务。

第一银行公司 2008 年和 2007 年扣除贷款损失准备之后的利息收益净额分别为 128 431 000 美元和 144 957 000 美元。

第一银行公司的非利息收益从 2007 年的 71 138 000 美元增加到 2008 年的 74 385 000 美元，而其相应的非利息费用从 134 446 000 美元增加到 135 006 000 美元。

12.1.3　银行业财务比率

由于账户和财务报表格式存在较大差异，传统财务指标很少能适用于银行业。少数可以使用的几个比率包括资产报酬率、权益报酬率以及大部分与投资相关的比率。接下来讨论银行业财务报表分析所使用的几个重要指标，但不包括全部相关指标。

KBW（Keefe，Bruyette & Woods，Inc.）投资银行在其《银行业绩效报告》中列举了21个财务比率。这是银行业平均指标的一个非常好的信息来源。

1. 盈利资产与资产总额比率

盈利资产包括贷款、租赁、证券投资以及货币市场资产，但不包括现金、非营利存款和固定资产。盈利资产与资产总额比率反映银行管理层营运资产的好坏。经营绩效好的银行，该比率就比较高。

银行通常以年平均数为基础列示其数据。这些数据将用于计算许多比率。本书采用年末数据。图表12—2列示了第一银行公司的盈利资产与资产总额比率。就该比率而言，2008年比2007年略有增长。

图表12—2　　　第一银行公司2008年和2007年的盈利资产与资产总额比率　　　单位：千美元

	2008 年	2007 年
平均盈利资产（A）	3 507 006	3 327 078
平均资产总额（B）	3 867 204	3 743 006
盈利资产与资产总额比率（A÷B）	90.69%	88.90%

2. 平均盈利资产利差率

平均盈利资产利差率是银行盈利能力的一个关键比率，因为该比率说明管理层控制利息收入与利息费用差额的能力。图表12—3列示了第一银行公司的平均盈利资产利差率。由此可见，第一银行公司的盈利能力显著下降。

图表12—3　　　　　　　第一银行公司平均盈利资产利差率

会计年度截止于2008年12月31日和2007年12月31日　　　单位：千美元

	2008 年	2007 年
利差（A）	139 107	148 286
平均盈利资产（B）	3 507 006	3 327 078
平均盈利资产利差率（A÷B）	3.97%	4.46%

3. 贷款损失补偿率

将税前利润与贷款损失准备之和除以销账净额计算出来的贷款损失补偿率有助于确定资产质量和贷款安全程度。图表12—4列示了第一银行公司的贷款损失补偿率。2008年该比率显著下降，而且将对第一银行公司产生重要的影响。

图表12—4　　　　　　　第一银行公司贷款损失补偿率

会计年度截止于2008年12月31日和2007年12月31日　　　单位：千美元

	2008 年	2007 年
税前利润	67 810	81 649
贷款损失准备	10 676	3 329
税前利润与贷款损失准备之和（A）	78 486	84 978
销账净额（B）	5 513	1 902
贷款损失补偿率（A÷B）	14.24 倍	44.68 倍

4. 权益资本与资本总额比率

权益资本与资产总额比率也称为资金与资产总额比率，它评价银行的权益所有权程度。银行的权益所有权对举债或运用财务杠杆的风险具有缓冲作用。图表 12—5 列示了运用第一银行公司年末数据计算的权益资本与资本总额比率。该比率从 2007 年的 9.94% 上升到 2008 年的 10.7% 。这些比率看上去都非常不错。

图表 12—5　　　　　　第一银行公司权益资本与资产总额比率

会计年度截止于 2008 年 12 月 31 日和 2007 年 12 月 31 日　　单位：百万美元

	2008 年	2007 年
平均权益（A）	413 791	371 962
平均资产总额（B）	3 867 204	3 743 006
权益资本与资产总额比率（A÷B）	10.70%	9.94%

5. 存款与资本比率

存款与资本比率同时考虑了存款者和股东的利益。在某种程度上，这是一种债务与权益比率，反映了银行的债务状况。资本越多，意味着安全边际越大。更多的存款可以为股东带来更高的报酬率，因为可以拥有更多的资金用于投资。图表 12—6 列示了以年末数据为基础的第一银行公司的存款与资本比率。存款与资本比率从 2007 年的 8.84 下降到 2008 年的 8.16。

图表 12—6　　　　　　　第一银行公司存款与资本比率

会计年度截止于 2008 年 12 月 31 日和 2007 年 12 月 31 日　　单位：百万美元

	2008 年	2007 年
平均存款（A）	3 377 608	3 288 504
平均股东权益（B）	413 791	371 962
存款与资本比率（A÷B）	8.16 倍	8.84 倍

6. 贷存比率

平均贷款总额与平均存款比率属于负债比率的一种类型。贷款占银行资产很大的比率，而其本金债务却是在有限期间内随时可能根据需要提走的存款。这是一种偿债能力指标，用于评价银行的风险状况。图表 12—7 列示了第一银行公司的贷存比率。第一银行公司 2008 年的贷存比率提高，意味着从债务的角度看，其风险有所增加。

图表 12—7　　　　　　　　第一银行公司贷存比率

会计年度截止于 2008 年 12 月 31 日和 2007 年 12 月 31 日　　单位：百万美元

	2008 年	2007 年
平均贷款总额（A）	2 757 854	2 487 099
平均存款（B）	3 377 608	3 288 504
贷存比率（A÷B）	81.65%	75.63%

12.2　受管制的公用事业

公用事业为公众提供特殊服务。公用事业基本属于受政府管制（包括收费标准管制）的垄断单位。近年来，法规的强化降低了公用事业的垄断性。

联邦能源法规委员会为各州之间的电气公司制定了统一的会计制度。延伸阅读 12—1
联邦通信委员会以及各州的立法机构则为电话与电报公司制定了统一的会计制度。

本节讨论公用事业。近年来，多数公用事业增加了非管制性业务。在许多情况下，非管制性业务已经超过了管制性业务。非管制性公用事业的财务报表与受管制公用事业不同，尤其是资产负债表的形式。其资产负债表看上去像普通的资产负债表。本节所讨论的这些比率可能不适合存在大量非管制性业务的公用事业。

12.2.1　财务报表

公用事业的资产负债表与企业资产负债表的不同之处在于其账户排列顺序。第一项资产列示的是厂房与设备，随后是投资、其他资产、流动资产和递延费用。在负债和权益部分，首先是资本项目。资本项目通常包括所有长期资本来源，如普通股、优先股和长期债务。资本项目之后是流动负债部分、递延贷项与其他项目。

公用事业的利润表由经营收入减去经营费用而得到经营净利润。经营净利润经过其他收益（损失）的调整就得到扣除利息费用之前的利润，从中再扣除利息费用之后就得到税前利润。

图表 12—8 列示了威斯康星能源公司 2008 年年度报表的部分内容。通过图表 12—8 的讨论，可以了解公用事业的财务报表。

图表 12—8　　　　　　**威斯康星能源公司*部分财务数据**

威斯康星能源公司合并利润表
会计年度截止于 12 月 31 日

（除了每股数据，单位为百万美元）	2008 年	2007 年	2006 年
经营收入	4 431.0	4 237.8	3 996.4
经营费用			
燃料与外购动力	1 240.7	996.4	802.0
天然气销售成本	1 221.3	1 052.4	1 018.3
其他经营与维护费用	1 361.5	1 135.3	1 183.7
折旧、设施报废与摊销	326.8	328.2	326.4
财产与收入税	108.2	103.2	97.5
经营费用总额	4 258.5	3 615.8	3 427.9
利得摊销	488.1	6.5	—
经营利润	660.6	628.5	568.5
变压器子公司权益收益	51.8	43.1	38.6

	2008 年	2007 年	2006 年
其他收益与扣除项目净额	17.0	48.9	53.1
利息费用净额	153.7	167.6	172.7
持续经营税前利润	575.7	552.9	487.5
所得税	217.1	216.4	175.0
持续经营利润	358.6	336.5	312.5
中断经营税后利润（亏损）	0.5	(0.9)	3.9
净利润	359.1	335.6	316.4
（基本）每股收益			
持续经营	3.06	2.88	2.67
中断经营	0.01	(0.01)	0.03
（基本）每股收益总额	3.07	2.87	2.70
（稀释后）每股收益			
持续经营	3.03	2.84	2.64
中断经营	0.01	(0.01)	0.03
（稀释后）每股收益总额	3.04	2.83	2.67
加权平均普通股流通在外数量（百万股）			
基本加权平均普通股流通在外数量	116.9	116.9	117.0
稀释后加权平均普通股流通在外数量	118.2	118.5	118.4

＊ "我们的经营业务主要集中在两个经营分部：公用事业能源分部和非公用事业能源分部。我们的子公司包括威斯康星电力公司、威斯康星天然气公司、爱迪生索村公司（Edison Sault）和维动力公司（We Power）。"

图表 12—8　　　**威斯康星能源公司部分财务数据（续）**

威斯康星能源公司合并资产负债表

会计年度截止于 12 月 31 日　　　　　　　　单位：百万美元

	2008 年	2007 年
资　产		
财产、厂房与设备		
在用	9 925.6	8 959.1
累计折旧	(3 314.8)	(3 123.9)
	6 610.8	5 835.2
在建工程	1 830.0	1 764.1
租赁设备净值	76.2	81.9

	2008 年	2007 年
财产、厂房与设备净值	8 517.0	7 681.2
投资		
受限现金	172.4	323.5
变压器子公司权益投资	276.3	238.5
其他	41.6	42.7
投资总额	490.3	604.7
流动资产		
现金及现金等价物	32.5	27.4
受限现金	214.1	408.1
应收账款（分别扣除了坏账准备 48 800 000 美元和 38 000 000 美元）	369.5	361.8
应计收入	341.2	312.2
原料、备用品与存货	344.7	361.3
管制性资产	82.5	164.7
预付与其他项目	308.6	214.2
流动资产总额	1 693.1	1 849.7
递延费用与其他资产		
管制性资产	1 261.1	961.6
商誉	441.9	441.9
其他	214.4	181.2
递延费用与其他资产总额	1 917.4	1 584.7
资产总额	12 617.8	11 720.3
资本与负债		
资本		
普通股	3 336.9	3 099.2
子公司优先股	30.4	30.4
长期债务	4 074.7	3 172.5
资本总额	7 442.0	6 302.1
流动负债		
长期债务的流动部分	61.8	352.8
短期债务	602.3	900.7
应付账款	441.0	478.3
管制性负债	310.8	563.1
其他	318.9	207.9
流动负债总额	1 734.8	2 502.8

续表

	2008 年	2007 年
递延贷项与其他项目		
管制性负债	1 084.4	1 314.3
资产报废负债	57.3	54.5
长期递延所得税	814.0	551.7
累计递延投资税收抵免	41.6	47.8
递延收入净额	545.4	347.7
退休金与其他福利负债	635.0	310.1
其他长期负债	263.3	289.3
递延贷项与其他项目总额	3 441.0	2 915.4
承诺与或有负债（附注 S）	—	—
资本与负债总额	12 617.8	11 720.3

建设期间使用资金准备：建设期间使用资金准备包括在厂房项目中，表示厂房建设期间运用债务资金（建设期间使用资金准备的债务部分）的成本和基于厂房建设运用股东资本（建设期间使用资金准备的权益部分）的报酬。建设期间使用资金准备的债务部分作为利息费用的抵减项目，而建设期间使用资金准备的权益部分计入其他收益与扣除项目净额。威斯康星公共服务委员会核准威斯康星电力公司 2008 年度以 9.09% 的比率在其 2008 年测试期间的备忘录 5-UR-103 计提建设期间使用资金准备。有鉴于此，威斯康星电力公司就其 50% 的所有公用在建工程项目计提了建设期间使用资金准备，而就其橡胶溪空气质量控制系统项目的所有在建工程项目也计提了建设期间使用资金准备。根据尚未计提建设期间使用资金准备的在建工程项目目前报酬率水平确定威斯康星电力公司的收费标准。威斯康星公共服务委员会核准威斯康星电力公司 2007 年度和 2006 年度以 8.94% 的比率计提建设期间使用资金准备。威斯康星公共服务委员会核准威斯康星天然气公司 2008 年度以 10.80% 的比率在其 2008 年测试期间的备忘录 5-UR-103 就其 50% 的在建工程项目计提建设期间使用资金准备。根据尚未计提建设期间使用资金准备的在建工程项目目前报酬率水平确定威斯康星天然气公司的收费标准。威斯康星公共服务委员会核准威斯康星天然气公司 2007 年度和 2006 年度以 11.31% 的比率计提建设期间使用资金准备。

截止于 12 月 31 日的会计年度，我们的受管制分部记录的建设期间使用资金准备情况如下所示（单位为百万美元）：

	2008 年	2007 年	2006 年
建设期间使用资金准备的债务部分	3.3	1.8	5.2
建设期间使用资金准备的权益部分	7.8	5.2	14.6

非管制能源分部资本化利息与账面成本：作为动力传动项目的动力厂房建设的一个组成部分，根据《财务会计准则公告》第 34 号，我们资本化了建设期间的利息。根据与动力传动项目的动力厂房相关的租赁协议，我们可以从公用事业顾客那里收集到这些动力厂房建设的相关账面成本。我们在资产负债表上递延了这些收集到的账面成本。不过，一旦这些资产根据租赁条款投入使用，这些账面成本将摊销到相应的收入。有关与动力传动项目的动力厂房建设相关的资本化利息和账面成本会计处理的更多信息参见附注 E。

对于电力公用事业而言，存货不是问题，应收账款通常也不是问题。因为其服务是必需的，如果不付费，可以断电，甚至通常要求顾客预付费用。但近年来，应收账款对有些公用事业已经成问题了，因为有些公用事业委员会规定冬季不得停止服务。

2008年12月31日，威斯康星能源公司的原料、备用品与存货为344 700 000美元。威斯康星能源公司是一家兼具管制和非管制的能源公司。

有几个财务报表账户对于理解公用事业的财务报表特别重要。在资产负债表中，许多公用事业都有在建工程账户。根据图表12—8，威斯康星能源公司2008年和2007年的在建工程分别为1 830 000 000美元和1 764 100 000美元。

通常认为拥有大量在建工程项目的公用事业的投资风险高于没有在建工程项目的公用事业。多数公用事业委员会不允许在计算比率时加入在建工程项目，或只允许加入少部分在建工程项目。因此，公用事业的比率实际上并不反映在建工程项目。

公用事业在计算比率时倾向于在工程完成之后才将其计入财产与厂房。但是，公用事业委员会可能并不允许在计算比率时使用所有这些财产与厂房。如果该委员会认为因为缺乏效率而导致部分成本，那么，它可能不接受该成本。该委员会也可能因为公用事业判断失误导致产能过剩的原因而不接受部分成本。不被接受的成本实际上由股东承担，因为未来的利润不包括该成本的回收。从长期来看，所有的人都要为缺乏效率和产能过剩付出代价，因为不被接受的成本是导致公用事业股票价格下降和利率提高的一种风险，这就提高了公用事业的资本成本。由此反过来，迫使公用事业收费提高。

对于可接受的成本，风险在于公用事业委员会不接受合理的报酬率。找出在建工程占财产与厂房总额的比例很重要。同样，熟悉公用事业委员会对于在建工程成本的相关政策规定也很重要。

利润表账户即建设期间使用的权益资金准备和建设期间使用的债务资金准备，与资产负债表的在建工程成本相关。这两个账户的金额，有时合起来指建设期间使用资金准备，都计入在建工程成本。

建设期间使用的权益资金准备账户表示建设期权益资金的假设报酬率。建设期间使用的债务资金准备账户表示建设期间使用的借入资金的成本。威斯康星能源公司没有在其利润表中单独披露这些账户，而是在一个附注中描述了这些账户。

如果资产负债表的在建工程项目以假设的权益资金报酬率计算的金额不断增加，则公用事业为在成本基数基础上加上以假设的权益资金报酬率计算的金额。如前所述，公用事业委员会并不接受这种成本基数。计入成本基数的成本也通过权益资金准备加回利润。有时，建设期间使用的权益资金准备账户占公用事业净利润很大的比率。

利润表账户（即建设期间使用的债务资金准备账户）计入资产负债表的在建工程账户（即建设期间使用的债务资金利息）。由此，该利息计入成本基数。

在建工程数额巨大的公用事业可能面临严重的现金流量问题。这些公用事业所报告的净利润可能远远高于与利润表相关的现金流量。有时，这些公用事业发行额外的债券和股票，以便融资支付利息和股利。

威斯康星能源公司还有与非管制能源业务相关的资本化利息，这将成为其在建工程的一个组成部分。

12.2.2 受管制的公用事业财务比率

由于账户和财务报表形式的众多差异,传统财务比率很少适用于公用事业。少数可以使用的几个比率包括资产报酬率、权益报酬率、债务与权益比率以及利息保障倍数。与投资者相关的比率对分析公用事业的财务报表也有用。例如,每股现金流量比率是反映公用事业保持并增加股利的能力的一个重要指标。标准普尔的《行业调查》是获得公用事业综合行业数据的很好来源。

只要非管制业务与公用事业的业务相关,这里讨论的这些比率就经常适用于管制与非管制业务。

1. 经营比率

经营比率通过经营费用与经营收入的比较来评价经营效率。盈利较多的公用事业,该比率较低。利润表的纵向同比分析有助于理解该比率。图表12—9列示了威斯康星能源公司的经营比率。威斯康星能源公司2008年度的经营比率显著提高,因此,对其盈利能力具有负面影响。

图表12—9　　　　　　　**威斯康星公司经营比率**

会计年度截止于 2008 年 12 月 31 日和 2007 年 12 月 31 日　　　　单位:百万美元

	2008 年	2007 年
经营费用（A）	4 258.3	3 615.8
经营收入（B）	4 431.0	4 237.8
经营比率（A÷B）	96.11%	85.32%

2. 债务资金与经营财产比率

债务资金与固定性经营财产净值的比较是一个重要的比率,它有时称为长期债务与财产净额比率,因为债务资金属于长期债务。经营财产包括财产与厂房减去累计折旧,还有核燃料摊销准备,它也包括在建工程,因为它也是使用债务资金的项目。债务资金与经营财产比率评价偿债能力,揭示资金来源。该比率类似于负债比率,只考虑具体债务和获得利润以补偿债务费用的资产。图表12—10列示了威斯康星能源公司的债务资金与经营财产比率。威斯康星能源公司2008年度的债务资金与经营财产比率显著提高,表明债务风险增加。

图表12—10　　　　**威斯康星公司债务资金与经营财产比率**

会计年度截止于 2008 年 12 月 31 日和 2007 年 12 月 31 日　　　　单位:百万美元

	2008 年	2007 年
债务资金*（A）	4 136.5	3 525.3
经营财产**（B）	8 440.8	7 599.3
债务资金与经营财产比率（A÷B）	49.01%	46.39%

* 包括长期债务和长期债务的流动部分。

** 不包括租赁设施,已经从财产、厂房与设备中扣除。

3. 经营财产利润率

经营财产利润率有时也称为净财产利润率,它把净利润与主要用于获得利润的资产即财产与厂房净值联系起来。图表 12—11 列示了威斯康星能源公司的经营财产利润率。值得注意的是，威斯康星能源公司 2008 年度的经营财产利润率显著下降，这是一种不利的趋势。

图表 12—11　　**威斯康星公司经营财产利润率**

会计年度截止于 2008 年 12 月 31 日和 2007 年 12 月 31 日　　　单位：百万美元

	2008 年	2007 年
净利润[*]（A）	306.8	293.4
经营财产[**]（B）	6 687.0	5 917.1
经营财产利润率（A÷B）	4.59%	4.96%

[*] 不包括中断经营和权益收益。

[**] 不包括在建工程。

4. 经营收入与经营财产比率

经营收入与经营财产比率基本上就是经营资产周转率。在公用事业中，固定性厂房通常大大高于预期年收入。因此，该比率通常小于 1。图表 12—12 列示了威斯康星公司的经营收入与经营财产比率，其结果表明经营收入与经营财产比率显著下降，这是一种有利的趋势。

图表 12—12　　**威斯康星公司经营收入与经营财产比率**

会计年度截止于 2008 年 12 月 31 日和 2007 年 12 月 31 日　　　单位：百万美元

	2008 年	2007 年
经营收入（A）	4 431.0	4 237.8
经营财产[*]（B）	6 687.0	5 917.1
经营收入与经营财产比率（A÷B）	66.26%	71.62%

[*] 已经扣除了在建工程。

12.3　石油与天然气行业

石油与天然气公司的财务报表在很大程度上受到其所选用的核算勘探与生产相关成本的会计方法的影响。石油与天然气行业可以选用成功率法或完全成本法。本书将对这些方法及其对财务报表的影响一并讨论。石油与天然气公司的财务报表也很独特，因为它们必须以附注或补充信息的形式披露石油与天然气勘探、开发和生产活动。本节将解释这些要求。

现金流量对所有公司都很重要，但对石油与天然气公司特别重要。因此，现金流量必须作为石油与天然气公司财务报表分析的一个组成部分。此外，多数传统财务比率都适用于石油与天然气公司。本节不再讨论石油与天然气公司的专用比率。

我们将以康菲石油公司 2008 年的财务报表为例说明石油与天然气公司财务报表。康菲石油公司是一家综合性的全球能源公司。

12.3.1 成功率法与完全成本法

石油与天然气公司核算勘探和生产成本的两种不同方法是成功率法与完全成本法。

成功率法（successful-efforts method）仅将勘探成功的油气井的相关成本资本化为资产负债表的财产、厂房与设备项目。而勘探不成功的油气井（枯井）的相关成本则在确定该油气井是枯井时作为费用处理。完全成本法（full-costing method）则把所有油气井（无论成功与否）的勘探和生产成本都资本化为资产负债表的财产、厂房与设备项目。

基于这两种方法，列示在资产负债表的勘探和生产成本都要逐渐摊销为利润表的费用项目。与自然资源有关的摊销成本称为折耗费用。

勘探和生产所选用的成本核算方法对资产负债表和利润表具有重大影响。基于两种方法，勘探和生产成本最终都费用化，但费用化的时间选择却存在显著差异。

从理论上看，成功率法使得发生的成本与发现的特定储量之间存在一种直接的联系，因此，这些成本应该列示于资产负债表。那些与勘探不成功的相关成本是一种期间费用，应该计入利润表。从理论上看，完全成本法则把所有钻井，无论成功与否，都视为找到成功油气井过程的一个组成部分。因此，所有成本都应该列示在资产负债表。

从实践上看，到底采用成功率法还是完全成本法可能主要取决于实践需要而不是理论依据。多数规模相对较小的石油与天然气公司选择完全成本法，这使得资产负债表的数值较大。从短期来看，通常还可能导致较高的报告利润。规模较小的石油公司认为资产负债表数值较高和报告利润较大可以影响某些银行和有限合伙人，他们是规模较小的石油公司的融资来源。

规模大的石油与天然气公司倾向于选用成功率法。在短期内，这可能导致资产负债表数值较低，报告利润也较低。规模较大的公司通常以债券和股票作为主要的外部资本来源。债券和股票投资者却不会因为将废井资本化而获得较高的资产负债表数值和较高的报告收益所吸引。

选用的方法对资产负债表和利润表影响很大。成功率法更稳健。图表12—13描述了康菲石油公司核算勘探和生产成本所选用的会计方法。

图表12—13 **康菲石油公司 * 合并财务报表附注1（部分）**

石油与天然气勘探和开发：采用成功率法核算石油与天然气的勘探和开发成本。

财产购置成本：石油与天然气租赁权的购置成本已经资本化，并包括在资产负债表的财产、厂房与设备项目。根据勘探的经验和管理层的判断确认租赁权减值。一旦满足已探明储备量的重分类的所有必要条件，与租赁权相关的成本就重分类到已探明的财产。

勘探成本：地质与地理成本、运载成本和维护尚未开发财产的成本在其发生时确认为费用。在进一步评估是否发现经济的可收回储备量之前，油井勘探成本先作为资产负债表的资本化项目或"待处理"项目。如果没有发现经济的可收回储备量，油井勘探成本就作为枯井的费用处理。如果勘探的油井发现大量潜在的石油与天然气储备量，只要充分评估其经济储备量和经营有效性，油井勘探成本依然可以资本化。对于某些复杂的勘探活动，在我们进一步评估潜在石油与天然气油井

的钻探和地震勘探工作或我们寻求政府或合作者批准开发计划或地区的黄金许可证之前，勘探成本通常连续数年作为资产负债表的"待处理"项目。一旦取得所有必要的批准和许可手续，这些项目也就进入开发阶段，其石油与天然气也相应地分配到已探明储备量。

管理层每个季度都审核"待处理"油井的余额，持续监控钻探和地震勘探工作的结果。一旦"待处理"油井成为枯井，短期内不值得进一步投资，"待处理"油井成本就作为费用处理。

有关"待处理"油井的更多信息参见附注8——财产、厂房与设备。

* "康菲石油公司是一家全球综合性能源公司。" 10-K 格式报告。

12.3.2　石油与天然气勘探、开发和生产活动的补充信息

作为评价石油与天然气公司的一个部分，要注意补充的石油与天然气信息。图表12—14是康菲石油公司提供的补充信息概要。

图表12—14　**康菲石油公司** * **2008 年年度经营报告（未经审计）（部分）**

康菲石油公司在其2008 年年度报告用了20 页的篇幅提供补充数据（未经审计）。图表12—14只是其中的一个小部分。

石油与天然气经营情况（未经审计）

根据《财务会计准则公告》第69 号"石油与天然气生产活动的披露"和美国证券交易委员会的规定，我们就我们的石油与天然气的勘探和生产经营活动做了一些补充披露。尽管我们以认真和自信的态度提供这些信息，但是，由于提供这些信息涉及主观判断，我们还是要特别强调这些数据未必精确，只是一些估计数。相应地，这些信息未必体现了我们目前的财务状况或我们预期未来的经营成果。

这些补充信息披露的主要标题如下：

- 储备量管理。
- 全球已探明储备量。
- 经营成果。
- 统计资料。
- 已发生成本。
- 资本化成本。
- 与已探明石油和天然气储备量相关的折现未来现金流量净额的标准化指标。

* "康菲石油公司是一家全球综合性能源公司。" 10-K 格式报告。

12.3.3　现金流量

就石油与天然气公司而言，控制好现金流量显得特别重要。报告利润与经营活动现金流量之间可能存在潜在重大差异，一个原因在于从已探明储备量取得收入的前几年就投入了大笔勘探和开发费用；另一个原因是何时从财务报表扣除费用与何时从纳税申报表扣除之间可能存在很长的时间差异。因此，观察经营活动现金流量就显得非常重要。

现金流量表列示了三年间的经营活动现金流量。就康菲石油公司而言，2008 年、2007 年和2006 年的经营活动现金流量净额分别为 22 658 000 000 美元、24 550 000 000

美元和 21 516 000 000 美元。康菲石油公司 2008 年、2007 年和 2006 年的净利润（亏损）分别为 -16 998 000 000 美元、11 891 000 000 美元和 15 550 000 000 美元。

12.4 运输业

我们将讨论运输业的三个部分：航空、铁路和汽车运输部门。民用航空委员会负责管理国内商业航空业务，它要求使用统一的会计核算与报告制度。洲际商业委员会负责管理洲际铁路业务，它要求洲际铁路公司的核算与报告制度都遵循其统一的规定。洲际商业委员会还负责管理以运输服务为主要业务的洲际汽车运输部门。

12.4.1 财务报表

航空、铁路和汽车运输业的资产负债表与制造业或零售业相似。与资本密集型的制造业一样，财产、厂房与设备占了资产很大比重。而且备用品和零部件都是基本的存货项目。利润表与公用事业类似。收入和费用按其性质和功能两种标准进行核算。不需要计算产品销售成本，只需计算经营利润即收入（已分类）减去经营费用。从本质上说，这种表只是一种规定的分类格式的单步式利润表。这些报表无法转化为多步式利润表。

12.4.2 财务比率

除了存货周转率（因为没有产品销售成本）和毛利率之外，多数传统财务比率都适用于运输业。下面讨论几种特别适用于运输业的比率。这些比率来自图表 12—15 所列示的西南航空公司 2008 年度利润表和资产负债表。

图表 12—15　　　　**西南航空公司* 部分财务数据**

西南航空公司合并资产负债表

（除了股票数据，单位为百万美元）	2008 年 12 月 31 日	2007 年 12 月 31 日
资　产		
流动资产：		
现金及现金等价物	$ 1 368	$ 2 213
短期投资	435	566
应收账款与其他应收款	209	279
零部件与备用品存货（按成本计价）	203	259
燃料衍生金融工具合约	—	1 069
递延所得税	365	—
预付费用与其他流动资产	313	57
流动资产总额	2 893	4 443

续表

	2008 年 12 月 31 日	2007 年 12 月 31 日
财产与设备（按成本计价）：		
飞行设备	13 722	13 019
地面财产与设备	1 769	1 515
飞行设备购置合约的定金	380	626
	15 871	15 160
减：折旧与摊销	4 831	4 286
	11 040	10 874
其他资产	375	1 455
资产总额	14 308	16 772
负债与股东权益		
流动负债：		
应付账款	688	759
应计负债	1 012	3 107
航空交通负债	963	931
长期债务的流动部分	163	41
流动负债总额	2 806	4 838
长期债务（减去流动部分）	3 498	2 050
递延所得税	1 904	2 535
飞机出售与租回递延利得	105	106
其他递延负债	1 042	302
承诺与或有负债		
股东权益：		
普通股（面值 1.00 美元，核准发行 2 000 000 000 股，2008 年和 2007 年已经发行了 807 611 634 股）	808	808
资本公积	1 215	1 207
留存收益	4 919	4 788
累计其他全面收益（损失）	(984)	1 241
库存股（按成本计价，2008 年和 2007 年分别为 67 619 062 股和 72 814 104 股）	(1 005)	(1 103)
股东权益总额	4 953	6 941
负债与股东权益总额	14 308	16 772

　*　"西南航空公司是美国一家提供预订航空运输业务的主要民用航空公司。"10-K 格式报告。

图表 12—15 　　**西南航空公司*部分财务数据（续）**

西南航空公司合并利润表

（除了每股数据，单位为百万美元）	会计年度截止于 12 月 31 日		
	2008 年	2007 年	2006 年
经营收入：			
乘客	10 549	9 457	8 750
货物	145	130	134
其他	329	274	202
经营收入总额	11 023	9 861	9 086
经营费用：			
工资与福利	3 340	3 213	3 052
燃油	3 713	2 690	2 284
维修材料	721	616	468
飞机租金	154	156	158
停机费与其他租金	662	560	495
折旧与摊销	599	555	515
其他经营费用	1 385	1 280	1 180
经营费用总额	10 574	9 070	8 152
经营利润	449	791	934
其他费用（收益）：			
利息费用	130	119	128
资本化利息	(25)	(50)	(51)
利息收益	(26)	(44)	(84)
其他（利得）损失净额	92	(292)	151
其他费用（收益）总额	171	(267)	144
税前利润	278	1 058	790
所得税	100	413	291
净利润	178	645	499
基本每股收益	0.24	0.85	0.63
稀释后每股收益	0.24	0.84	0.61

　　传统行业平均值来源包括了运输业，联邦政府计算受管制行业的多种统计数据也包括运输业。一个例子就是洲际商业委员会的《年度报告》，它包括了美国运输业的统计数据。

　　对于汽车运输业，一个非常好的行业数据来源是每年发行的《汽车业财务分析》。它由位于华盛顿特区的美国货运协会发行。该出版物包括经济和行业概述、按运客类别分布的收入以及行业事件。它还包括对汽车运输业相关术语的定义。

美国有数百家汽车运输公司，大多数规模较小。美国货运协会按照运输集团统计数据。例如，A 集团包括数百家年收入低于 500 万美元的普通货运公司的综合数据。其中一个集团包括公众持股的普通货运公司的综合数据。

美国货运协会出版物的数据面很广，包括利润表和资产负债表的行业总金额。它还包括利润表和资产负债表的纵向同比分析。该出版物还包括大约 36 个比率和其他分析数据（如总吨数）。

1. 经营比率

经营比率是经营费用与经营收入之比，用以评价成本的高低。该比率越低越好，但外部条件如业务活动水平，可能会影响该比率。由于费率、运输工具的种类、运输量和运输距离的不同，每年的经营收入可能会波动。经营费用也会因为不同的收费标准、运输种类、提供的服务以及财产经营和维护效果而有所不同，这就需要借助收入和费用的共比分析来解释经营比率的变动。

图表 12—16 列示了西南航空公司的经营比率。西南航空公司的经营比率从 2007 年的 91.98% 上升到 2008 年的 95.41%。经营比率可能显著影响承运者的盈利能力。经营比率的这种趋势不利于西南航空公司。

图表 12—16　　　　　　　**西南航空公司经营比率**

会计年度截止于 2008 年 12 月 31 日和 2007 年 12 月 31 日　　　单位：百万美元

	2008 年	2007 年
经营费用（A）	10 574	9 070
经营收入（B）	11 083	9 861
经营比率（A÷B）	95.41%	91.98%

2. 长期债务与经营财产比率

由于运输公司大量投资于经营资产（如设备），长期性比率的重要性越来越大。长期借款能力也是一个关键因素。长期债务与经营财产比率反映取得财产的资本来源情况。它还评价借款能力。经营财产指长期财产和设备。图表 12—17 列示了西南航空公司的长期债务与经营财产比率。西南航空公司的长期债务与经营财产比率从 2007 年的 18.85% 显著提高到 2008 年的 31.68%。这是一种不良趋势。

图表 12—17　　　　　　**西南航空公司长期债务与经营财产比率**

会计年度截止于 2008 年 12 月 31 日和 2007 年 12 月 31 日　　　单位：百万美元

	2008 年	2007 年
长期债务（减去流动部分）（A）	3 498	2 050
经营财产（B）	11 040	10 874
长期债务与经营财产比率（A÷B）	31.68%	18.85%

3. 经营收入与经营财产比率

经营收入与经营财产比率评价经营财产的周转速度，其目的是如何使得单位数额的财产带来尽可能多的收入。图表 12—18 列示了西南航空公司的经营收入与经营财产比率。西南航空公司的经营收入与经营财产比率从 2007 年到 2008 年显著提高。

图表 12—18　　　**西南航空公司经营收入与经营财产比率**

会计年度截止于 2008 年 12 月 31 日和 2007 年 12 月 31 日　　　　单位：百万美元

	2008 年	2007 年
经营收入（A）	$ 11 023	$ 9 861
经营财产（B）	11 040	10 874
经营收入与经营财产比率（A÷B）	99.85%	90.68%

4. 每英里、每人、每吨负荷系数

运输公司还可以计算使用单位资源获得的收入和费用等额外信息。例如，铁路公司可以计算每条线路每英里的收入和费用，航空公司可以计算每人每英里的收入和费用。尽管并不要求披露这些指标，但有些企业还是会重点披露这些信息。

图表 12—19 列示了这类信息的披露情况，它提供了西南航空公司的统计数据。

图表 12—19　　　　**西南航空公司部分财务数据**

会计年度截止于 12 月 31 日（2004—2008）

项目6：部分财务数据（部分）					
	2008 年	2007 年	2006 年	2005 年	2004 年
经营数据：					
登机顾客收入	88 529 234	88 713 482	83 814 823	77 693 875	70 902 773
搭乘顾客数	101 920 598	101 910 809	96 276 907	88 379 900	81 066 038
乘客里程收入（百万美元）	73 491 687	72 318 812	67 691 289	60 223 100	53 418 353
可用座位里程(百万英里)	103 271 343	99 635 967	92 663 023	85 172 795	76 861 296
负荷系数[①]	71.2%	72.6%	73.1%	70.7%	69.5%
乘客平均距离（英里）	830	815	808	775	753
飞机平均长度（英里）	636	629	622	607	576
飞行里程	1 191 151	1 160 699	1 092 331	1 028 639	981 591
顾客平均运费	$ 119.16	$ 106.60	$ 104.40	$ 93.68	$ 88.57
单位顾客里程收入创造的顾客收入	14.35 ¢	13.08 ¢	12.93 ¢	12.09 ¢	11.76 ¢
单位可用座位里程创造的经营收入	10.67 ¢	9.90 ¢	9.81 ¢	8.90 ¢	8.50 ¢
单位可用座位里程创造的经营费用	10.24 ¢	9.10 ¢	8.80 ¢	8.05 ¢	7.97 ¢
单位加仑燃料成本（包括税款)[②]	$ 2.44	$ 1.80	$ 1.64	$ 1.13	$ 0.92
消耗的燃料(百万加仑)	1 511	1 489	1 389	1 287	1 201
期末全职员工数量	35 499	34 378	32 664	31 729	31 011
期末飞机编队规模[③]	537	520	481	445	417

[①]乘客里程收入除以可用座位里程。

[②]以前年度的数额已经重述，包括了燃料税。

[③]包括租赁的飞机。

12.5 保险业

保险公司提供两种类型的服务，第一种是明确的合约服务即死亡保险或损失保险；第二种是投资管理服务。

总体上看，保险组织有 4 种类型：

（1）股份公司。股份公司是为了其股东获得利润而组建的一种公司。本节讨论的保险业尤其与股份公司相关。许多内容同样也适合其他类型的保险组织。

（2）共同公司。共同公司不是一种公司实体，没有私人所有权利益，只是为了保单持有者以及受益人的利益而经营。

（3）利益互助会。利益互助会虽然不是公司制，但与共同公司一样，没有股本并只为其成员以及受益人的利益而经营。保单持有者参与分享互助会的利益，而且政策规定在法定储备减损时，互助会有权评估之。

（4）评估公司。评估公司是一种具有相似利益的有组织团体，如宗教团体。

从州一级就开始监管保险公司。从 1828 年开始，纽约州要求保险公司向州管理部门递交年度报告。随后，其他州也纷纷效仿，50 个州都设有要求保险公司上交年度报告的保险管理部门。保险公司根据法定会计原则（SAP）向州保险管理部门递交年度报告。美国保险专员协会（NAIC）是一个自愿组织，已经成功地在各州之间达到了几乎统一的会计准则，因此，各州法定会计准则没有太大区别[1]。

法定会计强调资产负债表。由于关注保护保单持有者，法定会计注重保险公司的偿债能力。年度报告上交给各州的保险管理部门之后，美国保险专员协会将实施一个测试程序。该测试程序根据计算的各种比率，关注保险公司的财务状况。如果保险公司的比率超出预定范围，美国保险专员协会将提醒州保险管理部门关注该保险公司。

A. M. 最佳公司出版的《最佳保险报告》分别面向人寿保险公司和财产意外保险公司发行。《最佳保险报告》对超过 3 000 家保险公司的财务状况做出评价。大多数保险公司都列入其最佳排名，等级从 A+（特优）到 C-（一般）。其他保险公司被列为"未列入"。"未列入"栏有 10 类，分别说明该保险公司未列入最佳排名的原因。

最佳公司的数据包括资产负债表、经营概要、经营比率、盈利能力比率、杠杆比率以及流动性比率。多数比率是行业所特有的比率。本书无法全部介绍并解释这些比率。值得注意的是，包括各种比率的财务数据以向州保险管理部门递交的数据为基础，因此，也就都以法定会计原则为基础。保险公司公认会计原则的发展远远滞后于法定会计原则。保险公司的年度报告以公认会计原则为基础。

1934 年的《证券交易法》在保险公司的州监管之外还建立了全国政府的监管制度。资产达到 100 万美元且至少有 500 名股东的股份制保险公司必须在证券交易委员会注册并递交规定的表格（如年度 10-K 格式报告）。递交给证券交易委员会的报告必须符合公认会计原则。

图表 12—20 列示了摘自查布公司 2008 年年度报告的利润表和资产负债表，这些财务报表按照公认会计原则编制。阅读这些财务报表可以观察到保险公司财务报表的

独特之处。

图表 12—20　　**查布公司*2008 年年度报告——部分财务数据**

查布公司合并利润表

（除了每股数据，单位为百万美元）	会计年度截止于 12 月 31 日		
	2008 年	2007 年	2006 年
收入			
已赚取的保费	$ 11 828	$ 11 946	$ 11 958
投资收益	1 732	1 738	1 580
其他收入	32	49	220
已实现投资利得（损失）净额	（371）	374	245
收入总额	13 221	14 107	14 003
索赔与费用			
保险索赔与赔偿费用	6 898	6 299	6 574
递延保单成本摊销	3 123	3 092	2 919
其他保险经营成本与费用	441	444	550
投资费用	32	35	34
其他费用	36	48	207
公司费用	284	252	194
索赔与费用总额	10 814	10 170	10 478
扣除联邦及外国所得税之前利润	2 407	3 937	3 525
联邦及外国所得税	603	1 130	997
净利润	$ 1 804	$ 2 807	$ 2 528
每股收益			
基本每股收益	$ 5.00	$ 7.13	$ 6.13
稀释后每股收益	4.92	7.01	5.98
参见相关附注			

　　*　"查布公司是一家经营家庭财产与意外保险的持股公司，公司的全称为查布保险公司集团。"
10-K 格式报告。

查布公司合并资产负债表   单位：百万美元

	会计年度截止于 12 月 31 日	
	2008 年	2007 年
资产		
投资性资产		
短期投资	$ 2 478	$ 1 839
固定到期日投资		
免税部分（成本分别为 18 299 000 000 美元和 18 208 000 000 美元）	18 345	18 559
应税部分（成本分别为 14 592 000 000 美元和 15 266 000 000 美元）	14 410	15 312
权益证券（成本分别为 1 563 000 000 美元和 1 907 000 000 美元）	1 479	2 320
其他投资性资产	2 026	2 051
投资性资产总额	38 738	40 081
现金	56	49
证券贷款抵押	—	1 247
应计投资收益	435	440
应收保费	2 201	2 227
未支付索赔与赔偿费用可收回的再保险	2 212	2 307
预付再保险费	373	392
递延保单成本	1 532	1 556
递延所得税	1 144	442
商誉	467	467
其他资产	1 271	1 366
资产总额	$ 48 429	$ 50 574
负债		
未支付索赔与赔偿费用	$ 22 367	$ 22 623
未赚取的保费	6 367	6 599
应付证券贷款	—	1 247
长期债务	3 975	3 460
应付股东股利	118	110
应计费用与其他负债	2 170	2 090
负债总额	34 997	36 129
承诺与或有负债（附注 6 和附注 14）		
股东权益		
优先股（核准发行 8 000 000 股，每股面值 1.00 美元，尚未发行）	—	—
普通股（核准发行 1 200 000 000 股，每股面值 1.00 美元，已分别发行 371 980 710 股和 374 649 923 股）	372	375
资本公积	253	346
留存收益	14 509	13 280
累计其他全面收益（损失）	(735)	444
库存股（按成本计价，2008 年有 19 726 097 股）	(967)	—
股东权益总额	13 432	14 445
负债与股东权益总额	$ 48 429	$ 50 574

12.5.1 根据公认会计原则编制的资产负债表

保险公司的资产负债表不划分流动资产与流动负债（非分类资产负债表）。它的基本部分是资产、负债与股东权益。

1. 资产

资产部分从投资开始，这是多数保险公司资产的最主要部分。很多投资具有高度的流动性，这有利于保证在出现意外损失时可以立即支付。多数投资通常投资于债券，股票投资的比重很小。财产意外保险公司和人寿保险公司都从事不动产投资。由于财产意外保险公司的债务期限相对较短，因此，其不动产投资数额并不大。由于人寿保险公司债务的长期性和可预测性，其不动产投资所占比重就高于财产意外保险公司。

对于债务和权益投资，阅读相关披露，判断公允价值与成本或摊销后成本之间是否存在显著差异。同时，阅读资产负债表的股东权益部分，判断是否存在巨额未实现投资增值（利得或损失）。

2. 非投资性资产

保险公司资产负债表除了投资以外，还有其他资产账户。下面介绍其中一些典型的项目。

经营用不动产以扣除累计折旧之后的成本列示。根据法定会计原则，经营用不动产必须费用化。

递延保单成本反映获得保单的成本。根据公认会计原则，这些成本应该递延并在保费支付期间内予以费用化。这是基于公认会计原则的报告与基于法定会计原则的报告的主要区别之一。基于法定会计原则的报告，这些成本在其发生时就确认为费用。

商誉是在并购其他公司时获得的一种无形资产。除了保险公司之外，也可以在其他公司的资产负债表中找到该项目。根据公认会计原则，商誉是一种资产。而根据法定会计原则，无论是商誉还是无形资产都不予以确认。

3. 负债

通常，最大的负债是赔偿准备。赔偿准备包括按照承付款现值估计终值，其量化过程涉及许多主观估计，包括通货膨胀、利率以及司法解释。估计死亡率对人寿保险公司也很重要。赔偿准备必须足以按照保险单的条款支付索赔。

保险公司资产负债表的另一个负债账户就是保单与合约索赔。该账户记录了在资产负债表日已经发生的索赔额。这些索赔额按照扣除可以补偿部分之后的净值列示。

保险公司的资产负债表还有其他很多负债账户，如应付票据和应付所得税。除了没有流动负债分类以外，其通常的报告方法与其他行业相同。

4. 股东权益

保险公司的股东权益部分通常与其他行业的股东权益部分相似。保险公司的累计其他全面收益（损失）项目的数额可能特别大。就查布公司而言，其合并股东权益表（图表12—20没有列示这部分内容）列示了累计其他全面收益（损失）项目。查布公司的累计其他全面收益（损失）项目包括未实现投资增值（减值）、外币折算利得（损失）和尚未在净利润确认的退休后福利成本。

12.5.2 根据公认会计原则编制的利润表

保险行业确认保险合约收入的方式与众不同。通常，合约的存续期限决定了收入的确认方式。

对于期限较短的合约，通常按照提供保险保障数额的比例在合约期限内确认收入。如果合约期限内的风险存在很大差异，则在风险期限内按照保险保障数额的比例确认收入[2]。

损失保险的保单通常只有短期合约形式。意外保险就是一个例证。保险公司有权利在保单期限末取消合约。

长期合约在投保人交纳保费时确认收入。终身合约和单一保费人身合约就是例证[3]。同样，取得成本按照保费收入的比例予以资本化和费用化。

投保人的死亡率或发病率不会给保险公司带来显著风险的长期存续合约称为投资合约。这种合约的收费不列为收入而作为负债并按带息证券处理[4]。由于没有显著的保险风险，这种保险合约视为投资合约。有趣的是，现在许多人寿保险单都写成这种形式。

投资合约的保费支付要贷记投保人账户。保险公司评估合约服务费用，并贷记已赚取收益账户。保险公司可以调整合约服务的时间表以及贷记已赚取收益的标准。

投资合约通常包括在合约开始和终结时对投保人的评估。起始费用视为资本化保单成本的补偿，而终结费用则视为合约期末的收入。

除了保险业务，保险公司还从事大量的投资业务。投资已实现利得和损失计入发生期间的经营项目。

12.5.3 各种比率

如前所述，与保险公司相关的许多比率都是其行业特有的比率。解释这些行业特有的比率已经超越本书的范畴。行业特有的比率通常以提交给州保险管理部门的根据法定会计原则编制的报告为基础，而不是基于年度报告或证券交易委员会要求的根据公认会计原则编制的财务报告为基础。

根据以公认会计原则为基础的财务报告计算出来的各种比率通常与盈利能力和投资者相关。普通股权益报酬率、市盈率、股利支付率和股利收益率等比率就是其例证。本书其他部分已经讨论过这些比率。

保险公司期望股票市场价格能够在平均市场价格（市盈率）的基础上打一个折扣。这个折扣通常为10%~20%之间，但有时可能更高。相对较低的市场价值似乎有很多理由。保险业是一个受到严格监管的行业，有些人认为其增长前景不乐观。同时，保险业也是一个竞争激烈的行业。管制和竞争对保险业的保费收入带来压力。会计环境似乎也是导致保险公司股票市场价格相对较低的原因。法定会计原则与公认会计原则两套会计准则的存在导致难以理解保险公司的财务报表。此外，许多会计准则较为复杂且具有行业特征。

保险业的行业特征导致会计准则存在大量的主观性和可能操纵报告利润的空间。

例如，人们认为保险公司在不景气的年份少计提准备而在年景好的年份多计提准备。

鉴于保险公司的财务舞弊，证券交易委员会于 2005 年 4 月发出通告，不断增强会计规则的实施力度。"运用其作为会计规则实施者的权力，证券交易委员会几十年来首次作为联邦政府机构的关键角色监管保险行业。"[5]

"不过，联邦政府管制保险行业的能力依然受到法律的限制。1945 年的《麦克伦—福克森法案》将州作为对保险公司进行管制和征税的首选单位。……基于该法案，即便是证券交易委员会目前也只能在会计领域发挥其作用。其强制的范围也仅限于公开发行证券的公司，而即便是美国某些最大的保险公司，包括州立农业保险公司在内，也是由投保人或私人拥有的公司。"[6]

延伸阅读 12-2

12.6　房地产业

房地产公司通常建设并经营带来利润的房地产，如购物中心、酒店以及写字楼。一个常规项目可能包括选址、制订融资方案、安排长期租赁、建设以及财产的后续经营与维护。

房地产公司认为确认折旧而不是财产基本价值的传统会计可能误导投资者。有时，这些公司为了实现更多的股东利益也会采取极端的行为，出售公司主要或全部资产。有些房地产公司试图在传统会计的基础上通过披露现行价值来体现其价值。

12.7　本章小结

财务报表因行业而异。对于银行业、公用事业、运输公司和保险公司尤其不同。每个行业都运用一套统一的会计制度。由于会计呈报方式不同，其财务报表分析方法也应该相应变通。

石油与天然气公司的财务报表在很大程度上受到其所选用的核算勘探和生产相关成本的会计方法的影响。石油与天然气公司财务报表的另一个重要方面是要求在附注中披露油气勘探、开发和生产活动的补充信息。石油与天然气公司的现金流量也特别重要。

房地产公司强调财产的基本价值以及扣除折旧和递延税金之前的经营利润。

本章讨论了特殊行业的财务比率。下列这些比率有助于分析银行业的财务报表：

$$盈利资产与资产总额比率 = \frac{平均盈利资产}{平均资产总额}$$

$$平均盈利资产利差率 = \frac{利差}{平均盈利资产}$$

$$贷款损失补偿率 = \frac{税前利润 + 贷款损失准备}{销账净额}$$

$$权益资本与资产总额比率 = \frac{平均权益}{平均资产总额}$$

$$存款与资本比率 = \frac{平均存款}{平均股东权益}$$

$$贷存比率 = \frac{平均贷款总额}{平均存款}$$

下列比率有助于分析公用事业的绩效：

$$经营比率 = \frac{经营费用}{经营收入}$$

$$债务资金与经营财产比率 = \frac{债务资金}{经营财产}$$

$$经营财产利润率 = \frac{净利润}{经营财产}$$

$$经营收入与经营财产比率 = \frac{经营收入}{经营财产}$$

下列比率特别适用于运输业。关注单位收入与费用可以获得额外的收获。

$$经营比率 = \frac{经营费用}{经营收入}$$

$$长期债务与经营财产比率 = \frac{长期债务}{经营财产}$$

$$经营收入与经营财产比率 = \frac{经营收入}{经营财产}$$

思考题

12.1 为什么银行关注其贷存比率？

12.2 为什么公用事业的厂房与设备通常排在最前面？

12.3 石油与天然气公司必须披露已探明油气储量的估计数量以及引起这些资源估计值变动的主要因素。简要解释为什么这种披露很重要。

12.4 什么因素会改变运输公司的经营收入与经营费用？

12.5 房地产公司认为传统会计没有反映财产基本价值且可能误导投资者。请讨论之。

习题

12—1 下列数据摘自第一美洲银行的年度财务报告：

	2010 年	2009 年
平均贷款	$ 24 500 000	$ 19 800 000
平均资产总额	39 000 000	33 000 000
平均存款总额	36 000 000	30 000 000
平均资本总额	2 770 000	2 460 000
利息费用	1 550 000	1 312 250
利息收益	1 750 000	1 650 000

要求

1. 计算每年的存款与资本比率。

2. 计算每年的贷存比率。

3. 计算每年的权益资本与资产总额比率。

4. 计算每年的平均资产总额利差率。

5. 评述上述计算结果所显示出来的趋势。

12—2　下列统计数据与一家电力公用事业单位（赤脚湾能源联合公司）有关：

	2010 年	2009 年	2008 年
经营费用	$950 600	$920 200	$880 000
经营收入	1 180 500	1 130 200	1 074 000
每股收益	3.10	3.00	2.80
每股现金流量	3.50	3.20	2.20
经营财产	4 000 000	3 850 000	3 700 000
长期债务资金	1 600 000	1 580 000	1 570 000
净利润	380 000	360 000	330 000

要求

1. 分别计算 2008 年、2009 年和 2010 年的下列比率：

（1）经营比率

（2）债务资金与经营财产比率

（3）经营财产利润率

（4）经营收入与经营财产比率

2. 评述上述计算结果所显示出来的趋势。

3. 评述每股收益与每股现金流量之间的趋势。

12—3　洛克航空公司最近两年的经营成果如下所示：

	2009 年	2008 年
经营收入	$624 000	$618 000
经营费用	$625 000	$617 000
经营财产	$365 000	$360 000
长期债务	$280 000	$270 000
预计乘客里程	7 340 000	7 600 000

要求

分别计算 2009 年和 2008 年的下列比率：

1. 经营比率。评述经营比率的趋势。

2. 长期债务与经营财产比率。这说明运用债务方面的什么信息？

3. 经营收入与经营财产比率。评述经营收入与经营财产比率的趋势。

4. 每个乘客英里收入。何种因素导致这种趋势？

案例　贷款损失准备

作为一家多元化金融服务提供商，卡姆登国家公司追求的目标是通过平衡成长机会与利润的矛盾，降低金融服务行业固有风险，实现长期可持续发展。卡姆登国家公司 2008 年年度报告包括下列内容：

附注 4——贷款与贷款损失准备（部分）

下表总结了贷款损失准备的业务：

	2008 年 12 月 31 日	2007 年 12 月 31 日	2006 年 12 月 31 日
年初余额	$ 13 653	$ 14 933	$ 14 167
贷款销账额	（5 553）	（2 192）	（1 833）
收回以前注销的贷款	825	812	391
销账净额	（4 728）	（1 380）	（1 442）
受让联合信托公司贷款	4 369	—	—
贷款损失准备	4 397	100	2 208
年末余额	$ 17 691	$ 13 653	$ 14 933

要求

说出你对贷款损失准备变动趋势的看法。

互联网案例： Thomson ONE（商学院版）

请登录 www. cengage. com/international，完成包含本章讨论主题的网络案例。你可以使用 Thomson ONE（商学院版）。这是一个强有力的工具，它包含一系列基本财务信息、盈余估计、市场数据和 500 个上市公司的原始文档。

注释

1. Arthur Andersen & Co. , Insurance(Essex, England: Saffren Press Ltd. , 1983), p. 87.

2. Statement of Financial Accounting Standards No. 60, Accounting and Reporting by Insurance Enterprises(Stamford, CT: Financial Accounting Standards Board, 1982), par. 13.

3. Statement of Financial Accounting Standards No. 60, par. 15.

4. Statement of Financial Accounting Standards No. 97, Accounting and Reporting by Insurance Enterprises for Certain Long-Duration Contracts and for Realized Gains and Losses from the Sale of Investments (Stamford, CT: Financial Accounting Standards Board, 1987), par. 15.

5. SEC Broadens Role to Investigate Insurance Industry, The Blade(April 8, 2005), Sec. B, p. 14.

6. Ibid.

第13章 个人财务报表与政府及非营利组织会计

本章简要讨论前面各章没有涉及的三种财务报表：（1）个人财务报表；（2）政府财务报表；（3）政府以外的非营利组织财务报表。

13.1 个人财务报表

为了取得信贷、筹划所得税、安排退休计划、规划财产，必须编制个人、夫妻或更大家族的财务报表。见解声明第82-1号（SOP 82-1）包括编制个人财务报表的指南。[1] 根据见解声明第82-1号：

个人财务报表的主要使用者通常认为估计的现行价值信息比历史成本信息与决策的相关性更强。贷款人需要估计的现行价值信息评估抵押品，而且多数个人贷款申请需要估计的现行价值信息。遗产、赠予以及所得税的筹划都需要估计的现行价值信息，而且联邦和州通常要求公务员的候选人提交各种资产估计的现行价值信息。[2]

见解声明第82-1号认为个人财务报表应该以财务报表编制日估计的现行价值列示资产，以估计的现行数额列示负债。这与主要运用历史成本信息的企业财务报表形成鲜明的对比。见解声明第82-1号提供以估计的现行价值列示资产、以估计的现行数额列示负债的指南。[3]

13.1.1 报表格式

与资产负债表相似，基本和最重要的个人财务报表是一种财务状况表。它以估计的现行价值列示资产，以估计的现行数额列示负债。根据所列示的资产和负债数额与其计税基础之间的差异估计应交税款。例如，土地的成本可能是10 000美元。这就是计税基础。但其估计的现行价值可能是25 000美元。按照10 000美元与25 000美元之间的差额估计应交税款。

资产总额与负债总额的差额就是净值，相当于企业资产负债表的权益部分。财务状况报表根据权责发生制编制。资产与负债按照流动性和到期日顺序列示，不区分流动与非流动部分。

具有选择性的净值变动表反映了净值的主要变化（增加或减少的来源）。由于包括企业和个人项目的组合，净值变动表包括收益和其他变动。净值的变动包括收益、估计的资产现行价值增加和估计的所得税减少。净值变动表反映了已实现增加（减少）和未实现增加（减少）项目带来的变化。已实现增加（减少）项目包括工资、股利、所得税以及个人支出。未实现增加（减少）项目包括证券价值上升、房产价值上升、船只价值下跌，以及根据估计的资产现行价值和估计的负债现行数额与其计税基础之间的差异估计的所得税。比较财务报表可能比单一期间财务报表包含更多的信息。

就个人财务报表而言，净值变动表代替了利润表。见解声明第82-1号包括披露指南。这些指南并非面面俱到。披露包括确定主要资产现行价值的方法、无形资产的说明以及计算估计所得税的假设。

大多数的个人没有保持完整的记录。因此，必须从不同渠道收集必要的数据。这些渠道包括经纪商的报表、所得税申报表、安全存款箱、保险单、房地产税申报表、支票簿以及银行报表。

13.1.2 审核财务状况表的建议

（1）通常，净值是最重要的数据，它反映了财富水平。

（2）确定你认为流动性最强的资产（现金、存款账户、有价证券等）数额。这些资产随时可用。

（3）观察负债到期日。通常，我们希望债务的期限相对较长。长期负债意味着不会马上遇到困境。

（4）如果可能的话，将特定资产与其相关负债进行比较。这说明资产的投资净额。例如，以一套现行价值为 90 000 美元的房产获得抵押贷款 40 000 美元，意味着投资净额为 50 000 美元。

13.1.3 审核净值变动表的建议

（1）审核已实现的净值增加额，确定已实现净值的主要来源。

（2）审核已实现的净值减少额，确定已实现净值减少的主要项目。

（3）观察已实现净值增加还是减少以及增减数额。

（4）审核未实现的净值增加额，确定未实现净值的主要来源。

（5）审核未实现的净值减少额，确定未实现净值减少的主要项目。

（6）观察未实现净值增加还是减少以及增减数额。

（7）观察变动的净值增加还是减少以及增减数额。

（8）观察年末净值（这反映了财富水平）。

13.1.4 编制财务状况表示例

假设比尔和玛丽 2010 年 12 月 31 日的资产与负债、有效所得税税率以及估计的所得税数额如下所示：

账户	税基	估计的现行价值	估计的现行价值超过税基部分	有效所得税税率	估计的所得税数额
现金	$ 8 000	$ 8 000	—	—	
存款	20 000	20 000	—	—	
有价证券	50 000	60 000	$ 10 000	28%	$ 2 800
期权	0	20 000	20 000	28%	5 600
特许权	0	10 000	10 000	28%	2 800
汽车	15 000	10 000	（5 000）	—	—
船	12 000	8 000	（4 000）	—	—
房产	110 000	130 000	20 000	28%	5 600 *
家具	30 000	25 000	（5 000）	—	—
应付抵押贷款	（60 000）	（60 000）	—	—	
汽车贷款	（5 000）	（5 000）	—	—	
信用卡	（5 000）	（4 000）	—	—	
估计所得税总额					$ 16 800

* 该房产可能不必纳税。

比尔和玛丽的财务状况表

2010 年 12 月 31 日

资产：	
现金	$ 8 000
存款	20 000
有价证券	60 000
期权	20 000
特许权	10 000
汽车	10 000
船	8 000
房产	130 000
家具	25 000
资产总额	$ 291 000
负债：	
信用卡	$ 4 000
汽车贷款	5 000
应付抵押贷款	60 000
负债总额	69 000
估计的资产现行价值和估计的负债现行数额与其税基之间的差异估计的应交税款	16 800
净值	205 200
负债总额与净值	$ 291 000

相关说明：

1. 很多人可能认为净值为 205 200 美元是一个相对较大的数额。

2. 流动性资产总额为 88 000 美元（现金为 8 000 美元、存款为 20 000 美元以及有价证券为60 000美元）。

3. 大多数负债是长期负债（应付抵押贷款为 60 000 美元）。

4. 将特定资产与相关负债进行比较：

汽车：		房产：	
现行价值	$ 10 000	现行价值	$ 130 000
汽车贷款	5 000	应付抵押贷款	60 000
投资净额	$ 5 000	投资净额	$ 70 000

13.1.5　编制净值变动表示例

比尔和玛丽截止于 2010 年 12 月 31 日有关净值变动的数据如下所示：

已实现的净值增加额：	
工资	$70 000
股利收益	5 000
利息收益	6 000
出售有价证券利得	2 000
已实现的净值减少额：	
所得税	20 000
房产税	2 000
个人支出	28 000
未实现的净值增加额：	
有价证券	11 000
房产	3 000
未实现的净值减少额：	
船	2 000
家具	4 000
估计的资产现行价值和估计的负债现行数额与其税基之间的差异估计的应交税款	12 000
年初净值	176 200

比尔和玛丽的净值变动表
会计年度截止于 2010 年 12 月 31 日

已实现的净值增加额：	
工资	$70 000
股利收益	5 000
利息收益	6 000
出售有价证券利得	2 000
	83 000
已实现的净值减少额：	
所得税	20 000
房产税	2 000
个人支出	28 000
	50 000
已实现的净值增加净额	33 000
未实现的净值增加额：	
有价证券	11 000
房产	3 000
	14 000
未实现的净值减少额：	
船	2 000
家具	4 000
估计的资产现行价值和估计的负债现行数额与其税基之间的差异估计的应交税款	12 000
	18 000
未实现的净值减少净额	4 000
净值增加净额	29 000
年初净值	176 200
年末净值	$205 200

相关说明：

1. 已实现的净值增加额主要是工资（70 000 美元）。

2. 已实现的净值减少额主要是所得税（20 000 美元）和个人支出（28 000 美元）。

3. 已实现净值的增加净额总额为 33 000 美元。

4. 未实现的净值增加额主要是有价证券（11 000 美元）。

5. 未实现净值的减少额主要是估计的资产现行价值和估计的负债现行数额与其税基之间的差异估计的应交税款（12 000 美元）。

6. 未实现的净值减少净额为 4 000 美元。

7. 净值增加净额为 29 000 美元。

8. 年末净值总额为 205 200 美元。

13.2 政府会计

政府所用的会计术语与营利性机构大相径庭。政府使用诸如拨款和普通基金等术语。下面将涉及的一些术语定义如下：

拨款（appropriation）：提供必要资源并授权支配这些资源。

还本付息（debt service）：与长期债务本息支付相关的现金收支。

资本建设项目（capital construction project）：与获得长期资产相关的现金收支。

特种税捐（special assessment）：与已征收特定财产税捐的改进或服务相关的现金收支。

企业（enterprise）：与私营公司类似的经营单位，服务的使用者必须交费。

内部服务（internal service）：以成本补偿为基础向其他政府机构提供货品或服务的服务中心。

普通基金（general fund）：不需要在其他基金核算的所有现金收支。

专用基金（proprietary fund）：目的在于通过使用者的成本补偿或从使用者那里收回部分成本来维护资产并定期追加资产的基金。

信托基金（fiduciary fund）（非备用基金）（nonexpendable fund）：本金必须保持完整的基金（已赚得收入可以分配）。

财产支出留置权（encumbrance）：支出的未来承诺。

美国几千个州和地方政府占用了相当大部分的国民生产总值。州和地方政府对市民具有重要影响。过去，没有任何组织明确负责为州和地方政府提供会计原则。美国注册会计师协会、全国政府会计咨询委员会以及市政财务人员协会为建立州和地方政府会计准则提供了强有力的指导。

20 世纪 80 年代早期，许多人认为建立类似于财务会计准则委员会的委员会有利于政府会计。一些政府会计人员和注册会计师组建了一个政府会计准则理事会组织委员会。该组委会提议为政府会计建立一个独立的准则制定机构。

1984 年 4 月，财务会计基金会修改了组建公司的条款，建立了政府会计准则委员会（GASB）。由此，政府会计准则委员会成为财务会计基金会的一个分支。政府会计准则委员会是一个由 7 名成员组成的委员会。根据简单多数投票原则，政府会计准则委员会要发布公告必须征得 4 名委员的同意。

政府会计准则委员会公告第 1 号附录 B，提出了政府会计准则委员会与财务会计委员会的权限划分，它确定了政府部门如下的层次结构：[4]

（1）政府会计准则委员会公告。

（2）财务会计准则委员会公告。

（3）依照约定处理程序的会计专家组成的团体的公告。这些预定程序包括广泛发布拟定会计准则的公众评论，建立会计准则或描述公认的现有做法的目的。

（4）被广泛确认为公认惯例或公告。因为它们代表某特定行业的普遍做法或公认基于特定环境的知识运用。

（5）其他会计文献。

政府会计准则委员会公告第 1 号也采用了全国政府会计咨询委员会公告和美国注册会计师协会题为《州和地方政府部门审计》的审计指南作为州和地方政府单位会计现行公认会计准则的基础。

1984 年，政府会计准则委员会与政府财务人员协会一起努力汇编了所有现存的政府会计和财务报告准则、解释和技术公告。《政府会计和财务报告准则汇编》这本书定期更新，不断跟踪随后发生的变化。

州和地方政府受托管理公共基金。经管责任支配着州和地方政府会计。

州和地方政府会计以基金会计为中心。基金（fund）的定义是：

记录现金和/或其他来源以及与其相关的负债、责任、准备和权益的自我平衡账户系统的独立财政与会计主体。这些账户根据特定的规则、限制或约束，为实施特定活动或达到某些目的而分开设置。[5]

政府部门的业务记录在一个或多个强调控制和预算约束的基金内。基于特殊目的而设立的基金包括高速公路维护、公园、债务偿付、捐款以及福利。所使用的基金数目取决于特定州和地方政府的职责以及这些职责的分组。例如，高速公路维护和桥梁维护就可能分为同一组。

有些政府部门运用收付实现制处理其会计事项，有些政府部门运用修正的权责发生制处理其会计事项，而有些政府部门则运用权责发生制处理其会计事项。一个政府部门可能根据不同基金采用多种会计基础，但整体趋势是取消收付实现制，转而采用修正的权责发生制或权责发生制。

1999 年，政府会计准则委员会颁布了最重要的公告——政府会计准则委员会公告第 34 号。政府会计准则委员会公告第 34 号重新定义了州和政府的基本财务报表架构，包括州、市、镇和给予特定目的的政府部门（如校区）。

政府会计准则委员会公告第 34 号对基于通用目的的外部财务报表提出了最低要求。图表 13—1 展示了这种最低要求。

基本财务报表位于管理层讨论与分析之前。"管理层讨论与分析以现有已知事实、决策或环境为基础，对政府财务活动提供一种客观、便于阅读的分析。"[6] "管理层讨论与分析为财务经理提供了呈现政府活动的短期或长期分析的机会。"[7] 管理层讨论与分析必须包括：[8]

图表 13—1　　　州和政府部门基于通用目的的外部财务报表的最低要求
（根据政府会计准则委员会公告第 34 号第七段编制）

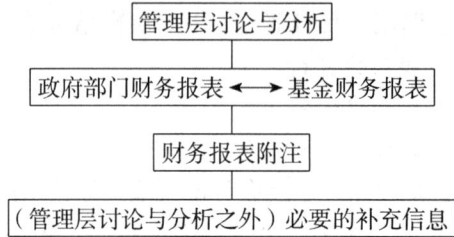

```
┌─────────────────────┐
│   管理层讨论与分析    │
└─────────────────────┘
┌──────────────┐   ┌──────────────┐
│ 政府部门财务报表 │←→│  基金财务报表  │
└──────────────┘   └──────────────┘
┌─────────────────────┐
│    财务报表附注      │
└─────────────────────┘
┌───────────────────────────────────┐
│（管理层讨论与分析之外）必要的补充信息│
└───────────────────────────────────┘
```

- 客观讨论基本财务报告和简化财务信息，并将当年与以前年度对比。
- 分析整体财务状况和经营结果。
- 分析各种基金的余额和交易。
- 分析普通基金最初预算与最终预算以及最终预算与实际结果之间的显著差异。
- 描述当年重要的资本性资产以及长期债务活动。
- 预计已知事实、决策或环境如何显著影响财务状况或经营成果。

政府会计准则委员会公告第 34 号明确规定，无论是政府部门财务报表还是基金财务报表都不存在上下级或附属关系。就政府部门财务报表而言，政府部门活动独立于经营单位活动的财务报表。警察和消防部门活动就属于政府部门活动，而机场和公用事业单位活动就属于经营单位活动。

政府部门财务报表根据权责发生制编制，涵盖政府部门的所有活动。政府部门财务报表有助于使用者：[9]

- 评估政府部门整体财务状况，包括各个年度的经营成果。
- 确定政府部门的整体财务状况究竟是改善还是恶化。
- 评价政府部门当年的收入是否足以弥补当年的支出。
- 观察政府部门为市民提供服务的成本。
- 观察政府部门如何为其各种项目筹资：通过向使用者收费或其他项目收入还是一般税款收入。
- 理解政府部门对资本性资产（包括道路、桥梁和其他基础设施）的投入程度。
- 更好地与其他政府部门进行比较。

如前所述，政府部门将持续提供基金财务报表。政府部门运用这些基金维持其当年的财务记录。这些基金使政府部门可以将其与某些职能或业务相关的交易按各自不同的基金分别独立出来，从而有助于财务管理和遵循法规要求。

如前所述，基金可以定义为自我平衡账户系统的独立财政与会计主体。基金可分为三种类别，分别是政府基金、专用基金和信托基金。

政府基金主要为大部分政府职能提供资金。这些基金用于政府部门的整体运作。

专用基金侧重于维持资本或创造收益，乃至两者兼而有之。信托基金侧重于代表政府部门之外的其他外部受托人或机构持有的资产。

政府基金采用修正的权责发生制会计。专用基金和信托基金采用权责发生制会计。权责发生制会计与修正的权责发生制会计之间的差异在于收入与递延收入的确认以及费用与支出的列示。

必须列示必要的调整，以显示"从基金财务报表最后栏目或相应的附表调整为政府部门财务报表"的调整过程。[10]

财务报表附注类似于企业财务报表附注，因为这些附注的提供有助于使用者理解基本财务报表的信息。此外，这些附注必须包含原始预算与修改后预算的预算信息。市民代表（城市议会、镇议会以及诸如此类的机构）批准预算之后，预算就是各个期间经营活动的一份详细计划，包括分项列示的支出估计数额。这样，各项支出就成为约束。如果想增加业已审批通过的支出，就必须征得制定支出控制法规的相同代表的审批同意。这就有别于仅仅是一种未来收入与费用计划的企业预算。

除了财务报表附注，政府部门通常还提供统计数据。这些统计数据包括有助于理解政府部门的重要信息。政府部门还经常提供有助于分析的历史信息、财务信息、分析性信息、经济信息和人口统计信息。图表13—2列示了俄亥俄州托莱多市2008年综合年度财务报告统计数据部分的第2个表格。该图表包括政府活动的各种费用。审阅该图表可以洞察某些领域（如公共安全与卫生）的费用。

图表13—2

俄亥俄州托莱多市的第2个表格

最近7个财政年度净资产变动情况（部分）

权责发生制会计 单位：千美元

费用	财政年度						
	2002年	2003年	2004年	2005年	2006年	2007年	2008年
政府活动费用：							
一般政府活动	27 694	26 780	26 721	25 960	27 250	27 059	28 673
公共服务	42 036	45 757	48 204	52 706	52 891	53 562	57 508
公共安全	142 256	148 446	151 217	153 085	158 499	163 334	170 767
公共事业	1 143	1 085	808	—	46	106	167
社区环境	23 240	19 465	17 918	14 895	20 589	20 230	18 915
卫生	16 490	17 347	17 050	17 638	18 207	16 773	19 104
公园与娱乐	7 834	7 488	7 765	7 345	7 563	15 047	7 397
利息与财政费用	15 679	16 437	9 408	8 973	7 833	10 368	14 731
政府活动费用总额	276 372	282 815	279 071	280 602	292 878	306 479	317 262

资料来源 俄亥俄州托莱多市财务部截止于2008年12月31日的综合年度财务报告，p.5—18.

图表13—3列示了俄亥俄州托莱多市2008年综合年度财务报告统计数据部分的第12个表格。该图表包括债券债务净额与评估价值比率和人均债券债务净额。

综合年度财务报告将包括一份"独立审计师报告"。详细阅读该报告。该报告包括与财务报表和政府部门内部控制相关的重要信息。

除了这些主要的财务报表之外，政府部门还报告各个"组成单位"的信息。这些"组成单位"在法律上属于独立的组织，拥有主要政府部门选举出来负责财务的专门人员。其提供的信息还包括这些"组成单位"的财务数据，因为这些"组成单位"与政府部门具有重要的经营或财务关系。

　　为了确定政府部门是否存在一个或一个以上的"组成单位"，必须阅读管理层讨论与分析、政府部门财务报表、基金财务报表和披露这些"组成单位"的附注。同时，还要阅读独立审计师报告。"组成单位的财务报表必须采用权责发生制会计编制。"[11]俄亥俄州托莱多市 2008 年综合年度财务报告没有披露"组成单位"，而俄亥俄州卢卡斯县 2008 年综合年度财务报告披露了"组成单位"。

　　卢卡斯县 2008 年综合年度财务报告提供了一份融合各个"组成单位"分散呈报的净资产报表和经营活动报表的独立财务报表。政府部门财务报表包括一个单独的"组成单位"栏目，强调这些"组成单位"在法律上独立于卢卡斯县。附注 2 详细地描述了这些"组成单位"。其中一个"组成单位"就是托莱多沼泽鸟棒球俱乐部（Toledo Mud Hens Baseball Club）。托莱多沼泽鸟棒球俱乐部的部分披露内容如下：

　　托莱多沼泽鸟棒球俱乐部是拥有、管理和营运一个职业棒球俱乐部的组织。该俱乐部一旦解体，任何净资产便成为县地方官员委员会的财产，新董事的任命需要县地方官员委员会的一致同意。县政府向托莱多沼泽鸟棒球俱乐部收取租金，以便偿还为了筹资建造棒球露天大型运动场而发行的非纳税收入债券。

图表 13—3　　　　　　　　　　**俄亥俄州托莱多市的第 12 个表格**

最近 10 年（1999—2008 年）债券债务净额与评估价值比率和人均债券债务净额

财政年度	人口[①]	评估价值[②]	普通债券债务总额[②]	减去还本付息基金余额[②③]	普通债券债务净额[②]	债券债务净额与评估价值比率	人均债券债务净额
1999 年	332 943	3 472 027	127 636	1 023	126 613	3.7%	380.28
2000 年	313 619	4 084 141	126 046	1 156	124 890	3.1%	398.22
2001 年	313 619	4 025 806	123 810	579	123 231	3.1%	392.93
2002 年	313 619	4 009 940	127 805	215	127 590	3.2%	406.83
2003 年	313 619	4 411 593	125 978	29	125 949	2.9%	401.60
2004 年	313 619	4 423 240	127 241	38	127 203	2.9%	405.63
2005 年	313 619	4 369 616	128 474	38	128 436	2.9%	409.53
2006 年	313 619	4 813 232	126 683	45	126 638	2.6%	403.80
2007 年	313 619	4 592 047	131 821	58	131 763	2.9%	420.14
2008 年	313 619	4 297 595	136 904	90	136 814	3.2%	436.24

[①]资料来源　美国人口普查局。

[②]所列示金额的单位为千美元。

[③]根据所列示的当年所得税收入，该市已经支付了该纳税年度的普通债券债务。所需数额从资本减损基金转为还本付息基金。

资料来源　俄亥俄州托莱多市财务部截止于 2008 年 12 月 31 日的综合年度财务报告，p.5—18.

　　根据管理层讨论与分析的披露："为建造棒球露天大型运动场而发行的债券被穆迪公司评为'A2'级，被标准普尔公司和费奇公司评为'A+'。"

独立审计师报告包括如下评述：

我们并没有审计托莱多纳德汉斯棒球俱乐部、罗特工业公司和优先财产公司的财务报表。这些单位的资产、净资产和收入总额代表着分散呈报财务报表的各个"组成单位"的全部资产、净资产和收入。这些单位的财务报表业已经其他审计师审计，其审计报告也提供给了我们，我们以其他审计师的报告为基础，就这些分散呈报财务报表的各个"组成单位"的全部资产、净资产和收入的数额发表我们的意见。

阅读详细讨论州和地方政府会计程序的政府会计账簿。通常，一份政府综合年度财务报告的篇幅有 200 页甚至篇幅更大。当然，详细讨论这些财务报告的内容已经超出本书的范围。

州和地方政府财务报告的披露质量存在较大差异。有些州和地方政府财务报告的披露质量较差，所报告的项目也就是退休金债务、有价证券、存货、固定资产以及租赁债务。

美国和加拿大政府财务人员协会给那些提供合乎项目标准的综合年度财务报告的政府部门和公务员退休系统颁发"优秀财务报告成就证书"。这些项目标准非常严格。

政府部门的市政债券也应该得到相应的评级。标准普尔公司、费奇公司和穆迪公司按照债券违约的可能性对债券质量进行评估和评级。一种评级做法是对所有普通责任债券（以政府部门全部信誉作为担保）进行排名。对于不以政府部门全部信誉作为担保的债券（如行业收入）则进行单独排名。当然，这些评级并不代表政府部门违约的可能性。

下列建议有助于审核政府部门的财务报告：

（1）确定是否获得"优秀财务报告成就证书"。

（2）①确定政府部门普通责任债券的债券评级。鉴于标准普尔公司、费奇公司和穆迪公司的评级可能不同，需要分别确定其各自的评级。

②确定不以政府部门全部信誉作为担保的债券评级。当然，也需要分别确定来自标准普尔公司、费奇公司和穆迪公司的评级。

（3）审核独立审计师的报告。

（4）审核管理层讨论与分析。

（5）审核财务报表附注。

（6）审核政府部门财务报表。

（7）审核基金财务报表。

（8）审核补充信息。

（9）关注"组成单位"。如果披露了"组成单位"，那就要确定政府部门对"组成单位"的责任。

（10）审核统计数据部分的内容。

13.3 政府之外的非营利组织会计

非营利组织占据美国经济活动的很大份额。在美国，非营利组织超过20 000个。[12]医院、宗教机构、职业组织、大学和博物馆等都是非营利组织的例证。

非营利组织会计原则起源于大量的非营利行业会计手册和审计指南。学院和大学的美国注册会计师协会审计指南、志愿性保健与福利组织审计和保健服务提供者审计就是其例证。

财务会计准则委员会担心非营利组织缺乏统一的会计处理方法以及其财务报告缺乏全面的质量标准。有鉴于此，财务会计准则委员会发布了4个与非营利组织相关的会计准则。这些相关的会计准则包括：（1）财务会计准则公告第93号"非营利组织折旧的确认"；（2）财务会计准则公告第116号"捐款收入与捐款支出的会计处理"；（3）财务会计准则公告第117号"非营利组织的财务报表"；（4）财务会计准则公告第124号"非营利组织持有投资的会计处理方法"。下面简要描述这些会计准则及其如何影响财务报告。

13.3.1 财务会计准则公告第93号"非营利组织折旧的确认"[13]

在财务会计准则公告第93号发布之前，多数非营利组织并不确认折旧。财务会计准则公告第93号要求非营利组织必须确认长期有形资产的折旧。财务会计准则公告第93号包括下列与折旧相关的要求：

（1）披露每期折旧费用的数额。

（2）按照主要类别披露资产负债表日应计折旧资产。

（3）披露资产负债表日各类资产或资产总额的累计折旧。

（4）披露折旧计算方法。

财务会计准则公告第93号规定个人艺术品或历史珍品不必计提折旧。当然，必须达到两个条件才可以免除折旧：

（1）该项资产必须具备"值得永久保存的文化、艺术或历史价值"。

（2）拥有该艺术品或历史珍品的组织必须有能力保护该资产，使其潜在的无限服务潜力保持完好。

13.3.2 财务会计准则公告第116号"捐款收入与捐款支出的会计处理"[14]

财务会计准则公告第116号适用于所有非营利组织以及任何存在捐款收入或捐款支出的主体。财务会计准则公告第116号的主要方面概括如下。

1. 捐款收入

捐款收入应该确认为收到捐款期间的收入或利得。此外，这些捐款应该确认为资产的增加额、负债的减少额或同期的费用。捐款收入按照其公允价值计量并列为限制性资助或非限制性资助。

如果存在以下任何一种情况，必须确认捐助性服务：

（1）该项服务创造或强化了非金融资产。

（2）该服务涉及专业化技能，如果没有得到该捐助性服务，极有可能必须付费（例如，电力服务、管道服务、会计服务等）。

捐助性服务必须按照其性质和当期数额披露。捐助性服务按照其服务的公允价值或资本增加额计价。

财务会计准则公告第116号规定，如果满足下列条件，捐赠的艺术品、历史珍品或类似资产可以排除在外：

（1）基于公共服务而非财务利益目的持有捐赠物品。

（2）必须小心呵护，完好珍藏捐赠物品。

（3）该组织制定了"运用出售收藏品的资金购买新收藏品"这样的政策。

捐款收入可以分为捐赠者设置的永久性限制、临时性限制以及非限制性资助。限制性捐赠应该列为永久性限制净资产或临时性限制净资产的增加额。非限制性捐款收入应该列为非限制性资助以及非限制性净资产的增加额。捐赠收入按其公允价值计价。

如果捐赠承诺完全满足了各种条件，财务报表应该确认捐赠承诺。如果条件性承诺的性质模糊不清，应该将其视为条件性承诺。

2. 捐款支出

捐款支出在其发生时确认为当期费用。这些捐赠列为资产的减少额或负债的增加额。捐款支出按照捐赠资产或履行债务的公允价值计量。如果条件性承诺完全满足了各种条件，要确认条件性承诺。

13.3.3 财务会计准则公告第 117 号"非营利组织的财务报表"[15]

在财务会计准则公告第 117 号发布之前，非营利组织的财务报告存在显著差异。财务会计准则公告第 117 号试图协调非营利组织财务报表的一致性。财务会计准则公告第 117 号规定了财务报表的种类、财务报表的内容以及财务报表信息的分类。

非营利组织要提供三种合并财务报表：财务状况表、活动表以及现金流量表。财务会计准则公告第 117 号详细说明了每一种财务报表的内容。

基于对财务状况的关注，财务会计准则公告第 117 号要求财务状况表包括资产、负债和净资产的综合信息。财务会计准则公告第 117 号要求活动表提供各种交易如何影响净资产数额与性质、这些交易与其他事项的内部联系以及组织如何运用资源提供服务等相关信息。活动表还披露永久限制性净资产、临时限制性净资产以及非限制性净资产数额的变动情况。

基于现金流量的内容，财务会计准则公告第 117 号要求非营利组织必须遵循财务会计准则公告第 95 号"现金流量表"。此外，财务会计准则公告第 117 号修正了第 95 号有关筹资活动的描述。修正后的财务活动包括为了获得、建造或改善长期资产，或者建立或增加永久性或临时性捐款而获得的限制性捐赠。

就财务状况表而言，财务会计准则公告第 117 号要求资产和负债按相对同质组列示。为了提供内部联系、流动性和财务弹性等信息，资产和负债还应该进一步分类。资产按永久限制性资产、临时限制性资产或非限制性资产进一步分类列示。而收入、费用、利得和损失按照活动表的合理同质组分别列示，并按其对永久限制性净资产、临时限制性净资产或非限制性净资产的影响情况进一步分类列示。

13.3.4 财务会计准则公告第 124 号"非营利组织持有投资的会计处理方法"[16]

该公告适用于具备完备公允价值的权益证券投资和所有债券投资。这些投资都以其公允价值列示于财务状况表。该公告并不适用于以权益法核算的权益证券投资或对合并分支机构的投资。财务状况表的披露要求包括按照主要类别列示投资的账面价值总额和基于缺乏公允市场价格情境如何确定权益证券账面价值。此外，还必须披露任何捐赠者限制捐赠基金公允价值低于捐赠者或法律要求数额的差额部分。

任何已实现或未实现利得和损失都列示于活动表。活动表的某些披露要求包括投资收益的构成。这其中又包括投资收益、未以公允价值列示的已实现投资利得和损失、以公允价值列示的已实现投资利得和损失净额。

13.3.5 公认会计原则对非营利组织的适用性

有些人认为公认会计原则对非营利组织的适用性不明确。见解声明第94-2号的发布就是为了强调公认会计原则对非营利组织的适用性。[17]

见解声明第94-2号认为除非特殊声明将非营利组织排除在外或其主旨排除这种适用性，非营利组织必须遵循会计研究公报的有效条款、会计原则委员会的意见书以及财务会计准则委员会的公告和解释（见解声明第94-2号，第9段）。

图表13—4列示了俄亥俄州注册会计师协会的合并财务状况表和合并活动表。这些报表的会计年度截止于2009年4月30日。图表13—4不包括独立审计师报告、合并现金流量表、合并财务报表附注以及独立审计师对补充信息、合并财务状况表和合并活动表的报告。

13.3.6 目标预算和/或生产力指标

非营利组织与营利组织的会计存在很大的差异。盈利导向企业会计以主体概念和会计主体效率为中心，而政府会计与非营利组织会计并没有主体概念或效率问题。盈利导向企业会计有一个净利润底线，而政府会计与非营利组织会计却没有这种底线。

图表13—4

俄亥俄州注册会计师协会

合并财务状况表

2009年4月30日

（与2008年4月30日的总额比较）

	2009 年	2008 年
资产		
现金及现金等价物	$ 16 000	$ 10 000
应收账款净额	49 000	69 000
应收保证金	865 000	294 000
预付费用与定金	138 000	104 000
预付退休金	194 000	—
投资	3 473 000	4 060 000
财产净值	1 552 000	1 245 000
资产总额	$ 6 287 000	$ 5 782 000

	2009 年	2008 年
负债与净资产		
负债		
应付账款与应计负债	$ 810 000	$ 704 000
递延收入	855 000	767 000
短期借款	357 000	813 000
应计退休金	—	73 000
应付质押贷款	1 126 000	1 159 000
负债总额	3 148 000	3 156 000
净资产		
非限制性净资产	1 261 000	1 028 000
临时限制性净资产	267 000	392 000
永久限制性净资产	1 611 000	846 000
净资产总额	3 139 000	2 266 000
负债与净资产总额	$ 6 287 000	$ 5 782 000

合并活动表

2009 年 4 月 30 日

(与 2008 年 4 月 30 日的总额比较)

	非限制性	临时限制性	永久限制性	2009 年总额	2008 年总额
收入					
会费	$ 4 635 000			$ 4 635 000	$ 4 469 000
教育与培训课程费	3 245 000			3 245 000	2 764 000
同行评审费	580 000			580 000	537 000
公共关系与出版物	469 000			469 000	415 000
会员联系与分部	294 000			294 000	278 000
其他	191 000			191 000	133 000
基金捐赠	60 000	$ 58 000		118 000	98 000
会员活动项目	109 000			109 000	123 000
解除限制——奖学金	24 000	(24 000)		—	—
解除限制——净资产	29 000	(29 000)		—	—

	非限制性	临时限制性	永久限制性	2009 年总额	2008 年总额
净资产重分类	(11 000)	(1 000)	$ 12 000	—	—
投资净（损失）收益	(467 000)	(25 000)	(137 000)	(629 000)	105 000
收入总额	9 158 000	(21 000)	(125 000)	9 012 000	8 922 000
费用					
教育与培训课程项目	3 385 000			3 385 000	3 172 000
公共关系与出版物	1 816 000			1 816 000	1 836 000
一般与行政管理费用	1 200 000			1 200 000	1 147 000
政府事务	709 000			709 000	638 000
同行评审	638 000			638 000	558 000
会员服务	638 000			638 000	548 000
会员联系与分部	470 000			470 000	636 000
利息	77 000			77 000	79 000
基金奖学金	58 000			58 000	55 000
消减费用				—	(671 000)
费用总额	8 991 000			8 991 000	7 998 000
扣除非经营活动和基于财务会计准则第158 号的调整额之前的来自经营活动的增（减）额	167 000	(21 000)	(125 000)	21 000	924 000
非经营活动					
百年纪念校园活动——捐款			879 000	879 000	346 000
百年纪念校园活动——筹资	(27 000)			(27 000)	(66 000)
解除限制——百年纪念校园活动	93 000	(104 000)	11 000	—	—
来自非经营活动的增（减）额	66 000	(104 000)	890 000	852 000	280 000
财务会计准则第158 号的调整额	—	—	—	—	(760 000)
净资产变动额	233 000	(125 000)	765 000	873 000	444 000
年初净资产	1 028 000	392 000	846 000	2 266 000	1 822 000
年末净资产	$ 1 261 000	$ 267 000	$ 1 611 000	$ 3 139 000	$ 2 266 000

为了融合效率指标，有些政府与非营利组织的财务报告增加了目标预算和/或生产力指标。《目标预算：夏洛特市经验》这篇文章就报告了与北卡罗来纳州夏洛特市预算相结合的几个目标。指引预算的 4 个主要目标是：①不得提高财产税税率；②应该继续将重点放在充分运用城市员工和现有计算机能力；③任何预算增加额都应该限制在最小的幅度内；④应该提出一份平衡的服务计划。[18]

这篇文章还报告了夏洛特市所使用的生产力指标。这些生产力指标包括：①每1 000美元卫生费用可以服务的顾客人数；②每 1 000 美元费用的垃圾吨数；③每1 000美元费用可以冲洗的街道英里数。[19]

延伸阅读 13-1

任何非营利机构的财务报告都可以加入目标预算和/或生产力指标。目标预算和生产力指标应该适用于特定的非营利机构。

13.4　本章小结

本章从个人财务报表和政府及其他非营利组织会计的角度讨论了财务报告问题。这些领域的会计与盈利导向企业的会计存在很大的差异。政府之外的非营利组织显著地缩小了这种差异。

《见解声明》第82-1号认为个人财务报表应该以财务报表编制日估计的现行价值列示资产、以估计的现行数额列示负债。这与主要运用历史信息的企业财务报表显著不同。

政府会计准则委员会公告第34号重新定义了州和政府的基本财务报表架构。州和地方政府基于通用目的的外部财务报表的最低要求包括：管理层讨论与分析、政府部门财务报表、基金财务报表和（管理层讨论与分析之外）必要的补充信息。

政府之外的非营利组织会计已经发生重大变革，它现在类似于盈利组织会计。其主要的区别在于非营利组织发布活动表，而不是利润表。

为了融合效率指标，有些非营利组织的财务报告增加了目标预算和/或生产力指标。

思考题

延伸阅读 13-2

13.1　何谓基本的个人财务报表？

13.2　政府之外的非营利组织是否使用基金会计？请评述之。

13.3　政府会计以主体概念和主体效率为中心。请评述之。

13.4　政府会计准则委员会有多少位成员？要发布一个公告需要多少成员投赞成票？

13.5　盈利导向的企业是否可以使用基金会计？请评述之。

习题

13—1　就下列各种情境，确定 2012 年 12 月 31 日的财务状况表应该列示的数额：

1.1998 年 4 月，鲍勃和苏阿金以 160 000 美元在阿肯色州购置了家庭住宅。尚未支付的抵押贷款为 40 000 美元。购置该家庭住宅之后，鲍勃和苏阿金马上追加20 000

美元装饰该家庭住宅。从此以后，房地产价格已经上涨了30%。该家庭住宅估计的现行价值是多少？

2. 杰米·巴尔顿40岁，其个人退休金账户余额为25 000美元，提前提取的罚金为10%。杰米的边际税率为25%。其个人退休金账户估计的现行价值是多少？资产估计的现行价值和负债估计的现行数额与其税基之间的差异估计的所得税是多少？

3. 加瑞的存款证余额为15 000美元，应计利息为800美元。提前支取的罚金为600美元。该存款证估计的现行价值是多少？

4. 杰森拥有以每股30美元的价格购买米科建筑公司股票400股的期权。该期权有效期为1年。米科建筑公司目前以每股42美元的价格出售其股票。这些期权估计的现行价值是多少？

5. 比尔·琼斯有一份面值为500 000美元的终身人寿保单，其现金价值为80 000美元，该保单尚未支付的贷款为25 000美元。其妻子是受益人。该保单估计的现行价值是多少？

13—2　巴布和卡尔2010年12月31日的资产、负债和有效所得税税率如下所示：

账户	税基	估计的现行价值	估计的现行价值超过税基部分	有效所得税税率	估计的所得税数额
现金	$20 000	$20 000	$ —	—	
有价证券	45 000	50 000	5 000	28%	
人寿保险	50 000	50 000	—	—	
房产	100 000	125 000	25 000	28%	
家具	40 000	25 000	(15 000)	—	
珠宝	20 000	20 000	—	—	
汽车	20 000	12 000	(8 000)	—	
应付抵押贷款	(90 000)	(90 000)	—	—	
应付票据	(30 000)	(30 000)	—	—	
信用卡	(10 000)	(10 000)	—	—	

要求

1. 计算估计的资产现行价值和估计的负债现行数额与其税基之间的差异估计的应交税款。

2. 为巴布和卡尔编制一份2010年12月31日的财务状况表。

3. 请评述财务状况表。

13—3 麦克·智博 2010 年 12 月 31 日的净值变动情况如下所示:

已实现的净值增加额:	
工资	$ 60 000
股利收益	2 500
利息收益	2 000
出售有价证券利得	500
已实现的净值减少额:	
所得税	20 000
利息费用	6 000
个人支出	29 000
未实现的净值增加额:	
股票期权	3 000
土地	7 000
住宅	5 000
未实现的净值减少额:	
船	3 000
珠宝	1 000
家具	4 000
估计的资产现行价值和估计的负债现行数额与其税基之间的差异估计的所得税	1 500
年初净值	150 000

要求

1. 编制一份会计年度截止于 2010 年 12 月 31 日的净值变动表。

2. 请评述净值变动表。

13—4 运用图表 13—2 列示的俄亥俄州托莱多市政府活动的各种费用数据。

要求

1. 以 2002 年为基础,编制一份 2002—2008 年的横向同比分析表。

2. 请评述横向同比分析的重要项目。

13—5 俄亥俄州注册会计师协会截止于 2009 年 4 月 30 日的财务报告包括如下附注:

附注 1——组织

作为一个非营利组织,俄亥俄州注册会计师协会创建于 1908 年。俄亥俄州注册会计师协会的使命是代表其会员的利益,提供必要的支持,从而确保会员为社会公众提供高质量的专业服务。

要求

运用图表 13—4 列示的俄亥俄州注册会计师协会的合并活动表数据,评述揭示俄亥俄州注册会计师协会是否完成其使命的项目。

案例　鲍勃如何处置他的钱

某位法务会计师正在关注预审期间有关鲍勃与苏离婚之前的财务信息。鲍勃在佛罗里达州的维罗海滩拥有一个休闲商店。鲍勃报告的调整后利润总额为 55 000 美元。2011 年 12 月 31 日和 2012 年 12 月 31 日，鲍勃的银行余额分别为 3 500 美元和 15 000 美元。调解期间，鲍勃以 2 000 美元的价格出售了其旧的丰田汽车，并以现金 45 000 美元购买了一辆新的宝马汽车。2011 年，鲍勃以 3 000 美元的价格购买了那辆丰田汽车。2012 年，鲍勃还出售数额为 20 000 美元的股票。2007 年，鲍勃以 35 000 美元的价格购买了这些股票。2012 年 1 月，鲍勃送给她的妹妹一辆卡车，该卡车曾经专为鲍勃的业务所用。2009 年，鲍勃以 16 000 美元的价格购买了该卡车。作为礼物赠送时，该卡车的折旧为 12 000 美元。下表列示了鲍勃 2012 年的个人费用：

食物	$6 000
住宅房产税	10 000
住宅维修费	4 500
电费	4 800
个人汽车费用	2 300
度假	14 000
购买各种衣服	6 200
住宅抵押贷款利息	18 000
慈善捐款	2 400
保险费	8 500
医药费	3 400
娱乐费用	7 800
其他费用	400
费用总额	$88 300

要求

运用与个人财务报表相关的净值概念确定是否低估了利润。

注释

1. Statement of Position 82 - 1, Accounting and Financial Reporting for Personal Financial Statements, （New York：American Institute of Certified Public Accountants, October 1982）.

2. Statement of Position 82-1, p. 6.

3. 该主题的一篇好文章是 Michael D. Kinsman and Bruce Samuelson, Personal Financial Statements：Valuation Challenges and Solutions, Journal of Accountancy （September 1987）, p. 138.

4. Government Accounting Standards Board Statement No. 1 (July 1984), Appendix B, par. 4.

5. Government Accounting, Auditing, and Financial Reporting (Chicago: Municipal Finance Officers Association of the United States and Canada, 1968), p. 6.

6. Governmental Accounting Standards Board Statement No. 34, Basic Financial Statements—Management's Discussion and Analysis—For State and Local Governments (Governmental Accounting Standards Board, 1999), par. 8.

7. Ibid. , par. 8.

8. Edward M. Klasny and James M. Williams, Government Reporting Faces an Overhaul, Journal of Accountancy (January 2000), pp. 49-51.

9. Ibid. , preface.

10. Ibid. , preface.

11. Ibid. , par. 107.

12. Walter Robbins and Paul Polinski, Financial Reporting by Nonprofits, National Public Accountant (October 1995), p. 29.

13. Statement of Financial Accounting Standards No. 93, Recognition of Depreciation by Not-for-Profit Organizations (Stamford, CT: Financial Accounting Standards Board, 1987) .

14. Statement of Financial Accounting Standards No. 116, Accounting for Contributions Received and Contributions Made" (Norwalk, CT: Financial Accounting Standards Board, 1993).

15. Statement of Financial Accounting Standards No. 117, Financial Statements of Not-for-Profit Organizations" (Norwalk, CT: Financial Accounting Standards Board, 1993).

16. Statement of Financial Accounting Standards No. 124, Accounting for Certain Investments Held by Not-for-Profit Organizations" (Norwalk, CT: Financial Accounting Standards Board, 1995).

17. Statement of Position 94-2, The Application of the Requirements of Accounting Research Bulletins, Opinions of the Accounting Principles Board and Statements of Interpretations of the Financial Accounting Standards Board to Not-for-Profit Organizations" (New York: American Institute of Certified Public Accountants, September 1994).

18. Charles H. Gibson, Budgeting by Objectives: Charlotte's Experience, Management Accounting (January 1978), p. 39.

19. Ibid. , pp. 39, 48.

CENGAGE Learning™

Supplements Request Form (教辅材料申请表)

Lecturer's Details（教师信息）

Name: (姓名)		**Title:** (职务)	
Department: (系科)		**School/University:** (学院/大学)	
Official E-mail: (学校邮箱)		**Lecturer's Address / Post Code:** (教师通讯地址/邮编)	
Tel: (电话)			
Mobile: (手机)			

Adoption Details（教材信息）　　原版□　　翻译版□　　影印版 □

Title: (英文书名) **Edition:** (版次) **Author:** (作者)	
Local Puber: (中国出版社)	

Enrolment: (学生人数)		**Semester:** (学期起止日期时间)	

Contact Person & Phone/E-Mail/Subject:
(系科/学院教学负责人电话/邮件/研究方向)
（我公司要求在此处标明系科/学院教学负责人电话/传真及电话和传真号码并在此加盖公章.）

教材购买由 我□　我作为委员会的一部份□　其他人□[姓名：　　　　] 决定。

Please fax or post the complete form to（请将此表格传真至）：

CENGAGE LEARNING BEIJING
ATTN : Higher Education Division
TEL: (86) 10-82862096/ 95 / 97
FAX : (86) 10 82862089
ADD: 北京市海淀区科学院南路 2 号
融科资讯中心 C 座南楼 12 层 1201 室　100080

Note: Thomson Learning has changed its name to CENGAGE Learning